KB038588

한국교육심리학회 학습컨설팅 총서

Learning Consultation

학습컨설팅 사례분석 및 지도

: 학습부진, 학습장애, 다문화

김동일 노원경 문은식 송재홍

박영story

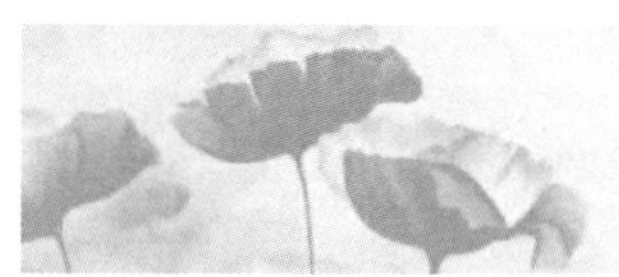

발간사

우리나라에서 학습컨설팅과 학습컨설턴트가 본격적으로 시작된 것은 2011년으로, 한국교육심리학회가 주도적으로 준비모임을 가지고 자격연수를 출범한 것에서 비롯되었습니다. 물론 이전에 학술행사나 학습컨설턴트에 대한 전문가들의 발표와 연구가 있었지만, 학습컨설팅이 하나의 '교육운동'으로서 학회원들의 공통된 이해와 관심을 이끌어 내고 새로운 지향점을 탐색하도록 추동한 것은 매우 의미있는 일이었으며 시의적절하였던 것으로 생각됩니다. 이제 학습컨설팅에 대한 그동안의 학술적, 실제적 접근은 '학습컨설팅 총서'라는 텍스트를 통하여 표준적 지식구성체로 나타나게 되었습니다.

올해는 교육심리학회가 반세기의 역사를 바탕으로 새로운 100년을 시작하는 뜻깊은 해입니다. 이제 처음으로 선보이는 본 총서는 학습컨설팅 제도의 발전에 굳건한 토대가 될 것이며, 더 나아가 교육심리학 전공 교육과정과의 연계나 교육심리학자의 전문성 심화에 중요한 촉매 역할을 할 것으로 기대합니다.

한국교육심리학회 학습컨설팅 총서는 권수를 정해 놓거나 완결을 예정하지 않으며 지속적으로 속간해 나갈 것입니다. 우선 학습컨설팅이라는 분야를 한국교육심리학회의 주요한 과제로 선정하고 열정적으로 추진해주신 박병기 전 회장님, 교육현장에서 일어나는 학습컨설팅에 대한 요구를 학회의 전문성 강화로 연결시키기 위해 애써주신 김성일, 김정섭 전 회장님, 전문위원장으로서 학습컨설팅 총서 작업을 시작하여 일차적으로 마무리해준 어윤경, 김민성 교수님, 완성도 높은 6권의 전문서적 완간을 위하여 불철주야 애써준 책임저자 및 30여 명의 집필저자께 진심으로 감사의 말씀을 드립니다. 또한 학습컨설턴트 자격연수 과정에 직접 참여하여 본 학습컨설팅 총서의 각론에 대한 필요성과 내용에 대한 조언을 아끼지 않았던 학습컨설턴트 및 현장 교사 여러분께도 다시 한 번 고마움을 전합니다.

2018년 1월

한국교육심리학회 회장 김 동 일

머리말

학습 상황은 학습자에게 도전을 요구하며 때로는 심한 좌절을 안겨주기도 한다. 학습부진 학생들은 다양한 이유로 학습 상황에서 어려움을 호소하며 때로는 학습을 포기하기도 한다. 학습부진으로 인하여 고통을 호소하는 학생과 학부모가 날로 증가하고 있으며, 이들을 대상으로 정부와 민간단체의 서비스도 날로 확대되고 있다. 이는 학습으로 인하여 학생과 학부모가 겪는 고통이 단순히 개인적인 문제뿐만 아니라 사회적·제도적 문제와도 밀접하게 연관되어 있기 때문이다.

학생들이 학습부진을 겪는 이유는 매우 다양하다. 어떤 학생은 주의력이나 학업동기, 읽기, 쓰기 등 기초학습기능의 결함을 안고 있고, 다른 학생은 부모의 낮은 성취압력이나 열악한 사회경제적 지위와 같은 취약한 학습 환경에 노출되어 있다. 때로는 충동장애 혹은 성취불안과 같은 정서·행동적 요인이나 다문화 학생과 같이 주류문화와의 갈등으로 인한 학습기회 결여가 학습부진의 주된 원인이 되기도 한다. 따라서 학습부진을 겪는 학생들을 이해하고 조력하기 위해서는 학습부진의 원인을 규명하고 그에 따라 차별화된 학습컨설팅 전략을 수립할 필요가 있다.

한국교육심리학회 학습컨설팅 총서에 이 책이 포함된 것은 학습컨설턴트들이 학습부진으로 고통을 겪는 학생과 학부모들 그리고 교사들에게 좀 더 전문적인 서비스를 제공할 수 있도록 다양한 유형의 학습부진 사례를 분석하고 지도하기 위한 기본서가 필요했기 때문이다. 이 책은 일차적으로 한국교육심리학회가 인증하는 학습컨설턴트 자격을 취득하려는 수련생들에게 학습부진 유형별 학습컨설팅을 위한 기본 지식과 사례 분석 및 지도를 위한 지침서로서 마련된 것이다. 그러나 학습부진에 관심 있는 교사나 학부모들에게도 실질적인 도움이 될 수 있는 참고도서이기도 하다.

이 책의 공저자들은 평소 학습부진으로 인해 고통을 겪는 학생들에게 상당한 관심을 갖고 그들을 돕기 위한 학습컨설팅의 이론과 실천 영역에서 연구, 프로그램 개발 및 실천에 정진하고 있는 분들이다. 송재홍 교수는 1부에서 학습부진에 대한 전반적인 이해와 학습컨설팅을 위한 사례분석 및 전문지도의 일반적인 과정과 절차를 소개하였다. 김동일 교수는 2부에서 읽기, 쓰기, 수학 등 기초학습기능 부진의 학습컨설팅을 위한 사례분석 및 지도를, 노원경 박사는 3부에서 정서·행동 문제를 지닌 학생의 학습컨설팅을 위한 사례분석 및 지도를, 그리고 문은식 교수는 4부에서 다문화 학생의 학습컨설팅을 위한 사례분석 및 지도를 각각 집필하였다. 지면으로나마 연구와 교육 그리고 봉사 등의 바쁜 일정과 어려운 여건에도 불구하고 흔쾌히 집필을 수락하고 원고를 작성한 네 분 공저자께 깊이 감사드린다.

이 책이 학습컨설팅 총서 중의 한 권으로 출판된 것을 집필진들과 함께 기뻐하며, 그동안 도움을 주신 많은 분들께 감사를 드린다. 학습컨설팅의 기초·위상을 정립하고 학습컨설턴트들의 전문성 제고를 위해 학습컨설팅 총서를 기획하고 추진해 주신 김민성, 어윤경 전문위원장님, 물심양면으로 지원하신 김성일, 김정섭 전회장님과 김동일 회장님, 그리고 원고 제출이 지연되었음에도 불구하고 일정에 맞춰 책이 출간될 수 있도록 적극적인 역할을 해주신 박영스토리 안상준 상무님과 이선경 과장님 이하 편집부원 여러분께 진심으로 감사의 말씀을 드린다.

2018년 3월 봄이 오는 즈음에

대표저자 송 재 홍

차 례

P/A/R/T

01 학습부진 학습컨설팅: 사례분석 및 전문지도

P/A/R/T

02 기초학습기능 부진의 학습컨설팅 사례분석 및 지도

P/A/R/T

03 정서·행동 문제 학생의 학습컨설팅 사례분석 및 지도

P/A/R/T

04 다문화 학습컨설팅의 사례분석 및 지도

P/A/R/T 1

학습부진 학습컨설팅:
사례분석 및 전문지도

P/A/R/T 1

학습부진 학습컨설팅: 사례분석 및 전문지도

송재홍

개요

학생이 학교생활은 물론 인생의 성공적인 삶을 영위함에 있어서 학습 역량은 핵심적인 발달 자산이다. 낮은 학업성취도와 학업 중단, 학교생활 부적응 등 학습부진 학생이 안고 있는 문제는 그들의 자기실현을 위한 잠재력 개발과 진로 개척을 위한 인적 자본 축적의 기회를 상실하게 함으로써 심리적 발달을 저해한다. 그리고 경제적 빈곤과 사회적 일탈행위를 조장하여 개인적인 삶의 질 저하는 물론 사회적으로 막대한 비용을 초래할 수 있다. 따라서 학습부진 학생의 개인적 특성과 환경적 원인을 중심으로 생활과 발달상의 문제를 이해하고, 이에 기초하여 학습부진 학생의 학습동기 및 학습기술 향상과 학교생활 적응을 합리적이고 체계적으로 지도·안내해야 할 필요가 있다.

제1부에서는 먼저 학습부진의 정의, 특성, 유형 등 학습부진의 개념적 특징을 제시하고, 이어서 학습부진의 주요 원인으로서 인지 및 초인지적 결함, 정서 및 동기적 결함, 그리고 생물학 및 생태학적 결함을 알아본다. 또한 학습부진 학생의 평가와 진단을 위한 주요 절차와 평가도구를 제시하고, 학습부진 학생의 유형에 따른 개입 전략을 알아본다. 마지막으로 학습부진 학생의 학습컨설팅 사례분석 및 전문지도의 실제를 소개한다.

학습목표

1. 학습부진의 정의, 특성, 유형을 설명할 수 있다.
2. 학습부진의 주요 원인(인지적 결함, 동기적 결함, 생태학적 결함 등)을 설명할 수 있다.
3. 학습부진 학생의 평가 및 진단 절차를 제시하고, 주요 심리평가도구를 이해·적용할 수 있다.
4. 학습부진 학생의 개입을 위한 체계적 절차를 제시하고, 학습부진의 유형에 따른 개입 전략을 적용할 수 있다.
5. 학습부진 학생의 학습컨설팅 사례분석 및 전문지도의 실제를 이해·적용할 수 있다.

1 학습부진의 개념

학습부진의 개념적 특징을 이해하기 위해서 먼저 학습부진의 정의를 알아보고, 이어서 학습부진 학생의 특성과 유형을 제시한다.

1) 학습부진의 정의

학습부진은 아동의 학업성취도가 낮은 상태를 일컫는 포괄적인 용어로 맥락에 따라 다양한 의미로 사용된다. 외국에서는 스트라우스(Strauss & Lehtinen, 1947)의 '뇌 손상', 커크(Kirk, 1962)의 '행동적 장애', 크레멘츠(Clements, 1966)의 '미소 뇌 장애' 등과 같이 학습에 있어 장애나 부진을 보이는 원인의 측면에서 학습부진을 개념화하고 있다. 반면에 우리나라에서는 일반적으로 지적 능력이나 학습 가능성의 관점에서 학습부진을 개념화해 왔으며, 학습지진, 학습장애, 학습지체 등과 구별하여 사용되고 있다. 학습부진과 관련된 몇 가지 용어를 살펴보면 다음과 같다(김동일, 신을진, 이명경, 김형수, 2011: 23-36).

- 저성취(low achievement): 일반적으로 학업성취도 수준을 집단별로 구분할 때 하위집단에 속하는 경우를 말하며, 학습부진과 자주 혼용된다.
- 학업지체(academic retardation): 국가적 혹은 지역적으로 규정된 학년이나 학기의 학습목표를 달성하지 못하여 뒤처지는 상태를 말한다.
- 학습지진(slow learner): 지적 능력의 저하로 인하여 학업성취가 뒤떨어지는 상태를 말하며, 경계선급 경도장애를 보이며 학습능력이 평균 수준에 미치지 못한다.
- 학습장애(learning disability): 개인 내적인 결손, 즉 지각장애, 신경 체계의 역기능 및 뇌 손상과 같은 기본적인 정보처리과정의 장애로 인해 학습에 부적응을 보이는 현상을 말하며, 일생 동안 발달적 학습(듣기, 말하기, 주의집중, 지각, 기억, 문제해결 등)이나 학업적 학습(읽기, 쓰기, 수학 등) 영역 중 하나 이상에서 심각한 어려움을 겪는다.
- 학습부진(underachievement): 아동이 지닌 잠재적인 지적 능력 수준에 비해 학업성취도 수준이 현격하게 뒤떨어지는 상태를 말하며, 일반적으로 정상적인 학교

학습을 할 수 있는 잠재능력이 있으면서도 환경 요인이나 그것의 영향을 받은 개인의 성격이나 태도, 학습습관 등 다양한 요인으로 교육과정 상에 설정된 교육목표에 비추어 최저 학업성취도 수준에 도달하지 못한 경우에 해당된다.

이와 같이 학습부진과 관련하여 여러 유사 용어가 개념적으로 구분될 수 있을지라도, 학교 현장에서는 이를 구분하기가 쉽지 않다. 이 용어들은 모두 기대되는 학업성취도 수준에 도달하지 못하는 동일한 모습을 보이며, 일반 학급에 함께 배치되어 있는 경우가 많다.

학자들은 학습부진을 주로 지적 능력은 정상이나 사전학습의 결핍이나 여러 가지 주변 여건으로 인해 학업성취도가 낮은 상태로 개념화하고 있다(박성익, 1986). 교육부(1999)의 '교육발전 5개년 계획'에 포함된 학습부진 학생에 대한 기초교육 강화 정책에서는 학습부진 학생을 "지능은 정상이나 읽기, 쓰기, 셈하기(3R's)를 포함한 각 교과가 요구하는 최소한의 학업성취도 수준에 미달한 자"로 정의하고 있다.

이와 같이 여러 학자들과 교육부의 학습부진에 대한 개념 정의를 종합해 보면, 우리나라에서는 학습부진을 정의하고 규정할 때 학습부진의 발생 원인보다도 결과적으로 나타나는 현상에 초점을 두고 있으며 학업성취도와의 비교 준거를 지적 능력에 두고 있음을 알 수 있다(박효정, 2005). 또한 학습부진의 원인을 개인내적 결함(예: 뇌 손상)보다는 누적된 학습결손이나 교수–학습 환경(예: 학습전략 부재)에 두고 있다. 결과적으로 학습부진은 신체적, 정서적, 행동적, 환경적인 장애나 결핍으로 인해 학습 상황에서 부진을 나타내는 현상이라고 볼 수 있다. 다시 말하면, 학습부진은 "개인적 요인(인지적, 정의적 특성)과 환경적 요인(가정, 학교, 수업 등)으로 인해 학습결손이 누적되고 학습동기가 낮거나 학습습관이 잘 형성되지 않아 학생 능력에 비해 기대되는 성취가 나타나지 않은 상태"로 정리해 볼 수 있다.

학교 현장에서는 기대되는 최소한의 학업성취도 수준에 대해 '기초학력'과 '기본학력'이라는 개념을 도입하고 있다(한국교육과정평가원, 1997). 기초학력은 초등학교 3학년 수준의 읽기, 쓰기, 셈하기 능력을 말하며, 기본학력은 해당 학년의 교과교육과정에 제시된 최소 수준의 학습목표에 도달하는 학력을 말한다. 따라서 학습부진 학생은 기초학력 미달자와 기본학력 미달자로 구분될 수 있다. 특히 기초학력은 일상적인 사회생활을 영위하기 위해서 반드시 필요한 기능이기 때문에 기초학력 미달 학생에 대해서는 특별한 관심과 지도가 필요하다. 이런 이유로 학교 현장에서는 흔히 학업성취도 평가에서 '기초학력 미달'로 판정받는 학생들을 '학습부진아'라고 지칭한다. 실제 학교 현장에서 아무리 지도를 하여도 소기의 성과를 거두기 어렵다고 호소하는 사례는 대부분 학습지진, 학습장애 혹은 정서행동장애의 특성을 보이거나 학습결손이 심한 기초학력 미달 학생이다.

하지만 실제 기초학력 미달에 처하는 학생을 살펴보면 이론적으로 정의된 학습부진의 개념 규정에 적합하지 않은 학생도 다수 포함되어 있는 것이 사실이다. 이화진 외(1999)는 이러한 학습부진의 개념 정의가 학교학습의 실태를 잘 반영하지 못한다는 점을 지적하고 재개념화를 요청하였다. 이론적으로 볼 때, 학습부진은 잠재 능력은 있지만 환경적 요인이나 그러한 요인에 영향을 받은 개인적인 성격이나 태도, 학습습관이나 학습결손으로 인해 낮은 학업성취를 보이는 학생을 가리킬 때 사용하는 개념이지만, 실제로는 일반 학교 현장에서 학습부진이란 어떤 요인에 의해서든 '학업저성취'를 보이는 학생을 통칭하는 의미로 사용되고 있다. 이처럼 학업저성취로서 기초학력 미달 학생은 학업성취도 평가 결과에서 판정되는 '기초학력 미달' 학생이 되는데, 문제는 '학업저성취' 또는 '기초학력 미달'로 지칭되는 학생들이 드러내는 낮은 학업성취도가 학습부진의 개념이 규정하듯이, 단지 환경적 요인이나 개인적 성격이나 태도, 잘못된 학습습관이나 학습결손 등의 요인에만 기인하는 것이 아니라는 점이다.

2) 학습부진 학생의 특성

학습부진 학생은 공부를 못한다는 공통점을 제외하고는 저마다 다른 특성을 지닌다. 학습부진 학생에 대한 효과적인 지도를 위해서는 학습에서 실패할 가능성이 있는 개인적 특성과 환경적 요인을 파악할 필요가 있다. 학습부진 학생은 언어능력과 선수학습이 결핍되어 있고, 부정적 자아개념, 학습동기 결여, 열악한 수업태도를 지니며 학교생활에 대한 만족도가 낮다. 학업성취도는 이러한 인지적 특성과 정의적 특성을 포함하는 개인적인 요인과 사회문화적인 환경 요인의 상호작용 결과라고 할 수 있다.

가) 인지적 특성

학습부진 학생의 인지적 특성으로는 낮은 지적 능력과 학습방법 및 학습전략 사용의 결함을 들 수 있다.

(1) 낮은 지적 능력

학습부진 학생은 낮은 지능 수준을 비롯하여 언어능력, 기억력, 사고력, 수리력 등 고등정신능력에서 결함을 보이는 경우가 많다.

첫째, 학습부진 학생의 지능은 정상적인 학생보다 다소 낮은 편이다(신세호, 1979). 그러나 이것이 평균적으로 낮다는 것이지 학교 학습을 감당할 수 없는 저지능이나 정신지체를 의미하는 것은 아니다. 지능은 학업성취의 상한계를 의미하는 것이 아니라 학습의 속도를 의미한다. 즉, 지능이 높든지 낮든지 간에 학습과제를 성취할 수 있으나, 지능이 낮은 아동은 학습시간이 많이 걸린다는 것이다.

둘째, 학습부진 학생은 보통 평균적인 학생보다 낮은 언어능력을 보인다. 즉, 어휘력이 부족하고 어법에 맞는 형식적 언어생활, 그리고 자신의 생각과 경험을 표현하고 해석하는 데 필요한 추상적 언어능력이 떨어진다. 언어를 통하여 사고가 발달하고, 사고를 통해서도 언어가 발달한다. 따라서 언어는 학습이나 지적 발달에 있어서 중요한 요인이 된다(Vygotsky, 1994). 오수벨(Ausubel, 1963)은 학습부진 학생이 어법에 맞는 추상적인 언어능력의 부족으로 구체적 사고양식에서 추상적 사고양식으로 전환하는 데 곤란을 겪고 있다고 하였다. 그러나 학습부진 학생은 자기가 표현한 것보다 더 많은 언어능력을 가지고 있을 수 있다. 즉, 그들은 공상을 할 수 있는 언어능력도 갖고 있으며, 자율적이고 자연스러운 상황에서는 유창한 언어적 표현을 할 수도 있다.

셋째, 학습부진 학생은 보고 들은 것과 경험한 것을 기억하는 능력이 부족하다. 그들은 특히 단기기억 검사에서 평균적인 학생보다 유의미하게 낮은 성취도를 나타내는 경향이 있다. 이것은 학습부진 학생이 정보의 즉각적인 재생이 취약하고 불필요한 자극에 크게 영향을 받으며 주의집중을 오래 못한다는 것을 의미한다. 또한 학습부진 학생은 청크, 시연, 조직화, 정교화, 심상과 같은 효과적인 기억술을 사용하지 않거나 인출 시 맥락적 단서를 적절히 활용하지 못한다.

넷째, 학습부진 학생은 개념 간의 관계, 논리적 전개, 그리고 상황과 사건 간의 인과관계를 밝히는 데 있어서도 빈약한 사고구조를 갖고 있는 경우가 많다. 예를 들면, 학습부진 학생은 문제해결 과정에서 결론에 도달하기까지의 사고과정을 생략하며, 자기 행동에 대한 비판이나 검토를 거치지 않고, 논리가 비약하는 등 평균적인 학생에 비해 사고 과정에서 제한이 많은 특성을 지닌다.

다섯째, 학습부진 학생은 수 개념의 이해와 수의 기초적인 조작능력과 같은 기초연산능력이 부족하다. 기초연산능력은 일반적으로 과학, 수학 교과 등과 밀접한 관련을 맺으며, 사물에 대한 관찰, 측정 및 측정된 결과의 적절한 활용을 통하여 어떤 사실을 확인·검증하거나, 이미 설정된 가설을 검증하는 능력을 말한다. 그러나 기초연산능력이 부족한 학습부진 학생은 이러한 능력을 요하는 과제에서 실패하게 되며, 따라서 과학적, 논리적, 조작적 사고의 발달이 지연된다.

(2) 부적응적인 학습방법 및 학습전략

학습방법 및 학습전략 분야의 연구결과에 의하면, 학습부진 학생은 부적응적인 학습전략을 지니고 있는 것으로 밝혀졌다(박효정, 2005). 학습부진 학생은 구체적인 학습내용의 결함 이외에도 성공적인 학습을 위해 요구되는 여러 가지 학습전략 면에서도 부족함을 드러낸다. 따라서 성공적인 기초학력의 배양을 위해서는 학습내용을 체계적으로 이해시키는 것 외에도 학습 전반에 걸쳐서 요구되는 학습방법(또는 학습전략)을 학습시키는 것이 필요하다. 학습부진 학생은 학습방법 및 학습전략과 관련하여 다음과 같은 결함을 지닌다(Swanosn, 1990).

첫째, 복합적인 정신활동을 동시에 혹은 근접해서 접근하고 조직하고 통합하는 일이 어렵다. 학습부진 학생은 상징적이거나 추상적인 수준의 개념을 파악하는 데 어려움을 겪는다. 따라서 이러한 결함은 개념 형성, 추리, 언어 등 여러 인지 과정을 통합해야 하는 문제해결 상황이나 읽기와 쓰기에 관여하는 결정적인 하위과정 등 고등정신기능을 숙달하는 데 실패하기 쉽다. 즉, 정보를 분석하고 종합해야 하는 문제해결 상황에 이르는 인지 과정을 잘 생략하며 논리적 비약 등 여러 형태의 사고 한계를 드러낸다.

둘째, 전략 사용에 있어서 융통성의 결함을 보인다. 학습부진 학생은 전략을 쉽게 바꾸어야 할 상황이나, 다른 미미한 정보는 무시하고 특징적인 속성을 파악해내야 하는 상황, 그리고 구체적인 것에서 전체적인 것으로 갔다가 다시 구체적인 것으로 되돌아가야 하는 상황에서 융통성의 결함을 보인다. 또한 비효율적인 인지과정을 사용할 뿐만 아니라 자신이 이미 획득한 전략을 사용하는 데에도 실패한다.

셋째, 학습과정이나 문제해결 상황에서 점검, 계획, 수정 등의 자기조절 전략을 잘 사용하지 못한다. 톨센(Torgesen, 1987)에 의하면, 학습부진 학생은 정상적인 학생과는 다른 초인지 과정을 지니고 있으며 다양한 학습 상황에서 수동적인 접근을 더 자주 사용한다. 학습부진 학생은 특정한 과제를 해결하는 데 필요한 적절한 전략을 인지하지 못할 뿐만 아니라 계획 및 자기점검과 같은 초인지 지식의 가치에 대해서도 인지하지 못한다.

나) 정의적 특성

학습부진 학생은 인지적 특성뿐만 아니라 정의적인 측면에서도 정상적인 학생과는 조금 다른 경향을 보인다. 즉, 학습부진 학생의 동기적, 사회적 요인이 학습부진을 초래하는 중요한 역할을 한다는 인식이 증가하고 있다. 정의적 행동 특성에 속하는 태도와 인식은 한 개인의 학습사와 관련을 맺으면서 주의력 결핍, 부정적인 자아개념, 과잉행동, 충동성과 공격성, 낮은 학업동기와 지적 호기심, 사회적 부적응과 같은 다양한 형태의 사회정서적 행동문제를 드러내고 있다. 학습부진 학생의 정의적 특성을 정리하면 다음과 같다(김선 외, 2001; 박성익, 1986; 박효정, 2005; McCall, Evahan, & Kratzer, 1992).

첫째, 학습부진 학생은 평균적인 학생에 비해 과잉행동의 특성을 많이 나타낸다. 과잉행동의 가장 두드러진 특징은 집중력 부족, 인내심과 자제력 부족, 공격성 등이다. 일반적으로 학습부진 학생은 평균적인 학생에 비해 주의가 산만하고 학습의욕이 낮으며 쉽게 포기하는 경향이 있으며, 자리에 가만히 앉아 있지 못하고 교실을 돌아다니거나 많이 떠드는 등 학습과제와 관련이 없는 행동을 더 많이 하기 때문에 낮은 학업성취를 보인다.

둘째, 학습부진 학생은 평균적인 학생에 비해 주의집중력이 떨어진다. 주의집중은 한 과제를 학습하는 데 일차적으로 필요한 기초적 기능이다. 이것은 우리의 감각기관으로 동시에 들어오고 있는 수많은 시각적·청각적·촉각적인 자극들 중에서 일부 자극을 선택하는 능력이다. 학습 과정은 주의집중에 의해 선택적으로 지각된 자극만 단기기억과 장기기억에 전달되어 저장된다. 일반적으로 학습부진 학생은 필요한 자극에 주의를 집중하는 데 결함이 있으며, 한 가지 일에 충분한 시간 동안 주의를 집중하지 못하고 산만한 행동을 보이는 경향이 있다.

셋째, 학습부진 학생은 부정적인 자아개념을 갖고 있다. 학생의 자아개념은 타인과의 관계 속에서 형성되고 발달하며, 이러한 관계 속에서 개인은 자신에 대한 자아개념을 형성해 나간다. 학습부진 학생은 학업성취도가 높은 학생에 비하여 부정적인 인생관, 가족의 불인정, 위축되고 방어적인 행동, 공격적인 행동 등을 좀 더 자주 드러내는 경향이 있다. 또한 교사와 학부모도 학습부진 학생에 대해 부정적으로 지각하여 스스로 부정적인 자기충족적 예언을 하는 경향이 있으며 결과적으로 부정적인 자아개념을 형성하게 된다고 지적하고 있다. 그 결과 학습부진 학생은 자신의 능력을 실제보다 낮게 받아들이고, 자신에 대해 부정적이고 무가치하게 생각하며, 자기비난적이다. 또한 실패에 대한 공포감이 크며 특히 수행이나 시험에 대한 불안이 크다.

넷째, 학습부진 학생은 사회적 부적응을 나타낸다. 일반적으로 학습부진 학생은 평균적인 학생에 비해 학교생활에서 다른 사람과 원만한 관계를 영위하지 못한다. 그들은 친구가 없고 외톨이거나 소외되고 위축되는 경향이 있으며, 사회적 기술이 미숙하고 또래들이 좋아하지 않으며 또래로부터 거부당한 느낌을 갖는다. 특히 학습부진에 대한 선생님의 질책과 동료로부터의 소외는 교과학습에 대한 혐오뿐만 아니라 학교생활 전반에 대해 부정적인 감정 상태를 갖게 하며, 나아가서는 학교에서 요구하는 만큼의 학습목표를 달성하지 못하는 악순환을 겪게 된다. 또한 학습부진 학생은 가정생활에도 잘 적응하지 못한다. 지적 성취에 대한 가족의 기대를 충족시켜 주지 못하는 데에서 오는 강한 죄책감과 가족의 성화, 무관심에서 오는 소외감은 부적응을 심화시키는 원인이 된다. 또한 이들은 언어 능력이나 그 밖의 기초적인 지적 기능의 열세로 인하여 동료들 간의 대화에서 소외되기도 한다.

다섯째, 학습부진 학생은 낮은 성취동기를 지닌다. 누적적인 학습 실패의 경험으로 인하여 지적인 호기심은 물론 사물에 대한 지적인 관심조차 느끼지 못하는 경우가 많고 어떤 일을 의욕적으로 하려는 동기가 결여되어 있다. 그 결과 학습부진 학생은 목표의식이 결여되어 있거나 비현실적으로 높은 기준을 갖고 지나치게 완벽주의이다. 또한 포부 수준이 낮고 끈기가 부족하며 충동적이다. 자신의 학습과 관련하여 장기적인 목표를 세우고 이를 달성하기 위해 노력하기보다는 눈앞에 보이는 일에 대한 즉각적인 보상만을 추구하는 경향이 강하다. 즉, 학업을 성취하거나 계속적으로 정진하려는 태도를 거부하며, 앞으로 전개될 새로운 것을 생각하기보다는 당장 눈앞의 문제만을 적당히 해결하고 넘어가려는 경향이 강하다. 따라서 학습에서도 즉각적인 효과를 기대하며 그것이 마음대로 되지 않을 때에는 쉽게 좌절해버리는 경우가 많다.

다) 생태학적 특성

학습부진 학생의 생태학적 특성은 가정환경 요인과 학교환경 요인으로 구분하여 고찰할 수 있다.

(1) 가정환경 요인

학습부진 학생의 가정환경 요인은 가정의 낮은 사회경제적 지위, 학부모의 학습 지원과 학습 시간의 부족, 부모의 양육태도, 문화실조 등이다(강만철, 오익수, 2013). 특히 가정의 사회경제적 지위가 낮은 학생들에게는 교사가 크게 기대하지도 않고 능력을 인식하지도 못하는 경향이 있으며, 가족 역시 기대가 낮고 지원에 한계가 있다. 또한 학습부진 학생의 부모는 다음과 같은 특성을 지니는 경향이 있다(McCall, Evahan, & Kratzer, 1992).

- 아동에게 무관심하고 애정이 없으며 교육에 대해 부정적이다.
- (특히 아버지의 경우) 지나치게 권위적이고 제한하거나 거부한다.
- 부모 간의 의견이 일치되지 않고 갈등을 보이거나 일관성이 없다.
- (특히 재능 있는 아이에게는) 극도로 허용적이거나 다 큰 어른으로 대한다.
- 성적에만 관심을 보이고 지나치게 성취압력을 가한다(지나침이 문제가 됨).

(2) 학교환경 요인

학습부진 학생의 학교환경 요인은 학교장의 과업지향적 리더십과 경쟁적인 학습 풍토, 다인수 학급, 이질 집단, 교수-학습 방법, 교육과정 및 운영방식, 그리고 학습부진 낙인 효과 등으로 다양하다. 강만철과 오익수(2013)는 학습부진의 학교환경 요인을 좀 더 구체적으로 탐색하기 위하여 기초학력 미달률이 높은 학교와 미달률이 낮은 학교를 비교 분석하였다. 그 결과 기초학력 미달률이 낮은 학교는 높은 학교에 비하여 다음과 같은 특징을 지니고 있었다.

첫째, 학교의 전체 분위기와 관련하여 학교장을 비롯한 전 교원이 기초학력 문제를 공유하고 협력하려는 모습을 관찰할 수 있었다.

둘째, 학교장은 기초학력 향상에 대한 적극적인 해결 의지와 관련 자료 및 전문지식이 풍부하고, 교원의 신뢰가 높고 소통이 원활하며 격려 중심의 리더십을 갖고 있었다.

셋째, 교감은 교장과 같이 학력 향상에 대한 전문적인 지식과 의지를 갖고 있으며, 교사들이 효율적으로 운영할 수 있도록 지지 지원을 실질적으로 해 주었다.

넷째, 교사들은 남다른 애정과 열정으로 학습부진 학생들과 친밀한 관계를 구축하고 있으며, 동아리 또는 사례연구 활동을 통해 교사 간의 정보공유와 의사소통이 원활한 동료관계를 형성하고 있었다.

다섯째, 학생들은 학교가 즐겁다고 인식하고 있고, 교사와 교우관계에 만족을 느끼며, 학습방법이 쉽고 재미있다고 느끼고 있었다.

이러한 결과는 학교장, 교사, 학생, 교육청, 지역사회 등 교육과 관련한 인력과 기관들이 학습부진의 문제를 공유하고, 그 해결을 위해 상호 유기적으로 협력하는 끈끈한 교육공동체를 형성하며, 각자의 역할에 따라 전문적인 지식과 경험을 바탕으로 상호 소통하고 실행하는 정도에 따라 학습부진의 대표적인 지표가 되는 기초학력의 성취 정도가 달라진다는 것을 보여준다.

또한 학교에서 학습부진 학생의 행동 특성은 훈육, 공부습관, 학교에 대한 태도, 대인관계와 관련하여 심각한 문제를 보이는 경향이 있다(McCall, Evahan, & Kratzer, 1992).

- 훈육: 지각과 결석이 잦고 파괴적이거나 말이 많아 훈육에 어려움을 겪기 쉽고, 미성숙하거나 학교에 부적응한다.
- 공부습관: 공부하는 기술이 부족하고 꾸준히 노력하지 않는다(비일관성). 또한 집중력이 부족하고 백일몽에 빠지거나 가만히 앉아 있지를 못하고(과잉행동), 공부를 충동적 혹은 건성으로 하거나 새로운 과제에 도전하지 않는다.
- 학교에 대한 태도: 학교를 지루해하거나 무관심하고 참여하지 않는다. 또한 학교를 싫어하거나 증오한다.
- 대인관계: 분노를 공개적으로 터뜨리고 적대적이거나 공격적이다. 또한 관심 끌기에 신경을 많이 쓰며 쉽게 울거나 심리적으로 부끄럼이 많고 위축되어 있다.

학습부진 학생이 이와 같은 특성을 모두 가지고 있는 것은 아니지만, 저조한 학업성취도뿐만 아니라 다양한 인지적, 정서적, 관계적 문제를 안고 있으며, 부모를 포함한 외부 환경의 역기능적 문제도 함께 있을 수 있음을 시사한다. 따라서 앞서 제시한 특성의 발현 유무를 점검하면서 학습부진 학생의 개별적 특성을 다각도로 이해해야 할 것이다. 즉, 학습부진 학생을 지도하는 것은 단순히 학업만 지도하는 것이 아니라 학업부진과 공존하는 부적응적 혹은 역기능적인 특성도 함께 파악하여 적응적이고 기능적이 되도록 통합적인 지도가 필요하다.

3) 학습부진의 유형

성공하는 학생은 몇 가지 공통적인 특징을 지니고 있지만, 실패하는 학생은 매우 다양하다. 학습부진은 지속기간에 따라 학습부진이 일시적인 기간 동안만 나타나는 경우와 장기간에 걸쳐 만성적으로 나타나는 경우로 구분되거나, 자신과 타인에게 미치는 영향에 따라 비교적 정상적인 상태의 경미한 경우와 자존감에 상처를 안겨 개인적 성장을 방해하는 심각한 경우로 구분될 수 있다(김동일 외, 2011). 그밖에 학습부진의 유형은 학습부진의 범위, 학습부진의 발생 원인, 학생의 생활유형 등 다양한 기준에 따라 분류될 수 있다.

가) 학습부진의 범위에 따른 분류

교육부에서는 학습부진 학생을 기초학습부진 학생과 교과학습부진 학생으로 구분하고 있다. 전자는 초등학교 3학년 수준의 읽기, 쓰기, 기초수학 능력에 도달하지 못한 학생을 일컫고, 후자는 국어, 수학, 영어, 사회, 과학 교과에서 해당 학년의 교육과정에 제시된 최소 수준의 목표에 도달하지 못한 학생을 일컫는다.

(1) 기초학습부진

"기초학습부진 학생"은 읽기·쓰기·셈하기의 기초학습기능이 결손되어 있는 학생으로서, 기초학습기능으로 간주되는 읽기, 쓰기, 셈하기와 같은 비교적 단순한 수준의 기능에 부진을 보이거나 부진이 지속적으로 나타나는 학생을 의미한다. 예를 들어, 주어진 철자를 소리 내어 읽기, 불러준 단어나 문장을 제대로 받아쓰기, 비교적 단순하고 낮은 수준의 사칙연산의 수행 등 학습의 가장 기본이 되는 능력을 제대로 이행하지 못하는 학생을 말한다. 이러한 기초학습부진 학생은 기능적으로 문제가 있을 가능성이 높으며, 따라서 이런 학생은 특수교육의 대상에 속할 가능성이 높다. 또한 학습장애, 학습지진 등 인지적 요인은 물론 ADHD, 우울증, 자폐 등 정서행동장애 요인과 같이, 학습부진의 이론적인 개념에서 배제된 선천적, 선천-환경 상호작용적 원인에 의해 학습저성취에 이르는 학생들도 기초학력 미달 학생의 범주에 포함된다.

(2) 교과학습부진

"교과학습부진 학생"은 각 교육(학년)단계에서 요구하는 최저 학업성취 기준에 도달되지 못한 학생으로서, 어느 정도의 지적 능력은 있으나 선수 학습 요소의 결핍이나 기타 제반 환경적 영향으로 인해 각 학년의 최저 학업성취 수준에 도달하지 못한 학생을 의미한다. 일반적으로 학교교육은 학년이 올라가면서 학습의 범위가 확대·심화된다. 따라서 다음 학년에서의 성공적인 학습을 위해서는 각 학년 단계에서 최소한으로 성취해야 할 학습목표를 중심으로 이에 대한 성취 여부를 확인해 보는 것이 필요하다.

나) 학습부진의 발생 원인에 따른 분류

학습부진은 지적 능력 부족, 인지기능 손상, 학습동기 결여, 정서행동문제, 학습환경 결손 등 그 발생 원인에 따라 여러 가지 유형으로 분류될 수 있다.

(1) 지능 부족에 따른 학습부진

낮은 지적 능력은 학습부진의 주된 원인이다. 대체로 개인지능검사에서 보통 수준 이하의 낮은 지능을 보이고, 언어능력, 공간능력, 운동능력, 대인관계, 정서 등 대부분의 영역에서 발달이 느리며, 모든 교과목에서 저조한 성취를 보인다.

사례 1

초등학교 3학년 A군은 수업시간에 딴짓을 많이 하고, 학습적인 부분의 발달이 매우 늦다. 지능검사 결과 지능지수는 "경미한 정신지체 수준"에 해당하였다. 숫자를 100까지 세는 것이 어렵고, 간단한 덧셈이나 뺄셈도 잘하지 못한다. 책을 더듬거리며 읽고 받침 없는 글자 정도만 쓸 수 있다. 발음이 부정확하고 자신의 생각을 말로 표현하는 데도 어려움이 있다. 계절에 대한 개념도 부족하여 "눈이 내리는 계절은?"이라는 질문에 "여름이요"라고 대답한다. 도형을 그리는 데도 어려움을 보이고 있고, 퍼즐을 맞추는 데도 어려움을 보이고 있다. 같은 또래의 친구들보다는 자신보다 어린 친구들과 어울리는 것을 더 좋아한다.

(2) 인지기능 손상에 따른 학습부진

인지기능의 손상은 특정 영역에서 학습부진을 보이는 주요 원인이 될 수 있다. 지능은 보통 수준 이상이지만 발달 영역 간에 불균형한 발달 패턴을 보이며, 읽기, 쓰기, 수학 등 특정 영역에서 성취부진이 지속적으로 나타날 수 있다. 또한 정서행동적 문제를 수반하지 않으며, 특정 교과에서는 좋은 성취를 나타낼 수 있다.

사례 2

초등학교 5학년인 B양은 학교에서 필기를 제일 싫어한다. 작문 시간이면 딴청을 피운다. 그녀는 쓰는 것이 어렵다. 또 쓰는 데 많은 시간이 걸려서 미처 다 쓰기도 전에 선생님이 칠판을 지우는 일이 많다. 그리고 그녀가 쓴 글씨는 자신이 알아보기도 힘들 정도로 엉망이다. 글씨를 쓸 때 공책에 그어진 칸에 맞춰서 단정하게 쓰지 못하고 칸을 넘기기 일쑤이다. 또한 받아쓰기를 아주 못한다. 그래서 알림장에 그날그날의 숙제를 다

적지 못할 때가 많고, 숙제를 하지 못해서 매일 꾸중을 듣는다.

(3) 정서행동문제에 따른 학습부진

일부 학습부진 학생은 정상적인 지적 능력을 지니고 있음에도 불구하고 정서행동문제로 인해 학습과제를 완성하는 데 어려움을 겪는다. 읽기능력, 기억력 등 기본 인지기능에서는 정상적인 학생과 차이가 없으며, 정서 문제로 인해 갑작스런 성취부진이 발생할 수도 있다.

사례 3

초등학교 2학년인 C군은 성급하고 충동적이어서 수업 시간에 자리에 앉아 있지를 못하고 갑자기 일어나서 서성거리거나 돌아다니며 선생님이 설명할 때 상관없는 얘기를 해서 수업 진행을 방해하기도 한다. 또한 친구들과 놀 때에는 자기 차례를 기다리지 못하고 먼저 하려고 하며, 곧잘 친구의 물건을 빼앗고 뜻대로 안 되면 험담을 하거나 때리는 등 공격성을 드러낸다. 뒤에 앉은 친구가 뭘 물어보려고 건드리면 자기를 때렸다고 생각하여 발길질을 한 적도 있고, 급식 시간에는 친구가 새치기를 했다고 머리를 식판으로 때린 적도 있다. 선생님이 지적하면 그때뿐이고 언제 그랬냐는 듯이 곧바로 다시 떠들어대고 싸운다. 그래서 반 아이들이 멀리하여 친구가 없다. 뿐만 아니라 주의가 산만해서 어떤 것에 마음을 빼앗기면 하던 일을 다 잊어버리고 시간 가는 줄 모른다. 학교에서 오는 길에는 문구점 앞에서 오락에 정신이 팔려 날이 저물어서야 집에 들어오기 일쑤이다. 그로 인해서 부모님의 야단이 잦아지자 차츰 학교에서 청소하다가 늦었다는 식으로 핑계를 대고 거짓말을 하는 버릇이 생겼다.

(4) 환경 결손에 따른 학습부진

일부 학생은 열악한 학습 환경으로 인해 자신의 잠재력을 발휘할 수 있는 학습기회를 충분히 얻지 못하여 학습부진을 보인다. 일부 학습부진 학생은 이사 혹은 전학 등으로 변화된 새로운 환경에 미처 적응하지 못하여 갑작스럽게 성취부진을 나타내기도 한다.

사례 4

어느 날 중학교 1학년인 D양은 학교에서 특별히 제작된 보충학습지를 받아 왔다. 그녀는 학년 초에 실시한 전국학력평가에서 국어와 수학 등 기본교과의 성적이 60점을 넘지 못했기 때문이다. 집안 형편이 넉넉하지 못하고 부모가 맞벌이를 하느라 자녀의 학업에 신경을 쓸 여력이 없다. D양은 학교에서 누적된 실패 경험으로 인해 학습의욕이 낮고 매사에 자신감이 없다. 과제를 할 때 "나는 못해."라는 말을 자주 하고, 시험을 보면 백지로 내는 경우도 많다. 그러나 그녀는 정상적인 지적 능력을 지녔으며 친구들과는 비교적 사이좋게 지내고 학교생활에 적응하는 데에도 특별한 문제점은 발견되지 않았다. 다만 어휘력이 부족하고 숫자를 처리하는 능력이 다소 느릴 뿐이다. 또한 만화책을 즐겨 읽지만 주로 역사나 위인의 삶과 관련된 것이다.

다) 학생의 생활유형에 따른 분류

학생은 자신의 과업을 수행하는 데 있어서 무엇을 중심에 두고 지향하는가에 따라서 그의 생활유형을 구분할 수 있다(이화진, 부재율, 서동엽, 송현정, 1999). 즉, 어떤 학생은 자신에게 주어진 조건 속에서 학교의 학습을 중심으로 살아가고, 다른 학생은 놀이나 또래와의 관계를 중심으로 살아간다. 이와 같이 학생이 지향하는 생활양식에 따라 학습부진의 양상도 다르게 나타날 수 있다.

(1) 학습형 학습부진

학습형 학습부진은 교과학습에 관심을 두고 있지만 학습이 부진한 경우로, 인지능력과 일상적인 이해능력이 갖추어져 있고 학습하고자 하는 의욕을 가지고 있으나 단지 언어이해 능력이 부족하여 학습이 부진한 경우에 해당한다.

사례 5

병수는 자신의 인지적 능력뿐만 아니라 가정의 관심과 지원, 생활습관 등에 있어서 크게 부족하지 않다. 또한 놀이나 또래집단에 심각하게 빠져있는 상태도 아니다. 더욱이 학습하려는 의욕이 강하여 학교뿐만 아니라 학원에도 규칙적으로 열심히 다니고 숙제도 스스로 챙겨서 한다. 또한 수업시간에도 딴짓을 하거나 한눈팔지 않고 열심히 참여한다. 그럼에도 성적은 노력한 만큼 나오지 않고 부진한 편이다.

(2) 놀이형 학습부진

놀이형 학습부진은 학생의 삶이 놀이를 지향함으로써 학업을 소홀히 해서 학습이 부진한 경우를 말한다. 이러한 학생은 학습에 필요한 조건을 모두 갖추었음에도 불구하고 학업이 아닌 다른 활동(예를 들면, 컴퓨터 게임, 스포츠 댄스 등)을 중심으로 살아가며,

학업에는 별다른 재미를 느끼지 못하여 다른 학생들보다 학습의 속도가 느린 편이다.

사례 6

철민이는 컴퓨터 게임에 빠져 학업을 소홀히 하는 경우가 많다. 몸은 교실의 책상 앞에 앉아 있어도 의식은 항상 컴퓨터 게임의 세계에 머물러 있다. 눈만 감으면 컴퓨터 게임 장면이 떠오르고 교실 학습에는 아무런 재미를 느끼지 못하거나 전혀 의욕을 보이지 않는다. 점차 숙제를 건너뛰고 수업에 빠지는 일이 잦아지면서 성적이 곤두박질치고 있다.

(3) 또래형 학습부진

또래형 학습부진은 또래집단의 일원으로서 친구들과 어울려 다니느라 학교생활을 소홀히 해서 학습이 부진한 경우를 말한다.

사례 7

자연이는 일상적인 이해능력뿐만 아니라 언어 능력을 갖추고 있음에도 공부하기보다는 친구들과 어울리기 위해서 학교에 다닌다. 그는 쉬는 시간마다 다른 반 친구를 만나서 수다를 떨고 장난을 친다. 그에게 공부 시간은 쉬는 시간을 기다리는 시간이다. 또한 밤늦게까지 친구들과 어울려 지내기 위해서 학교에서는 잠을 자고 쉰다. 그는 이른바 "날라리"라고 불리는 아이들 집단에서 "똘마니"로서의 역할을 담당하고 있다.

(4) 심리장애형 학습부진

심리장애형 학습부진은 인지기능에는 아무런 문제가 없음에도 과거의 학습 경험이나 그 밖의 다른 심리적인 장애로 인하여 학습부진이 발생하는 경우를 말한다. 이러한 학생 중에는 모르는 것을 창피하게 여기거나, 자신이 모른다는 것이 교사나 다른 친구들에게 알려질 경우에 자신에게 다가올 결과를 두려워하여 적극적으로 학습에 임하지 못하는 경우도 있다.

사례 8

수미는 부모가 맞벌이를 하여 7살부터 혼자서 밥을 챙겨먹을 만큼 모든 일을 스스로 해왔다. 학교 수업을 마치면 시간에 맞춰서 학원에 다니고, 집에 돌아와서는 혼자서 밥을 챙겨먹고 숙제를 하고 일정한 시간에 잠자리에 든다. 하지만 학습에 있어서는 자신이 모른다는 것을 크게 부끄럽게 생각하여 항상 긴장하고 자기를 표현하는 데 소극적이다.

(5) 인지장애형 학습부진

인지장애형 학습부진은 생리적으로 두뇌의 인지기능에 장애가 있거나 원활하지 못해서 학습부진이 발생하는 경우를 말한다. 이러한 학생은 대체로 지능 수준이 낮고 일상적인 생활도 조직적으로 해나가지 못하는 경우가 많다.

사례 9

찬영이는 일상적인 대화가 어려울 정도로 상황에 대한 인식이 원활하게 이루어지지 않는다. 즉, 선생님이 묻는 말과 관계없이 자신이 하고 싶은 말을 하거나, 선생님이 말한 것 중에서 자신이 의미 있다고 생각하는 단어를 연상해서 다른 말을 해 나간다. 즉, 대화의 상황에 맞지 않게 이야기하는 것이다. 이것은 그가 상황을 적절하게 인식하지 못하기 때문이기도 하지만, 근본적으로는 인지기능에 장애가 있음으로 인해 발생하는 현상이다. 이런 조건 하에서 학습부진이 발생하는 것은 불가피한 일이다.

(6) 무지향형(사회적) 학습부진

무지향형(사회적) 학습부진은 주변의 관심과 지원 부족으로 인해 학교에서 거듭되는 실패와 좌절을 겪음으로써 학습부진이 누적되어 학습은 물론 놀이나 또래집단 어디에도 관심을 가지지 않은 채 무기력하게 생활하는 경우를 말한다. 이러한 학습부진은 사회적인 배경으로부터 비롯된다는 점에 주목하여 '사회적 학습부진'이라고 부를 수도 있다. 이러한 유형의 학습부진은 가정이 해체되거나 경제적으로 궁핍한 가정의 자녀들, 특히 중학교 이후의 학생들에게서 흔히 나타난다. 이 유형에 속하는 학생은 대체로 가정형편이 열악한데다가 초등학교 시절부터 지속적으로 학습부진이 누적됨으로써 더 이상 어느 곳에서도 삶의 희망을 찾을 수 없는 학생들이다. 따라서 그들은 매 시간 멍한 상태로 지내고 점심 시간이나 쉬는 시간에도 활발하게 뛰어놀지 않으며, 때로는 아예 학교에 등교하지 않은 채 집에 있기도 한다.

사례 10

준하는 공부뿐만 아니라 놀이조차도 하고 싶어 하지 않으며, 문제가 생겨도 문제해결을 위해서 별다른 노력을 기울이지 않는다. 물론 그가 처음부터 이렇게 살아간 것은 아니다. 초등학교 시절에는 여느 아이들과 다름없이 생활했었다. 그러나 중학교에 입학하고 철이 들면서, 부모가 모두 장애인인데다가 비좁은 임대주택에서 정부의 지원을 받아서 살아가는 자신의 처지를 의식하고, 자신의 능력으로는 어떻게 해도 그 현실을 벗어날 수 없음을 알게 됨으로써 현실과 적극적인 관계를 차단하고 어느 곳에도 지향점을 두지 않은 채 무기력하게 살아가고 있는 것이다.

2 학습부진의 주요 원인

학습부진의 원인과 관련해서 최근에 와서 많은 연구가 이루어지고 있는 분야는 학생의 인지과정에 관한 것이다. 이러한 연구에 따르면, 학습부진 학생은 정보처리과정, 인지전략 및 초인지 등 인지적 측면, 주의집중력, 정서 및 동기 등 정의적 측면, 그리고 생물학적 및 생태학적 측면에서 결함을 지니고 있다.

1) 인지적 결함

학습부진 학생은 대부분 선수학습이 결핍되어 있을 뿐만 아니라 과제를 처리하는 인지과정에서도 결함을 드러낸다. 인지과정과 관련된 학습부진의 원인은 정보처리과정의 결함과 인지과정 및 초인지적 결함으로 구분하여 살펴볼 수 있다.

가) 정보처리과정 결함

학습부진 학생이 어떤 유형의 정보이든 그것을 약호화, 저장, 인출하는 과정에서 어떤 결함을 보이거나 독특한 방식으로 정보를 처리한다는 사실은 널리 알려져 있다. 포이어스타인과 그의 동료들(R. Feuerstein, R. S. Feuerstein, & Falik, 2010; R. Feuerstein, R. S. Feuerstein, Falik, & Rand, 2006)은 인지적 정보처리과정에서 발생 가능한 지적 결함을 투입 단계, 정교화 단계, 산출 단계로 구분하여 제시하였다.

첫째, 투입 단계의 결함은 개인이 주어진 과제를 이해하거나 문제를 해결하려고 할 때 수집하는 정보의 양과 질에 영향을 미치는 것으로, 불완전한 지각과 무계획적이고 충동적인 탐색 활동, 변별에 영향을 주는 언어적 도구나 개념의 부족, 시간이나 공간에 대한 지각 능력의 결여, 자료 수집에 있어서 정확성과 정밀성의 결여, 둘 이상의 정보를 결합하는 능력의 결여 등이다.

둘째, 정교화 단계는 수집된 정보를 처리하는 단계를 말하며, 이 단계의 결함은 이용 가능한 정보의 수집과 활용을 방해한다. 이러한 결함으로 인해 나타나는 주된 특징은 실제적인 문제에 대한 불완전한 경험과 인식, 문제의 부적절한 구성, 문제를 정의함에 있어서 관련 단서를 선별하는 능력의 결여, 능동적인 비교 행동의 결여, 인지적 협소함과 인지적 융통성의 결여(예: 몸보다 작은 담요), 총합적 행동에 대한 욕구의 결여와 사실에 대한 단편적인 이해, 가상적인 관계를 추리하는 능력의 결여, 가설연역적인 사고의 결여, 계획적인 행동(예: 무엇부터 시작할 것인가?)의 결여, 필요한 용어를 제때 떠올려서 정교화하는 능력의 결여 등이다.

셋째, 산출 단계는 처리된 정보를 인출하는 단계를 말하며, 이 단계의 결함은 이용 가능한 정보의 효과적인 인출을 방해한다. 이러한 결함으로 인해 나타나는 주된 특징은 자기중심적인 의사소통 방식(예: 다른 사람의 입장을 이해하지 못하고 침묵, 경계, 뒷짐을 진 채로 묵언하거나 "I dunno."와 같이 외부와의 의사소통을 차단한다.), 빈번한 시행착오적 반응, 정교한 반응을 전달할 수 있는 언어적 도구의 결여, 시각적 이동의 결함(예: 오른쪽에서 빠진 부분을 찾아서 왼쪽에 있는 도형을 완성하지 못한다.), 반응을 전달함에 있어서 정교성과 정밀성의 결여, 의사소통 과정에 영향을 미치는 충동적인 행동 등이다.

나) 인지전략 및 초인지적 결함

인지전략이란 학습, 이해, 문제해결 등의 과제가 주어졌을 때, 그 과제의 해결을 위한 계획을 말한다. 이러한 계획은 달성해야 할 최종목표와 하위목표, 그리고 그 목표를 달성하기 위한 방법을 포함하고 있다. '중요한 단어에 밑줄 긋기', '한 번에 한 문제씩 차례대로 해결하기', '문제해결을 위한 다른 대안을 찾아보기' 등은 우리가 흔히 사용하는 인지전략의 예이다. 인지전략의 또 다른 예는 변별력과 규칙을 학습하기, 순서에 따라 사건을 정렬하기, 범주화 혹은 서열화의 규칙을 이용하여 정보를 조직하기 등과 같이 정보처리와 관련이 있거나, 효과적인 기억술(예: 청킹, 시연, 조직화, 정교화, 심상, 단서, 맥락 등)이나 독서전략(예: SQ3R, PQ4R, PQRST 등)과 같이 전략적 학습과 관련이 있으며, 좀 더 고차적인 문제해결 전략으로는 수단-목표 분석, 역순 해법, 단순화법, 유추 이해 등이 있다.

인지전략을 적용하려면 융통성이 요구된다. 단순히 인지전략 자체만을 아는 것으로는 효과적으로 적용되기 어렵고, 그것이 언제, 어디에, 어떻게 사용되는가를 아는 것이 매우 중요하다. 초인지 과정은 인지전략의 사용에 관한 지식과 그것의 융통적인 적용에 관련된다. 따라서 인지전략을 초인지적 지식과 분리하여 생각하기는 어렵다.

초인지(metacognition)란 "자신의 인지장치와 그 장치가 어떻게 작동하는지에 대해 갖는 인식"이다(Meichenbaum, Burland, Gruson, & Cameron, 1985). 그것은 대체로 '자신의 인지활동에 대해서 아는 것(self-awareness)'과 '자신의 인지과정을 통제할 줄 아는 것(self-regulation)'으로 분류된다(Brown, 1978, 1987). '자신의 인지활동에 대해 아는 것'은 한 개인이 "그 자신", "과제", 그리고 "전략"이 학업성취에 어떻게 영향을 주는지에 대해 알고 있는지의 여부를 말한다. 학습부진 학생은 새로운 경험을 통해서 자신에 대해 배우는 능력, 과제의 성질에 따라 자신의 능력을 발휘하는 융통성, 학업에 실패할 때 효과적으로 대처하는 능력, 그리고 자신의 학습 경험으로부터 이점을 살리는 능력이 결여되어 있다. 초인지에 관한 정의의 두 번째 부분은 한 개인이 자신의 인지활동을 어떻게 통제하고 계획하며 점검하는가를 나타내고 있다. 학생은 자신의 인지 수행에 대해서 적극적으로 조사하기, 계획하기, 점검하기, 교정하기, 평가하기, 그리고 성찰하기 등의 과정을 통해 학습할 때 인지활동을 조정할 수 있어야 한다. 학습부진 학생은 학습 과제에 따라 인지전략을 일관되고 융통성 있게 사용하는 능력이 결여되어 있다.

학습부진 학생은 학습에 도움이 되는 다양한 인지적·초인지적 전략에 관한 지식이 없거나 알고 있다 해도 적절하게 활용하지 못한다. 학생이 문제해결과정에서 사용하는 전략을 진단하는 가장 손쉬운 방법은 그가 사용하는 전략을 직접 물어보는 방법이다. 이 때 질문의 내용과 방법에 따라 면접의 효과가 크게 달라질 것은 당연하다. 초인지적 지식에는 다음과 같은 질문을 제기하는 능력이 포함된다(김언주, 구광현, 1999).

- 이 과제에 대해 내가 아는 것은 무엇인가?
- 이것을 학습하는 데 나는 얼마나 많은 시간이 필요한가?
- 이것을 해결하는 데 좋은 전략은 무엇인가?
- 나는 이 과제의 결과를 예측하거나 평가할 수 있는가?
- 나는 나의 문제해결 절차를 개선할 수 있는가?
- 내가 오류를 발견한다면 그 오류를 어떻게 발견할 수 있는가?

학습에 도움이 되는 이러한 전략에 대한 지식이 없거나 효과적으로 활용하지 못하는 것이 학습부진의 원인이 된다. 특히 초인지적 결함은 문제를 표상하고 문제를 해결하기 위한 효과적인 전략의 개발과 사용에 불리한 영향을 주기 때문에 전략적 활동이 많이 요구되는 과제 수행을 어렵게 한다. 또한 어떤 행동이 전략적 수단으로 사용되기 위해서는 그 행동을 구성하고 있는 하위기능을 자신의 방식으로 먼저 잘 습득하고 있어야 한다. 그러나 학습에 곤란을 가지고 있는 학생은 전략적 지식 습득에 필요한 선행지식의 부족으로 인해서 효과적인 전략을 구성하는 하위기능을 완전하게 숙달하지 못하기 때문에 상대적으로 효과가 적은 단순한 전략을 선호하는 경향이 있다. 이처럼 학습에 문제가 있는 학생은 전략의 사용시기와 전략의 가치를 인식하지 못하며 그에 따라 과제수행에 적절한 행동위계를 계획하고 행동의 지속 여부를 점검하거나 조절하는 데 실패하는 경우가 많다.

2) 정의적 결함

학습부진 학생은 인지적 결함뿐만 아니라 정의적 측면에서도 결함을 지니고 있는 경우가 많다. 정의적 과정과 관련된 학습부진의 원인은 주의집중력 결함과 정서 및 동기적 결함으로 구분하여 살펴볼 수 있다.

가) 주의집중력 결함

주의집중력은 인지와 학습의 전 과정에 영향을 미치는 중요한 요인이다. 그것은 정보처리 과정에 기초해서 주의력(attention)과 집중력(concentration)으로 세분할 수 있다(이명경, 2013; Reed, 2006). 주의력은 정보처리의 초기 과정에서 요구되는 선택적 반응 능력으로, 유기체는 강하고 새로운 자극이나 중요한 것으로 지각된 정보에 좀 더 쉽게 주의를 기울인다(Cohen, Malloy, Jenkins, & Paul, 2006). 집중력은 주의를 통해 선택된 단기기억 정보가 장기기억이 되게 하는 과정에서 요구되는 능력으로, 작업기억 용량은 물론 장기기억에 저장되어 있는 배경지식, 기억 및 학습 전략의 사용 등 학습자의 인지 능력에 의해 영향을 받는다(Cohen et al., 2006). 또한 집중력은 지루함, 피곤, 좌절, 불안 등을 극복하고 과제를 지속하는 힘을 필요로 하며 자신의 정서를 조절할 수 있는 능력에 의해 영향을 받는다.

주의집중력 결함이 학습부진의 원인이 된다. 학습부진 학생은 필요한 자극에 주의를 집중하는 데 결함이 있으며, 한 가지 일에 충분한 시간 동안 주의를 집중하지 못하고 산만한 행동을 보인다. 주의집중 기능의 결함은 학습과제를 수행하는 과정에서 실수를 유발함으로써 학습을 방해할 수 있다.

학습과제를 성공적으로 수행하기 위해서는 주의집중의 세 가지 특수한 기능이 매우 중요하다(Krupski, 1986). 첫째는 지속적 주의집중으로, 어떤 과제에 지속적으로 주의를 집중하는 능력이다. 지속적인 주의집중 능력은 경계과제를 이용하여 측정이 가능한데, 여기서는 검사자가 하나의 자극을 일정한 간격으로 연속해서 제시하면서 자극의 변화가 일어날 때마다 보고하라고 요구한다. 둘째는 선택적 주의집중으로, 유관 과제에 선택적으로 주의를 집중하는 능력을 말한다. 이러한 능력은 Stroop Test나 카드분류과제와 같이 비교적 간단한 인지적 과제를 이용하여 측정이 가능하다. 셋째는 융통성 있는 주의 배분으로, 과제에 따라 주의력을 융통성 있게 배분하는 능력이다. 예를 들면, 정보를 신속하게 처리해야 할 때와 좀 더 시간적 여유를 갖고서 처리해야 할 때를 알고 수행하는 것이다. 따라서 학생이 학습과제를 성공적으로 수행하려면 주의를 산만하게 하는 자극을 무시하고 학습에 관련된 정보에 주의를 집중하도록 해야 한다. 또한 융통성 있는 주의 배분은 정보처리의 자동화를 획득하는 데 중요하며 성공적인 학업성취를 보장하는 하나의 요소가 된다.

이러한 주의집중 기능을 효과적으로 활용하지 못할 경우에 학습부진의 원인이 된다. 첫째, 학습부진 학생은 주어지는 과제가 너무 어려울 때는 지속적 주의집중에서 결함을 보인다. 학습부진 학생은 쉬운 과제에 대해서는 주의집중을 지속할 수 있으나, 과제의 난도가 증가함에 따라 이를 단념해 버린다. 그들은 지속적 주의집중을 측정하는 경계과제에서 평균적인 학생보다 정답률이 낮고 시간이 경과함에 따라 정답의 수가 줄어드는 비율도 크다.

둘째, 학습부진 학생은 선택적 주의집중에서도 결함을 보인다. 예를 들면, 학습부진 학생은 Stroop Test와 같은 인지적 과제를 수행하는 동안, 색채의 이름이 그 이름과 일치하는 색으로 쓰여 있을 때에는 이름을 빠르게 말할 수 있지만 색채의 이름이 색과 다르면 혼란을 일으켜 속도가 느려진다. 선택적 주의집중 기능은 일반적인 학생의 경우 초등학교 2학년에서 6학년 사이에 발달적으로 향상되지만 학습부진 학생의 경우에는 발달적 변화를 보이지 않는다.

셋째, 학습부진 학생은 자신의 인지적 자원을 효율적으로 배분하는 데 어려움을 지닌다. 융통성 없는 주의 배분은 낮은 성취의 주된 원인이 되므로 학습부진 학생은 주의집중 자원을 쓸데없는 곳에 낭비하는 것을 줄이기 위해서 정보처리의 자동화를 위해 노력해야 한다.

나) 정서 및 동기적 결함

정서와 동기는 성공적인 학습을 위해 중요한 요소이다. 불안 수준이 지나치게 높거나 낮은 경우에는 새로운 과제의 학습에 집중하기가 어렵고, 학습에 대한 흥미와 동기의 결여는 학습활동에 대한 능동적 참여를 저해함으로써 학습부진의 원인이 된다.

첫째, 학습부진 학생은 낮은 성취동기를 지닌다. 학습부진 학생은 장기적인 목표를 세우고 이를 달성하기 위해 노력하기보다는 눈앞에 보이는 일에 대한 즉각적인 보상만 추구하는 경향이 강하다. 따라서 학습에서도 즉각적인 효과를 기대하며 그것이 마음대로 되지 않을 때는 쉽게 좌절해버리는 경우가 많다.

둘째, 학습부진 학생의 부적절한 귀인 성향이 학습부진의 원인이 되기도 한다. 이들은 학업에 실패한 것은 능력이 낮기 때문이라고 믿는 반면에, 학업에 성공한 것은 과제가 쉬웠기 때문이라고 믿는다. 따라서 그들은 실패의 책임에 대해서는 인정하지만, 성공에 대한 자신의 공헌은 인정하지 않는다(Jacobsen, Lowery, & DuCette, 1986). 이와 같은 부적응적인 귀인 성향은 동기를 약화시킬 뿐만 아니라, 과제 분석, 과제에 대한 인내력, 그리고 가장 바람직한 과제 선택을 어렵게 하며, 장기적으로는 "학습된 무력감(learned helpless)"을 유발시킨다.

셋째, 학습부진 학생은 대개 부정적 자아개념을 갖고 있으며 학습에 대한 자기효능감이 낮다. 이런 부정적 자아개념은 학습의욕을 낮추고 학습을 위한 준비와 노력을 게을리 하게 한다. 이러한 특성은 지적인 능력을 충분히 갖추고 있으면서 학업성취가 낮은 학생의 학습부진에 대한 원인을 설명할 수 있는 중요한 단서가 될 수 있다.

넷째, 학습부진 학생은 학교 활동에 대해서도 부정적인 태도를 지니고 있으며, 학업에 대한 불안이 높다. 또한 또래나 성인과의 관계에서도 거부감과 고립감을 느끼기 쉽고 열등감, 적대감, 죄책감과 같은 부정적 정서를 드러내는 경향이 강하다.

3) 생물학 및 생태학적 결함

학습부진의 또 다른 원인은 유전적 소인(예: 염색체 이상), 태아의 뇌 발달 이상(예: 세포분열 시 뉴런 결합 이상), 또는 태내 환경(예: 흡연, 음주, 약물, 중독된 음식 섭취 등)과 같은 신경생물학적 원인을 들 수 있으며, 가정, 학교, 사회 등 학습에 영향을 미치는 다양한 교육환경의 영향을 무시할 수 없다.

교육환경은 개인에게 작용하는 환경의 영향이 얼마나 교육적이고 긍정적인가에 의해 결정된다. 학습환경과 학습부진 학생을 관련지어 볼 때 학생에게 긍정적이고 바람직한 영향을 미치는 교육적 환경은 대단히 중요하다.

우선 가정환경을 원인으로 볼 때 위생과 생활공간의 결핍, 역기능적 가정환경(예: 부부싸움, 아동학대), 부모의 낮은 교육 수준, 그리고 부모의 양육방법은 자녀의 행동특성에 영향을 줄 수 있다. 학습부진을 유발할 수 있는 부모의 양육태도의 예로는 거부적 태도(무시, 체벌, 학대 등), 권위적 태도(지시와 명령, 억압과 금지 등), 방임적 태도(무관심과 방치, 무성의 등), 비성취적 태도(무사안일과 현실만족을 강조), 폐쇄적 태도(편견, 자기 은폐, 자기중심적 사고 등)를 들 수 있다.

또한 사회환경을 원인으로 볼 때에는 또래집단 및 대중매체의 영향을 들 수 있는데, 또래집단은 어린 학생들에게 교사나 부모보다 더 많은 영향을 준다고 할 수 있다. 또래집단으로부터 수용과 거부의 경험을 통해 긍정적 내지는 부정적인 자아개념을 형성하게 되는데, 자아동일성을 확립하지 못한 학생은 일명 '왕따'가 되어 학습활동에 지대한 영향을 주고 학습부진을 초래하게 된다. 대중매체의 영향은 청소년 비행의 원인 중 가장 강력하다고 보아야 할 것이다. 대중매체는 아동들이 새로운 지식을 효과적으로 획득할 수 있는 교육적 효과도 있지만 극도로 상업성을 추구한 나머지 교육적 기능을 등한시하는 경향도 있다(김선, 김경옥, 김수동, 이신동, 임혜숙, 한순미, 2001).

끝으로, 학교에서 개인차를 무시한 획일적 방법 등과 같이 잘못된 교육방법이 학습부진의 또 다른 원인이 될 수 있다. 교사는 학생의 개별적 특성을 정확하게 진단하기 어렵고, 설령 정확하게 진단한다 하더라도 그의 개별적 특성에 적응하는 수업처치를 하기가 쉽지 않다. 또한 과다한 교육내용 체계와 동일한 수업방법의 획일적인 적용은 지적 능력이 낮은 학생들에게 어려움을 준다. 단위 학교별, 지역별, 개인별로 교육과정을 개발하지 않는 현실을 감안할 때 이런 문제는 학습부진 학생을 양산하는 원인이 될 수 있다. 또한 학생의 수준에 맞지 않는 수업 내용, 문제 풀이 위주의 수업, 줄 세우기식 평가, 부적절한 교사의 기대 전달 등도 학습부진의 원인이 될 수 있다.

3 학습부진의 평가와 개입

학습부진 학생에 대한 적절한 개입을 위해서는 학습부진 학생의 개인적 특성과 환경적 요인에 대한 정확한 평가와 진단이 우선되어야 하며, 학생의 개인적 특성과 맥락 특수성에 따라 차별적인 지도 전략이 수립되어야 한다.

1) 학습부진의 평가 및 진단

학생의 학습부진을 평가하고 진단하기 위해서는 보다 세련된 절차가 요구된다. 특히 어린 아동의 지적 수행과 관련된 심리 상태를 이해하거나 진단할 때에는 더욱 세심한 관찰과 평가가 요구된다. 일반적으로 교사나 컨설턴트가 학생의 지적 수행과 연관된 심리적 문제를 평가할 때에는 (1) 부모가 제공한 배경 정보, (2) 교사의 관찰, (3) 학생이 내놓은 결과물 분석, (4) 학령 초기의 학업상태, (5) 성취도검사, (6) 지능검사, (7) 관련 신경발달기능 평가, 그리고 (8) 직접 면담의 결과 등을 종합적으로 검토해야 한다. 이러한 평가의 절차는 학생의 호소문제와 그것의 내력에 대한 평가, 교육성취도 및 학습태도에 대한 평가, 그리고 심리적 기능발달의 평가와 진단 등 세 단계를 거친다(송재홍, 2013).

가) 호소문제와 내력 탐색

학생에게서 지적 수행의 문제가 발견되면, 일단 그가 불편을 호소하는 문제에 귀를 기울이고 그러한 문제의 내력을 체계적으로 탐색해야 한다. 면접 전에 정보 수집을 위해 간단한 질문지를 작성하도록 하면 면접 시간을 단축하고 컨설팅의 효율을 높일 수 있다. 질문지에는 주요 호소문제와 변화에 대한 기대, 신체적 질병이나 의학적 조치 여부, 학업성취 및 학업태도의 변화 추이, 부모의 바람과 지원, 형제자매의 학업상태, 학교와 교사에 대한 태도, 교우관계, 환경 및 문화적 맥락 등을 포함시킬 수 있다. 학생의 호소문제와 그 내력을 탐색할 때 유념해야 할 점은 다음과 같다.

첫째, 가정생활 및 학교생활과 관련해서 평소와 다르게 행동하는 이상 전조를 살핀다. 가령, 수다를 떨던 학생이 말이 없어지거나 얌전하던 학생이 갑자기 짜증을 부릴 수도 있다.

둘째, 학생이 불편을 호소하는 심리적 문제에 관심을 기울이고 그 내력을 탐색한다. 그에게 불편을 느끼게 한 구체적 사건이 무엇인지를 찾아내고 그 사건과 연합된 느낌과 생각을 명료화한다. 그 학생에게는 어떤 낙인이 씌워져 있는가?

학습과 관련하여 학생들이 가장 흔히 호소하는 문제는 성적 저하로 인한 걱정과 스트레스이며, 그밖에도 시험불안을 비롯하여 주의집중 곤란, 비효율적인 학습전략, 잘못된 공부습관, 낮은 지능 수준 등으로 인한 학업능률의 저하, 공부에 대한 회의와 의문, 공부에 대한 반감 또는 동기 저하, 그리고 성적에 대한 집착이나 관계문제 등 학업과 관련하여 나타나는 다양한 파생 문제 등으로 매우 다양하다(김창대 외, 1994).

이 단계에서 간단한 평가도구를 이용하면 학생과 친밀감을 형성하고 그의 생각과 느낌을 찾아내는 데 도움이 될 수 있다. 일반적으로 많이 사용되는 평가도구는 그림검사(가령, HTP 또는 KFD)와 문장완성검사(SCT)이다. '집-나무-사람(House-Tree-Person: HTP)' 검사나 '동적 가족화(Kinetic Family Drawing: KFD)' 검사와 같은 그림검사는 개인의 무의식적인 성격 구조 또는 가족에 대한 아동의 지각이나 태도(가령, 부모-자녀의 갈등)를 이해하는 데 중요한 정보를 제공한다. 또한 문장완성검사(Sentence Completion Test: SCT)는 가족, 사회, 학교, 자기의 네 차원으로 구성되어 있는데, 가족이나 또래에 대한 지각, 또래와의 상호작용 및 일반적 대인관계, 학교에 대한 지각과 욕구지향, 그리고 개인적인 평가, 미래지향 및 일반적인 정신건강 등을 파악하는 데 중요한 단서를 제공할 수 있다.

나) 교육성취도와 학습태도의 점검 및 행동 관찰

학생의 호소문제와 내력을 탐색하고 나면, 심리평가와 행동관찰을 통해 교육성취도와 학습태도를 점검한다.

(1) 교육성취도에 대한 평가와 행동 관찰

학생의 지적 수행에 관련된 문제를 보다 체계적으로 이해하기 위해서는 일차적으로 교육성취도에 관한 자료를 면밀히 검토할 필요가 있다. 교사는 학생이 내놓은 결과물을 분석하거나 과거의 학업상태를 참고하여 교육성취도를 평가할 수 있다. 특히 학생이 산출한 쓰기, 수학, 만들기 자료는 유용한 정보원이며 또한 유치원이나 초등학교 저학년의 성취도는 학생의 지적 상태를 파악하는 데 좋은 실마리를 제공한다. 학생이 드러내는 학습 문제는 다음의 여섯 개 영역으로 나누어지는데, 이것들은 더러 겹치기도 한다(Levine, 2002).

① 기초학습 기능을 완벽하게 습득하지 못한다.

② 기정사실이나 지식을 습득하는 데 어려움이 있다.

③ 과제나 결과물을 완성시키는 데 어려움을 드러낸다.

④ 교과학습에 필요한 개념이나 원리를 이해하지 못한다.

⑤ 주어진 과제에 체계적으로 접근하는 데 어려움이 있다.

⑥ 과제 수행에서 요구되는 양과 속도를 따라가지 못한다.

표 1.1 학생의 학습 프로필(예시)

학생의 학습 프로필

이름: ________________ (남 · 여)　　　　생년월일: ______년 ___월 ___일

교사: ________________ (남 · 여)　　　　검 사 일: ______년 ___월 ___일

※ 각각의 아래 항목에 대해 지난 1주 동안 위 학생의 수행을 평가하여 적당한 곳에 ○하시오.

1. 다른 학생들과 비교해서 완성한 산수쓰기 숙제의 백분율	~49, 50–69, 70–79, 80–89, 90~
2. 다른 학생들과 비교해서 완성한 쓰기언어 숙제의 백분율	~49, 50–69, 70–79, 80–89, 90~
3. 완성한 산수쓰기 과제의 정확도	~59, 60–69, 70–79, 80–89, 90~
4. 완성한 언어쓰기 과제의 정확도	~59, 60–69, 70–79, 80–89, 90~
5. 지난 1주 동안 학생은 학습과제의 질을 어떻게 유지했는가?	나빠짐 1 2 3 4 5 좋아짐
6. (전체 수업에서) 학생은 교사 지시와 학급토론에 얼마나 정확히 따르는가?	아니다 1 2 3 4 5 그렇다
7. (소집단 읽기 수업에서) 학생은 교사 지시와 학급토론에 얼마나 정확히 따르는가?	아니다 1 2 3 4 5 그렇다
8. (주제문 이해하기에서) 학생은 새로운 내용을 얼마나 빨리 습득하는가?	느리다 1 2 3 4 5 빠르다
9. 학생의 쓰기 상태는 어떠한가?(글씨는 깨끗한가?)	불량함 1 2 3 4 5 우수함
10. 학생의 읽기 상태는 어떠한가?(정확히 읽는가?)	불량함 1 2 3 4 5 우수함
11. 학생의 말하기 능력은 어떠한가?(또박또박 말하는가?)	불량함 1 2 3 4 5 우수함
12. 학생은 과제를 수행할 때 얼마나 자주 조급하게 서두르는가?	아니다 1 2 3 4 5 그렇다
13. 학생은 과제를 수행할 때 얼마나 자주 동료보다 느리게 진행하는가?	아니다 1 2 3 4 5 그렇다
14. 학생은 교사 지시가 없이도 얼마나 자주 집중할 수 있는가?	아니다 1 2 3 4 5 그렇다
15. 과제를 정확히 수행하기 위해서 얼마나 자주 교사의 도움이 필요한가?	아니다 1 2 3 4 5 그렇다
16. 얼마나 자주 교사 지시를 이해하기도 전에 쓰기 작업을 시작하는가?	아니다 1 2 3 4 5 그렇다
17. 전날 배운 것을 회상하는 데 얼마나 자주 어려움을 겪는가?	아니다 1 2 3 4 5 그렇다
18. 사회적 상황에서 얼마나 자주 상대를 뚫어지게 쳐다보는가?	아니다 1 2 3 4 5 그렇다
19. 사회적 상황에서 얼마나 정서적 반응이 부족한 것으로 보이는가?	아니다 1 2 3 4 5 그렇다

출처: Sattler, J. M.(1992). *Assessment of children*. p. 354.

만일 학생의 지적 수행에서 위의 문제점이 두드러지게 나타나면 교사나 컨설턴트는 학생의 학습 프로필을 좀 더 상세하게 파악하기 위해서 체크리스트를 활용할 수도 있다. <표 1-1>은 학생의 학습 프로필을 예시한 것이다. 이러한 체크리스트를 활용하면 학생이 지적 수행 과정에서 드러내는 문제점뿐만 아니라 미처 부각되지 않았거나 발견하지 못한 강점을 찾아낼 수도 있다.

(2) 학습태도에 대한 평가와 행동 관찰

학생의 교육성취도는 그의 지적 수행에 연관된 심리적 과정은 물론 학교 및 가정의 생활환경 등 다양한 내적·외적 요인이 관여하고 있다. 따라서 학습 문제를 상담할 때에는 학생이 학습에 임하는 태도와 전략 등을 면밀히 관찰하고 학습행동에 관여하는 내적·외적 요인을 파악할 필요가 있다.

학생의 지적 수행 문제는 학습부진의 발생 시기와 진행 경과에 따라 다양한 원인을 파악할 수 있다. 만일 학생의 학습부진 현상이 어렸을 때부터 지속적으로 누적된 것이라면 그의 지적 장애 유무와 심리적 기능의 발달 상태를 면밀히 평가하고 진단해야 할 것이다. 그러나 학생의 학습부진이 특정한 시기에 비교적 갑작스럽게 발생한 것이라면 우선 학습태도와 관련된 문제를 체계적으로 관찰하고 점검할 필요가 있게 된다. 학생의 학습태도와 관련된 문제는 가정사나 친구관계 또는 공부 환경의 변화로 인한 학업 소홀, 과도한 성취압력이나 불확실한 진로 또는 거듭된 실패로 인한 낮은 자존감이나 시험불안과 같은 동기 저하, 그리고 과제 수준의 변화에 따른 미숙한 대처 능력 등 학습전략의 부재를 들 수 있다.

이러한 문제들에 대해서는 적절한 체크리스트나 비교적 간단한 심리검사를 활용하면 학습 문제의 심각성과 원인을 파악하거나 개입 전략을 수립하는 데 유용한 정보를 얻을 수 있다. 가령, 가정사나 친구관계 또는 공부 환경의 변화를 알아보기 위해서는 가정 및 학교 상황 질문지(가령, HOME)를 활용할 수 있고, 학습동기 저하의 원인을 파악하기 위해서는 학생의 학습내력 질문지를 이용하거나 학업자아개념검사, 시험불안검사, 학업동기검사, 진로탐색검사 등을 활용할 수 있다. 또한 자기조절학습 질문지나 학습전략검사를 활용하면 학생의 공부 방법을 점검하여 적절한 개입 전략을 수립하는 데 필요한 정보를 얻을 수 있다. <표 1-2>는 컨설팅 장면에서 자주 발생하는 학습 문제의 가능한 원인을 파악하는 데 유용한 평가도구를 제시한 것이다.

표 1.2 컨설팅 장면에서 자주 발생하는 학습부진의 가능한 원인과 요구되는 평가도구

가능한 원인	평가도구
1. 공부 환경의 변화로 인한 학업 소홀	가정 및 학교 상황 질문지
2. 학습 의미 및 동기의 저하	
1) 과도한 성취 압력으로 인한 실패에 대한 두려움	문장완성검사, 기질 및 성격검사
2) 거듭된 실패로 인한 낮은 자존감과 시험불안	학업자아개념검사, 시험불안검사
3) 학습을 위한 노력을 저해하는 비합리적 신념	학업동기검사 (효능감, 귀인, 목표지향성 등)
4) 장래에 대한 불확실성으로 인한 흥미 상실	흥미 및 진로탐색검사
3. 공부 방법 및 대처 요령의 미숙	
1) 학습 환경 및 자원 관리의 미숙으로 인한 학업 실패	자기조절학습 질문지
2) 효율적인 학습 및 공부 요령의 미숙으로 인한 학업 실패	학습전략검사

출처: 송재홍(2013). 학습상담에서 심리검사의 활용. p. 132.

다) 심리적 기능발달의 평가와 진단

학생의 호소문제에 대한 내력을 탐색하고 교육성취도 및 학습태도에 관한 자료를 검토하는 일을 통해서 그에게 씌워진 부정적인 평판이나 낙인을 확인하고 미처 부각되지 않은 강점을 찾아내어 학생의 다양성에 대한 이해를 촉진할 수 있다. 그러나 학생이 지적 수행에서 드러내는 약점의 원인을 구체적으로 이해하기 위해서는 그러한 지적 수행에 연관된 심리적 과정을 이해하려는 노력이 뒤따라야 한다. 다양한 영역의 지적 수행에는 한 개인의 내적 심리과정이 연관된 무수한 인지적·정의적 및 신체운동적 요소들이 관여하고 있다. 학습 맥락에서 심리적 기능발달에 대한 평가는 표준화 심리검사와 몇 가지 신경심리학적 선별검사를 조합한 평가 전략이 제안되고 있다(곽금주, 2002). 이 과정은 대개 1차 심리평가와 2차 심리평가로 구분해 볼 수 있다.

(1) 1차 심리평가

1차 심리평가의 목적은 학업 부진이 어떤 이유에서 발생한 것인지를 규명하고 이를 통해 학생이 어떤 장애에 해당하는지를 감별하는 것이다(송종용, 2000). 이 단계에서는 주로 표준화 지능검사와 교육성취도검사 등 일반적인 심리검사와 부모 면담을 실시하며 추가로 주의력검사나 부모-자녀 관계검사를 실시하기도 한다. 자주 사용되는 지능검사는 K-WISC-IV, K-ABC-II 또는 Raven's Progressive Matrics 등이 있고, 교육성취도검사는 학습준비도검사와 기초학습능력검사를 들 수 있다. 이러한 유

형의 검사는 보통 학습장애의 여부를 진단하기 위해 활용되는데, [그림 1-1]은 학업 성취도에 대한 평가 결정의 경로를 나타낸 것이다.

그림 1.1 학업성취도에 대한 평가 결정의 경로

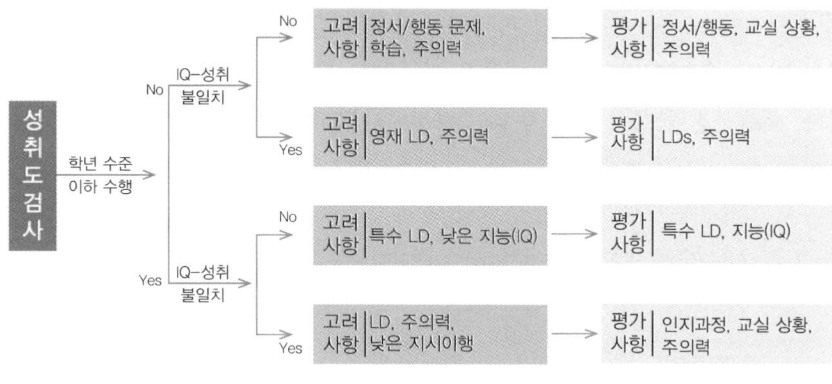

출처: Ayward, G. P.(1994). *Practitioner's guide to developmental and psychological test.*

(2) 2차 심리평가

1차 심리평가를 통해서 학습장애로 진단이 내려지면 다음 단계는 학습부진을 유발하는 원인을 파악하고 치료적으로 어떻게 개입해야 할 것인지를 파악하기 위한 2차 심리평가를 실시하게 된다. 2차 심리평가에 사용되는 검사들은 세부적이고 특징적인 인지능력을 일일이 평가한다. 예를 들면, 읽기 부진을 보이는 학생의 경우 글자 해독에 문제가 있는 것인지 아니면 단어 혹은 문단 이해 수준에서 문제가 있는지를 확인해야 한다. 또 어떤 학생의 작문 결과는 단지 그의 지식 상태와 언어 능력만을 나타내는 것이 아니며, 유능한 산출물을 내려면 주의력과 기억력 그리고 사고력은 물론 쓰기 활동에 수반되는 미세한 운동기능이 적절히 조화를 이루어야 한다(Levine, 2003). 만일 학생이 이처럼 다양한 심리적 기능의 어느 한 가지 이상에서 문제를 안고 있다면 그의 작문 능력은 매우 제한될 수밖에 없다. 이러한 평가에서 얻은 정보는 당연히 학생에게 어떤 개입이 요구되는지를 결정하는 데 중요한 단서를 제공한다. 따라서 2차 심리평가에서 사용되는 검사들은 정교하고 세밀할 필요가 있으며, 심리학의 실험 과제에서 도입된 것들이 많다. 2차 심리평가에서 빼놓을 수 없는 것이 신경심리평가이다.

신경심리평가(neuropsychological assessment)란 기억력을 비롯하여 다양한 뇌의 기능이 정상적으로 발달하고 있는지를 확인하는 과정이다(Crawford, Parker, & McKinlay, 1995). 평가 결과는 신경병리학에 관련된 학습장애와 주의력결핍장애를 진단하는 데 유용하며, 학습부진 학생의 인지기능과 적응 한계에 대한 이해를 증진하는 데 도움이 된다(Levine, 2002). 지적 수행의 과정에서 심각한 어려움을 겪고 있는 학습부진 학생에게 전문적인 도움을 제공하기 위해서는 우선 신경발달기능의 강점과 약점에 대한 정확한 밑그림을 파악하고 지적 산출을 가로막는 특별한 문제점을 찾아내는 일이 중요하다. 학습부진 학생이 지적 수행의 과정에서 드러내는 문제점과 연관된 신경발달기능의 평가 영역을 제시하면 [그림 1-2]와 같다.

그림 1.2 지적 수행 과정에서 나타나는 신경심리학적 문제

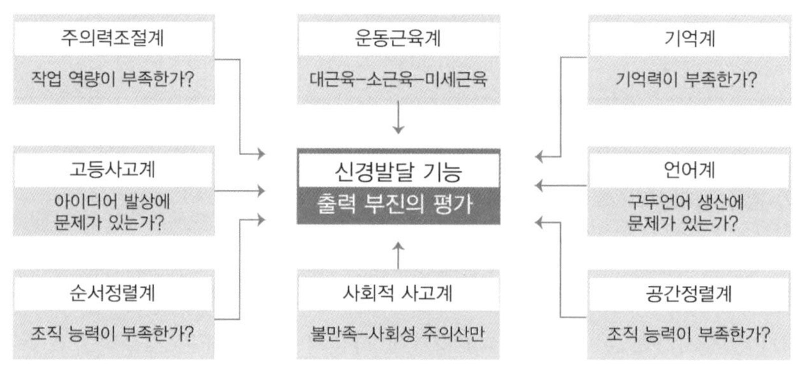

출처: Levine, M.(2002). 아이의 뇌를 읽으면 아이의 미래가 열린다. p. 49.

대부분의 학습장애는 이러한 평가 영역 중에서 한두 가지 인지기능의 발달이 정상적으로 발달하지 못하는 데에서 기인하는 것으로 생각되고 있으며, 이 때문에 학습부진의 원인을 알고 개입 프로그램을 계획할 때에는 신경심리평가가 당연히 요구된다. 대개 신경심리평가에는 수용언어능력(예: 그림어휘검사-FVT), 구성능력(예: 시지각발달검사-DTVP), 심리운동능력(예: 손가락운동검사-FTT), 촉감각능력(예: 촉각수행검사-TPT), 주의집중능력(예: 카드분류검사-WCST), 기억능력(예: 웩슬러기억력검사-WMT) 등 특수한 능력을 측정하는 다양한 검사가 활용될 수 있다. 현재 국내에서 표준화된 아동용 신경심리검사로는 신민섭과 홍강의(1994)가 개발한 LNNB-C가 있다.

그러나 지적 수행에 연관된 신경발달기능을 평가하는 일은 매우 광범위하고 복잡하다. 따라서 신경발달기능을 평가하기 위해서는 전문적인 자질을 갖춘 심리전문가에게 의뢰하는 것이 바람직하다. 컨설턴트는 <표 1-3>과 같은 점검표를 활용하여 학생의 지적 수행 과정에서 나타나는 산출 수준을 점검함으로써 학습부진 학생이 낮은 수준의 산출이나 낮은 품질의 결과물을 만들어 내게 하는 문제점을 좀 더 잘 이해할 수 있을 뿐만 아니라 산출의 질과 양을 개선할 방법도 찾아낼 수 있다(Levine, 2003).

표 1.3 인지기능의 평가 영역별 산출 점검표

산출점검표

이름: ______________ (남·여)　　　　검 사 일: _____년 ___월 ___일

※ 다음은 지적 수행 과정에서 나타날 수 있는 인지기능의 평가 영역별 산출을 점검하기 위한 것이다. 각 항목을 잘 점검하여 해당 숫자에 ○하시오. 이것은 시험이 아니므로 정답이나 오답이 없으니 평소 느낀 대로 곰곰이 생각해 보고 솔직하게 답하면 됩니다. (요령: 3 = 매우 양호, 2 = 양호, 1 = 보통, 0 = 매우 불량)

운동기능	1. 글씨 모양 만들기와 글자 알아보게 쓰기	3	2	1	0
	2. 글자 혹은 단어 쓰기 속도	3	2	1	0
	3. 자판을 힘들이지 않고 정확하게 치기	3	2	1	0
	4. 연필 등 필기구를 정상적으로 쥐기	3	2	1	0
	5. 글쓰기 이외의 활동에서 손근육 기능	3	2	1	0
언어기능	1. 복잡한 생각 표현하기	3	2	1	0
	2. 적절한 단어 찾기	3	2	1	0
	3. 어법에 맞게 말하기	3	2	1	0
	4. 상세하게 말하고 남에게 설명하기	3	2	1	0
	5. 문어를 잘 사용하기	3	2	1	0
기억기능	1. 여러 가지 사물을 동시에 기억하기	3	2	1	0
	2. 글쓰기 하는 동안 규칙, 세부사항, 사실 등의 기억 떠올리기	3	2	1	0
	3. 글쓰기 하는 동안 철자를 정확하게 기억해서 쓰기	3	2	1	0
	4. 사실적 정보에 대한 기억 떠올리기	3	2	1	0
	5. 방법(절차) 기억해 내기	3	2	1	0
주의조절기능 (정신에너지조절)	1. 밤에 숙면 취하기	3	2	1	0
	2. 두뇌 작업 중 각성 유지하기	3	2	1	0
	3. 작업 마무리하기	3	2	1	0
	4. 일관성 있게 작업 수행하기	3	2	1	0
	5. 주어진 과제 시작하기	3	2	1	0

주의조절기능 (생산조절)	1. 적절한 속도로 작업하기	3	2	1	0
	2. 일을 시작하기 전에 미리 계획하기	3	2	1	0
	3. 자신의 실수를 감지하기(모니터링)	3	2	1	0
	4. 경험에서 배우기	3	2	1	0
	5. 최선책이 무엇인지 생각하기	3	2	1	0
고등사고기능 (관념작용)	1. 독창적인 아이디어 생각하기	3	2	1	0
	2. 개념 잘 활용하기	3	2	1	0
	3. 생각 또는 아이디어 통합하기	3	2	1	0
	4. 치밀한 결과물 만들어내기	3	2	1	0
	5. 작업과 관련된 문제 해결하기	3	2	1	0
순서정렬 (시간관리)	1. 마감기한 맞추기	3	2	1	0
	2. 각각의 과업에 적당한 시간 배분하기	3	2	1	0
	3. 생각을 가장 좋은 순서로 조직하기	3	2	1	0
	4. 작업을 한 번에 한 단계씩 수행하기	3	2	1	0
	5. 소요시간 예상하기	3	2	1	0
공간정렬 (물건관리)	1. 소지품 챙기기	3	2	1	0
	2. 물건을 보관한 장소를 알고 필요할 때 찾기	3	2	1	0
	3. 문서 정리하기	3	2	1	0
	4. 작업공간을 정리정돈하기	3	2	1	0
	5. 필요한 물건 및 자료 기억하기	3	2	1	0
기타 작업기능 (강점 또는 약점)					
총 평					

출처: Levine, M.(2003). 내 아이에겐 분명 문제가 있다. pp. 346-348.

2) 학습부진의 평가 및 진단을 위한 심리검사의 이해와 활용

학습 컨설턴트는 의뢰인(교사)과의 면접을 통해 호소 문제를 경청하고 내력을 탐색하는 과정에서 학습부진의 원인에 대한 가설을 설정할 수 있다. 심리검사는 학습부진의 심각성, 원인, 개입방법 등에 대한 객관적인 자료를 제시하여 컨설턴트의 가설을 지지하거나 기각하는 근거의 하나로 활용될 수 있다. 따라서 학습 컨설턴트는 학습부진의 특성을 파악하기 위해 개발된 심리검사의 종류와 활용 방법에 대해서 폭넓은 지식을 갖출 필요가 있다. 학습부진을 평가할 때 활용할 수 있는 심리검사를 인지적 영역과 정의적 영역 그리고 환경적 영역 및 기타 특수 영역으로 구분하여 소개하고, 심리검사의 선정 및 활용 과정에서 유의사항을 살펴본다.

가) 인지적 영역의 심리검사

(1) 지능검사

지능검사는 학생의 인지적 능력을 진단하고 평가하기 위해서 사용되는 가장 대표적인 심리검사이다. 개인의 지적 능력은 학업성취에 가장 직접적으로 영향을 미치는 인지적 요인이며, 학습장애와 같은 학습부진의 문제를 진단하고 평가할 때는 학생의 지능을 우선적으로 고려하게 된다. 지능검사 결과는 전반적 인지기능에 대한 포괄적인 평가나, 지적 영역의 영재, 정신지체, 그리고 인지적 강점과 약점을 파악하기 위한 평가의 일부로 활용된다. 또한 임상 장면에서 치료를 계획하거나 교육 장면에서 배치를 결정할 때 지침으로 사용되거나, 신경심리학적 평가 및 연구를 위한 임상적 정보를 제공한다. 학습컨설팅 장면에서 사용될 수 있는 대표적인 지능검사는 웩슬러아동지능검사(WISC－IV)와 카우프만 아동용지능검사(K－ABC－II)가 있으며, 그 주요 특징은 <표 1－4>와 같다.

표 1.4 지능검사의 주요 특징

검사명(개발자)	검사 대상 및 목적	검사 구성 및 활용
한국웩슬러 아동지능검사 (K－WISC－IV) (곽금주 · 오상우 · 김청택, 2011)	• 만 5세~16세 미만 • 아동의 일반적인 지적 능력과 특정 영역(언어이해, 지각추론, 작업기억, 처리속도)에서의 지적 수행에 대한 정보 제공	• 15개 소검사(핵심소검사와 보충소검사) • 전반적 지능지표와 4개 합산점수지표(언어이해, 지각추론, 작업기억, 처리속도) • 핵심소검사는 4개 합산점수지표 산출에 적용: 언어이해(공통성, 어휘, 이해), 지각추론(토막짜기, 공통그림찾기, 행렬추리), 작업기억(숫자, 순차연결), 처리속도(기호쓰기, 동형찾기)
카우프만 아동용 지능검사 (K－ABC－II) (문수백, 2014)	• 만 3세~18세 • 아동과 청소년의 정보처리와 인지능력을 측정	• 18개 하위검사(핵심하위검사와 보충하위검사) • 전반적 지능지수와 5개 하위척도(순차처리, 동시처리, 학습력, 계획력, 결정성 지식) • 핵심하위검사는 5개 하위척도 점수 산출에 적용: 순차처리(수회생, 단어배열), 동시처리(빠른길찾기, 삼각형 또는 블록세기), 학습력(이름기억, 암호해독), 계획력(이야기 완성, 형태추리), 그리고 결정성 지식(언어지식, 수수께끼)

(2) 교육성취도검사

교육성취도검사는 지능검사와 함께 학생의 인지적 능력을 평가하는 것으로 주로 기초적인 학습능력이나 학습 가능성을 진단하고 평가하기 위한 것이다. 교육성취도검사 결과는 연령(혹은 학년) 규준을 활용하여 특정 학생의 상대적 위치를 파악하거나 학습 진전도를 평가할 때, 특수교육대상자나 학습부진 학생을 위한 개별화 교수계획을 수립하여 시행하고 그 효과를 확인할 때, 그리고 아동을 학습능력에 따라 분류하여 배치하거나, 학생의 수행 수준에 대해 교사나 학부모와 효과적인 의사소통이 필요할 때 유용하게 활용될 수 있다. 또한 교육성취도를 평가하기 위해 표준화된 검사로는 기초학습기능검사, 기초학습기능 수행평가체제(BASA), KISE 기초학력검사(KISE-BATT) 등이 있으며, 그 주요 특징은 <표 1-5>과 같다.

표 1.5 교육성취도검사의 주요 특징

검사명(개발자)	검사 대상 및 목적	검사 구성 및 내용
기초학습기능검사 (박경숙 · 윤점룡 · 박효정, 2001)	• 유치원 및 초등학교 6학년 • 기초학습기능 숙달에 대한 정보 제공	• 5개 소검사(정보처리, 셈하기, 읽기I-낱자/단어재인, 읽기II-독해력, 쓰기) • 연령규준과 학년규준 제공
기초학습기능 수행평가체제(BASA) (김동일, 2000, 2006, 2008, 2010, 2011)	• 만 4세 이상(초기) • 초등학교 1~3학년 • 기초학습기능에 대한 수행 정도를 측정	• 5개 개별검사(초기 문해, 초기 수학, 읽기, 쓰기, 수학) • 기본체계는 기초평가와 형성평가로 구성 • 기초평가는 기초선 확인에 활용(3회 실시) • 형성평가는 지속적인 향상도 점검에 활용
KISE 기초학력검사 (KISE-BATT) (국립특수교육원, 2005)	• 만 5세~15세 미만 • 읽기, 쓰기, 수학 등 기초학력을 평가	• 3개 소검사(읽기, 수학, 쓰기) • 각 소검사는 2종의 동형검사(가형, 나형)로 구성 • 백분위, 환산점수, 학력지수, 학년규준 제공

(3) 학습전략 및 기술검사

최근 인지심리학의 영향으로 학습전략을 다루는 인지적 접근이 학습 문제에 대한 주된 개입방법으로 자리 잡게 되면서 학생의 학습전략 활용 수준을 측정하기 위한 각종 심리검사가 개발되어 사용되고 있다. 학습전략 및 기술검사 결과는 학습방법의 측면에서 학습부진 학생의 강점과 약점을 파악하거나 특정 학습장애와 연관된 인지기능상의 문제점을 조기 발견함으로써 학생 개개인의 학습기술 향상과 학교생활 적응에 필요한 학습환경을 조성하는 데 활용될 수 있다. 또한 특수한 학습개선 프로그램과 연계하여 개별적 학생에게 적합한 학습전략을 탐색할 기회를 제공하고 학습 능력 향상을 위한 세부적인 계획과 지침을 마련하여 실질적인 도움을 줄 수 있다. 국내에서 표준화된 학습전략검사로는 학습방법진단검사, 학습기술진단검사, ALSA 청소년 학습전략검사, MLST 학습전략검사 등을 들 수 있으며, 그 주요 특징은 <표 1-6>과 같다.

표 1.6 학습전략검사의 주요 특징

검사명(개발자)	검사 대상 및 목적	검사 구성 및 내용
학습방법진단검사 (박병관 · 최기혜, 1997)	• 초 · 중 · 고등학생용 • 학습부진의 원인 진단 (학습장애와 연관된 인지기능의 문제점, 개인적 특성, 환경적 요소 등)	• 3개 하위척도 • 학습방법진단 척도(집중력, 학습전략, 학습습관, 학습능력, 학습자아개념) • 감성지수 척도(계획성, 개방성, 외향성) • 학습환경지수 척도(가정환경, 학교적응, 관계)
학습기술진단검사 (변영계 · 김석우, 2002)	• 초등 고학년~중 · 고생 • 학습목표 설정과 학습과정 설계를 위한 기법 평가	• 7개 하위척도 • 자기관리, 수업참여, 과제해결, 읽기, 쓰기, 시험치르기, 정보처리 등 • '학습기술개선 프로그램'과 연계한 학습기술 향상 방안 제시
ALSA 청소년학습전략검사 (김동일, 2006)	• 초등 고학년~중 · 고생 • 자기조절학습의 하위 능력 측정	• 4개 하위척도 • 학습동기, 자기효능감, 학습기술(인지 · 초인지 전략), 자원관리기술(시간 · 환경 · 노력관리) • '알자(ALSA)와 함께 하는 공부법 바로 알기' 프로그램을 활용하여 학습전략 증진
MLST-II 학습전략검사 (박동혁, 2006)	• 초등 고학년~중 · 고생 • 자기조절학습 능력의 근간을 이루는 습관적, 행동적 및 전략적 효율성 측정	• 4개 특성과 학습전략유형, 부가정보로 구성 • 4개 특성: 성격(효능감, 결과기대, 성실성), 정서(우울, 짜증, 불안), 동기(학습, 경쟁, 회피), 행동(시간관리, 공부환경, 수업듣기, 노트필기, 집중전략, 읽기전략, 기억전략, 시험전략) • 학습전략유형: 주도형, 성실형, 잠재형, 정체형 • 부가정보: 성적, 학습시간, 만족도, 심리적 불편감

(4) 한국판학습장애평가척도(K-LDES)

이 검사는 미국에서 가장 보편적으로 받아들여지는 "미공법 제94조 142항"의 학습장애에 대한 정의를 토대로 개발된 학습장애평가척도(Learning Disability Evaluation Scale: LDES)를 우리나라 언어와 교육 실정에 맞게 번안하여 표준화한 것이다(신민섭 · 조수철·홍강의, 2007). 이 검사는 일차적인 관찰 기회를 가진 전문가들이 객관적인 정보를 보고할 수 있는 도구를 제공하기 위한 것으로, 실생활에서 아동을 매일 접하는 교사나 부모가 평가하도록 되어 있어 아동의 학습 문제를 조기에 발견하여 조속한 치료적 도움을 받도록 하는 데 유용하게 사용될 수 있다. 이 검사는 학습 문제를 주의력, 생각하기, 말하기, 읽기, 쓰기, 철자법, 수학적 계산 등 7개 영역으로 범주화하여 학습장애 학생의 가장 공통된 특징을 기술하고 있다. 검사의 결과는 7개의 하위척도와 이를 합산하여 산출한 학습지수(Learning Quotient: LQ)를 함께 제시한다. 이 검사는 학습 문제를 가진 아동의 특성을 정상 아동의 특성과 비교하거나 광범위한 평가 프로그램에 대한 의사결정을 내리는 데 유용한 정보를 제공하며, 또한 향상이 필요한 구체적인 학업 영역과 행동 특징들을 명시함으로써 프로그램 계획을 위한 기초 자료를 제공한다.

나) 정의적 영역의 심리검사

(1) 주의집중력검사

주의집중력은 학업성취와 밀접히 연관되어 있는 심리적 특성으로, 주의집중력이 부족하거나 지나칠 경우 학습부진의 원인이 될 수 있다. 주의집중력검사는 학생의 주의력과 집중력을 평가하여 개선 방안을 강구하는 데 유용한 정보를 제공할 수 있다. 주의집중력을 측정하기 위한 대표적인 검사로는 한국가이던스에서 개발한 아동충동성검사(K－MMFT), 한국집중력센터에서 개발한 주의집중능력검사, 그리고 아이큐빅에서 개발한 주의력장애진단검사(ADS) 등이 있으며, 그 주요 특징은 <표 1－7>과 같다.

표 1.7 주의집중력검사의 주요 특징

검사명(개발자)	검사 대상 및 목적	검사 구성 및 내용
아동충동성검사 (K－MFFT) (한국가이던스)	• 만 7~12세 • 충동성－사려성 정도 측정	• 단일척도 • 사려성을 요구하는 일련의 과제를 수행하는 동안 수행속도와 정확성을 평가
주의집중능력검사 (한국집중력센터)	• 초등 1학년~고교 2학년 • 학습과정에 관련된 주의집중 능력의 객관적 평가	• 5개 하위척도: 시각주의력, 청각주의력, 학습집중력, 지속적 집중력, 정보처리속도 • 각 하위영역별 상대적 능력 및 문제점 제시
주의력장애 진단검사(ADS) (아이큐빅)	• 만 5~15세 • 단순 과제에 대한 주의력 평가	• 2개 하위척도: 시각주의력, 청각주의력 • 각각의 자극에 대한 부주의, 충동성, 반응속도, 반응 일관성 정도 제시

(2) 학습흥미 및 태도검사

학습태도검사는 부분적으로 학습전략검사와 중복되기도 하지만 학습흥미나 학습동기 또는 학습습관에 좀 더 초점을 두는 경향이 있다. 학생이 학습전략과 기술을 알고 있어도 실제 상황에서 잘 적용하지 못할 때에는 학습흥미나 학습동기와 같은 학습태도를 점검할 필요가 있다. 학습태도와 관련해서 국내에서 표준화된 검사로는 학습흥미검사, 학업동기검사, 학습습관검사 등이 있으며, 그 주요 특징은 <표 1-8>과 같다.

표 1.8 학습흥미 및 태도검사의 주요 특징

검사명(개발자)	검사 대상 및 목적	검사 구성 및 내용
학습흥미검사 (조붕환 · 임경희, 2003)	• 초등학교 4~6학년 • 학습유형 및 초등학교 교과별 학습활동에 포함된 흥미 점검	• 3개 하위척도 • 학습유형별 흥미(창의, 사고, 탐구, 감성, 사회) • 교과별 흥미(언어, 수학, 사회, 과학, 체육 등) • 타당도 척도(바람직성 흥미, 검사수행 신뢰도)
학업동기검사 (김아영, 2003)	• 초등학생~대학생 • 자신의 수행에 대한 기대와 실패에 대한 건설적 반응 여부 파악	• 2개 척도군으로 구성 • 학업적 자기효능감 척도(자신감, 자기조절효능감, 과제수준 선호도) • 학업적 실패내성 척도(감정, 행동, 과제난이도)
학습습관검사 (김기석, 1991)	• 중 · 고등학생 • 학습에 대한 동기, 태도, 습관, 기술, 환경을 측정	• 3개 하위척도: 동기요인(M), 기술요인(T), 기타요인(능력, 환경, 성격 등) • 학습태도, 습관, 환경 개선을 위한 정보 제시

(3) 자아개념 및 성격검사

학습부진 학생은 자기 자신에 대해 부정적으로 지각하며, 심리적으로 불안정하고 대인관계에서 공격적이거나 위축되고 방어적인 행동을 자주 드러내는 경향이 있다. 또한 실패에 대한 공포감이 크며 특히 수행이나 시험에 대해 높은 불안을 보인다. 학생의 학습부진이 불안, 우울, 분노와 같은 심리적 장애나 역기능적 대인관계에서 비롯되는 이차적인 문제인 경우 자아개념 및 성격 특성을 파악하기 위한 심리검사가 요구된다. 아동과 청소년의 자아개념 및 성격 특성을 평가하기 위한 심리검사의 유형 및 주요 특징은 <표 1-9>와 같다.

표 1.9 자아개념 및 성격검사의 주요 특징

검사명(개발자)	검사 대상 및 목적	검사 구성 및 내용
자아개념척도 (SCI－II) (학지사 심리검사연구소)	• 초·중·고등학생 • 위계모형에 기초한 4 영역의 자아개념 측정	• 4개 영역: 인지적, 정의적, 사회(관계)적, 신체적 • 인지적 자아: 학업, 언어, 논리수학, 문제해결 • 정의적 자아: 성격 & 정서, 도덕(정직 & 신뢰), 종교영혼 • 사회적 자아: 친구관계, 이성친구관계, 부모관계 • 신체적 자아: 신체능력, 신체외모
청소년용 다면적인성검사 (MMPI－A) (마음사랑)	• 중 1학년~고교 3학년 • 성격, 심리적 증상, 행동 문제 등 심리적 건강 상태의 평가 및 진단	• 5개 타당성 척도와 10개 임상 척도로 구성 • 타당성 척도: ?, 부인, 비전형, 방어, 비일관성 • 임상 척도: 건강염려증, 우울증, 히스테리, 반사회성, 남성성－여성성, 편집증, 강박증, 정신분열, 경조증, 내향성
청소년용 기질 및 성격검사(JTCI) (마음사랑)	• 만 12~18세 • 선천적 기질과 후천적 성격의 평가 및 진단	• 4개 기질 척도와 3개 성격 척도로 구성 • 기질 척도: 자극추구, 위험회피, 사회적 민감성, 인내력 • 성격 척도: 자율성, 연대감, 자기초월

(4) 아동·청소년 행동평가척도(K-CBCL)

이 검사는 Achenbach와 Edelbrock(1983)이 개발한 아동행동체크리스트(Child Behavior Checklist: CBCL)를 오경자와 그의 동료들(1990, 1996)이 우리나라 실정에 맞게 번안하여 표준화한 것이다. K－CBCL은 4세부터 17세까지의 아동과 청소년을 대상으로 그들의 사회적 적응 및 학업수행 그리고 정서행동문제를 부모가 평가하는 것으로, 아동·청소년의 심리장애 진단에 유용한 도구이다. 이 검사는 크게 사회능력 척도와 문제행동증후군 척도로 되어 있다. 사회능력 척도는 친구나 또래와 어울리는 정도, 부모와의 관계 등 사회성을 평가하는 사회성 척도와 교과목 수행 정도, 학업수행상의 문제 여부 등을 평가하는 학업수행 척도, 그리고 총사회능력 척도 등 모두 3개의 하위척도로 되어 있으며, 문제행동증후군 척도는 위축, 신체증상, 불안/우울, 사회적 문제, 사고 문제, 주의집중 문제, 비행, 공격성, 내재화 문제, 외현화 문제 등 10개 하위척도와 특수척도인 성문제와 정서불안정 그리고 총문제행동 척도 등으로 구성되어 있다.

다) 공부환경 및 기타 영역의 심리검사

(1) 학습환경진단검사

학습환경진단검사는 가정 또는 학교에서 학생의 학업성취를 촉진하거나 저해하는 환경적 요인을 진단하기 위한 것으로, 가정환경진단검사와 학교환경진단검사로 나누어 볼 수 있으며, 그 주요 특징은 <표 1-10>과 같다.

표 1.10 환경진단검사의 주요 특징

검사명(개발자)	검사 대상 및 목적	검사 구성 및 내용
가정환경진단검사 (HOME) (조용태, 1995)	• 유아 및 아동 • 가정의 양육 환경 관찰	• 9개 하위변인 • 환경의 조직 및 안전성, 발달적 자극, 언어 환경, 욕구 허용 및 충족 정도, 독립성 육성, 정서적 분위기, 경험의 다양성, 물리적 환경, 놀이 도구
교육환경진단검사 (이성진 외, 1980)	• 초등학생 • 초등학생의 개인적 특성과 가정 및 학교 학습환경 점검	• 아동용, 부모용, 교사용, 교장용 • 아동 특성(성장배경, 자아개념, 욕구, 포부수준, 과외시간 활용 등), 가정환경(부모 연령/학력/직업, 가정 수입, 자녀교육비, 장서의 수, 부모-자녀 상호작용 등), 학교환경(학교생활, 수업태도, 교사인식, 교과흥미 등), 교사 & 교장용(특성, 교직관, 수업활동, 교과선호도, 아동관, 교사관 등)

(2) 진로관련검사

장래 진로에 대한 불확실성의 증가는 자칫 학습흥미를 상실하거나 학습의욕을 저하시킴으로써 학습부진을 초래하는 주된 원인이 될 수 있다. 진로탐색검사는 학생의 직업적 흥미나 성격 등 진로선택에 필요한 유용한 정보를 제공함으로써 학습의욕을 회복하도록 도움을 제공할 수 있다. 대표적인 진로탐색검사로는 한국가이던스에서 발행한 홀랜드 진로탐색검사와 한국심리검사연구소에서 발행한 STRONG 진로탐색검사가 있으며, 그 주요 특징은 <표 1-11>과 같다.

표 1.11 진로관련검사의 주요 특징

검사명(개발자)	검사 대상 및 목적	검사 구성 및 내용
홀랜드 진로탐색검사 (안창규, 1996)	• 중·고등학생 • 직업성격유형 평가	• 6가지 직업성격유형(실제형, 탐구형, 예술형, 사회형, 기업가형, 관습형) 구분 • 직업유형의 사전탐색, 활동, 성격, 유능감, 가치, 직업흥미, 능력 등 평정
STRONG 진로탐색검사 (김정택 외, 2000)	• 중·고등학생 • 진로성숙도와 직업적 흥미유형 평가	• 2개 척도 • 기본흥미척도(현장형, 탐구형, 예술형, 사회형, 진취형, 사무형) • 개인특성척도(업무형, 학습형, 리더형, 모험형)

(3) 학습부진유형검사[1]

학습부진유형검사는 학습부진 학생의 학습부진 원인을 이해하고 유형을 분류함으로써 체계화된 학습지도를 제공하기 위해 개발된 것이다. 즉, 교사가 학생의 주요 특성을 파악하여 효과적인 맞춤형 지도를 할 수 있고, 학습부진 학생과 지도교사 간 의사소통과 협력이 원활하도록 하며, 학습부진 학생 스스로 자신의 학습특성을 되돌아보고 적절한 학습방법을 찾을 수 있도록 돕기 위한 것이다. 학습부진 학생을 효과적으로 지도하기 위해서는 인지적 영역(지능, 지식, 학습속도 등)뿐만 아니라 개인특성과 가정환경을 함께 이해할 필요가 있다. 따라서 학습부진 유형을 파악하고 검사 결과를 활용하기 위해서는 다음의 세 단계를 거치게 된다.

① 1단계: 학생의 기본정보 및 위기요소 파악

학습부진유형검사 실시에 앞서, 학생의 기본정보와 위기요소 파악이 필요하다. 이미 학생을 잘 알고 있는 교사가 학생의 정보를 제공된 양식에 작성하거나, 또는 제시된 면담질문을 활용하여 학생을 이해한다. 조사영역은 환경 차원과 개인 차원으로 구분된다. 환경 차원은 부모 무관심, 경제적 곤란, 다문화가정, 비행집단, 기타의 5개 항목을 포함하고, 개인 차원은 학업관련장애, 중독, 건강문제, 기타의 4개 항목을 포함한다.

② 2단계: 학습부진 유형 파악

학습부진유형검사는 학습과 밀접히 연관되면서 지도·지원을 통해 변화 가능한 주요 영역인 학습동기, 자기통제, 학습행동을 측정한다. 학습동기는 목표 유무, 내재적 동기, 외재적 동기, 관련요인 및 저해요인을 포함하고, 자기통제성은 만족지연과 즉각적인 만족추구를 포함한다. 그리고 학습행동은 주의집중, 공부방법, 시험준비, 자원관리를 포함한다. 각 영역은 각각 20개 항목으로 구성된다. 학생의 학습유형은 학습동기와 자기통제성을 기준으로 4개 유형으로 분류된다. 1유형(노력형)은 학습동기와 자기통제성이 모두 우수한 학생이고, 2유형(동기형)은 학습동기가 높은 반면 자기통제성이 낮은 학생이며, 3유형(조절형)은 학습동기는 낮으나 자기통제성이 높은 학생이고, 마지막 4유형(행동형)은 학습동기와 자기통제성이 모두 낮은 학생이다.

③ 3단계: 학습유형 분류와 결과의 활용

면담 및 검사 결과를 토대로 위기요소, 학습유형, 학습행동의 3가지 정보가 제공된다. 예를 들면, '부모 무관심 및 인터넷 중독+동기형+주의집중 부족'으로 진단될

---

1) 한국교육과정평가원 기초학력향상지원사이트(http://www.basics.re.kr/) 중 학습클리닉>검사도구 통합관리>학습유형검사를 참조로 함.

수 있다. 이 중 온라인 검사해석지에는 학습유형과 학습행동에 대한 결과만 제공되며, 위기요소에 대한 결과 해석은 '학습유형검사 교사용 지침서'를 참고할 수 있다.

라) 심리검사의 선정, 실시 및 활용 시 유의사항

학습컨설턴트가 학습부진을 이해하고 돕기 위해 심리검사를 사용할 때에는 먼저 검사를 하려는 목적을 분명히 해야 하며, 실시하려는 검사에 대한 이론적 지식과 경험적 지식을 충분히 습득했는지 점검해야 한다. 또한 심리검사의 선정, 실시, 채점 및 활용 과정에서 지켜야 할 지침에 대해서도 숙지해야 한다.

(1) 심리검사의 선정을 위한 지침

심리검사를 선정할 때 유의해야 할 사항은 다음과 같다.

첫째, 검사 목적과 검사자의 역량을 확인한다. 검사를 실시하는 목적이 불분명한 상태에서는 불필요한 검사를 선정할 가능성이 높으며, 검사자의 역량으로 감당하기 어려운 검사를 선정하게 되면 검사 결과가 왜곡되어 부정확한 정보를 제공할 수 있다. 따라서 심리검사를 선정할 때는 검사를 실시하려는 목적에 맞는 것을 선정해야 하되, 학생의 인지기능에 대한 세심한 정보를 얻기 위해서 복잡한 검사를 선정할 경우 전문가의 도움을 얻는 것이 필요하다.

둘째, 타당도와 신뢰도 정보를 확인한다. 타당도는 검사가 무엇을 재고 있는가에 관련되고, 신뢰도는 검사 결과가 얼마나 일관성을 유지하고 있는가에 관련된다. 좋은 검사는 타당화 과정에 대한 정보를 제공할 뿐만 아니라 대체로 .80 이상의 높은 신뢰도를 유지한다. 특히 신뢰도가 낮은 검사를 선정하여 실시할 경우 결과를 해석할 때 매우 유의해야 한다.

셋째, 검사 규준이 있는지 확인한다. 규준(norm)은 일정 집단에서 개별 학생의 상대적 위치를 파악하기 위한 일련의 기준을 말한다. 규준이 없거나 규준 집단이 일치하지 않는 경우 검사 결과의 의미를 해석하기가 쉽지 않다. 따라서 심리검사를 선정할 때에는 학생이 속한 집단이 규준 집단에 포함되어 있는지를 확인해야 한다.

끝으로, 검사의 실용성을 고려한다. 심리검사를 선정할 때는 가능하면 검사의 실시와 채점이 간편하고 시행시간이 적절한지를 검토해야 한다. 또한 비용이 지나치게 부담되지 않는 검사를 선정하는 것이 좋다.

(2) 심리검사의 실시 및 채점을 위한 지침

선정한 심리검사를 실시하고 채점할 때 유의해야 할 사항은 다음과 같다.

첫째, 검사를 실시하기 전에 라포 형성에 유의한다. 검사 결과는 학생의 참여 의지에 많은 영향을 받는다. 따라서 검사자는 학생의 심리 상태를 고려하여 협력적인 관계를 형성하고 검사에 대한 참여 동기를 높여야 한다. 먼저 심리검사가 왜 필요하며 어떤 이익을 얻을 수 있는지 설명하고, 검사의 목적과 진행 과정을 알려준 다음 동의를 얻는다.

둘째, 검사요강에서 정한 표준적인 절차를 준수한다. 제대로 된 검사 결과를 얻기 위해서는 학생의 협력을 얻는 것도 중요하지만, 검사요강에서 정한 표준 절차를 위배해서는 안 된다. 또한 검사자는 검사요강을 읽어가면서 검사를 실시해서는 안 되고, 검사 실시의 표준 절차를 미리 숙지하고 있어야 한다.

끝으로, 검사 결과를 채점할 때 객관적이고 공정하게 처리한다. 검사자는 전문적인 자격과 경험을 갖춘 사람으로서 검사요강에 제시된 표준화된 채점 절차를 주의 깊게 따라야 하며 검사자의 임의적 기준을 적용해서는 안 된다.

(3) 심리검사 결과의 해석 및 활용을 위한 지침

컨설턴트는 심리검사의 결과를 다양한 용도로 활용할 수 있다. 심리검사는 학습부진의 원인을 파악하기 위한 진단도구로 사용될 수 있지만, 학생과의 대화를 여는 도구로 사용되는 경우도 많다. 그밖에 심리검사의 결과를 해석하고 활용할 때 유의해야 할 사항은 다음과 같다.

첫째, 검사 결과에 대해 학생이 어떤 기대를 갖고 있는지 확인한다. 검사 결과에 대한 학생의 기대는 검사 결과에 대한 수용 여부에 지대한 영향을 미칠 뿐만 아니라, 검사 결과와 어느 정도 일치하는지, 그리고 일치하지 않는다면 그 이유는 무엇인지 등 검사 결과에 기초하여 다양한 탐색을 가능하게 한다.

둘째, 검사 결과는 하나의 잠정적인 결론이라는 점을 인식하고 학생에게 알려 준다. 단시간에 실시하는 심리검사 결과가 학생에 대한 모든 정보를 제공할 것이라는 생각은 비현실적이며, 측정의 오차로 말미암아 완벽한 신뢰도와 타당도를 기대하기도 어렵다. 따라서 검사자는 검사 결과를 해석할 때 절대적인 것으로 맹신하거나 지능지수와 같이 한두 개의 숫자나 정보만을 알려주고 결과를 해석했다고 생각해서는 안 된다.

셋째, 검사 결과가 평소 행동관찰이나 부모 보고와 일치하지 않을 때, 그러한 차이가 나타나는 이유에 대해 탐색한다. 검사 결과를 해석할 때 절대적으로 맹신하는 것도 잘못이지만 검사 결과가 잘못되었다고 단정하는 것도 문제가 된다. 검사 결과에 대한 학생의 생각을 구체적으로 탐색하고 그러한 차이가 나는 이유에 대해서 가설을 설정하고 탐색하는 것이 중요하다.

끝으로, 검사 결과가 학생의 특성에 꼬리표를 붙이거나 최종 결정을 내리기 위해 사용되어서는 안 된다. 검사의 목적은 어디까지나 학생에 대한 객관적인 이해이다. 그러나 학생의 행동은 면접, 관찰 등 다양한 방법을 통해서 이해될 수 있으며, 부모와의 관계, 환경적 조건 등에 의해 좌우되기도 한다. 따라서 검사 결과를 해석할 때는 학생의 행동 관찰이나 면담 내용, 그리고 환경적 조건 등을 종합적으로 고려하여 최종 결론을 내려야 한다.

3) 학습부진의 개입 및 지도 방안

학습부진은 선수학습의 결핍으로 인한 학습내용의 부족뿐만 아니라 학습전략, 주의집중력, 학습동기, 사회적 기술 등 학습과정에 연루된 개인적 특성의 결함에서 기인하는 경우가 많다. 그러므로 학습부진 학생에 대한 효과적인 지도 방안을 수립하기 위해서는 이러한 결함 요인을 확인하고 그에 따른 적절한 개입 전략을 마련해야 할 것이다.

가) 학습전략 부족

학습전략은 학습자가 새로운 정보를 선택하고 획득하고 조직해서 저장하는 방식에 영향을 미치는 제반 정신적 조작 활동으로 정의된다(Dansereau, 1988; Weinstein & Mayer, 1986). 학습전략은 보통 공부방법, 공부기술, 학습기술 등과 혼용되기도 하지만, 넓은 의미로 인지전략 이외에 정의적 전략, 동기화 전략, 학습 유지 전략 등 낮은 수준에서 높은 수준에 이르는 정보처리 활동을 모두 포함하기도 한다. 학생들은 학습전략을 의식적으로 사용하기도 하지만 의식하지 못한 채 사용할 수도 있다. 맥키치 외(McKeachie, Pintrich, & Linn, 1986)는 학습전략을 인지전략, 초인지 전략, 자원관리 전략으로 구분하였다. 인지전략은 시연, 조직화, 정교화 등 정보를 부호화하여 저장하고 인출하는 데 사용되는 전략과 읽기요령(예, SQ3R, PQ4R)이나 노트정리와 같은 체계적인 학습전략을 포함하며, 초인지 전략은 계획, 점검, 조정 등 전반적인 인지과정을 인식하고 조정하며 통제하는 전략이다. 또한 자원관리 전략은 학습활동을 지속할 수 있도록 지지하는 전략으로 공부환경 관리, 시간 및 노력 관리, 타인의 조력 등을 포함한다. 인지전략과 초인지 전략은 상호 밀접하게 연결되어 있어, 분리하여 기술하기가 쉽지 않다. 따라서 학습전략 부족으로 인해 학습부진을 보이는 학생들을 돕기 위한 개입 전략은 인지전략 및 초인지 향상을 위한 개입과 자원관리 능력 향상을 위한 개입으로 나누어 살펴볼 수 있다.

(1) 인지전략 및 초인지 향상을 위한 개입 전략

교사와 컨설턴트는 학습부진 학생이 사용하는 학습전략을 파악한 다음, 노트정리, 밑줄 긋기, 요약하기, 개요작성(outlining), 개념도 작성(mapping), PQ4R 기법 등 학습전략을 가르쳐줄 필요가 있다. 학습하는 방법에 관한 전략을 가르치는 일은 곧 학생에게 이용 가능한 학습기술을 제공해 줌으로써 학생의 심리적 및 인지적 사고과정을 변화시켜서 정보처리 과정을 최적화시키는 데 기여할 수 있다(박성익, 1986). 또한 교사와 컨설턴트는 학생이 학습전략의 유용성, 사용할 시기 및 방법을 인지하고, 정보를 효율적·효과적으로 처리하는 '유능한 전략 실행자' 혹은 '자기조절 학습자'가 되도록 도움을 주어야 한다. 학습전략을 효과적으로 가르칠 수 있는 방법에 대한 연구를 종합해서 전략을 가르치는 데 효과적인 교수 원리를 제안하면 다음과 같다(이신동, 최병연, 고영남, 2011).

첫째, 교사는 학생들의 사전지식에 근거해서 학습전략을 소개해야 한다. 학습전략과 관련된 사전지식 혹은 경험은 학생의 전략 습득에 많은 영향을 준다. 사전지식의 활성화는 학생이 현재의 정보와 관련된 자신의 선행지식을 조직화하거나 정교화시키는 데 도움을 준다. 따라서 사전검사나 관찰을 통해서 학생이 전략적 지식을 갖고 있는지와 어느 정도 사용하는지를 먼저 평가해야 한다.

둘째, 교사는 학습전략의 가치를 설명해 주어야 한다. 학습전략의 가치에 대한 학생의 이해는 그의 자아체계와 학습기대에 긍정적인 영향을 줄 것이다. 또한 학습전략에 대한 가치인식은 전략사용의 전이를 결정하는 데 중요하다. 학생이 학습한 전략을 사용할 수 있는 능력이 있다고 해도 학습전략의 가치를 인지하지 못한다면 그 전략을 사용하려고 하지 않을 것이다.

셋째, 전략은 명시적이고 분명하게 설명될 필요가 있다. 교사는 학생들에게 전략을 학습해야 하는 이유, 전략사용 방법, 그리고 그러한 전략들이 어떻게 교수될 것인지를 설명해 주어야 한다. 이러한 설명에는 교수될 전략에 대한 교사의 시범(mental modeling)이 포함되어야 한다. 교사는 사고의 언어화(think aloud)와 같은 방법으로 문제해결 과정을 시범할 수 있다.

넷째, 학습전략을 가르칠 때는 한번에 2-3개 정도만 집중적으로 연습하는 것이 좋다. 과다한 학습량은 작업기억의 처리자원에 인지적 과부하를 가져올 수 있을 뿐 아니라, 학생의 동기유발에 부정적인 결과를 가져올 수 있다. 또한 풍부한 연습의 기회가 제공되어야 한다. 다양한 연습을 통하여 학습전략의 선정 및 실행을 자동화시킨다면 작업기억의 처리자원을 더 효율적으로 활용할 수 있을 것이다.

다섯째, 학습의 책임이 점진적으로 학생에게 이양되어야 한다. 학습의 책임을 학생들에게 점진적으로 이양하는 것은 학생들에게 학습전략을 스스로 구성할 수 있는 기회를 제공해 주는 것이며, 학생들은 이러한 과정을 통해서 자기조절 학생이 될 수 있을 것이다.

여섯째, 학습전략의 전이 및 일반화 촉진에 중점을 두어야 한다. 학습전략을 가르치는 목적 중의 하나는 학생이 학습한 전략을 유사한 과제나 상황에 자발적으로 사용하도록 하는 것이다.

(2) 자원관리 능력 향상을 위한 개입 전략

자원관리 전략은 공부환경 관리, 시간 및 노력 관리, 타인의 조력 등 학습활동을 지속할 수 있도록 지지하는 전략이다. 능동적인 학습을 위해서는 특히 시간 계획과 관리가 핵심이다. 시간 계획(time scheduling)은 학생이 시간을 어떻게 보내고 있는지를 점검하고 학습목표를 정하여 학습시간을 마련하는 것을 말하며, 고정적인 시간 계획부터 여가 시간의 확보까지 포함한다. 또한 시간 관리(time management)는 자신의 목표가 무엇인지를 알고 우선순위를 정하며 미래 요구와 가능한 변화를 예상하여 자기자신을 시간의 통제 안에 두고 학습을 계획대로 수행하는 것이다. 시간을 좀 더 체계적으로 계획하고 관리하기 위해서 고려해야 할 점은 다음과 같다(김현진, 2013; 전병남, 2007).

첫째, 학생의 시간 사용 습관을 점검하여 시간을 불필요하게 낭비하고 있지 않은지 점검한다. 철저한 시간 관리의 가장 큰 적은 미루는 습관인 지연행동이다. 특히 중요한 공부를 미루는 습관이 발견되는 경우 그에 대한 이유를 밝히고 지연을 극복하는 방법을 찾아 실천해야 한다. 먼저 미루는 행동이 좋지 않은 결과를 초래한다는 것을 인식하고, 헛된 결심이나 백일몽과 같이 미루는 행동을 합리화하는 이유를 경계한다. 또한 과제를 작은 단위로 나누어 미리 해결하거나 싫어하는 일을 먼저 하고 귀찮은 일은 재미있는 일로 만들어 공부에 대한 저항을 줄인다. 끝으로 계획 완수에 대한 강박관념을 버리고 관제를 완수하면 보상이 주어지도록 계획한다.

둘째, 시간을 좀 더 알차게 보내기 위해서 시간 계획을 세우고 실천한다. 먼저 학습목표를 점검하여 실천가능성이 높은 행동목표로 전환하고 목표 달성을 위해 필요한 행동목록을 나열한다. 제한된 시간을 좀 더 효과적으로 사용하기 위해서는 학습목표의 중요도와 긴급도에 따라 우선순위를 정하고 각 활동에 소요되는 예상 시간을 추정하여 주별 시간 계획을 세우고 이에 따라 일일 시간 계획 및 점검표를 작성한다. 끝으로 시간 계획이 수립되면 시작하는 방법을 먼저 다루고, 이어서 계획한 대로 실천할 수 있도록 관리한다. 계획의 성공을 위해 시작할 때는 정신적 및 신체적으로 준비하여 마음의 지도를 그리고 어떤 장소에서건 어떤 방식으로든 출발하며 일단 비판을 묻어둔다(Cook, 1998). 시간 계획대로 실천하기 위해서는 처음에는 작게 시작하고 한 번에 한 가지씩 행하며, 계획이 성공했을 때와 실패했을 때의 결과를 떠올리고 자신의 시간 계획을 주변 사람에게 알리며, 스스로에게 보상을 약속하고 예상치 못한 일에 대비하여 하루 중 여백을 남겨두거나 틈틈이 쉬는 법을 배워야 한다(Marks-Beale, 1994).

셋째, 시간을 알차게 보내는 또 다른 방법은 자투리 시간이나 낭비된 시간을 효과적으로 활용하는 것이다. 통학시간이나 점심시간을 유용하게 활용할 수도 있고, 효과적인 공부전략을 사용하거나 동시에 처리할 수 있는 것들을 조직하여 동시에 하는 습관을 기르면 낭비되는 시간을 줄일 수 있다. 또한 우선순위를 정하여 중요한 일을 먼저 처리하거나 시간이 적게 걸리는 일을 먼저 시작할 수도 있다. 또한 수첩이나 스마트폰을 이용하여 다이어리를 작성하거나 자신과 관련된 일정을 성격이나 중요도에 따라 색상으로 정리하여 분류하고 자주 사용하거나 쉽게 정보를 얻을 수 있는 사이트를 분류하여 정리하는 것도 도움이 된다.

나) 주의집중력 부족

주의집중력이 부족한 학생을 위한 교육적 중재방안이 다양하게 제시되었으며, 특히 학교와 학습클리닉에서 광범위하게 사용 중인 프로그램이 많다(안동현, 김세실, 한은선, 2004). 주의집중력 부족의 원인은 생물학적 원인과 환경적 원인으로 나누어볼 수 있다(김동일 외, 2011). 생물학적 원인은 산만하고 통제적 성향이 강한 선천적 기질로서, 이러한 학생은 어릴 때부터 높은 에너지 수준과 많은 활동량을 보이며 호기심이 많은 특성을 보인다. 환경적 원인은 부모의 무관심과 부주의로 인해 교육적·문화적 자극이 지나치게 적거나 과다하게 제공될 경우 나타나는 학습에 대한 흥미 및 동기 결여, 환경으로부터 가중되는 심리적 불안과 스트레스, 그리고 무질서하고 체계화되지 못한 생활습관이나 공부 환경 등이 있다.

김동일 외(2011)는 주의집중 문제의 환경적 원인을 인지적, 정서적, 행동적 측면으로 구분하였다. 인지적 측면은 정보처리능력으로, 학습부진 학생은 낮은 지능과 언어발달 그리고 왜곡된 학습경험에 의한 호기심 부족으로 인해 정보처리 속도가 느리고 비효율적이다. 정서적 측면인 자기통제력은 정서적 안녕감과 자신감 그리고 자신의 능력과 주변 환경에 대한 신뢰감이 기초하며, 학습부진 학생은 자신의 능력에 대한 믿음이 없고 실패 경험에 대한 과도한 불안과 스트레스로 인해 한 가지 과제에 몰두하지 못하고 산만하며 장기적인 목표보다 즉시적인 만족을 추구하고 어렵거나 지루한 과제를 접할 때 쉽게 포기한다. 집중력의 행동적 요소에 해당하는 주의력은 이미 습득된 생활습관과 공부습관에 의해 많은 영향을 받으며 학습환경에 따라 다르게 나타난다. 학습부진 학생의 낮은 주의력은 무계획적이고 불규칙한 생활습관과 시간관리 그리고 무질서하고 비체계적인 학습 환경 등으로 인해 주의력 발달에 필요한 습관을 제대로 형성하지 못한 데서 비롯되는 경우가 많다.

따라서 주의집중력 부족으로 인해 학습부진을 나타내는 학생은 세 가지 측면에서 환경적 원인을 분석하여 그에 알맞은 개입 전략을 강구할 필요가 있다. 학습 환경의 개선을 통해 자극을 단순하게 하는 전략과 자기통제력을 향상시켜 주의집중력을 높이는 전략을 알아보고, 주의집중력을 높이기 위한 강화 전략을 소개한다. 이밖에 다른 절에서 설명하는 학습전략을 개선하거나 학습동기를 향상시키는 전략도 주의집중력을 높이는 데 기여한다.

(1) 과제 환경 개선을 통한 개입 전략

주의집중력이 낮은 학생은 환경 내에 존재하는 다양한 자극 중에서 학습에 중요한 자극과 덜 중요한 자극을 변별하지 못하거나 변별하더라도 사소한 자극에 의해 쉽게 산만해지는 특성을 나타낸다. 이러한 학생에게는 공부 환경을 점검하여 방해 요인을 제거하거나 집중해야 할 과제에 대한 매력을 높여주어야 한다.

우선 가능한 한 방해 자극이 없는 조용하고 깨끗한 공간에서 학습하도록 한다. 공부를 시작하기 전에 책상 위에 있는 불필요한 물건을 치우거나 주변 소음을 차단하고 공부 장소에서는 공부 이외의 다른 활동을 하지 않도록 하는 노력이 필요하다. 책상은 잘 정리하고 너저분한 물건이 없도록 하고, 과제나 놀이가 끝나면 사용된 물건을 즉시 치운다. 소음을 줄이기 위해 커튼을 달거나 바닥에 카펫을 깔아주고, 캐비닛이나 가리개가 달린 선반을 사용하여 잡다한 물건이 눈에 띄지 않게 정리한다. 특히 소리에 너무 민감한 아동은 귀마개나 솜을 귀에 끼우도록 한다.

다음엔 사려 깊은 과제 부과하기를 통해 집중해야 할 과제에 대한 매력을 높여준다. 한 가지 방법은 좋아하는 것부터 작은 단위로 나누어 시작하는 것이다. 주의집중력이 낮은 학생에게는 쉽게 도전할 만한 재미있는 과제를 더 많이 경험하게 하는 것이 필요하다. 처음에는 좋아하는 물건이나 과제를 제시하고 점차적으로 덜 좋아하는 것을 하도록 계획을 짠다. 무엇보다 한 번에 너무 많은 과제를 주지 않는 것이 중요하다. 너무 많은 과제를 부여하면 산만함이 증대될 수 있다. 또한 과제나 숙제는 보다 구체적으로 부여한다. 처음에는 짧고 구체적인 과제를 끝내는 방식으로 학생 스스로가 성공적인 경험을 하도록 돕는다. 더불어 초기에 짧은 과제를 마친 후에 그보다는 긴 시간 동안 놀이나 휴식을 하도록 해주고, 학생이 보다 긴 시간 동안 집중할 수 있게 되면 과제를 수행하는 시간을 점차 늘려간다. 과제를 마치거나 휴식의 끝에 대한 신호로서 알람시계를 이용하는 것이 효과적이다. 또한 시작 시간과 끝 시간, 그리고 과제를 수행하는 데 걸린 시간을 스스로 기록하도록 해보는 것이 좋다.

때로는 주의집중력을 개발하기 위해 특별히 제작된 교구를 활용하는 방안을 고려한다. 예를 들면, 그림에서 빠진 부분 찾기, 문장에서 틀린 말 찾기, 서너 장의 그림카드로 이야기 순서 만들기, 집중력 훈련을 목적으로 고안된 컴퓨터 프로그램을 이용하기 등의 방법을 사용하면 집중력 훈련에 큰 도움이 된다.

(2) 자기통제력 향상을 위한 개입 전략

자기통제력은 목표를 달성하기 위해 순간의 충동적인 욕구나 행동을 억제할 수 있는 능력을 말하며, 유혹에 저항하는 능력, 만족을 지연하는 능력, 충동을 억제하는 능력을 필요로 한다. 주의집중력이 높은 사람은 자기통제력이 높고 장기적인 목표를 위해 즉각적인 만족을 연기할 수 있으며, 충동적으로 행동하기보다는 심사숙고하여 상황적 요구에 대응하여 적절히 행동할 수 있는 사려성을 갖추고 있다. 또한 겉으로 드러나지 않는 내적 언어(혼잣말)을 통해 자신의 사고와 감정을 조절하는 전략을 활용한다. 따라서 내적 언어를 사용하여 자기통제력을 향상시키면 주의집중력을 효과적으로 높일 수 있다.

자기통제력을 향상시키기 위해 적용할 수 있는 한 가지 방법은 과제를 수행하는 각 단계마다 필요한 언어를 내재화함으로써 자신의 행동을 조절하도록 하는 것이다. 대표적인 접근법은 자기교시 훈련(Kendall & Braswell, 1985; Kendall & Finch, 1976; Meihenbaum & Goodman, 1971)과 생각 말하기(Think aloud) 훈련이 있다.

자기교시 훈련은 마이켄보움과 굿맨(Meihenbaum & Goodman, 1971)이 개발한 것으로, 학생은 문제정의, 주의집중, 자기평가, 자기강화 등 인지적 과제를 수행하는 동안 거치게 되는 각 단계마다 외현적 모델링에서 시작해서 안내를 통한 외현적 모델링, 외현적 시연, 속삭임을 통한 시연을 거쳐 내적 시연에 이르는 일련의 언어 내재화 과정을 학습한다. 캔달과 그의 동료들(Kendall & Braswell, 1985; Kendall & Finch, 1976)은 사회적 문제해결 상황에서 언어적 자기교시를 통한 문제해결 전략을 제시하였다. 그것은 다음의 다섯 단계를 거친다.

- 문제 정의: 무엇을 해야 하는가? 문제는 무엇인가?
- 문제에 대한 접근: 모든 가능한 해결책을 살펴보자, 내가 지금 하고 있는 것만 살펴보자, 집중하자.
- 해결책의 선택: 해결책을 하나 고르자.
- 해결책의 검토: 해결책을 검토하자.
- 자기강화: 아, 잘했어. 또는 아, 실수했군. 다음에는 더 천천히 그리고 더 집중하자.

생각 말하기 훈련은 인지적 문제해결에서 내적 언어를 활성화시키는 자기교시 훈련과 사회적 문제해결에서 계획 세우기, 해결책 탐색, 결과 산출의 과정을 언어화하는 문제해결 훈련을 적절히 병행한 접근법이다. 그것은 다음의 네 단계를 거친다.

- 문제 정의: 내가 해결해야 할 문제는 무엇인가? 나는 무엇을 해결해야 하나?
- 문제 탐색: 나의 계획은 무엇인가? 나는 그것을 어떻게 해결해야 하나?
- 문제 점검: 나는 나의 계획을 제대로 활용하고 있는가?
- 자기 평가: 나는 어떻게 했는가?

이명경(2007)은 이러한 자기통제를 위한 내적 언어를 재구성하여 학습 상황에서 주의집중력을 높이고자 하였다. 그는 주의집중력 개발을 위한 5단계 접근법을 제시하였다.

- 1단계(문제 정의): 무엇을 해야 하지?
- 2단계(계획 수립): 어떤 방법으로 할까?
- 3단계(중간 점검): 계획대로 하고 있나?

- 4단계(실행 후 점검): 어떻게 했지?
- 5단계(칭찬과 격려): 잘했어, 열심히 노력한 덕이야. 또는 괜찮아, 다음엔 더 노력하자.

그밖에도 자기조절 가르치기 방법을 활용하여 자기통제력을 향상시킬 수 있다. 예를 들면, "일단 멈추고, 쳐다보고, 듣는다."라는 생각을 심어주거나, "남들이 그만두라고 해도 나는 하던 일을 계속 해야 된다."와 같이 스스로에게 말하기 훈련을 시킬 수 있다. 또한 근육이완법이나 복식 호흡법을 가르쳐서 어떻게 긴장을 풀 수 있는지, 그리고 그처럼 긴장을 푸는 것이 얼마나 주의집중에 도움이 되는지를 경험하게 하는 것도 도움이 된다. 이 방법은 특히 활동량이 많고 산만한 아이들에게 효과적이다.

(3) 주의집중력을 높이기 위한 행동적 전략

주의집중력을 높이기 위해서는 주의집중을 유도하고 학생이 주의집중을 할 때 그 행동을 적절히 강화할 필요가 있다(안동현, 김세실, 한은선, 2004; DuPaul & Stoner, 2003).

첫째, 선택적인 주의를 가르치고 강화한다. 실제로 초등학교 시절 이후의 학습 성취는 선택적으로 집중하는 능력과 산만함을 조절하는 능력에 달려 있다. 집중력이 늘어나는 것에 대한 관심과 격려를 통해 어느 정도 주의집중 기술(attending skill)에 문제가 생기는 것을 막을 수 있다. 한 가지 과제를 끝내지 않고 다른 행동으로 옮기는 경우에는 이런 행동을 무시하거나 약간은 제지할 필요도 있다. 또한 유아기 때부터 작은 물건과 큰 물건을 따로 늘어놓는 것이나 색깔이나 종류별로 나누어 정리하는 것을 가르치고 격려하면 선택적 주의집중력을 향상시킬 수 있다. 오랫동안 한 가지 장난감을 가지고 노는 것을 칭찬하거나 "벨 소리가 났는데도 계속 그것을 만들고 있었네... 대단하다!"라는 식으로 끈기나 지속성을 격려하면 지속적 주의집중력을 늘릴 수 있다.

둘째, 효과적인 전략을 미리 알고 사용한다. 지시를 할 때는 분명하고 구체적으로 말한다. 학생과 눈을 마주친 상태에서 항상 관찰하면서 지시를 내린다. 이때, 학생에게 스스로가 선택할 수 있는 기회를 주거나 동기를 유발하는 말을 함께 해주면 좋다. 흥미나 동기가 없으면 주의력은 떨어진다. 불필요한 군더더기 말을 줄이면 좋다. 말이 많은 부모나 교사는 산만한 학생에게 오히려 해롭다. 목소리를 낮추어서 지시하고 흥분은 금물이다. 또한 부모나 교사가 충동적으로 행동하지 않아야 하며, 그 대신 일단 일을 멈추고 생각하고 남의 말을 경청하는 모범이 될 수 있어야 한다. 성급한 결론을 내리지 않고 아이가 대화를 통해 생각하는 것을 배운다는 것을 명심해야 한다.

셋째, 학생 스스로 집중하고 산만하지 않으려는 노력을 보상한다. 학생들의 주의력에 부모나 교사가 주의집중을 한다는 것이 필수적이다. 가끔은 아이가 집중을 하는 것보다는 산만한 행동을 할 때 주위 어른들의 관심을 받는다. 이런 현상을 줄이기 위해 산만한 행동에는 무관심한 태도를 보이는 것이 좋다. 모든 행동이 그렇듯이 주의 지속 시간도 칭찬과 보상이 주어지면 점차 늘어난다. 스티커를 보상으로 준다면, 학생이 과제물을 바라볼 때 한 개, 과제를 행동에 옮기면 세 개, 과제를 끝마치면 다섯 개 식으로 보상을 점차 늘려 나간다. 이때, 결과보다는 시도하는 것 자체에 보상을 주는 것이 효과적이라는 것을 명심해야 한다. 또한 집단에서 집중을 잘하는 다른 학생에게 보상과 칭찬을 해주는 것도 주의력이 떨어진 학생에게 치료적인 효과가 있다. 집안에서는 다른 자녀가 잘하는 것에 대한 상을 준다.

끝으로, 규칙 만들기 방법과 결과 가르치기를 활용한다. 예를 들면, 아침에는 일정 시간에 기상하고, 방과 후에 집에 오면 바로 숙제부터 하고, 숙제를 끝내야 TV를 보거나 컴퓨터를 할 수 있다. 이런 규칙은 매일 일관되게 지속되어야 한다. 부모나 다른 가족도 이런 규칙을 잘 지키는 모범을 보여준다. 규칙을 말로만 정하는 것보다는 글로 써놓고 부모와 자녀가 같이 서명을 하거나 칠판에 써놓는 것이 효과적이다. 이때, 일과계획표를 작성하는 것도 요령이다. 체크리스트를 만들어서 할 일을 마친 경우에는 학생 자신이 스스로 표시를 하도록 해준다. 또한 규칙을 위반할 때에는 결과 가르치기를 활용한다. 예를 들면, 숙제를 하지 않았을 경우 그 결과로 수행평가에서 불이익을 받도록 놔두고, 딴청을 피우느라 지나치게 긴 시간 식사를 한다면 일정 시간이 지나면 음식을 치우는 식으로 자신의 행동에 대한 자연적인 결과를 알도록 가르친다. 제때 해야 할 일을 마치지 못하면 TV시청 시간이나 노는 시간이 줄어들고 그 시간에 마치지 못한 일을 해야 한다는 것을 가르친다.

다) 학습동기 부족

학습부진 학생의 학습동기를 유발시킬 수 있는 전략은 학습동기 이론에 따라 다양하다. 대표적인 학습동기 이론에 따른 동기 유발 전략을 제시하면 다음과 같다.

(1) 귀인 이론에 따른 개입 전략

컨설턴트는 학업 성패에 대한 의뢰인이나 학생의 귀인 성향이 바람직하지 못할 경우 귀인 재훈련(attribution retraining)을 통해 바람직한 방향으로 성패에 대한 원인을 돌릴 수 있도록 도와준다. 즉, 실패의 원인을 능력 부족과 같은 요인으로 귀인하기보다는 불충분한 노력이나 부적절한 학습전략의 사용과 같이 교정 가능한 요인에 귀인하도록 유도하는 것이다. 일반적으로 귀인 재훈련 프로그램에서는 일련의 체계적인 경험, 사회화, 모델링, 연습, 피드백을 통하여 다음과 같은 사항들을 가르친다(Foersterling, 1985).

- 실패에 대한 걱정보다는 현재의 과업에 집중하라.
- 수행과정을 점검하여 오류를 탐색하고, 대안적인 방법을 찾기 위해 문제를 분석하여 실패에 대처하라.
- 실패의 원인을 능력부족보다는 불충분한 노력, 정보의 부족, 비효과적인 전략 사용으로 귀인하도록 하라.

때로는 귀인 재훈련에서 실패의 원인을 불충분한 노력으로 귀인하도록 하는 것이 바람직하지 않을 수도 있다. 예를 들어, 최선의 노력을 다했음에도 불구하고 실패한 학생에게 더 노력해보라고 조언하게 되면, 그 학생은 스스로를 무능한 존재로 지각할 가능성이 많다. 이처럼 실패를 노력 부족으로 귀인하는 것의 한계를 극복하기 위해서 최근에는 실패의 원인을 부적절한 공부방법이나 학습전략 때문이라고 설명해 주는 전략귀인(strategy attribution)을 강조한다(이신동, 최병연, 고영남, 2011).

전략귀인은 실패를 능력으로 귀인하여 학습된 무기력에 빠지거나, 많은 노력을 했음에도 불구하고 실패하여 더 이상 노력을 하지 않으려는 학생들에게 실질적인 도움을 줄 수 있다. 학업상황에서 실패한 학생에게 문제해결 과정에서 전략을 활용하는 데 집중하도록 한다면 학생의 노력을 인정하면서도 문제를 해결하기 위하여 대안적인 접근을 할 필요가 있다는 긍정적이고 건설적인 암시를 전달해 주는 것이다. 따라서 교사는 학생들이 긍정적인 신념을 갖도록 해 줄 뿐만 아니라 인지전략, 초인지 전략, 시험 치르기 전략, 시간관리 전략 등과 같은 전략귀인과 관련된 피드백을 제공해 주어야 한다.

(2) 자기효능감 이론에 따른 개입 전략

자기효능감(self-efficacy)은 목표 달성에 필요한 행동 과정을 조직하고 행하는 자신의 능력에 대한 믿음이다(Bandura, 1986, 1997). 자기효능감은 학습 행동에 가장 크게 영향을 미치는 인지적 요소다. 그것은 목표추구 행동, 곧 주어진 목표를 얼마나 오랫동안, 얼마나 열심히 추구할 것인지에 영향을 미친다. 그것은 또한 성취와 관련된 행동, 사고, 정서적 반응에 영향을 미친다. 자기효능감이 높으면 목표를 높게 잡고 도전적인 과제를 선택하고, 과제 수행에 자신감을 갖고 몰두하게 되며, 나아가서 두려움과 불안을 감소시킨다. 자기효능감은 구체적인 과제에 대한 자기 능력의 평가이다. Bandura(1986, 1997)는 직접적인 경험, 대리경험(vicarious experience), 언어적 설득(타인의 칭찬이나 격려), 그리고 생리적 및 정서적 상태 등 네 가지 정보원을 통해 자기의 능력을 평가한다고 보았다. 따라서 학습컨설턴트는 학습부진 학생의 자기효능감을 높여 주기 위해서 다음과 같은 방법을 사용할 수 있다.

- 성공적인 과제 수행경험은 학생의 자기효능감을 높일 수 있다. 자기효능감 판단의 가장 중요한 근원은 실제적인 경험이다. 컨설턴트는 다양한 상황에서 학생들이 성공을 경험할 수 있는 기회를 제공해 주어서 자신도 스스로 잘할 수 있다는 확신을 갖도록 해 줄 필요가 있다. 또한 협동학습 전략을 활용하여 학생들의 자기효능감을 향상시킬 수 있다. 집단 활동을 통한 성공적인 과제 수행은 구성원들의 효능감을 높여 줄 것이다.
- 또래 모델을 활용하여 자기효능감을 향상시킬 수 있다. 학생들은 자신과 연령이나 성별 혹은 능력이 유사한 모델의 성공적인 수행을 관찰함으로써, 즉 대리경험을 통해서 자신도 그러한 과제를 수행할 수 있다는 신념을 갖게 된다. 또래모델은 특정한 과제에 대한 자신의 수행능력을 의심하거나 그것으로 인해 스트레스를 경험했던 학생들에게 특히 효과적이다.
- 다양한 형태의 피드백을 통하여 학생의 자기효능감을 높일 수 있다. 컨설턴트는 성공적으로 과제를 수행한 학생에게 능력이나 노력에 귀인하도록 함으로써 자신의 능력을 높게 지각하도록 할 수 있다. 또한 학습전략과 관련된 컨설턴트의 피드백은 학생의 자기효능감을 향상시킬 수 있다. 학습전략이 성공적인 과제수행에 도움이 된다고 지각하는 학생들은 자기효능감이 향상되고 그에 따라 추후과제에서도 그러한 전략을 기꺼이 사용하려고 할 것이다. 특히 자기효능감이 낮은 학생들에게는 능력이나 노력과 관련된 피드백은 자신의 능력에 대한 불신과 무기력을 유도할 수 있기 때문에 학습전략의 가치, 사용방법 등에 대한 구체적인 피드백이 자기효능감 향상에 도움이 될 것이다.
- 정서적 흥분을 긍정적으로 해석하고 대처할 수 있는 기술을 제공해야 한다. 예를 들어, 학생들은 심하게 긴장하고 불안하면 얼굴이 빨개지고 손에 땀이 나며

심장 박동이 빨라지게 되는데, 이를 자신의 능력이 부족하고 실패가 두렵기 때문에 생기는 것이라고 지각하여 자기효능감이 떨어지게 된다. 따라서 이러한 긴장이나 불안을 자기효능감이 낮기 때문이 아니라 다른 긍정적인 이유로 귀인하도록 유도하고, 이와 함께 긴장이나 불안에 대처하는 기술을 훈련시키는 것이 필요하다.

(3) 성취목표 이론에 따른 개입 전략

성취목표 이론은 학생이 자신의 학습행동에 어떤 목표를 부여하는가에 따라 학습동기가 달라진다고 본다. 이 이론에서는 성취를 위한 학습행동의 목표를 숙달목표와 수행목표로 구분한다(Ames, 1992; Ames & Archer, 1988). 현실적으로 학생들이 수행목표를 지향하는 것은 불가피하지만, 장기적인 측면에서 학생이 숙달목표를 지향할 때 학습과 수행의 가능성을 높여 준다. 컨설턴트는 다음과 같은 방법으로 학생이 숙달목표를 지향하도록 유도할 수 있다(이명숙 외 공역, 2011).

- 특정 주제의 숙달이 학생의 장기적인 개인, 직업 목표와 어떻게 관련되는지를 제시하라.
- 학생이 단순히 암기하기보다 수업자료를 이해하는 것이 중요하다는 것을 강조하라.
- 효과적인 학습은 많은 시행착오와 부단한 노력을 통해 가능하다는 신념을 심어주어라.
- 학생들에게 달성해야 할 단기적인 목표를 구체적으로 제시하라. 어렵지만 노력하면 달성할 수 있는 숙달목표를 확인시켜라.
- 학생 스스로 근접 학습목표를 설정하도록 하라.
- 학생이 목표를 향한 진보를 평가할 수 있도록 주기적으로 피드백을 제시하라.
- 학생이 향상될 수 있는 방법을 구체적으로 제시하라.
- 친구와의 비교보다는 내용의 숙달에 초점을 두어 칭찬하라.
- 목표달성의 기준으로서가 아니라 아이디어를 제공하거나 도움을 주는 주체로서 친구를 보게 하라.

(4) 생태학적 접근에 따른 개입 전략

학습동기에 대한 생태학적 접근은 개인 지향적인 원인론과 환경 지향적 원인론을 통합하여 발전시킨 이론으로, 특정 순간에 특정 행동은 체제 혹은 생태학적 맥락 안에 있는 제반 요소의 복잡하고 미묘한 관계에 의해서 영향을 받는다고 가정한다. 따라서 학습동기를 향상시키기 위해서는 학생을 둘러싼 생태학적 맥락을 정확하게 파악하여 그 안에 있는 체제 요소의 관계를 효과적으로 재배열해야 한다고 본다. 학습동기 향상을 위한 생태학적 접근의 적용 절차는 다음과 같다(이재규, 2013).

- 1단계: 현재의 학습동기 수준을 평가한다.
- 2단계: 학습동기와 연관된 개인적 변인에 대한 정보를 수집하여 어떠한 변화가 있었는지 확인한다.
- 3단계: 학습동기와 연관된 환경적 변인에 대한 정보를 수집하여 어떤 변화가 있었는지 확인한다.
- 4단계: 학습동기와 개인적 및 환경적 변인의 관계를 화살표로 표시하여 학습동기를 중심으로 개인적 변인과 환경적 변인이 어떤 관련이 있는지 추정한다.
- 5단계: 학생과 그의 주변 인사에게 자문을 청하여 학습동기를 변화시키기 위해서 생태학적 맥락 내의 요소 중에서 변화 가능한 요소를 확인한다.
- 6단계: 변화 가능한 요소를 변화시키기 위해서 계약을 맺는다.
- 7단계: 계약 사항을 실행에 옮기고 학습동기의 변화를 평가한다.
- 8단계: 평가 결과에 기초하여 다시 1단계부터 7단계까지 반복한다.

라) 사회적 기술 부족

학습부진 학생을 위한 사회적 문제해결 전략은 그가 어떠한 사회문제 속에 있는가, 발달단계는 어떠한가에 따라 다양한 형태로 나뉠 수 있다. Gresham(1983)은 사회적 타당성이라는 측면에서 사회적 기술이란 특정한 상황에서 보여주는 의미 있는 행동이라고 정의하고, 그 행동이 아동이나 청소년의 중요한 사회적 결과를 예측한다고 주장하였다.

실제로 많은 문제행동은 사회적 기술의 결여 혹은 적용 실패의 한 증상으로 볼 수 있다. Parker와 Asher(1987)는 또래관계가 좋지 못한 학생이 학교중퇴, 범죄, 정신병리적 진단과 밀접하게 관련된다는 것을 밝혀냈다. Gresham(1982)는 학습에 문제가 있는 학생은 여섯 가지 사회적 기술이 필요하다고 하였다. 즉, ① 협동기술, ② 긍정적인 상호작용 기술, ③ 나누는 기술, ④ 감사할 줄 아는 기술, ⑤ 도움을 요청하거나 도움을 주는 기술, ⑥ 의사소통 기술이다.

Trower, Bryant와 Argyle(1978)은 불안, 품행장애, 성격장애, 기분장애와 같은 정신질환을 앓는 사람들이 모두 부족하거나 비생산적인 사회적 기술이라는 특성을 공유한다고 하였다. Gresham(2002)는 IDEA에 명시된 정서장애의 5가지 범주 가운데 사회적 기술의 습득이나 수행에 문제가 있음을 직접 시사하는 2개의 기준을 지적하였다. 한 가지는 또래 및 교사와 만족스런 대인관계를 형성하거나 유지하지 못하는 것이고, 다른 한 가지는 정상적인 상황에서 부적절한 행동이나 감정을 표현하는 것이다. 또한 학교에서 중도탈락의 위기에 처한 학생들은 일련의 사회적 기술을 훈련받더라도 그러한 기술을 운동장이나 교실에 일반화하지 못하는 경우가 흔하다. 그 이유는 실제 상황에서 접하는 자극이 훈련 상황에서 배운 것보다 훨씬 강하기 때문이다. Gresham(2002)는 사회적 기술 훈련이 다음과 같은 네 가지 주요 목표를 가진다고 보았으며, 훈련 프로그램의 시작 단계부터 일반화를 함께 통합하는 것이 중요하다고 역설하였다.

① 기술 습득을 촉진하기
② 기술 수행을 향상시키기
③ 문제 행동을 감소시키거나 제거하기
④ 사회적 기술을 유지하고 일반화하도록 돕기

또한 Goldstein과 그의 동료들(Goldstein, Sparfkin, Gershaw, & Klein, 1980, 1983)은 사회적 기술의 일반적인 유형을 다음과 같이 여섯 가지로 구분하여 제시하였다.

① 기본 사회적 기술(경청하기, "감사합니다."라고 말하기)
② 고차적 사회적 기술(건설적으로 협력하기, 사과하기)
③ 감정 처리 기술(감정 표현하기, 타인의 감정 이해하기)
④ 공격성을 대체하는 기술(협상하기, 자기조절하기)
⑤ 스트레스 처리 기술(위기 상황을 예측하고 대비하기, 친구 변호하기)
⑥ 계획 기술(정보 수집하기, 문제의 원인 파악하기)

McGinnis과 Goldstein(1984)은 아동과 청소년들에게 친사회적 행동을 가르치기 위해서 Skillstreaming 프로그램을 만들었는데, 그 내용을 소개하면 <표 1-12>와 같다.

표 1.12 청소년용 skillstreaming 프로그램: 50개 문항

1. 듣기: 화자의 눈을 응시하면서 이야기의 내용을 이해하려고 노력하는가?
2. 대화의 시작: 비교적 가벼운 화제로 이야기를 시작하여 진지한 화제로까지 이야기를 전개시켜 나가는가?
3. 대화의 기회: 서로 간에 관심있는 주제로 이야기를 하는가?
4. 질문: 의문점이 무엇인지 먼저 결정하고 이를 상대방에게 질문하는가?
5. 감사표시: 친절이나 호감을 베풀어 준 사람에게 감사를 표하는가?
6. 자기소개: 처음 만나는 사람에게 적극적으로 자기를 소개하는가?
7. 타인 소개: 서로 알고 지낼 수 있도록 타인을 다른 사람에게 소개하는가?
8. 경의 표시: 타인이나 타인의 행동에 대하여 찬사를 보내는가?
9. 도움 요청: 어려움에 처해 있을 때 타인에게 도움을 요청하는가?
10. 동참하기: 진행 중인 놀이나 구성된 모임에 동참하기 위한 방법을 찾는가?
11. 지시하기: 과제 처리방법을 명확하게 설명할 수 있는가?
12. 수행하기: 과제 처리방법을 세심히 듣고, 이에 반응하며, 이를 실행으로 옮길 수 있는가?
13. 사과하기: 자기 잘못에 대하여 상대방에게 사과하는가?
14. 확신시키기: 자기 생각이 남들의 것보다 낫다고 잘 설득할 수 있는가?
15. 자기감정 인식: 자기감정을 제대로 인식하고자 노력하는가?
16. 자기감정 표현: 자기감정을 상대방에게 정확히 표현하는가?
17. 타인감정 이해: 타인의 감정을 정확히 이해하고자 노력하는가?
18. 타인의 역한 감정 처리: 타인의 격한 감정을 이해할 수 있는가?
19. 애정 표현: 상대방에게 많은 관심이 있음을 당사자에게 알릴 수 있는가?
20. 두려움 처리: 자신이 두려움을 갖게 된 이유와 두려움을 감소시키는 방법을 알고 있는가?
21. 자기 격려: 자신이 한 일에 대하여 스스로 격려하는가?
22. 승인요청: 자신이 계획한 일에 대한 승인이 필요할 때 이를 당사자에게 요청하는가?
23. 분담하기: 분담할 일인 경우 이를 상대방에게 나누어 하자고 제안하는가?
24. 도와주기: 도움이 필요한 사람을 도와주는가?
25. 협의하기: 입장이 다른 사람과 서로 협의하여 일의 계획을 수립하는가?
26. 자기통제: 속수무책으로 일이 전개되지 않도록 자신을 잘 통제하는가?
27. 권리옹호: 상대방이 자신의 입장을 잘 이해할 수 있도록 자기의 권리를 주장하는가?
28. 괴롭힘에 대한 대처: 자기를 괴롭히려는 삶을 자기 편으로 만들 수 있는가?
29. 어려움 극복: 곤란한 상황에서 벗어날 수 있는가?
30. 싸움 피하기: 싸우지 않고 어려움을 극복할 수 있는 방법을 알고 있는가?
31. 책임 묻기: 상대방이 자신의 문제를 해결해 줄 책임이 있을 때, 이를 상대방에게 요구하는가, 이러한 경우 상대방은 해결방법을 찾으려고 시도하는가?
32. 책임지기: 상대방이 자신에게 책임을 물을 때 이를 해결해주기 위하여 노력하는가?
33. 스포츠맨 정신: 운동경기 후 상대방에게 정중히 인사하는가?
34. 당혹함에 대처하기: 상대방이 일을 처리할 때 당혹해 하지 않고, 자신감을 가질 수 있도록 도와주는가?
35. 소외됨에 대처하기: 자신이 어떤 일에서 소외되었다고 판단이 되는 경우, 그 소외된 상황을 잘 이해하고 노력하는가?

36. 친구 옹호하기: 자기 친구들을 정당하게 대하지 않는 사람들에게 친구를 잘 이해시키는가?
37. 설득에 대처하기: 친구가 설득할 경우, 이에 대한 자신의 견해와 친구의 견해를 충분히 검토한 후 행동을 결정하는가?
38. 실패에 대처하기: 어떤 일에 실패를 한 경우 다음의 성공을 위하여 실패 원인을 잘 분석하는가?
39. 모호한 전달에 대처하기: 전달받은 내용이 불명확하여 신속한 결정을 할 수 없을 때, 이를 확인해 본 후 처리하는가?
40. 비난에 대처하기: 친구가 자기를 비난하는 경우 그 원인을 잘 파악하여 문제해결을 위한 최선의 방법을 모색하는가?
41. 대화준비: 지루한 대화가 되지 않도록 하기 위해서 자신의 견해를 잘 전달할 수 있는 방법을 마련하는가?
42. 친구들의 요청 들어주기: 친구들이 무언가를 해주기 원할 때, 자신이 해야 할 일이 무엇인가를 결정할 수 있는가?
43. 여가생활의 결정: 지루한 느낌이 들 때, 이를 극복할 수 있는 흥미로운 일을 시작할 수 있는가?
44. 원인 파악하기: 어떠한 사건의 원인이 자신이 통제할 수 있는 것이었는지를 파악할 수 있는가?
45. 목표설정: 과제를 처리하기에 앞서 자신이 해야 할 일이 무엇인지를 현실적으로 결정할 수 있는가?
46. 자신의 능력에 대한 판단: 자신이 그 과제를 완성할 수 있을 정도의 능력이 있는지를 현실적으로 결정할 수 있는가?
47. 정보수집: 필요한 정보가 무엇이며 그 정보를 어떻게 수집할 것인지를 결정할 수 있는가?
48. 처리순서의 결정: 문제의 중요도에 따라 처리순서를 현실적으로 결정할 수 있는가?
49. 의사결정: 가능성을 생각하여 최선책을 마련할 수 있는가?
50. 과제집중: 과제수행에 도움이 될 만한 선결조건을 마련할 수 있는가?

출처: 김승국 외 공저(1997), 학습장애아동 교육의 이론과 실제. pp. 323-324.

<표 1-12>에서 제시된 사회적 기술은 다음과 같은 방법으로 가르쳐질 수 있다(신종호 외 역, 2006).

- 사회적 기술을 시범적으로 보여주고 학생들에게 이를 분명하게 가르친다.
- 허용되는 행동 규칙을 학생과 함께 만든다.
- 사례와 근거를 제시함으로써 학생들이 규칙에 대한 이유를 이해할 수 있도록 한다.
- 학생들이 사회적 기술을 연습할 수 있도록 하고, 연습에 대한 피드백을 제공한다.

한국교육과정평가원에서는 경상북도 교육청과 함께 학교생활 적응에 어려움을 겪고 있는 초등학교 3-4학년을 대상으로 사회성 기술을 개발하기 위한 프로그램 매뉴얼 "S-MATES를 위한 디딤돌"을 제작하여 학교 현장에 보급하였다(노원경, 이화진, 이

표 1.13 S-MATES 사회성 기술 훈련 프로그램의 구성

모듈	주제	활동 명	활동 목표
상호작용 기술 (Membership)	1. 경청하기 2. 사과하기 3. 도움 주고받기 4. 협동하기	• 내 귀는 토끼 귀 • 사과 먹을래? • 좋은 친구 되기 • 함께 해서 즐거워요.	• 경청의 의미 알고 기술 습득하기 • 실수나 잘못에 대해 사과하기 • 상황에 어울리게 도움 주고받기 • 서로 협동하여 문제 해결하기
자기관리 기술 (Attunement)	1. 외모 관리하기 2. 분노 관리하기 3. 시간 계획하기 4. 시간 관리하기	• 나는야, 멋쟁이! • 나는야, 도전 왕! • 도전, 시간 관리의 달인 • 꿈을 이루어가는 알찬 하루	• 학교 상황에 맞게 외모 관리하기 • 예의 바르게 분노 통제하기 • 시간 관리를 위한 계획 세우기 • 시간 우선순위에 따라 하루 관리
성공적인 학교적응 기술 (Trumph)	1. 지시 따르기 2. 과제에 집중하기 3. 수업 준비하기 4. 공간 정리하기	• 범인을 찾아라. • 나도 집중할 수 있어요. • 공부할 준비는 되었나요? • 기분 좋은 공간	• 교사 지시에 따라 수행하기 • 주어진 과제에 집중하기 • 수업 준비물 챙기기 • 수업을 위해 주변 정리하기
효과적인 의사표현 기술 (Efficiency)	1. 주도적으로 관계하기 2. 긍정적으로 거절하기 3. 효과적으로 주장하기 4. 올바르게 요구하기	• 내가 먼저 말할래요. • 이렇게 말하여 거절해볼까? • 차분하고 용기 있게 • 소원을 말해봐!	• 상황에 맞게 적절한 말 걸기 • 긍정적인 방법으로 거절하기 • 자기주장을 효과적으로 표현하기 • 자신의 요구를 정당하게 말하기
감정 펼치기 기술 (Strength)	1. 차이 인정하기 2. 자기상 개선하기 3. 감정 표현하기 4. 칭찬하기	• 우린 모두 달라요. • 짱 좋은 나! • 솔직한 게 최고야! • 함께 가꾸는 칭찬 나무	• 서로의 차이를 인정하기 • 자신의 장점을 발견·인식하기 • 자신의 감정을 바르게 표현하기 • 바른 칭찬법 알고 타인 칭찬하기

출처: 노원경, 이화진, 이명진, 정은주(2014). 사회성 기술 훈련 프로그램.

명진, 정은주, 2014). S-MATES 프로그램은 상호작용 기술(Membership), 자기관리 기술(Attunement), 성공적인 학교적응 기술(Trumph), 효과적인 의사표현 기술(Efficiency), 감정 펼치기 기술(Strength) 등 5개의 모듈로 구성되어 있으며, 각 모듈에는 4차시의 하위주제가 포함되어 있어 총 20차시 분량이다. <표 1-13>은 S-MATES 프로그램의 모듈별 활동주제와 활동목표를 제시한 것이다.

S-MATES 프로그램은 직접교수 모형과 역할수행 모형을 적용하여 열기, 펼치기, 다지기, 나누기의 4단계 과정을 통해 명시적이고 구체적인 상황을 통해 문제를 좀 더 현실성 있고 쉽게 해결할 수 있도록 안내하고 있다. 먼저 '열기' 단계에서는 학습할 사회적 기술을 위한 동기유발과 해당 차시에서 목표로 하는 사회적 기술의 필요성과 중요성을 인식시키고 절차나 방법을 세분화하여 안내한다. 다음 '펼치기' 단계에서는 학습할 사회적 기술의 실제 예시 혹은 학습 방법이나 절차를 세부적인 단계로 나누어서 직접 시범을 보이거나 역할연습을 통해 부족한 사회적 기술을 정확하고 실감나게 학습한다. 또한 '다지기' 단계에서는 안내된 연습을 통해 사회적 기술을 다른 상황에 적용하여 보고 여러 상황에서 스스로 문제를 해결하면서 다른 사람의 의견과 행동을 존중하고 자신의 행동이 다른 사람에게 어떠한 영향을 미칠 것인지 생각하고 실연한다. 마지막 '나누기' 단계에서는 연습과 실연을 통해 습득한 사회적 기술에 대해 서로 이야기를 나누면서 습득한 사회적 기술을 일반화하고 내면화한다. <표 1-14>는 프로그램의 단계별 활동 내용을 정리한 것이다.

표 1.14 S-MATES 사회성 기술 훈련 프로그램의 전개 과정

단계	활동	활동 내용	비고
열기	설명하기	동기유발 학습문제 제시 학습의 필요성 또는 중요성 확인	
펼치기	시범 및 연습	적용 사례 또는 예시 제시 방법 또는 절차 시범 역할 수행 연습	
다지기	반복 연습	실연 반복 연습	
나누기	실생활 적용	적용 및 점검 평가하기	

출처: 노원경, 이화진, 이명진, 정은주(2014). 사회성 기술 훈련 프로그램.

4 학습부진 학습컨설팅: 사례분석 및 전문지도

학습부진 학생의 성장과 발달을 지원하는 일은 학습컨설팅의 중핵적인 활동 영역이다. 여기서는 학습부진 학습컨설팅의 의의와 절차 등 실제적 내용을 제시하고, 학습부진 학습컨설팅에 대한 사례분석 및 전문지도에 대해 알아본다.

1) 학습부진 학습컨설팅

가) 학습부진 학습컨설팅의 의의

한국교육심리학회의 학습컨설턴트 자격관리규정 제2조에 의하면, '학습컨설턴트'라 함은 교육심리학적 원리와 지식을 기반으로 학습자의 특성과 학습과정을 진단하여, 효과적인 프로그램의 개발, 운영, 관리를 통해 문제를 해결할 수 있는 학습자, 학부모, 교사, 관리자 등과 효과적인 의사소통을 할 수 있는 자를 말한다. 이렇게 볼 때, 학습부진 학습컨설팅은 학생, 학부모, 교사, 관리자 등과 효과적인 의사소통을 통하여 학습부진 학생의 심리적 특성과 학습과정을 진단하고 문제점을 해결할 수 있도록 효과적인 프로그램을 개발, 운영, 관리하는 일련의 과정으로 이해될 수 있다. 따라서 학습부진 학습컨설팅은 학습부진 학생의 성장과 발달을 지원하기 위해 요구되는 학습컨설팅의 중핵적인 활동인 셈이다. 왜냐하면 한 학생의 학업성취도는 그의 학교생활에 대한 전반적인 적응 상태를 알리는 가장 구체적이고 직접적인 지표이기 때문이다. 더욱이 어떤 학생의 학습부진은 그의 심리적인 특성과 밀접히 관련되어 있을 뿐만 아니라 신체적 발달과 사회적 관계와도 직접 혹은 간접적으로 영향을 주고받게 마련이다. 때문에 학습컨설턴트는 교육심리학적 지식기반을 바탕으로 학습부진 학생을 대상으로 직접적인 서비스를 제공하거나 교사나 학부모 등을 대상으로 간접적인 서비스를 통해 학습 문제의 원인을 과학적으로 진단하고 효과적인 개입을 위한 전략을 수립하여 실행하며 그 효과를 객관적으로 평가함으로써 실질적인 도움을 제공할 수 있어야 한다.

나) 학습부진 학습컨설팅의 주요 접근

학습컨설턴트는 이론적 관점에 따라 학습컨설팅의 목적과 과정 및 기법이 달라질 수 있다. 학습컨설팅의 주요 접근은 정신건강 모형, 행동적 모형, 사회인지 모형, 아들러 모형, 조직 및 시스템 모형 등 다양하지만(Crothers, Hughes & Morine, 2016), 대표적인 이론적 관점은 정신건강 모형과 행동적 모형이다(Kampwirth, 2010).

(1) 정신건강 모형

정신건강 모형은 인간 상호작용에 관한 정신역동이론에서 유래한 것으로, 심리내적인 과정을 강조하고 이러한 과정이 대인관계에 어떻게 영향을 주는지를 보여 준다. Caplan(1970)은 컨설팅을 컨설턴트와 의뢰인 두 사람의 자발적이고 비위계적인 관계로 정의하였는데, 여기서 두 사람은 모두 자신의 전문성 영역을 갖고 있으며 그 중 한 사람은 정신건강 전문가라고 하였다. 그러나 Caplan과 Caplan(1993)은 컨설턴트가 통제권을 넘겨받아 전문가의 역할을 하려 할 때 발생하는 문제점을 지적하고, 컨설턴트가 의뢰인의 세계로 들어갈 때 자신과는 다른 신념, 습관, 작업방식을 가진 사람의 세계로 들어가는 것임을 이해하고 의뢰인에게서 주요 책임을 빼앗기보다는 협력적인 접근을 시도할 필요가 있다고 제안하였다. 그들은 또한 컨설턴트가 의뢰인에게 부족한 지식, 기술, 자신감, 그리고 객관적인 자세를 제공하여 미래에 유익하게 사용할 수 있도록 도와줌으로써 문제를 해결하는 능력을 향상시키는 것을 컨설팅의 장기적인 목표로 강조하였다. 정신건강 컨설팅의 과정은 ① 관계 수립, ② 평가, ③ 개입, ④ 추수활동 및 평가의 네 단계를 거친다. 학교컨설팅에 적용될 수 있는 정신건강 모형의 핵심 개념은 협조적/비위계적 관계, 여러 차례의 단기 면담, 의뢰인의 사적 문제에 관여 않기, 의뢰인의 문제 해결 능력 향상, 그리고 정신건강 문제의 우선 적용 등이다.

(2) 행동적 모형

행동적 모형은 학습이론에 기초하여 모든 행동은 학습된 것이고 적절한 훈련을 통해 변화 가능하다는 것을 기본 전제로 한다. Dougherty(2000)는 행동적 컨설팅을 "한두 명의 의뢰된 학생이나 단체에게 간접 서비스를 제공하거나 이들의 기술을 향상시키기 위해 의뢰인을 직접 훈련시키는 것"으로 정의하였다. 이 모형은 관찰 가능한 행동에 초점을 두고 있으며, 선행자극(Antecedents) – 행동(Behaviors) – 결과(Consequences)의 기본 틀에 의해 행동을 분석한다(Bergan, 1977). 이 접근은 학생이 직접 보고할 수 있는 행동이나 교사와 부모가 관찰할 수 잇는 행동에만 초점을 둔다는 점에서 임상–진단적 접근과는 다르다. 행동적 컨설팅의 목표는 행동조성과 강화/모델링, 반응 촉진, 반응 학습, 반응 전환 등 체계적인 전략을 활용하여 의뢰인과 내담자의 관찰 가능한 행동을 변화시킬 수 있도록 지원하는 것이다. Bergan과 Kratochwill(1990)은 컨설팅을 컨설턴트와 의뢰인 간의 간접적인 문제해결 과정으로 정의하고 있다. 행동적 컨설팅의 과정은 ① 문제 확인, ② 문제 분석, ③ 계획 실행, ④ 문제 평가의 네 단계를 포함한다. 컨설턴트와 의뢰인은 언제, 어디에서 개입이 이루어질 것인지, 누구에게 개입을 시행할 것인지에 대해 논의할 뿐만 아니라 개입이 이루어진 후 나타나게 될 바람직한 결과와 변화에 대해서도 논의해야 하며, 또한 개입 이후 행동이 변화되리라고 기대하는 일정을 수립해야 한다.

(3) 기능적 관점

현재 학교에서 사용되고 있는 기능적 관점의 컨설팅 모형은 다음의 네 가지가 있다(Kampwirth, 2010: 92-96).

① 전문지원교사/컨설팅 전담교사 프로그램 모형

컨설팅 전담교사나 특수학급 교사는 컨설턴트가 개인교습이나 소규모 집단수업을 통해 학생에게 직접 서비스를 제공하는 모델과 자신의 교실에서 통합교육을 실시하는 교사에게 컨설팅 과정을 통해 간접적으로 서비스를 제공하는 모델을 연결하는 역할을 수행한다.

② 학교 컨설팅 위원회 모형

학생의 학습 문제 및 행동적/사회적 적응 문제를 다루는 데 도움을 지원하기 위해 고안된 각종 위원회(가령, 학생공부지원팀, 학생생활지도팀, 교사지원팀 등)를 통해 어떤 개입을 사용하는 것이 좋은지 추천하고 교사와 학부모에게 구체적인 도움을 제공하도록 지원한다.

③ 문제해결 모형

적성-성취 불일치 모형과는 달리, 학교/학급 환경, 교육과정, 수업방법과 같은 생태학적 변인을 강조한다. 컨설턴트는 일반교사가 고안한 개입을 모니터하고 교육과정에 기초한 평가를 통해 일반교육으로는 문제를 해결하기 어렵다고 판단된 학생만 특수교육을 받을 수 있도록 지원한다.

④ 협력적 컨설팅 모형

교직원과 학부모 그리고 다양한 전문성을 가진 사람들이 협력적으로 학생의 학습이나 행동적 문제를 확인하고, 그 문제를 해결하는 데 필요한 교육적 프로그램을 계획·실행·평가하며, 개선을 위한 팀을 구성하여 협의·자문·협력하고 상호작용한다. 이는 또한 다양한 전문성을 가진 사람들이 상호작용 과정을 통해 공동으로 확인한 문제를 창의적으로 해결하기 위해 각자가 만든 초안을 수정하거나 개선하는 형식으로 이루어진다. 이를 위해서 학습컨설턴트는 대인관계, 의사소통, 상호작용에 기초한 문제해결 기술과 효과적인 수업, 수업환경의 관찰 및 해석, 교육과정 적응, 수업 적응, 효과적인 학급 경영 및 훈육 등에 관한 지식기반을 갖추어야 한다.

다) 학습부진 학습컨설팅의 주요 절차

학습컨설팅의 절차는 이론적 접근과 실천적 모형에 따라 다를 수 있다. 해결중심 컨설팅 시스템은 일반 교실에서 실행 가능한 문제해결 방법을 찾는 것에 초점을 둔다. 이 시스템은 컨설팅 과정을 10단계로 나누고, 각 단계에 대한 설명과 예상되는 질문 및 적절한 해결책을 제시하고 있다(Kampwirth, 2010: 252-293).

(1) 의뢰인 학생 받기

컨설팅 과정은 보통 한두 명의 학생을 교육시키기 위해 계획을 세우는 데 도움을 필요로 하는 교사로부터 시작된다. 교사가 작성한 컨설팅 신청서를 받으면, 컨설턴트는 의뢰된 학생에 관한 정보를 읽고 즉각적인 인상을 포착하고 우선순위(위기조치), 해당 학생의 과거사, 교육과정이나 학급(생태) 요인, 시간적 압박 등을 검토한다.

(2) 교사와의 첫 논의

컨설턴트는 교사를 방문하여 의뢰받은 사실을 확인하고, 학생에 대한 관심과 협력적 진행의 필요성을 전달하고, 다음 단계의 결정을 위한 추가적인 정보를 수집하고 공감대를 형성한다. 방문은 주로 휴식시간을 이용하고 면담 결과를 기록한다.

(3) 학급(생태) 관찰

학생과 직접 접촉하지 않고 학급이나 놀이터에서 발생하는 역동성을 파악하여 의뢰된 문제를 확인하고, 그 문제에 영향을 미치는 생태적 요인을 파악하고, 교사의 지도방법을 분석하여 적절한 개입 시기를 결정한다.

(4) 부모와의 작업동맹 구축

의뢰된 학생의 학습 문제나 행동적/사회적 문제를 개선하려면 컨설팅 과정에서 학부모의 참여와 협력이 절대적이다. 컨설팅에 대한 학부모의 부정적 태도나 교사-부모의 가치 갈등을 확인하여 컨설팅에 대한 부정적 요인을 해소한다.

(5) 교사 및 학부모와 함께 하기

학생 연구 팀 회의를 통해 문제가 왜 발생했으며, 무엇을 해야 하는지, 누가 담당할 것인지, 특수교육 이외의 가용 자원은 무엇인지에 대한 가설을 세우고, 특수교육이나 관련된 서비스를 받아야 하는지에 대한 평가를 수행한다.

(6) 학생 평가

학교심리사에게 학생의 인지(지능과 정보처리) 검사와 성격 평가를 의뢰하고, 학생의 학급 수행에 대한 교사의 관찰과 기록을 토대로 학업 영역(읽기, 쓰기, 수학, 내용) 및 행동적/사회적 요구(사회적 기술, 개인적 상담)에 대한 정보를 수집하며, 신체 및 건강 상태에 대한 기록을 참고하여 학습 문제에 대한 평가와 진단/분석을 실시한다.

(7) 개입의 계획 및 수정

의뢰된 문제와 부합하는 구체적인 목표를 달성하기 위한 개입 전략을 설계하며, 수용성, 타당성, 윤리 등을 고려하여 검토하고, 개입의 효과성을 평가할 수 있는 평정 척도를 마련한다.

(8) 개입의 실행

개입은 다수의 학생과 의뢰인인 교사가 협력적으로 참여함으로써 이루어진다. 컨설턴트의 일차적인 역할은 참여자 각자가 계획을 수행할 기술을 가지고 있고 개입을 충실하게 수행하고 있는지를 확인하고 조언하는 것이다.

(9) 개입 모니터하기

개입의 실행 과정에서 참여하는 다양한 의뢰인과 대화하고, 필요하다면 변화를 주기 위해 개입에 영향을 미치는 다양한 행사를 모니터하고 필요한 정보를 수집한다. 개입을 수정할 때는 반드시 자료에 기초한 의사결정이 있어야 한다.

(10) 평가와 종결

컨설팅에서 수행한 활동과 결과에 대한 정보를 수집하여 사전에 합의된 목표가 달성되었는지를 확인하고, 의뢰인과 합의되면 컨설팅을 종료한다.

2) 학습부진 학습컨설팅의 사례분석 및 전문지도

학습부진 학생의 학습컨설팅에 대한 사례분석과 전문지도는 수련생의 컨설팅 과정에서 발생할 수 있는 문제점을 파악하여 개선함으로써 교사와 학생이 안고 있는 학습부진 문제를 효과적으로 해결하고 학습부진 학습컨설팅에 대한 수련생의 전문적 성장을 도모할 수 있다. 학습컨설팅 사례분석과 전문지도의 주요 접근과 절차 및 기술을 제시하기 전에 사례분석의 의의와 절차 그리고 보고서 작성에 대해 간단히 알아본다.

가) 사례분석의 의의와 절차

(1) 사례분석의 의의

사례분석(case conference)은 상담이나 컨설팅 장면에서 전문가의 전문적인 성장을 도모하기 위해 결정적인 기회를 제공하는 사례연구의 독특한 형태라고 할 수 있다. 사례연구란 아주 간단히 정의하자면 개별 학생에 대한 관찰결과와 컨설팅의 진행과정을 연구하는 것이다. 사례연구는 다음과 같은 특성을 갖는다. 첫째, 사례연구에는 한 개인에 대한 상세한 자료가 집적되어 있으므로 현재의 행동과 관련이 있는 과거의 사건을 탐색하고 그 영향을 밝힐 수 있다. 즉, 현재의 행동을 설명하는 다양한 변인을 밝힘으로써 학습부진과 관련된 문제행동이 형성된 배경에 관한 가설을 제시할 수 있다. 둘째, 사례연구는 현재의 문제행동을 완화시키는 데 효과적인 개입방법에 대한 정보를 제공해 준다. 즉, 어느 기법이 특정 증상을 완화시키는 데 기여하는지를 밝힐 수 있다. 따라서 드물게 나타나는 문제행동이나 증상에 대해서도 컨설턴트로서는 한정된 사례 수밖에 경험할 수 없음에도 불구하고 사례연구를 통해서 그 증상의 발달과정이나 효과적 개입방법에 대한 깊이 있는 연구가 가능하다. 셋째, 사례연구를 통하여 실험이나 기타 여러 방법론에 의하여 일반화된 이론이 실제 한 개인에게 적용가능한지를 살펴 볼 수 있다.

사례연구는 일반화의 한계와 편견이 작용할 약점을 가지고 있음에도 불구하고 상담이나 컨설팅 장면에서 자주 사용되어 왔다. 상담이나 컨설팅 전문가는 심층적인 사례연구를 통하여 체계적인 이론이나 기법을 발전시킬 뿐만 아니라 컨설턴트의 전문적 성장을 도모할 수 있게 된다. 특히 전문지도자는 수련생의 컨설팅 과정에서 발생할 수 있는 문제점을 발견하여 개선하도록 안내함으로써 전문적인 역량을 신장하기 위한 훈련을 목적으로 사례분석을 빈번하게 활용한다.

(2) 사례분석의 절차와 요령

사례분석의 절차는 대체로 컨설팅의 시작부터 종결에 이르는 일련의 진행과정에 관해서 컨설턴트가 철저히 기록을 남기는 과정을 포함하게 된다. 따라서 어떠한 경우에도 컨설팅 과정에 대한 기록은 사례분석의 주요 출처가 되기 때문에, 컨설턴트는 자신의 관찰 및 경험내용을 철저히 기록으로 남겨야 한다. 이처럼 사례분석을 위해 요구되는 기록을 정리하기 위해 컨설턴트는 의뢰인(교사)과 학생에 관한 기본적인 정보를 수집하고, 또한 주 호소 문제와 배경 정보, 학생의 개인적 특성과 행동 관찰, 컨설팅의 진행 과정에 관한 자료를 수집하여 분석해야 하며, 부가적으로 심리검사 결과나 전문지도 내용을 추가해야 한다.

상담 장면에서는 내담자에게서 수집한 정보를 토대로 문제의 원인을 진단하고 상담목표와 전략을 수립하는 과정을 '사례개념화(case conceptualization)'라고 한다(Sperry & Sperry, 2014). 사례개념화는 컨설팅을 위한 일종의 설계도 또는 청사진이라고 할 수 있다. 그것은 의뢰인이 호소하는 여러 가지 문제의 이면에 존재하는 핵심적인 기제에 대한 가설을 세우고 개입 방향을 수립해 가는 역동적인 작업이다. 컨설턴트는 학생에 대한 전반적인 이해와 학습부진 문제에 대한 정확한 이해를 바탕으로 나름대로 가설을 세우고 개입 목표와 전략을 세우는 것이 중요하다.

사례개념화는 컨설턴트의 이론적 관점과 실제적 경험 그리고 학생에 관한 다양한 정보에 기초해서 학생의 문제를 개념화하는 작업이라 할 수 있다. 그것은 학생의 문제에 대해 단정적으로 결론을 내리거나 해답을 제시하는 것이 아니라 특정 이론에 근거한 잠정적인 설명으로, 추가적인 정보의 확보 여하에 따라 지속적으로 가설을 수정하고 개입을 보완해 가는 역동적인 작업인 것이다.

사례개념화는 기술적 요소, 설명적 요소, 치료적 요소 등 세 가지 요소를 포함한다(Persons, 2008). 기술적 요소는 '무슨 일이 일어나는가?'에 대해 상세한 답을 제시하는 것으로, 문제의 내용과 심각한 정도, 촉발 요인 등 증상에 대한 현상학적 이해를 포함하며 문제의 원인을 파악하고 개입의 방향을 설정하기 위한 기초 정보를 제공한다. 설명적 요소는 '그것이 왜 일어났는가?'에 대한 것으로, 학생의 문제가 어떻게 생겨나고 유지되게 되었는지에 대한 설명을 포함하며 대개는 컨설턴트의 이론적 관점에 따라 달라진다. 치료적 요소는 기술적 요소와 설명적 요소에 기초해서 앞으로의 개입 방향을 안내하는 것으로, 개입의 목표와 전략을 수립하기 위한 기반이 된다.

사례개념화는 컨설턴트에게 문제들 간의 관련성을 파악할 수 있게 하고, 개입의 초점과 목표를 정하며 적절한 개입 전략 및 기법을 선택하게 해준다. 또한 의뢰인과 학생의 행동을 예측하며 그들의 비협조적인 태도를 이해하고 대처할 수 있게 해주고, 개입 외적인 문제에 대해 결정을 내리고 개입이 실패할 경우 방향을 재설정할 수 있게 해준다. 따라서 전문지도자는 수련생에게 사례개념화 능력을 개발하여 의뢰인과 학생에 대한 이해를 돕고 컨설팅 계획의 수립과 컨설팅 행동의 결정을 효과적으로 지도할 수 있다.

(3) 사례보고서의 작성

사례분석은 주로 의뢰인과 학생에 관한 평가내용과 컨설턴트 – 의뢰인 간의 경험적 자료에 의존하게 된다. 그러므로 컨설턴트의 관찰내용과 경험은 가능한 한 상세히 기록되어야 하며, 이 기록은 개별 학생의 독특한 특성과 컨설팅 상황을 잘 반영하도록 구성되어야 한다. 사례 기록은 컨설팅의 진행 과정과 내용을 집약적으로 파악하는 데 필요하고, 의뢰인과 학생을 성공적으로 도와주기 위한 시사점을 발견할 수 있는 중요한 자료를 확보해 두는 작업이다. 따라서 사례 기록은 컨설팅 과정에 대한 연구나 컨설턴트의 수련을 위해서 필요하다.

사례 기록의 형식과 내용은 사례 기록의 목적(학생 이해, 컨설팅 계획 수립 및 결과 평가의 근거, 개입된 방법의 효과 확인, 전문지도를 위한 축어록 중심의 자료, 사례연구회의 발표용 등)에 따라 그 초점이 달라진다. 그리고 같은 목적이라도 기록하는 컨설턴트의 취향 및 관심사의 향방에 따라 또 다소간의 차이를 보일 수 있을 것이다. 그러나 사례 기록이 그 효과를 충분히 발휘할 수 있기 위해서는 그 내용을 간략하고 명료하게 기록해 둘 필요가 있으며, 그러기 위해서는 약간의 틀, 즉 구조화가 필요하다.

학습컨설팅 사례는 보고서, 축어록 등과 같은 간접적인 기록이나 녹음 및 녹화 테이프, 직접 관찰 등과 같은 직접적인 기록을 통해 보고될 수 있다. 사례보고서(case – report)는 컨설턴트가 컨설팅을 계획하고 전략을 선택하는 데 제공된 증거들이 어떠한 관찰과 유추에 의한 것인지를 밝히고, 컨설팅 관계의 주요 측면을 기술하며, 의뢰인과 학생의 특성, 문제 상황 및 개입 전략 선택에 관한 가설 등을 기술한 자료이다. 그러나 사례보고서는 전문지도자가 의뢰인의 문제에 대해 독립적으로 판단할 수 있는 기회가 제한되어 있고, 의뢰인에 대한 정보로부터 어떻게 추론해야 하는지에 대해 지도할 수 없다는 제약이 있다. 사례보고서는 의뢰인과 학생에 대한 인적사항, 인생 내력 및 인상, 컨설팅 신청 계기와 주요 호소문제, 학생에 대한 행동 관찰 및 심리검사 결과, 의뢰인이 안고 있는 문제와 해결 자원, 컨설팅의 목표와 전략, 컨설팅 내용 요약 및 축어록 등을 포함한다. 축어록(protocol)은 컨설팅 과정을 녹음한 후 그것을 그대로 기술한 양식으로, 의뢰인 문제에 대한 진단과 가설, 개입의 목표와 전략, 개입의 실행 및 효과 등이 포함되어 있다. 축어록은 컨설팅 과정에 대한 풍부한 정보를 제공하기 때문에 전문지도자가 컨설팅 장면을 좀 더 잘 이해할 수 있고 수련생과 전문지도자의 관계를 더욱 촉진적으로 만들어 준다. <표 1–15>는 학습컨설팅 사례보고서의 양식을 예시한 것이다.

표 1.15 학습컨설팅 사례보고서 양식

1. 문제 상황과 배경 정보
   (1) 사례번호
   (2) 컨설팅 기간, 횟수, 소요시간 등
   (3) 의뢰인 및 학생의 기본 인적사항
   (4) 의뢰인과 학생에 대한 컨설턴트의 인상 및 관찰 내용

2. 주요 문제와 적용 방법
   (1) 컨설팅 신청 계기와 주요 호소 문제
   (2) 학생에 대한 행동 관찰 및 심리검사 결과
   (3) 의뢰인이 안고 있는 문제와 해결 자원에 대한 판단
   (4) 컨설팅 목표 및 전략(목표 달성을 위한 이론적 기반)
   (5) 컨설턴트의 주된 기능과 역할

3. 컨설팅 과정 요약
   (1) 진단 및 계획 단계
   (2) 실행 및 협의 단계
   (3) 평가 및 종결 단계

4. 총평
   (1) 전반적인 느낌
   (2) 보완 및 개선 사항

5. 전문지도
   (1) 지도 날짜와 시간
   (2) 전문가 소견

녹음 및 녹화 테이프는 컨설팅 장면을 녹음하거나 비디오로 녹화한 것으로 직접적인 자료이다. 녹음 및 녹화 테이프는 컨설팅 과정에서 수련생과 의뢰인의 반응을 직접 들어보거나 관찰할 수 있기 때문에 좀 더 적절한 지도가 가능하다. 특히 컨설팅에 임하는 컨설턴트의 기본적 태도, 즉 말씨, 행동, 자세 등이 바르게 되었는가를 평가할 수 있게 해준다. 그러나 녹음이나 녹화 장면은 수련생이나 의뢰인 모두에게 불안을 경험하게 할 수 있고, 전문지도자가 녹음이나 녹화 테이프를 사전에 점검해야 하는 제한점이 있다.

나) 학습부진 학습컨설팅 전문지도의 주요 접근

학습컨설팅 전문지도는 이론적 관점에 따라 그 목표와 과정이 달라질 수 있다. 정신건강 모형에서 전문지도자는 학습컨설팅 과정에서 수련생(컨설턴트)과 의뢰인의 관계는 물론 전문지도자와 수련생의 관계에서 발생하는 다양한 역동을 이해하고 치료적으로 사용하도록 지도하며 치료적 동맹을 강조한다. 행동적 모형에서 전문지도자는 다양한 행동적 기법을 적용하여 수련생(컨설턴트)에게 행동적 기술(과정적 기술, 대인관계 기술, 행동적 컨설팅 기술, 전문가적 기술, 자기개발 기술 등)과 정서적 기술(컨설팅 수행 및 평가에 대한 불안과 같은 자신의 정서적 반응에 대처하는 기술)을 습득하여 학습컨설팅 장면에서 효과적으로 사용하도록 지도한다(Linehan, 1980). 그러나 전문지도자는 특정한 이론적 관점에 의존하기보다는 통합적인 관점에서 전문지도의 실제적 과정을 더 잘 이해하고 수련생을 효과적으로 지도하기 위해서 좀 더 유연하고 현실적인 모형을 따르게 마련이다. 대표적인 예는 컨설팅기술훈련 모형, 전문지도자 역할 모형, 컨설턴트 발달 모형, 그리고 성찰적 실무자 모형을 들 수 있다.

(1) 컨설팅기술훈련 모형

전문지도자는 학습이론을 사용하여 컨설턴트에게 필수적인 컨설팅 기술의 시범을 보이고 연습과 피드백을 통해 기술을 습득하도록 훈련하는 교사의 역할을 수행한다. 이 모형은 컨설턴트가 실습을 시작하기 전에 기본적인 컨설팅 기술을 익히도록 도움을 주기 위해 사용된다. 컨설팅 기술은 주로 의사소통 및 대인관계 기술에 초점이 맞추어져 있고, 학습 문제의 원인을 평가하고 파악하는 기술, 적절한 개입을 계획하고 실행하는 기술을 포함한다.

(2) 전문지도자 역할 모형

이 모형은 전문지도 과정에서 강조해야 할 컨설팅 영역과 전문지도자의 역할을 강조한다. Bernard(1979)는 전문지도 과정에서 전문지도자의 역할을 교사, 상담자, 자문가로 보고, 전문지도의 내용을 수련생의 상담과정 기술, 내담자 개념화, 개인화의 세 부분으로 구분하였다. 상담과정 기술은 컨설팅 장면에서 사용하는 가장 일반적인 기술이며, 내담자 개념화는 컨설팅 과정에서 나누어지는 경험을 통해 내담자를 이해하고 개입 전략을 선택하는 기술이고, 개인화는 수련생의 개인적 스타일과 컨설팅 역할을 통합하는 기술이다. 전문지도자는 각 영역에서 수련생의 능력을 평가하고, 전문지도의 목표를 달성하기에 가장 적절한 역할과 내용을 선정한다. 전문지도자는 또한 교사로서 상담과정 기술과 내담자 개념화를 가르치고, 상담자로서 수련생의 전문적 역량을 발전시키는 데 필요한 인간적 성장을 도모하도록 조력하며, 자문가로서 대등한 입장에서 수련생이 제기하는 문제에 대해 의견을 제시한다. Holloway(1995)는 상담 과정에서 전문지도자가 수행해야 할 5가지 업무(관찰과 평가, 교수와 조언, 시범, 자문, 격려와 나눔)와 5가지 기능(상담 기술, 사례 개념화, 전문가 역할, 정서적 알아차림, 자기평가)을 제시하였다. 이처럼 전문지도자 역할 모형에서는 전문지도자가 수련자의 능력을 평가하고 그에 맞게 역할과 전문지도 내용을 선정할 수 있다.

(3) 컨설턴트 발달 모형

발달 모형은 수련생이 컨설팅을 수행하는 경험과 전문지도를 받는 경험을 쌓아가면서 성장한다는 것을 전제로 한다. 이 모형은 수련생이 전문가가 되는 과정을 질적으로 다른 단계들로 설명하고, 발달 단계에 따라 상이한 전문지도 환경을 제공할 것을 강조한다. Stoltenberg와 Delworth(1987)는 자신과 타인에 대한 알아차림, 동기, 자율성 등 세 가지 요소와 상담과정 기술, 진단 기술, 대인관계적 진단, 내담자 개념화, 개인차, 이론적 접근, 치료 목표와 계획, 직업적 윤리의 8가지 활동 차원에서 수련생의 발달 정도를 초급, 중급, 고급의 세 단계로 나누고, 각각의 발달 수준에 적합한 전문지도 환경을 기술하였다. 초급 수련생은 동기는 높지만 알아차림이 부족하며 의존적이고 모방적이다. 따라서 전문지도자는 기술 교육, 심리적 지지, 구조화된 전문지도를 제공하고 제한된 범위 내에서만 자율성을 허용한다. 중급 수련생은 자신과 타인에 대한 자각이 늘어나면서 독립 욕구가 생겨나지만 여전히 의존적인 경향이 있다. 전문지도자는 비지시적으로 자율을 허용하고 지지하며 요청될 때만 지시적인 개입을 해야 한다. 고급 수련생은 자율적인 컨설턴트로서 내담자에 대한 독자적인 컨설팅 계획을 갖고 있으며, 전문지도자와 수련생은 동료로서 협력 관계를 유지해야 한다.

(4) 성찰적 실무자 모형

성찰적 실무자 모형은 기술적 합리성에 기초한 전문성 개발의 한계를 극복하기 위해 비교적 최근에 제안된 사회구성주의 관점이다(Schon, 1983, 1987). 기술적 합리성 모형은 기술공학적 관점에서 과학적 이론과 기법을 적용하여 문제를 해결하는 전문적 활동을 강조하는 것으로, 의료, 간호, 상담, 교육, 법률 등 대부분의 실천적 학문 분야에서 전문가 교육을 위한 전형적인 모형으로 채택되어 왔다. 그러나 이 모형이 적용되려면 문제에 대한 정의를 분명하게 규정해야 하고, 규정된 문제에 대해 과학적으로 검증된 해결책이 존재해야 한다. 하지만 실천적 학문 분야에서 부딪치는 문제 상황은 매우 다양하고 복잡하며 역동적이기 때문에 문제를 명확하게 규정하기가 어렵고 정해진 해결책도 존재하지 않는다. 다시 말해서, 구조화되지 않은 문제를 다루는 불확실한 실천 영역에서는 이론이 특수한 실제 상황에서 구체적인 문제를 해결하는 데 충분한 지침이 되지 못한다(Maudsely & Strivens, 2000).

이러한 한계를 극복하기 위해 성찰적 실무자 모형이 전문지도에 활용되기 시작하였다(김진숙, 2005, 2006). 이 모형에 기초한 전문지도는 두 사람 이상이 상호작용하면서 사태를 이해하고 함께 지식을 구성해간다는 점에서 사회구성주의 관점에서 기능한다. 전문지도의 목표는 컨설팅 현장의 다양하고 복잡하며 모호하고 역동적인 문제를 해결하는 전문적인 성찰 능력을 함양하는 것이다. 성찰(reflection)이란 실무자들이 전문 활동에서 부딪치는 현상에 대해 포괄적인 이해를 얻기 위해 행하는 적극적인 탐구와 숙고를 말하는 것으로, 실천가의 개인적 측면(예컨대, 인생사, 주요 경험, 성격 패턴, 대인관계, 대처양식, 핵심 감정, 심리적 자원 등)과 실천적 측면(예컨대, 컨설팅 장면에서 일어나는 현상, 의뢰인과의 상호작용, 장애요인, 개입의 계획 및 적용 과정에서 발생하는 문제 등) 그리고 양자의 상호연관성 측면에 대한 숙고를 포함하며, 그 과정은 자신의 경험이나 내적 상태에 대한 자각, 탐색 및 분석, 이해 및 변화 등으로 진행되는 내부지향적인 과정이다(황주연 · 정남운, 2010). 학습컨설팅 전문가는 자신의 경험에 대한 지속적인 성찰을 통해 고유한 사례의 복잡한 문제를 이해하고 개념화하기, 컨설팅 과정에서 적합한 반응과 개입 전략을 고안하기, 자신의 개입을 평가하기 등 실제적이고 방법적이며 개인적인 지식을 습득하게 되며, 이는 초보자가 전문가로 발달해 가는 과정에서 핵심적인 기제이다.

이 모형에 따르면, 높은 수준의 전문성은 이론적 지식 습득으로 단기간에 훈련되는 것이 아니라 10년 이상 장기간에 걸쳐 암묵적(실제적) 지식의 숙달과 적응을 필요로 하며 더욱이 이 과정에서 실무자의 경험에 대한 지속적이고 전문적인 성찰이 수반되어야 개발될 수 있다. Schon(1983, 1987)은 전문적 성찰의 유형을 실행 중 성찰과 실행 후 성찰로 구분한다. 실행 중 성찰은 실무자가 수행하는 동안 자기 자신과 성찰적으로 대화하고 전개되는 상황의 추이에 따라 반응하게 되는 과정을 말하며, 실행 후 성찰은 실행이 완료된 후 자신의 선택한 일련의 행위를 되돌아보고 그 행위를 평가해 보는 과정을 말한다. 학습컨설팅과 같은 구조화되지 않은 영역에서는 지속적인 성찰이 필수적이지만, 전문적 성찰이 쉽지만은 않다. 따라서 최고 수준의 전문성을 개발하기 위해서는 장기간에 걸쳐 의도적이고 집중적인 실천(deliberate practice)이 필요하며, 이러한 실천이 효과성을 거두기 위해서는 감독이나 코치 등 전문지도자의 안내에 따라 적합한 훈련 기회와 즉각적인 피드백이 제공되어야 한다. 전문지도의 과정에서는 수련생의 특성과 요구에 기초한 개별화된 접근을 강조하며, 질문하기, 대인과정 회상, 저널 쓰기, 성찰 팀 운영과 같은 구조화된 방법이 개입의 효과성을 평가할 수 있는 비판적 사고 능력을 함양하기 위해 활용된다(Kagan, 1980; Kagan, Krathwohl, & Ohters, 1967; Maudsely & Strivens, 2000).

다) 학습부진 학습컨설팅 사례분석 및 전문지도의 절차와 기술

학습부진 학습컨설팅에 대한 사례분석 및 전문지도가 소기의 성과를 거두기 위해서, 우선 전문지도자와 수련생은 첫 회기에 만나서 긍정적인 동맹 관계를 형성해야 하며, 평가에 대한 구조화를 통해 서로에게 피드백을 주는 과정 및 절차를 계획하고, 컨설팅 사례에 대한 검토와 다음 회기에 대한 계획, 그리고 전문지도 과정에 대한 평가 및 기록에 대한 것을 논의해야 한다(방기연, 2003: 175-186).

(1) 동맹 관계 형성

전문지도자는 먼저 컨설턴트에게 성찰의 여건을 제공하기 위해서 긍정적인 전문지도 관계를 형성한다. 모든 문제에 대한 답을 알고 있는 전문가 역할에서 탈피하여 자신이 성찰하는 모습을 직접 보여주고 혼란스럽거나 모르는 상태가 존중되는 안전하고 허용적인 분위기를 조성해야 한다. 동맹 관계를 형성하기 위해서는 전문지도자와 수련생이 컨설팅과 관련된 경험 혹은 일반적인 경험에 대한 서로의 정보를 나누는 것이 중요하다. 전문지도자는 형식적인 방법과 절차를 통해 수련생의 이전 컨설팅 경험이나 전문지도 과정에서 다루어질 수 있는 다른 경험들에 대한 정보를 수집해야 한다. 수련생은 여러 가지 영역에서 자신의 장점과 단점, 상담했던 의뢰인과 실습 기관, 이전의 전문지도자에 대해서 자세히 설명해야 한다.

전문지도자는 또한 컨설팅에 대한 이론적 접근, 킨설팅과 관련된 경험, 전문지도에 대한 접근 등 자신의 교육과 경험에 대한 정보를 수련생에게 제공해야 한다. 이를 통해 수련생은 전문지도자에게 전문성과 신뢰감을 갖고 어떤 영역에서 효과적인 도움을 받을 수 있는지를 알게 된다. 전문지도자와 수련생은 초기 단계에서 서로의 기대에 대해 논의하여 전문지도가 어떻게 진행될 것인지, 어느 정도 구조화가 필요한지, 누구에게 책임이 있는지 등을 명확히 해야 한다. 전문지도에 대한 기대는 전문지도 관계가 발전하면서 변하지만, 초기에 수련생의 기대를 확실히 밝히는 것은 전문지도의 경험이 만족스럽지 못해 발생하는 실망과 분노를 줄이는 데 도움이 된다.

(2) 평가에 대한 구조화

수련생과 전문지도자가 서로 피드백을 주고받는 과정 및 절차를 계획하는 것이 중요하다. 먼저 수련생은 전문지도자, 대학원 과정, 수련 기관이 자신들의 컨설팅 수행에 대해 어떤 기대(자신들의 컨설팅 수행이 어떻게 평가되는지, 어떤 방식으로 피드백이 주어지는지, 자신들의 책임이 무엇인지 등)를 가지고 있는지를 알아야 하고, 전문지도자는 평가 기준을 수련생과 공유하는 것이 바람직하다. 수련생은 전문지도자의 주관적인 인식보다는 실제 컨설팅 수행이나 대학원 과정이나 수련 기관이 정한 의무사항을 수행한 것에 대해 평가를 받아야 한다. 전문지도자는 수련자와 협의하여 컨설팅 실습의 목표와 졸업 후 일하기를 원하는 기관에서 요구하는 항목을 중심으로 개별 수련생에게 적합한 평가 기준과 평가서 형식을 만드는 데 시간을 투자해야 한다.

또한 수련생은 자신의 전문적 성장과 발달을 위해서는 계속적인 평가가 필요하다는 것을 인식해야 하며, 전문지도자는 수련생에게 관계 맺기의 초기 단계에서 평가의 목적을 설명하고 전문성의 발달 전반에 대한 개념을 정립해 줌으로써 지속적인 평가의 환경을 조성할 필요가 있다. 평가서는 2, 3개월에 한 번씩 평가서를 작성하고 전문지도를 종결할 때에는 종합 평가서를 공유하는 것이 좋다.

끝으로, 수련생은 전문지도자에게 전문지도의 유용성에 대해 지속적인 평가와 피드백을 제공해야 하고, 전문지도자는 자신의 전문지도 스타일에 대한 수련생의 평가와 피드백을 수용하는 태도를 견지함으로써 자신의 전문지도 수행을 향상시킬 수 있으며 수련생에게 평가에 대한 올바른 태도를 가르칠 수 있다. 전문지도자에 대한 평가는 전문지도가 끝날 때 공식적으로 제공될 수 있다. 때로 평가와 피드백은 수련생에게 걱정이나 불안을 야기하고 전문지도자에게 불편함을 주는 등 부정적 측면을 배제할 수 없다. 따라서 수련 기관에서는 걱정이나 불안을 줄이면서 평가 과정에 참여하는 사람이 자신의 의견을 솔직하고 편안하게 나눌 수 있는 기회를 가질 수 있도록 배려할 필요가 있다.

(3) 컨설팅 사례에 대한 검토 및 전문지도

첫 회기를 종결하기 전에 수련생과 전문지도자는 전문지도에서 다루게 될 수련생의 컨설팅 사례를 정해야 하며, 다음 회기에 대한 계획을 세워야 한다. 하나의 사례를 지속적으로 지도하는 것이 컨설팅 사례에 대한 수련생의 심층적 이해에 도움이 되지만, 수련생이 여러 사례를 컨설팅하고 있는 경우에는 모든 사례에 대해 한 번 이상 전문지도를 받는 것이 바람직하다. 수련생은 전문지도에서 다루게 될 사례에 대한 기록이나 녹음 내용을 전문지도 회기 전에 전문지도자에게 제공해야 하며, 전문지도자는 사례에 대한 기록을 토대로 의뢰인에 대한 정보를 사전에 검토해야 한다.

지도 단계에서 전문지도자는 컨설턴트의 컨설팅 모형을 점검하고, 학습 문제 유형에 따른 원인의 진단 및 목표 설정, 개입의 계획과 실행, 성과 분석 및 종결 등 컨설팅 단계별 기술과 과정을 점검하고 지도해야 한다.

① 컨설턴트의 컨설팅 모형 점검(모형별 핵심 체크)

전문지도는 컨설턴트의 이론적 관점에 따라서 그 목표와 내용이 달라질 수 있다. 예를 들면, 학습장애의 문제를 다룰 때, 의학적 모형을 채택하는 컨설턴트는 약물치료(리탈린 등), 다이어트, 비타민 처방 등을 강조하며, 학습장애아동이 알레르기가 있고 신체 내에 납이나 카드뮴을 다량 함유하고 있다는 점에 주목한다. 반면에, 발달적 모형을 채택하는 컨설턴트는 지각-운동 및 심리언어적 절차에 기초한 인지 기능의 진단과 처방을 강조한다. 그리고 학문적 모형을 채택하는 컨설턴트는 과제분석에 기초한 특수 기초학습기능의 체계적이고 지지적인 교수를 강조하며, 구두표현, 듣기이해, 쓰기표현, 기본 읽기기능, 독해, 수학 추리 및 계산 기능 등 구체적인 학습 기능을 직접 가르치기 위해 철저한 과제분석을 수행한다. 따라서 전문지도자는 컨설턴트가 채택하고 있는 이론적 관점을 우선적으로 점검하고 기능적 관점에서 구체적으로 실행하는 컨설팅 모형의 핵심 요소를 파악할 필요가 있다

② 원인 진단 및 목표설정에 대한 지도방안

상담 장면에서는 내담자에게서 수집한 정보를 토대로 문제의 원인을 진단하고 상담목표와 전략을 수립하는 과정을 '사례개념화(case conceptualization)'라고 한다. 사례개념화는 컨설팅을 위한 일종의 설계도 또는 청사진이라고 할 수 있다. 사례개념화 과정에서 전문지도자는 수련생에게 학생의 진술 내용에서 반복적으로 나타나거나 공통되는 주제를 파악하여 문제의 성격과 원인에 대한 가설을 세우는 데 유용한 단서로 활용하도록 안내하며, 학생이 드러내는 문제행동이나 증상에 대해 자신이 추구하는 목적에 기여하거나 부수적으로 얻어지는 이익 등 기능적 측면과 자신이나 주변 사람들에게 고통을 주는 역기능적 측면을 파악할 수 있도록 지도한다. 또한 전문지도자는 수련생에게 학생의 문제에 관여하는 개인적 특성이나 문제에만 초점을 두지 말고 가족 역동, 주변인과의 관계, 환경적 특성 등 포괄적인 정보를 탐색하고 수집하여 문제의 발생과 유지에 영향을 주는 요인들을 개인적 측면, 상호작용 측면, 환경적 측면 등

다양한 측면에서 분석하고 통합할 수 있도록 안내하고 지도한다. 수련생은 이러한 과정을 거친 후 최종적으로 잠정적인 개입의 방향 및 목표를 설정하고 목표를 달성하기 위한 구체적인 전략과 기법을 제시할 수 있어야 한다.

③ 컨설팅 과정에 대한 지도방안

컨설팅 과정에 대한 구체적인 지도방안은 컨설팅 단계에 따라 적절한 개입이 이루어졌는지를 검토하고 부적절한 개입으로 인해 발생하는 문제점을 극복하기 위해 효과적인 해결방안을 찾도록 안내하는 것이다. 앞에서 기술한 해결중심 컨설팅 시스템은 일반 교실에서 실행 가능한 문제해결 방법을 찾는 것에 초점을 두고 있다. 이 시스템은 컨설팅 과정을 10단계로 나누고, 각 단계에 대한 설명과 예상되는 질문 및 적절한 해결책을 제시하고 있다(Kampwirth, 2010). 전문지도자는 사전에 정해진 방식의 획일적 적용을 지양하고 융통성을 발휘하여 수련생 개개인의 특성과 요구에 맞게 개별화된 접근을 시도한다. 수련생의 요구는 고정되어 있는 것이 아니라 상황에 따라 변화한다는 점을 고려하고 수련생의 반응과 준비 상태에 따라 성찰을 도입하는 시기와 방법을 결정해야 한다. 또한 수련생은 자기성찰을 할 때 자신만의 관점에서 벗어나 객관적이고 중립적인 태도를 유지하는 것이 중요하며, 전문지도자의 제안 사항에 따라 자신의 의뢰인에 대한 컨설팅 과정을 검토하여 수정하는 작업을 수행한다. 특히 미해결 과제를 가지고 있거나 약물중독 경험이 있는 수련생의 경우에는 자신이 안고 있는 문제를 의뢰인에게 전이하거나 자신의 경험을 일반적으로 강요하는 일이 발생하지 않도록 주의를 기울여야 한다.

④ 성과 분석에 대한 지도방안

성과 분석은 수련생의 전문적 성장을 위해 필수적인 과정이다. 수련생은 자신의 컨설팅 성과에 대한 분석을 통해 컨설팅의 전반적인 효과를 점검할 뿐만 아니라 컨설팅 과정에서 발생하는 문제점을 발견하고 개선함으로써 학습컨설팅에 대한 전문적 역량을 향상시킬 수 있는 정보를 수집할 수 있다. 전문지도자는 수련생이 개입의 효과성을 평가하기 위해 설계한 방법론이나 사용한 도구가 얼마나 타당하고 신뢰할 수 있는지를 점검하도록 안내하고, 컨설팅의 성과를 분석하는 과정에서 자기중심적인 관점에서 벗어나 객관적이고 중립적인 태도를 견지할 수 있도록 지도해야 한다. 개입의 효과성을 평가하고 컨설팅의 성과를 효과적으로 분석하기 위해서 수련생에게 필요한 것은 무엇보다 비판적 사고 능력을 갖추는 일이며, 이를 촉진하기 위해 전문지도자는 다음과 같은 여러 가지 구조화된 방법을 사용할 수 있다(Kagan, 1980; Kagan, Krathwohl,

& Ohters, 1967; Maudsely & Strivens, 2000).

- 질문하기: 성찰을 자극하는 사려 깊은 질문을 활용하여 수련생이 특정 개입을 선택한 의도나 목적, 개입과 성과의 패턴 분석, 컨설팅 과정에서 자신의 경험을 되돌아보고 경험에 대한 당시와 현재의 느낌과 생각을 탐색하도록 자극한다.
- 대인과정 회상: 녹음 및 녹화테이프를 활용하여 컨설팅 기간에서 일어난 내적 과정에 대한 수련생의 성찰을 촉진하기 위한 질문자의 역할을 수행한다.
- 저널 쓰기: 컨설팅 경험에 대한 글쓰기를 통하여 컨설팅 장면에서 무슨 일이 일어났으며 그러한 일이 일어난 이유에 대한 가설을 설정하고 이러한 경험에 대해 컨설팅 과정과 종료 시점에서 느꼈던 개인적 반응을 서술하고 컨설팅에 대해 평가함으로써 수련생의 이해 수준에서 변화 과정을 이해하도록 돕는다.
- 성찰 팀(reflective team) 운영: 전체 수련생을 관찰집단과 작업집단으로 나누고, 관찰집단이 작업집단의 작업 과정을 관찰하고 난 후 관찰 내용에 대해 논의를 한다.

(4) 전문지도 과정에 대한 평가 및 기록

전문지도가 끝나면 전문지도 과정에 대한 평가와 기록을 남기는 일이 중요하다. 전문지도 과정에 대한 평가와 피드백은 일방적인 것이 되어서는 안 되고 상호 교환적인 것이 되어야 한다. 전문지도자는 전문지도 과정에서 학습컨설턴트로서 수련생의 발달에 대한 전반적인 평가와 피드백을 제공하고, 바람직하지 않은 수련생을 발견하면 다른 진로에 대한 검토를 포함해서 조기에 적절한 조처를 취해야 한다.

또한 수련생 역시 전문지도 과정에서 도움을 받은 사실뿐만 아니라 아쉽거나 불편했던 점 등에 대해서도 솔직하게 의견을 제시할 수 있어야 한다. 전문지도 과정에 대한 평가는 전문지도가 끝나는 시점에서 공식적으로 제공될 수도 있다. 전문지도 기록은 컨설팅 사례에 대한 기록과 마찬가지로 반드시 필요하며, 전문지도 과정과 내용을 요약·정리하여 문서화해야 한다. 이러한 기록은 자격증 취득을 위한 수련 자료로 사용하거나 윤리적인 문제를 다루는 데 도움이 된다. 전문지도 기록이 상급 수준의 자격증을 취득하는 과정에서 활용되기 위해서는 전문지도의 기록을 점검하고 확인한 후 서명이 이루어져야 한다. 전문지도의 기록 양식을 예시하면 <표 1-16>과 같다.

표 1.16 학습컨설팅 사례에 대한 전문지도 기록 양식

1. 전문지도 일시 및 장소:

2. 전문지도자의 이론적 접근:

3. 수련생의 이론적 배경:

4. 컨설팅 사례 요약:
   (1) 의뢰인 및 학생 인적사항
   (2) 컨설팅 기간
   (3) 주요 호소문제
   (4) 컨설팅 목표 및 전략
   (5) 컨설팅 성과 및 과제

5. 전문지도 내용 요약:
   (1) 의뢰인의 문제와 진단 자료
   (2) 컨설팅 목표 및 전략의 수정에 대한 제안
   (3) 수련생의 발달과 문제점
   (4) 수련생에 대한 교육목표와 계획
   (5) 기타 사항

3) 학습부진 학습컨설팅의 사례분석 및 전문지도 실제

다음에 제시된 사례는 학습동기 부족으로 인해 학습부진을 겪고 있는 중학교 학생을 대상으로 수행한 학습컨설턴트의 경험을 토대로 작성된 것이다.

〈사례보고서〉

◆ **사례번호 #**

컨설팅 기간: 2017년 4월 1일 ~ 10월 31일
컨설팅 횟수: 10회
컨설팅 장소: K중학교 학생지원팀 협의회실

◆ 배경 정보

M은 도시 외곽에 위치한 중학교에 다니는 2학년 학생이다. 그는 공부에는 관심이 없으며 부모의 강압에 의해 마지못해 학교에 다닌다. 그의 읽기 능력은 초등학교 3학년 수준이고 철자법에서 자주 오류가 발견되었다. 초등학교 4학년 때 학습컨설팅 결과, 특수교사에 의뢰된 적이 있으나 6학년 이후로는 일반학급에서만 생활하고 있다.

그의 전반적인 학업성취도는 초등학교 수준에 머물러 있으며, 현재 상태로는 고등학교에 진학할 수 있을지 의문이다. 1학년 때 실시한 전국학력평가에서 국어, 영어, 사회, 수학, 과학 등 모든 과목에서 기본학력에 도달하지 못했다. 담임교사인 사회과 선생님은 그의 문제를 학생지원팀에 의뢰하였다.

◆ 의뢰된 학생에 대한 첫 인상

나는 이 학교의 학생지원팀 자문단의 일원으로 3년째 근무하고 있다. 이 학교는 전교생 80여 명으로 소규모이고 다문화 가정의 학생이 다수 포함되어 있다. 지난해 40% 정도가 인문계고교에 진학했고 나머지는 특성화고교를 선택하거나 진학을 단념했다. 나이 든 일부 교사는 강의식 수업으로 10년 전 가르쳤던 방식을 고수하였지만, 몇몇 젊은 교사는 학생들의 수업 참여를 유도하기 위해 수업 방법을 연구하였다. 이 학교에서는 M과 같은 의뢰 학생을 교장에게 보내며, 교장은 의뢰한 교사의 의견이나 학생이 특정 전문가를 원하면 적극 반영하였다. 나는 담임교사의 의견에 따라 M을 의뢰받았다.

M은 잦은 결석으로 중도탈락 위기에 처해 있으며 상급학교 진학이 불투명하다. 그의 부모는 모두 고등학교를 중퇴했으며, 유일한 혈육인 누나는 특성화고교에 진학했으나 중도에 그만 두었다.

◆ 첫 번째 교사 모임과 교실 관찰

나는 해당 교과의 담당 교사를 모두 초대하여 M의 학업 문제에 대해 의견을 물었다. 담임교사는 M이 종종 결석했으며 수업에 대한 의욕이 없고 준비를 전혀 하지 않는다고 하였다. 국어 교사는 M이 수업 시간에 무표정하며 시험에서 실패한 것에 대해 개의치 않는다고 덧붙였다. 영어 교사는 M이 자주 우울해하고 이성에게 집착하며 자주 수업을 빼먹는다고 반응했다. 수학과 과학 교사도 고개를 끄덕였고, M과 같은 학생들을 어떻게 지도해야 할 것인지에 대해 고민을 토로했다. 나는 일단 M에게 집중하자고 제안했다.

일부 교사는 M이 곧 자퇴할 것이라고 생각했고, 다른 교사는 상담을 권유하거나 특수교육을 요청했다. 그들은 M이 초등학교 때 특수교사에게 의뢰된 사실을 알고 있었다.

나는 개인적으로 M을 특수교육 대상으로 보지 않았으며, 기록상으로 2년 전부터 더 이상 특수교육을 받지 않았다는 점을 부각시켰다. 사회과 교사와 과학 교사는 M이 읽기 문제에 큰 어려움이 없고 포트폴리오 작품을 잘 쓴다고 거들었다. 나는 한두 명의 이견에도 불구하고 이 상황을 동기 문제로 볼 것을 제안했다.

약속된 시간이 다 되었고, 나는 M에게는 즉각적인 관심이 필요하며 학교와 교사가 M의 요구에 맞는 해결책을 마련해야 한다고 생각했다. M이 어떤 개인적 특성과 학습 수준을 보이는지, M의 수업 참여를 독려하거나 방해하는 교실 환경은 무엇인지, 그리고 M에게 좀 더 적절한 프로그램으로 변경한다면 무엇이 적절할 것인지 등에 관심을 갖고, 우선 담임교사와 상의하여 적당한 시점에서 교실을 관찰하기로 하였다.

월요일에는 M이 자주 결석했기 때문에, 교실 관찰은 담임교사의 제안에 따라 화요일 2교시에 이루어졌다. 그 수업은 역사적 쟁점과 그것이 현재에 미치는 시사점에 대해서 자유토론이 진행되는 시간으로 흥미진진했다. 선생님의 수업은 항상 에너지가 넘치고 유머로 가득했으며, 그의 수업을 지루하다고 불평하는 친구는 거의 없었다.

그날 학생들은 열띤 논쟁을 벌였으나 M은 토론에 전혀 참여하지 않았다. 그는 선생님의 지시나 친구의 질문에 아무런 반응도 하지 않았다. 수업이 끝난 후 선생님은 M에게 다가가서 방과 후 면담을 요청했다. 물론 나도 함께 참석하기로 동의를 구했다.

◆ 부모 면담과 학생연구팀 구성

M을 만나기 전에, 나는 M의 어머니에게 전화를 걸었다. 그녀는 시간제 부업을 하고 있으며, M에 대해 걱정이 많은 터라 반갑게 전화를 받았으며 다가오는 목요일 11시에 시간을 내어 학교를 방문하기로 약속했다. 나는 이 사실을 M에게 알릴 예정이다.

이어서 나는 담임교사를 만나서 첫 교사 면담에 대한 추수면담을 갖고 M의 수업 참여를 유도하기 위해 필요한 조치에 대한 그의 의견을 요청했다. 그는 세 가지 아이디어를 제안했다. 첫 번째는 M의 부모와 연락하여 협조를 구하는 것, 두 번째는 학력 미달을 탈피하기 위해 M이 해야 할 일을 구체화하고 계약을 맺는 것, 그리고 세 번째는 매일 M을 만나서 그의 일과를 살피고 격려하는 것이다. 나는 M의 어머니에게 전화한 사실을 알렸고, 그는 기뻐하며 두 번째와 세 번째 아이디어의 실천 방안에 대해 의견을 물었다. 나는 그가 이전에 어떻게 했는지 엿듣고 난 후, M의 경우 참여도가 아주 낮기 때문에 출석, 교재 지참, 적어도 한 번 대답하기와 같이 아주 간단한 행동을 고수해야 한다고 제안했다. 그는 동의했고 방과 후 면담에서 M에게 그 사실을 전달하기로 했다.

나는 또한 방과 후 면담에서 그의 목표를 물었다. 그는 M에게 자신이 그를 걱정하고 있다는 것을 알게 하는 것과 M이 힘들어하는 부분을 도와줄 방법을 찾는 것이라고 답했다. 나는 아주 훌륭한 목표라고 지지했다. 그는 다정하고 친절하며 동정심이 많다. 몇 차례 M을 만나려고 시도했으나 번번이 외면당했다. 나는 M을 좀 더 자세히 알고 싶어 방과 후 면담에 함께 하고 싶다고 말했지만, 그 면담은 담임교사와 학생(혹은 부모)이 주축이라는 사실을 분명히 했다. 필요하다면 모니터를 하고 더 개입하겠지만, 결국 나는 부수적인 역할을 할 뿐이다. 나는 가급적 그들끼리 하도록 지켜보려 한다. 나는 담임교사와 계약 사항을 점검한 후 M과 함께 방과 후 모임을 갖기로 하고 추수면담을 마무리했다.

방과 후 모임은 기대한 대로 매우 우호적이고 열정적으로 진행되었다. M은 과묵하고 조용하며 공손했지만 대체로 모호한 대답으로 일관했다. 그는 자신의 문제를 부정했고 공부가 너무 힘들다고 불만을 토로했다. 나는 M이 학업을 성공적으로 수행하도록 돕기 위해 내가 교사들, 부모, 그리고 특별히 그 자신과 함께 모임을 갖기로 했다고 말했다. M은 나의 제안에 동의했지만 자신의 부모가 참여하는 것을 꺼려했다. 담임교사는 "우리는 항상 부모님과 함께 하려 노력한단다. 함께 할 수 있는 부모님이 계시는 넌 행복한 거야."라고 거들었다. 순간 M은 얼굴이 어두워졌고, 나는 그가 부모의 참여를 우리의 술책으로 본다고 생각했다.

담임교사는 미리 작성해 둔 계약서를 M에게 내밀고 검토하길 원했다. 계약서에 대해 학생들의 반응은 다양하다. 어떤 학생은 변호사처럼 행동하고, 다른 학생은 동의하지만 계약서를 휴지조각으로 만들기도 한다. 그러나 이 간단한 아이디어가 학생을 변화시키는 경우도 있다. 학습 그 자체가 목표가 아닌 중학생에게는 성적이나 관대한 칭찬이 강화인자가 될 수 있다. 담임교사는 강화인자로 성적을 고수했고, 나도 반대하지 않았다. 다행히 M은 이 계약에 만족을 표시했다. 그는 계약서에 서명하고 우리가 자신의 어머니에게 무슨 이야기를 할지 알고 싶어 했다. 담임교사는 숙제에 대해 매일 M과 이야기할 것과 숙제에 관련된 제반 사항(숙제가 무엇인지 물어볼 것, M이 숙제를 할 만한 적당한 장소가 있는지, M이 숙제를 정말 했는지 검사할 것, 매주 계약을 점검하고 서명할 것 등)에 대해 요청할 것이라고 말하고, 목요일에 어머니에게 계약서 사본을 보낼 것이며 또 계약서는 돌아오는 월요일부터 효력을 발생할 것이라고 덧붙였다.

〈계약서〉

나 M은 (부모님이 연락해주지 않는 한) 매일 학교에 올 것이며, 교과서, 노트, 필기구 등 준비물을 지참할 것이다. 또한 수업 시간마다 적어도 하나의 질문에 대답하거나 나의 생각을 표현할 것이다. 나는 학습 자료를 활용하고 모의고사에 최선을 다할 것이다.

매주 금요일 담임선생님이 이 세 가지 행동에 근거한 주간 기록 카드를 줄 것이다. 나는 이것을 집으로 가져가 부모님께 보이고 서명을 받은 후 다음 주 월요일 담임선생님께 다시 제출할 것이다.

부모님의 서명을 받은 카드를 제출할 때마다 다음 성적에서 보너스 5점을 받게 될 것이다.

서명: 담임교사 M (증인)

담임교사는 M에게 월요일에 자주 결석하는 이유를 묻자, M은 자주 아팠다고 답했다. 그가 이 문제를 어머니와 이야기할 것이라고 말하자, M은 용돈이 필요해서 월요일마다 아르바이트를 했다는 사실을 털어놓으면서 어머니에게는 말하지 말아달라고 요구했다. 우리는 비밀을 지켜줄 것이지만 M이 매일 학교에 올 수 있도록 어머니께 요청할 것이라고 말하고 방과 후 모임을 끝냈다.

나와 담임교사는 목요일에 M의 어머니를 면담했다. 시간이 짧아서 면담은 단도직입적으로 진행되었다. 어머니는 집에서 M을 다루기가 점점 더 어렵다고 말했다. M의 누나가 그랬던 것처럼 점점 더 반항이 늘어간다고 덧붙였다. 나는 청소년상담센터에서 도움을 받을 수 있다고 소개하고 전화번호를 제시했다. 담임교사가 어머니에게 계약서 사본을 내밀자, 그녀는 M에게 전달받았다고 말하고 M이 무사히 학업을 마칠 수 있도록 우리가 하는 일을 돕겠다고 했다. 우리는 그녀에게 매일 M의 공부와 숙제를 점검하는 것 등에 대해 이야기하고, M의 출석이 지금보다 향상되기를 희망한다고 말했다. 그녀는 자신이 일찍 일하러 가고 늦게 돌아와야 해서 M이 결석하는지 잘 알지 못한다고 말했다. 미팅은 서로 힘이 되기로 다짐하며 끝을 맺었다.

◆ 학생에 대한 심리평가와 행동 관찰

나는 초등학교 때 의뢰했던 학교심리학자에게 M에 대한 심리검사를 다시 요청하였고 신체적, 심리적 및 환경적 측면에서 추가적인 정보를 수집하였으며, 기능적 행동 평가를 실시하여 M이 염려하는 행동과 그러한 행동의 기능 및 강화인자를 파악하였다.

• 심리검사와 후속 조치

나는 M이 특정 정보처리과정의 어려움과 관련된 학습장애를 갖고 있다고 믿지 않는다. 내 짐작으로는 학교 공부에 대한 지루함, 학습동기 저하 등 산출 결함과 좀 더 관련되는 것으로 보이며 학습된 무기력의 증상인 것 같다. 나는 학교심리학자에게 검사를 의뢰하였다. 개인용 지능검사에서 전체 지능은 보통 수준으로 확인되었고, 표준기초학력검사에서 70점대 초반을 유지하여 초등학교 때보다 상승했다.

나는 학교심리학자에게 M이 중학교 2학년 교재를 읽고 이해할 수 있을지 질문했고, 그녀는 "아마 낮은 이해력으로 아주 느리게 읽을 것입니다."라고 대답했다. 그녀는 또한 이것이 중학교 2학년 학생들의 표준이 되어 가고 있는데도 많은 선생님들은 이 현실을 직시하지 못하고 있다며 우려를 표명했다. 그녀는 검사 결과와 실제 교과 능력 사이엔 차이가 있을 수 있다고 덧붙였다. 우리는 이 문제를 좀 더 심도 있게 논의하기 위해 다음 주에 다시 만날 시간을 정했다. 그녀는 M의 숙제를 함께 검토하자고 제안했다.

나는 M에게 사회과 숙제와 계약서를 들고 나를 찾아오도록 하였다. 또한 M이 큰 소리로 책 읽는 것을 확인하기 위해 과학 책을 가져오라고 말하고 M의 동의를 얻어냈다. 책을 읽고 이해하는 능력은 예측했던 것보다 더 심각했다. 느리게 읽었고 일부 단어의 뜻을 전혀 알지 못했으며 읽은 내용을 제대로 설명하지 못했다. M은 책을 읽을 수는 있었지만 책 읽기가 쉽지도 즐겁지도 않아 보였다. 이처럼 학습된 무기력 상태에서는 특히 학급 전체가 참여하는 토론을 피하게 마련이다.

학교심리학자는 M이 학습장애를 지닌 것은 아니라고 말했다. M은 조금 늦게 시작하였고 읽고 쓰기에 필요한 기초학습요소를 습득하는 데 시간이 좀 더 걸렸을 뿐이었다. 더욱이 그의 기초학습수준은 전보다 향상되었는데, 이는 초등학교 때 특수교육 서비스를 받았기 때문일 것이다. 학교심리학자는 M이 초등학교 때 별다른 문제를 보이진 않았으며 개인적 우울감보다 학교의 과도한 요구로 인해 좌절을 겪었을 것이라고 덧붙였다. 그녀는 동기강화 전략이 도움이 될 것이라고 제안하고 학교상담사를 소개하였다.

나는 M에게 계약 이행에 대해 물었고, M은 부모가 계속 숙제를 지시하고 점검한다고 불평하였다. 나는 "내 생각에 그건 너에 대한 관심인데……"라고 말하자, M은 마지못해 동의하며 자신의 성적이 향상될 때까지 월요일에 아르바이트를 하지 않을 것이라고 덧붙였다. 나는 부모님이나 누나에게 숙제에 대한 도움을 요청할 수 있을 것인지 물었고, M은 어머니가 도와줄 수 있을지 모른다고 대답했다. 그래서 우리는 어머니에게 매일 30분씩 숙제를 봐달라고 요청하기로 약속을 정하고 헤어졌다.

나는 아직 M이 학력을 향상시키고자 하는 굳은 결심을 했다고 확신하지 못했으며 단지 우리의 만남을 피하기 위해 쉽게 동의한 것은 아닌지 걱정했다. 하지만 어머니는 M과 거리감을 좁힐 수 있는 기회로 받아들일 수 있다고 생각하였다. 그래서 그녀에게 전화를 걸어 우리의 새로운 계획과 그녀의 참여를 부탁했다. 그녀는 M을 건설적으로 도울 수 있는 방법을 알게 될 것이고 M과 함께 하는 기쁨을 맛볼 수도 있을 것이다.

• 신체적, 심리적 및 환경적 요소

M은 시각 및 청각 능력이 양호하며 건강상태도 비교적 좋은 편이다. 그러나 M은 자신을 비학업적이라고 여겼으며 학교를 떠나고 싶어 했다. 그는 일찍 결혼하여 자녀를 갖고 싶어 했다. 자신은 대학에 갈 계획이 없지만, 아이들은 원하면 보낼 것이라고 했다. 나는 M이 좀 더 능력 있는 사람이 되기를 원했고, M이 꿈을 바꾸기를 염원했다.

M이 거주하고 있는 지역의 성인들은 대부분 고등학교를 졸업하지 않았지만 잘 살고 있었다. 하지만 M의 어머니는 자녀의 학교생활을 지지했고 가능하다면 직접 돕고 싶어 했다. 다만 그녀는 부모가 자녀에게 지나치게 개입해서는 안 된다고 생각했을 뿐이다. 그녀는 자녀가 학교에서 무엇을 하는지 알지 못했고 자녀를 돕는 방법을 알지 못했다. 나는 M이 교재를 읽고 이해하도록 도와줄 수 있다고 안내했고, 그녀는 M이 스스로 이해할 수 있으면 좋겠다고 말하면서 웃었다. 나는 그녀의 바람을 격려했다.

나는 또한 M과 같은 소외된 학생을 대하는 학교의 태도와 방법이 변화되어야 한다고 보았다. 나는 학교심리학자와 여타 사람(교사, 학교상담사, 부모, 학생 등)이 함께 참여하는 학생연구팀을 구성하여 문제를 해결하고자 했다. 나는 이 연구팀을 통해 소외된 학생을 변화시키는 프로그램을 찾을 수 있을 것이며 또 그들의 필요를 충족하기 위해 학교를 어떻게 변화시켜야 하는지에 대한 아이디어를 모을 수 있을 것이라고 확신했다.

• 기능적 행동 평가

M이 우려하는 행동은 등교하기 위해 아침에 일어나는 것과 특별히 읽기가 어려운 교과서를 가지고 공부를 해야 하는 것이다. 그리하여 M은 읽기가 너무 어려워서 공부를 피하고, 학업보다 사회적 관심을 더 추구하며 하루 빨리 학교를 떠나고 싶어하며 학교에서 보내는 시간을 지옥 같이 괴로워한다. 더욱이 학습부진 학생에 대한 교사의 무관심과 좋아하는 여학생과 어울리는 사교활동은 이러한 행동을 계속하도록 강화하고 있다.

◆ 개입을 위한 계획

교실 관찰, 부모면담과 학생연구팀 구성 그리고 심리평가 및 행동 관찰 결과를 토대로 M에게서 발견된 문제영역과 가능한 개입은 다음과 같다.

- M은 전 과목에서 낙방했다. M과 협의를 통해 숙제 점검에 대한 어머니의 협조를 구하는 것과 같이 좋은 결과를 얻었지만, 이것만으로는 부족하다. M에게는 부족함을 채울 수 있는 특별한 과외수업이 요구되며, 이를 위해 학교장을 만나서 기존 시스템을 어떻게 변화시킬 수 있는지 이야기할 것이다.
- M은 심각한 동기문제를 보였다. M과 협의를 통해 학업에 대한 관심과 노력 부족에 대해 이야기할 필요가 있다. 부모님의 허락을 받고, 학교상담사가 M의 학습능력, 시간 관리, 학생으로서 자기 인식 등에 대해 이야기를 나누고 가능하다면 소집단 모임을 가질 수도 있다. 또한 계약서를 다른 수업에 확장하고, 읽기 능력 향상, 공부 친구 두기, 자아개념 전환, 서면 기록 활용, 성공 전략 탐색과 수업 방식 개선 등을 통해 M의 노력에 힘을 실어줄 것이다.
- M은 종종 결석한다. M의 결석은 학교에 대한 반감 때문일지도 모르며, 나는 학교상담사가 이 문제를 다루어주길 요청할 것이며, 담임교사의 계약이 출석에 기여하는지를 주시할 것이다. 만일 결석 문제가 개선되지 않는다면, M과 부모를 만나서 출석과 관련된 학교 규칙을 의논하고 '등교 도우미'를 활용하는 문제를 검토할 것이다.
- 교사는 M에게 문제가 있으며 상담이 최선의 해결책이라고 믿는다. 교사들과 다른 모임을 계획하여 해결책을 함께 모색할 것이며, 학교상담사에게 교사들과 상담 목표를 점검하여 도움을 구하라고 요청할 것이다.

◆ 개입의 실행과 검토

며칠 후 나는 담임교사를 만나서 M에 대해 간단히 이야기하고 개입을 위한 계획을 전달하였다. 우리는 개입 실행에서 예상되는 쟁점을 논의하고 계속해서 개입 전략의 진행과정을 검토하였다.

• 개입 실행에서의 쟁점

M과 부모는 학교상담사를 만나 상담서비스를 받기 위한 승인서에 서명하고 가족상담을 받았다. M은 처음에는 경계하는 듯 했으나 점차 상담과 부모 지지에 호의를 보이기 시작했으며, 우리가 협동적으로 돕고 있다는 것을 아는 지금은 훨씬 협조적이다.

담임교사는 계약이 성공적이었다고 말했다. M은 결석을 거의 하지 않고 수업에 적극 참여하기 시작하였으며, 사회과 모의고사에서 처음으로 학력 미달을 모면했다. 부모가 서명한 주간 기록 카드를 세 차례 제출했고 계약에 따라 보너스 점수를 얻어 이번 학기 성적은 B학점 이상 받을 수 있었다. 담임교사는 이 결과를 다른 교사들과 공유했다.

M의 어머니는 전화 통화에서 매일 M의 숙제를 열심히 점검했고 M에게서 "초등학교 때부터 그렇게 했어야 했어요."라고 뜻밖의 지지를 받았다고 말했다. 그녀는 청소년상담센터에서 가족상담을 받은 것이 많은 도움이 되고 있다고 덧붙였다.

또한 복도에서 수학교사와 나눈 짧은 대화를 통해 M의 진보에 대해 전반적인 검토가 필요함을 인식했고 교사면담을 구성할 것을 제안하였다. 그는 '공부 도우미'의 아이디어에 대해 관심을 보였고, 나는 협동학습과 다른 대안적 교수방법에 대한 경험을 토의할 것이라고 말했다. 그는 M의 출석률이 좋아지는 것을 보면서 더욱 애정이 간다고 거들었고, 부족한 산수기초능력을 보완하기 위해 특수교육의 필요성을 언급하였다. 나는 M의 공부내력을 언급하면서 현재로서는 적합하지 않다고 말했다.

• 개입 전략의 검토와 수정

첫 번째 교사 모임이 있고 한 달 후, 나는 전반적인 진척 상황을 파악하기 위해 두 번째 모임을 개최했다. 담임교사는 자신의 노력을 요약하여 설명했고, 학교상담사는 자신의 상담목표를 재검토하였으며, M 부모의 역할에 대해 논의했다. 수학과 과학 교사는 M의 출석률과 수업 참여에 대해 긍정적인 변화를 언급하고, 숙제를 시간에 맞추어 제출하고 있다고 덧붙였다.

나는 남은 시간 동안 협동학습과 다른 대안적 교수방법에 대한 주제로 화제를 돌렸다. 나는 수업, 워크숍, 책에서 배운 내용을 토대로 자료를 정리하여 발표하였고 자료가 문화적으로 적합한지에 대해 검토 의견을 제시했다. 나는 노동절 행사와 이주노동자의 인권에 대해 언급하면서 다문화주의에 대해 계속 토의를 전개하였다.

그러나 나는 학교 시스템을 재구성할 만큼 시간과 전문성이 많지 않다. 이 분야에서 계획을 입안하고 교장선생님에게 전하며 계속 추진할 수 있는 교직원이 필요하며, 또한 외부 전문가의 도움이 필요할 것이다. 그리고 예산 문제가 커다란 걸림돌이 될 수도 있다. 하지만 무엇보다 중요한 것은 학습된 무기력을 학습된 낙관론으로 바꾸는 것이다.

◆ 평가와 종결

나는 평가를 위해 양적 자료를 수집하거나 분석하지는 않았다. 그래서 목표 달성에 대한 그래프를 만들거나 자료에 대한 통계적 검증을 하는 것은 즐겨하지 않는다. 그 대신 나는 다음과 같은 이유로 우리의 노력에 만족한다.

- M은 지금 학교에 잘 다닌다. 그의 출석률은 전 달보다 20% 상승했다.
- M은 수업 시간에 열심히 공부하고 있으며, 더 많은 과제를 제출하고 있다. 부족한 능력에서는 아직 눈에 띄는 향상을 일으키진 못했으나, 이것은 다음 달 목표가 될 것이다.
- 우리는 M의 부모와 강한 유대관계를 형성하였고, 이것은 출석과 숙제 지도에서 매우 많은 도움이 되었다.
- 학교에서 일부 교사에게 학교 개혁의 관심을 고취하였다. 나는 교장과 협력하여 계획 입안과 컨설팅에 대한 논의를 가급적 빨리 진행시키고자 한다.

일반적으로 이런 협력적 컨설팅은 상당히 효과적이다. 아직 M의 문제가 완전히 해결되지는 못했지만, 컨설팅은 M과 부모에게 많은 도움이 되었다. 또 M의 사례는 학교가 어떻게 변화해야 하는가에 대한 고민의 출발점이 될 수 있다. 견고한 시스템 안에서 새로운 길을 모색하는 일은 결코 쉽지 않다. 저항을 불러일으킬 수도 있으며 정체될 수도 있다. 하지만 전문지도자의 조언을 하나의 발판으로 삼아 건설적인 변화를 꾀하려 한다.

〈전문지도를 위한 논평〉

위에서 제시한 학습컨설팅 사례에 대한 전문지도 과정에서 학습컨설턴트의 자기성찰을 촉진하기 위해 전문지도자는 다음과 같은 질문을 제기할 수 있다(Kampwirth, 2010).

1. 학생 수의 변화가 주는 시사점은 무엇인가? 교수-학습, 학급규모, 보충학습, 교사개발의 필요 등에 어떤 영향을 주는가?
2. 일부 교사가 상담 접근이 학습동기를 강화시킴으로써 학업성취도를 향상시킬 수 있을 것이라고 제안하는 것에는 어떤 근거가 있는가? 다른 대안은 없는가?
3. 교사들이 학생연구팀의 모임이나 사례 연구에 참여하는 것에 거부감을 갖는다면 그 이유는 무엇이며, 교사들의 아이디어를 산출하기 위해 효과적인 전략은 무엇일까?

4. 계약을 맺는 일은 때로 너무 복잡하거나 교사에게 너무 많은 시간과 노력을 요구한다. 교사들이 계약을 수용하고 잘 이행할 수 있는 방법은 무엇인가?
5. 만일 M이 월요일에 계속 결석한다면 학교는 어떻게 대응해야 하는가? 지나치게 결석이 잦은 경우 적용될 수 있는 지역사회와 학교의 시스템은 무엇인가?
6. 이 사례에서 문화적 충돌 가능성이 있는가? 학교가 M의 생각을 변화시키기 위해 취하고 있는 일련의 조치는 M과 부모 사이에 벌어진 틈을 개선할 수 있을 것인가?
7. 학교 전체 능력보다 낮은 성취를 다루는 프로그램은 과연 성공할 수 있을 것인가?(특히 사회경제적 수준이 낮은 중학교에서 효력이 있는 전략은 교육적 기대감의 향상, 혁신적인 교장 초빙, 학업성취에 관한 외적 보상 증대, 기초학습능력 강화, 성취에 대한 공동체의 효과 검증, 젊고 열정적인 교사 채용 등이다)
8. 자료수집에 관한 컨설턴트의 위치에 대해 어떻게 생각하는가? 이 사례에서 출석 자료 외에 좀 더 객관적인 자료를 모을 수 있는 방법은 무엇인가?

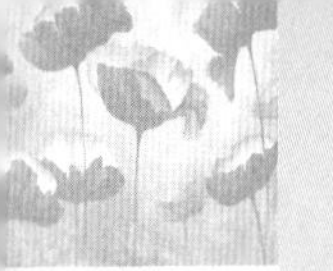

생각나누기

01 다음 자료를 읽고 여러분이 김 선생님이라면, 이 상황을 어떻게 대처할 것인지 학습컨설팅의 과정에 따라 그 대처 전략을 고안해 보시오.

성미(중2, 여)는 학교생활에 제대로 적응하지 못하고 있다. 초등학교 시절에는 분명히 글쓰기를 좋아했다는 증거가 있음에도 불구하고, 중학교 들어와서는 거의 글을 쓰지 않았으며, 모든 수업 상황에서 매우 위축되어 있었다. 교과 선생님들은 이구동성으로 성미의 수업참여도가 부족하고 학기말 성적이 어떻게 나올지 예상할 수 없다고 우려를 표명하였다. 담임을 맡은 김 선생님은 성미의 학습 상황을 좀 더 자세히 이해하려고 여러 교과담당 선생님들과 회의를 갖자고 제의하고, 성미 어머니에게도 전화를 걸어서 학교에 방문해 줄 것을 요청하였다. 회의 이틀 전, 어머니는 성미가 초등학교에서 받은 평가보고서를 갖고 학교를 방문하였으며, 성미의 학교생활 적응 문제를 걱정하고 있었다. 김 선생님은 성미 어머니에게 다가올 회의에 대해 이야기하고 회의에 초대하였다. 그리고 자신이 평가보고서를 읽고 느낀 점이나 의문점은 회의에서 논의할 것이라고 전하였다. 다음은 성미에 대한 평가보고서 내용의 일부이다.

> 성미는 부모와 좋은 관계를 유지하고 있는 무남독녀로서, 제 나이 또래의 발달 목표에 도달했고 어떠한 행동장애도 나타내지 않았다. 그녀는 읽기와 글쓰기에서 뛰어난 능력을 보여주었고, 또한 음악과 미술, 우표 수집을 즐겼고 운동도 잘했으며 책을 많이 읽고 유머감각이 좋았다. 뿐만 아니라 최근 3년 연속 우등상을 받았으며, 유치원 때부터 사귄 몇몇 친구와 절친한 교우관계를 유지하고 있다. 성미 어머니는 성미가 매우 건전한 유년기를 보냈으며, 평균 수준의 자신감을 지니고 학교 과제에 대해 높은 개인적 기준을 가지고 있다고 설명하였다.
>
> 보고서에 의하면, 성미는 매우 매력적인 여학생이며 모든 평가에 열정적으로 임하였다. 그녀는 의사가 되려는 꿈을 갖고 자신의 능력을 점검하였으며 의과대학 입학과 의료자원봉사 기회에 대해 알고 싶어 했다. 지능검사에서 그녀의 종합 성취도는 우수 범주에 속하였으며, 표준학력검사에서 광범위한 읽기와 수학 및 언어 그리고 광범위한 지식 및 클러스터 점수에서 평균적인 성취를 보였고 학업성적 클러스터 역시 90~110 범위에 속하여 평균적인 성취를 나타냈다.

02 88~96쪽에서 제시된 학습부진 학습컨설팅 사례보고서를 토대로 컨설팅 과정의 장점과 단점을 분석하고 개선점을 제시하시오.

참고문헌

강만철, 오익수(2013). 국가수준 학업성취도 평가 결과분석 및 학력향상 대책 마련 정책 연구. 전라남도교육청.

강영하, 김유미, 김혜숙, 문은식, 이명숙, 정종진 역(2007). **교육심리학: 문제중심접근**. 서울: 아카데미프레스.

곽금주(2002). **아동심리평가와 검사**. 서울: 학지사.

곽금주, 오상우, 김청택(2011). K-WISC-IV **전문가 지침서**. 서울: 학지사.

국립특수교육원(2005). KISE **기초학력검사**(KISE-BATT). 서울: 국립특수교육원.

김기석(1991). **중 · 고등학용 학습습관검사**. 서울: 코리안테스팅센터.

김동일(2000). **기초학습기능 수행평가체제**(BASA): **읽기검사 검사요강**. 서울: 학지사심리검사연구소.

김동일(2006). **기초학습기능 수행평가체제**(BASA): **수학검사 검사요강**. 서울: 학지사심리검사연구소.

김동일(2006). ALSA **청소년 학습전략검사**. 서울: 학지사.

김동일(2008). **기초학습기능 수행평가체제**(BASA): **쓰기검사 검사요강**. 서울: 학지사심리검사연구소.

김동일(2010). **기초학습기능 수행평가체제: 초기문해**(BASA-EL) **전문가 지침서**. 서울: 학지사심리검사연구소.

김동일(2011). **기초학습기능 수행평가체제: 초기수학**(BASA-EN) **전문가 지침서**. 서울: 학지사심리검사연구소.

김동일, 신을진, 이명경, 김형수(2011). **학습상담**. 서울: 학지사.

김선, 김경옥, 김수동, 이신동, 임혜숙, 한순미(2001). **학습부진아의 이해와 교육**. 서울: 학지사.

김승국, 정대영, 강영심, 정정진, 신현기, 김동일 외 공저(1997). **학습장애아동 교육의 이론과 실제**. 서울: 교육과학사.

김아영(2003). **학업동기검사 사용자 매뉴얼**. 서울: 학지사.

김언주 · 구광현(1999). **신교육심리학**. 서울: 문음사.

김정택, 김명준, 심혜숙, 박병관, 윤선아(2000). STRONG **진로탐색검사 매뉴얼**. 서울: 한국심리검사연구소.

김진숙(2005). 상담자 교육에서 성찰적 실천의 의미와 적용. **한국심리학회지: 상담 및 심리치료**, 17, 813-831.

김진숙(2006). 성찰적 수퍼비전 접근에 대한 이론적 고찰. **한국심리학회지: 상담 및 심리치료**, 18, 673-694.

김창대, 이정윤, 이영선, 남상인(1994). 청소년 문제유형 분류체계: 기초연구. 서울: 청소년대화의광장.

김현진(2013). 시간계획 및 관리 향상. 이재규 외(편). **학습상담**(상담학총서 7) (pp. 239-258). 서울: 학지사.

노원경, 이화진, 이명진, 정은주(2014). **사회성 기술 훈련 프로그램**(S-MATES를 위한 디딤돌). 서울: 한국교육과정평가원.

문수백(2014). K-ABC-II **전문가 지침서**. 서울: 학지사.

박경숙, 윤점룡, 박효정(2001). **기초학습기능검사 실시요강**. 서울: 한국교육개발원.

박동혁(2006). MLST **학습전략검사 사용자 매뉴얼**. 서울: 한국가이던스.

박병관, 최기혜(1997). **학습방법진단검사 실시요강**. 서울: 가이던스.

박성익 편저(1986). **학습부진아교육**. 서울: 한국교육개발원.

박효정(2005). 학습부진아의 특성 및 지도 방법. **서울교육**, 18-25.

방기연(2003). **상담 수퍼비전**. 서울: 학지사.

변영계, 김석우(2002). **학습기술진단검사 실시 및 해석요강**. 서울: 학지사.

송재홍(2013). 학습상담에서 심리검사의 활용. 이재규 외 (편). **학습상담**(상담학총서 7) (pp. 121-155). 서울: 학지사.

송종용(2000). **학습장애: 공부 못하는 것도 병이다**. 서울: 학지사.

신민섭, 조수철, 홍강의(2007). **한국판학습장애평가척도**(K-LDES) **실시요강**. 서울: 학지사.

신민섭, 홍강의(1994). 한국판 아동용 Luria-Nevraska 신경심리검사의 표준화 연구 Ⅱ: 타당도 및 임상적 유용성 검증. **소아·청소년 정신의학**, 5(1).

신종호, 김동민, 김정섭, 김종백, 도승희, 김지연, 서영석(역)(2006). **교육심리학; 교육실제를 보는 창**(8판). 서울: 학지사.

안동현·김세실·한은선(2004). **주의력결핍 장애아동의 사회기술훈련**. 서울: 학지사.

안창규(1996). **홀랜드 진로탐색검사**. 서울: 가이던스.

오경자, 이혜련(1990). **한국어판 CBCL의 개발 및 표준화를 위한 연구**. 한국학술진흥재단 자유공모과제 보고서.

오경자, 이혜련, 홍강의, 하은혜(1996). K-CBCL **아동·청소년 행동평가척도**. 서울: 중앙적성출판사.

이명경(2007). **집중력교육의 이론과 실제**. 서울: 집중력센터.

이명경(2013). 주의집중 능력의 향상. 이재규 외(편). **학습상담**(상담학총서 7) (pp. 199-221). 서울: 학지사.

이명숙, 강영하, 박상범, 송재홍, 임진영, 최병연 역(2011). **교육심리학**(7판). 아카데미프레스.

이신동, 최병연, 고영남(2011). **최신교육심리학**. 서울: 학지사.

이화진, 부재율, 서동엽, 송현정(1999). 초등학교 학습부진아 지도 프로그램 개발연구. 한국교육과정평가원 연구보고서 RRC 99-3.

전병남(2007). 효율적 시간관리. 조용래 외(편). **성공적인 대학생활을 위한 학습전략** (pp. 177-208). 서울: 학지사.

조봉환, 임경희(2003). **학습흥미검사**. 서울: 한국가이던스.

조용태(1995). 가정환경검사(HOME)의 타당화 연구: 8~13세 정신지체아동을 대상으로. **특수교육학회지**, 16(1), 99-117.

황주연, 정남운(2010). 상담자 자기성찰에 대한 고찰. **한국심리학회지: 일반**, 29, 241-263.

Achenbach, T. M., & Edelbrock, C. (1983). *Manual for the Child Behavior Checklist and Revised Child Behavior Profiles*. Burlington, VT: University of Vermont.

Ames, C. (1992). Classroom: Goals, structure, and student motivation. *Journal of Educational Psychology, 84,* 261－271.

Ames, A, & Archer, J. (1988). Achievement goals in the classroom: Students' learning strategies and motivation processes. *Journal of Educational Psychology, 80,* 260－267.

Ausubel, D. P. (1968). *Educational psychology: A cognitive view.* New York: Holt, Rinehart, & Winston.

Ayward, G. P. (1994). *Practitioner's guide to developmental and psychological test.* New York: Plenum.

Bandura, A. (1986). *Social foundations of thought and action: A social cognitive theories.* Englewood Cliffs, NJ: Prentice Hall.

Bandura, A. (1997). *Self－efficacy: The exercise of control.* New York: W. H. Freeman.

Bergan, J. R. (1977). *Behavioral consultation.* Upper Saddle River, NJ: Merrill/Prentice Hall.

Bergan, J. R., & Kratochwill, T. R. (1990). *Behavioral consultation and therapy.* New York: Plenum Press.

Bernard, J. M. (1979). Supervisor training: A discrimination model. *Counselor Education and Supervision,* 19, 60－68.

Brown, A. L. (1978). knowing when, where, and how to remember: A problem of metacognition. In R. Glaser (Ed.), *Advances in instructional psychology* (vol. 1, pp. 77－165). Hillsdale, NJ: Lawrence Erlbaum Associates.

Brown, A. L. (1987). Metacognition, executive control, self－regulation, and other more mysterious mechanisms. In F. Weinert, & R. Kluwe (Eds.), *Metacognition, moti－vation, and understanding* (pp. 65－116). Mahwah, NJ: Lawrence Erlbaum Associates.

Brown, W. F., & Holtzman, W. H. (1984). *The Survey of Study Habits and Attitude manual.* Iwoa, IA: Author.

Caplan, G. (1970). *The theory and practice of mental health consultation.* New York: Basic Books.

Caplan, G., & Caplan, R. (1993). *Mental health consultation and collaboration.* San Francisco, LA: Jossey－Bass.

Clements, S. D. (1966). *Minimal brain dysfunction in children.* Washington, DC: Govenment Printing Office.

Cohen, R. A., Malloy, P. E., Jenkins, M. A., & Paul, R. H. (2006). Disorders of attention. In P. J. Snyder, P. D. Nussbaum, & D. L. Robins (Eds.), *Clinical neuropsychology* (pp. 573－606). Washington, DC: American Psychological Association.

Cook, M. J. (1998). *Time management: Proven techniques for making the most of your time.* Holbrook, MA: Adams Media Corporation.

Crawford, J. R., Parker, D. M., & McKinlay, W. W. (Eds.) (1995). 신경심리평가 (*Neuro-*

psychological assessment) (한국신경인지기능연구회 역). 서울: 하나의학사.

Crothers, L. M., Hughes, T. L., & Morine, K. A. (2016). **학교기반 컨설테이션** (*Theory and cases in school-based consultation*) (한국학교심리학회 역). 서울: 학지사. (원전은 2008년에 출판).

Dansereau, D. F. (1988). Cooperative learning strategies. In C. E. Weinstein, E. T. Goetz, & P. A. Alexander (Eds.), *Learning and study strategy* (pp. 103-120). San Diago: Academic Press.

Dougherty, A. M. (2000). *Psychological consultation and collaboration in schools and community settings* (3rd ed.). Belmont, CA: Wadsworth.

DuPaul, G. J., & Stoner, G. (2007). ADHD **학교상담** (*ADHD in the schools: Assessment and intervention strategies (2nd ed.)*) (김동일 역). 서울: 학지사. (원전은 2003년에 출판).

Foersterling, F. (1985). Attributional retraining: A review. *Psychological Bulletin*, 98, 495-512.

Feuerstein, R., Feuerstein, R. S., Falik, L. H., & Rand, Y (2006). *Creating and enhancing cognitive modifiability: The Feuerstein Intelligence Enrichment program.* Jerusalem, Israel: ICELP Press.

Feuerstein, R., Feuerstein, R. S., & Falik, L. H. (2010). *Mediated learning and the brain's capacity for change.* New York: Teachers College, Columbia University.

Goldstein, A.P., Sparfkin, R.P., Gershaw, N.J., & Klein, P. (1980). *Skillstreaming the adolescent.* Champaign, IL: Research Press.

Gresham, F. M. (1982). Misguided mainstreaming: The case for social skills training with handicapped children. *Exceptional Children*, 48, 422-433.

Gresham, F. M. (1983). Social skills assessment as a component of mainstreaming placement decisions. *Exceptional Children*, *49*, 331-336.

Gresham. F. M. (2002). Teaching social skills to high-risk children and youth: Preventive and remedial strategies. In M. R. Shinn, H. M. Walker, & G. Stoner (Eds.), *Interventions for academic and behavior problems* Ⅱ*: Preventive and remedial approaches* (pp. 403-432). Washington, DC: National Association of School Psychologists.

Holloway, E. L. (1995). *Clinical supervision: A systems approach.* Thousand Oak, CA: Sage.

Jacobsen, B., Lowery, B. and DuCette, J. (1986). Attributions of Learning Disabled Children. *Journal of Educational Psychology*, *78*, 59-64.

Kagan, N. (1980). Influencing human interaction: eighteen years with IRP. In A. K. Hess (Ed.), *Psychotherapy supervision: Theory, research, and practice* (pp. 262-286). New York: Wiley & Sons.

Kagan, N., Krathwohl, D. R., & Others. (1967). Studies in human interaction, inter-personal process recall stimulated by videotape. ERIC ED017946.

Kampwirth, T. J. (2010). **학습과 행동문제해결을 위한 학교 컨설팅** (*Collaborative consultation in the schools, (3rd ed.)* (김정섭 · 유순화 · 윤경미 공역). 서울: 학지사. (원전은 2006년에 출판).

Kendall, P. C., & Braswell, L. (1985). *Cognitive-behavioral self-control therapy for impulsive children.* New York: The Guilford Press.

Kendall, P. C., & Pinch, A. J. (1976). A cognitive-behavior treatment for impulsivity: A group comparison study. *Journal of Consulting and Clinical Psychology,* 46, 110-118.

Kirk, S. A. (1962). *Educating exceptional children.* Boston: MA: Houghton Mifflin.

Krupski, A. (1986). Attentions problems in youngsters with learning handicaps. In J. K. Torgesen & B. Y. Wong(Eds.). *Psychological and educational perspectives on learning disabilities.* New York: Academic Press.

Levine, M. (2002). **아이의 뇌를 읽으면 아이의 미래가 열린다** (*A mind at a time*) (이창신 역). 서울: 도서출판 소소. (원전은 2002년에 출판).

Levine, M. (2003). **내 아이에겐 분명 문제가 있다** (*Myth of laziness*) (김미화 역). 서울: 도서출판 소소. (원전은 2003년에 출판).

Linehan, M. M. (1980). Supervision of behavior therapy. In A. K. Hess (Ed.), *Psychotherapy supervision: Theory, research, and practice* (pp. 148-180). New York: Wiley & Sons.

Marks-Beale, A. (1994). Study skills: The tools for active learning. Delmar Publishing Inc.

Maudsely, G., & Strivens, J. (2000). Promoting professional knowledge, experiential learning and critical thinking for medical students. *Medical Education,* 34, 535-544.

McCall, R. B., Evahan, C., & Kratzer, L. (1992). High school underachievers, Los Angeles, CA: Sage Publications.

McGinnis, E., & Goldstien, A. P. (1990). *Skills training in early childhood: Teaching prosocial skills to the preschool and kindergarten child.* Campaign, IL: Research Press.

McKeachie, W. J., Pintrich, P. R., & Linn, Y. C. (1986). Teaching learning strategies. *Educational Psychologists,* 20, 153-160.

Meichenbaum, D., & Goodman, J. (1971). Training impulsive children to talk themselves: A means of developing self-control. *Journal of Abnormal Psychology,* 77, 115-126.

Meichenbaum, D., Burland, S., Gruson, L., & Cameron, R. (1985). Metacognitive assessment. In S. Yussen (Ed.), *The growth of reflection in children* (pp. 111-133). Orlando, FL: Academic Press.

Parker, J. G. & Asher, S. R. (1987). peer relations and later personal adjustment: Are low-accepted children at risk? *Psychological Bulletin,* 102, 357-389.

Persons, J. B. (2008). *The case formulation approach to cognitive-behavior therapy.* New York: The Guilford Press.

Reed, S. K. (2006). 인지심리학 *(Conitive psychology)* (박권생 역). 서울: 시그마프레스. (원전은 2004년에 출판).

Sattler, J. M. (1992). *Assessment of children.* San Diego, CA: Author.

Schon, D. A. (1983). *The reflective practitioner: How professionals think in action.* New York: Basic Books.

Schon, D. A. (1987). *Educating the reflective practitioner: Toward a new design for teaching and learning in profession.* New York: Basic Books.

Sperry, L., & Sperry, J. (2014). 사례개념화: 이해와 실제 (*Case conceptualization: Mastering this competency with ease and confidence*) (이명우 역). 서울: 학지사. (원전은 2012년에 출간).

Stoltenberg, C. D., & Delworth, U. (1987). *Supervising counselors and therapists.* San Francisco, LA: Jossey-Bass.

Strauss, A. A., & Lehtinen, L. E. (1947). *Psychopathology and education of the brain-injured child.* New York: Grune & Stratton.

Swanson, H. L. (1990). Influence of meta-cognitive knowledge and aptitude on problem solving. *Journal of Educational Psychology, 82,* 306-314.

Teddilie, C., & Stringfield, S. (1993). *Schools make a difference: Lessons learned from a 10-year study of school effects.* New York: Teachers College Press.

Torgeson, J. K. (1987). *Psychological and educational perspectives on learning disabilities.* New York: Academic Press.

Vygotsky, L. S. (1994). 사회속의 정신: 고등심리과정의 발달 (*Mind in society: The development of higher pyschological processes*) (조희숙 · 황해익 · 허정선 · 김선옥 옮김). 서울: 성원사. (원전은 1978년에 출간).

Weinstein, C. E., & Mayer, R. E. (1986). The teaching of learning strategies. In M. C. Wittrock (Ed.), *Handbook of research on teaching* (3rd ed., pp. 315-327). New York: Macmillan.

〈참고 사이트〉

국립특수교육원 http://www.knise.re.kr

마음사랑 http://www.maumsarang.co.kr

아이큐빅 http://www.mindbig.co.kr

학지사 http://www.hakjisa.co.kr

한국가이던스 http://www.guidancepro.co.kr

한국교육개발원 http://www.kedi.re.kr

한국교육과정평가원 http://www.kice.re.kr

한국심리검사연구소 http://www.kpti.com

한국집중력센터 http://www.ikcc.co.kr

P/A/R/T 2

기초학습기능 부진의 학습컨설팅 사례분석 및 지도

P/A/R/T 2

기초학습기능 부진의 학습컨설팅 사례분석 및 지도

김 동 일

개요

최근 아동들의 지적, 정의적, 신체적 발달을 기반으로 하여 잠재력을 성취하도록 조력하는 체계적 교육의 필요성이 요구됨에 따라 아동의 현재 기능과 미래 가능성을 지향하고자 하는 교육서비스 창출이 중시되고 있다. 또한 지식자본(knowledge capital)이 강조되는 지식정보화 사회에서 개인의 온전한 사회 참여 및 활동을 위해서는 어느 때보다 새로운 정보를 획득하고 이를 활용할 수 있는 학습능력(learning abilities)이 중시된다. 그러나 이러한 교육의 변화 속에서도 정상적인 학교 학습 상황에서 심각한 기초학습기능의 결함을 보이는 학생들이 존재하며, 이들을 위한 체계적인 지원에 대한 요구가 커지고 있다.

이 장에서는 기초학습기능의 개념을 이해하고, 기초학습기능 부진의 유형과 원인에 대해 살펴보고자 한다. 또한 학교현장과 가정에서 기초학습기능 부진을 보이거나 향후 보일 가능성이 있는 아동들을 진단하고 판별하는 방법과 절차를 살펴보기로 한다.

학습목표

1. 기초학습기능 개념을 이해하고, 기초학습기능 부진의 유형과 원인을 안다.
2. 기초학습기능 부진의 평가를 위한 주요 검사 내용과 적용방법을 이해한다.

1 기초학습기능의 개념

기초학습기능이란 읽기, 쓰기, 말하기, 듣기, 셈하기 등의 교과 영역에서 가장 기초가 되는 학습 기술을 말한다. 읽기, 쓰기, 수학에서의 기초학습기능의 결함으로 나타나는 어려움은 다음과 같다.

읽기문제에는 생략(문장을 읽을 때 단어나 단어의 일부분을 빠뜨리기), 첨가(제시된 문장에 없는 단어나 문장을 추가하기), 대치(주어진 단어를 다른 말로 바꾸기), 도치(문자나 단어의 좌우를 바꾸어 읽기) 등과 같은 외형적인 특징과 낮은 독해력이 포함된다. 또한 글자와 소리와의 대응관계 학습이 느리고 결과적으로 개별 단어 읽기와 문장 읽기에 어려움을 보인다. 비슷한 단어를 서로 혼동하고(예: 그러나-그런데, 소풍-소품) 단어를 읽는 속도와 정확성이 또래에 비해 현저히 낮다.

쓰기에서는 전반적으로 글자의 크기, 간격, 글자 간의 조화가 심한 불균형을 보일 뿐만 아니라 글자모양이 심하게 왜곡되어 있는 경우가 많다. 받아쓰거나 베껴 쓰는 속도가 느리다. 작문할 때에는 구두점, 맞춤법 등과 같은 기술적인 측면은 물론이고 주제에 일관되게 글을 조직화하거나 적절하면서도 풍부한 어휘를 구사하는 데 심한 어려움을 보인다.

읽고 쓰는 것뿐만 아니라 남의 말을 듣고 이해하는 능력도 또래에 비해 심한 차이를 보인다. 일상적인 대화에서도 적절한 단어를 적절한 억양과 속도로 표현하는 데 어려움을 보일 수 있다.

수학 영역에서는 숫자를 쓰거나 읽는 데 어려움을 보인다. 숫자를 시간적-공간적으로 조직하는 능력이 부족하여, 예컨대 자릿값에 따른 숫자의 배열에 어려움을 느낀다든지 비슷한 글자(예컨대, 6과 9, 21과 12)를 혼동하는 경우가 있다. 단순연산뿐만 아니라 수학 응용문제 해결, 기본 수학 개념 이해 등 여러 수학 영역에 걸쳐 매우 낮은 학업성취도를 보인다(Carnine, Jones, & Dixon, 1994; Cawley & Parmar, 1994, Mercer & Miller, 1992).

1) 기초학습기능 읽기

학습곤란을 겪고 있는 아동에 대한 실태조사에 의하면, 약 1% 가량의 초·중등학생들이 읽기, 쓰기, 셈하기와 같은 기초학습능력에 현저한 결함을 가지고 있으며(김동일, 1999), 학급당 약 2~3명의 아동들이 교과학습에서 심각한 어려움을 가지고 있는 것으로 보고되고 있다(주삼환 외, 1999). 한 지역 교육청의 조사 결과에 의하면, 초등학교 고학년(4~6학년) 학생 중 한글 읽기와 쓰기를 하지 못하는 한글 미해독 학생이 1.17%를 차지하며, 중학교 1학년 학생 중에도 '한글 미해독 학생'이 0.92%를 차지하는 것으로 나타났다(중앙일보 2002년 5월 31일 기사). 미국의 경우에도 학년기 아동의 3~5%가 심각한 학습문제를 가지고 있는 것으로 보고되고 있으며, 이 중 85~90% 가량의 학생들이 심각한 읽기 문제를 가지고 있는 것으로 보고되고 있다(Bender, 1992).

기초학습기능의 중요한 구성요인으로서 읽기 기능의 결함은 다른 교과학습에도 심각한 부정적 영향을 미치게 된다. 연구에 따르면, 아동이 초등학교 1학년 때 심각한 읽기 문제를 나타내는 경우 3학년이 되면 다른 교과학습에서도 심각한 학습결손이 나타난다고 한다. 이러한 학습결손은 아무런 교육적 처치가 제공되지 않으면 계속해서 커지게 되고, 이로 인해 다른 아동과의 학업성취 차이도 점점 크게 벌어진다(Juel, 1988; Stanovich, 1986). 읽기 기능은 학교학습뿐만 아니라 일상적인 생활이나 활동에 있어서도 중요한 의미를 갖는다. 읽기 기능은 신문이나 잡지 등을 통해 생활과 관련된 정보를 얻는 데 사용되는 생활 기능이며, 시나 소설을 읽음으로써 일상적인 여가활동을 수행하는 데 중요한 수단이 되기도 한다. 또한 성공적인 직장생활을 위해 계속적인 자기계발을 수행해야 하는데, 이러한 과정에서 읽기 기능은 중요한 도구능력으로서 역할을 하게 된다.

단어인지와 읽기 이해라는 두 요인으로 구성되는 읽기 활동은 '읽기를 위한 학습활동(learning to read)'에서 '학습을 위한 읽기 활동(reading to learn)'으로 그 기능의 변화를 거치게 된다. 즉, 초기 학교학습 동안에는 읽기 활동 자체가 중시되는 수업활동이 강조되지만, 학년이 올라감에 따라 교과내용의 학습을 위한 수단으로서 읽기 활동이 강조되게 된다. '읽기를 위한 학습 활동'에서는 문자 해독의 정확성과 읽기 유창성이 중시되며, '학습을 위한 읽기 활동'에서는 내용 이해를 위한 다양하고 효과적인 읽기 전략(reading strategies)의 활용이 중시된다.

가) 단어인지

단어인지(word recognition)란 시각적으로 제시된 단어를 부호화하고, 그것을 말소리로 바꾸고, 그 말소리에 해당하는 어휘를 자신의 심성어휘집에서 탐색하여 의미와 연결 짓는 것을 말한다(Stanovich, 1986). 능숙한 단어인지를 위해서는 문자 해부호화

기술을 갖추고 있어야 한다. 즉, 단어인지에 능숙한 아동은 단어를 읽기 위해 맥락 정보를 활용하기보다 철자-소리 지식에 의존하는 반면, 능숙하지 못한 아동은 철자-소리 지식이 부족하여 단어인지를 위해 맥락 정보를 활용한다는 사실을 살펴볼 수 있는데(Juel, 1991, 김명희, 2003에서 재인용), 단어를 인지할 때 상황적인 단서나 맥락적인 정보 활용에 주의를 집중하다 보면 작업기억의 한계로 글의 내용 이해에 맥락적 정보를 활용할 수 없게 되고, 나아가 독해력도 낮아지는 결과를 초래하게 된다.

Samuels(1987)은 읽기에 유창해지기 위해서는 단어인지의 정확성과 자동화 그 두 단계를 모두 갖추어야 한다고 했으며, 읽기 과정에서 단어인지 과정이 정확하고 빠르게 그리고 자동적으로 처리되지 않는다면 읽기에 능숙해질 수 없다고 하였다(박유정, 2006에서 재인용).

단어인지는 특히 읽기를 처음 배우기 시작하는 초기 읽기 단계에서 중요한 부분이다. 많은 연구에서 유치원 아동이나 초등학교 1학년 아동의 글 읽기는 단어인지 능력의 영향을 받는다고 하였다(Juel, 1991; Stanovich, 1991). 단어인지 기술에서 어린 아동들은 낱자를 변별하고 그 말소리를 내므로 단어를 전체로 파악하고 기억하여 인지하는 양상을 보인다. 그러나 글자를 계속하여 경험하고 이에 노출될수록 단어의 자소-음소 대응 규칙에 대한 지식이 생기고, 즉시 인지할 수 있는 시각 어휘들이 심성 어휘집에서 쌓이면서 단어인지가 점차 빠르고 정확하게 일어난다(Lovett, Warren-Chaplin, Ransby, & Borden, 1990, 박유정, 2006에서 재인용).

단어인지는 문자에 대한 해독(decoding)을 의미하며, 형태(configuration), 음소(phonics), 음절(syllables), 문맥(context) 분석 그리고 반복적 경험을 통한 일견(一見) 읽기(sight reading)를 통해 이루어진다. 이들 단어인지와 관련된 활동들을 구체적으로 살펴보면 다음과 같다.

먼저, 형태 분석이란 문자의 시각적 특징이나 단서(예: 길이나 복잡성)에 근거해 단어를 인식하는 활동을 말한다. 아동이 그림책을 통해 그림과 함께 '교회'라는 단어를 학습한 경험이 있어서 '교'자가 들어가 있는 단어를 보면 항상 '교회'라고 읽는 경우가 그 예에 해당한다. 음소 분석이란 단어를 구성하고 있는 문자소와 음소의 대응관계를 분석함으로써 단어를 인지하는 것으로, 읽기 학습 초기 단계의 학생들이 주로 사용하는 방법이다. 지금까지 연구들은 읽기장애 아동의 경우 음소 분석을 통해 문자를 인지하는 데 있어 상대적으로 많은 어려움을 가지고 있음을 보여 준다. 음절 분석이란 단어를 구성하고 있는 각 음절에 해당하는 소리를 분석적으로 지각함으로써 전체 단어를 인지하는 것을 말한다. '산소'라는 단어에 있어 '산'과 '소'라는 단어를 분석적으로 인지하고 이를 연결하여 읽는 경우가 음절 분석의 예라고 할 수 있다. 문맥 분석이란 주위의 다른 단어나 의미에 의존해서 모르는 단어를 해독하려는 단어인지 활동을 말한다. 지금까지의 연구 결과들은 읽기장애 아동이 일반 아동에 비해 음소 분석이나 음절 분석보다 문맥 분석에 의존해 낯선 단어에 대한 해독을 더 많이 시도한다고 보고하고 있다. 마지막으로, 일견 읽기란 단어에 대한 의식적인 음소나 음절 분석을 실시하지 않으면서 즉시적으로 단어를 인지하는 것을 말한다. 이는 아동이 제시된 단어에 반복해서 누적적으로 노출된 경우, 거의 자동적으로 전체적 시각적 단서와 단어를 연결시키는 기능적인 읽기 활동을 의미한다. 그러므로 일견 읽기 능력의 향상은 아동의 읽기 유창성과 밀접한 관련이 있다. 아동의 읽기 유창성은 읽기 이해 능력을 향상시켜 나가는 데 중요한 영향을 미친다. 읽기 유창성을 향상시켜 나감으로써 읽기 활동을 수행할 때 문자 해독보다는 내용 이해에 더 많은 주의(attention)를 기울일 수 있기 때문이다.

나) 읽기유창성

읽기유창성이란 단어를 읽는 속도와 정확성(Shin et al., 1992), 혹은 힘들이지 않고 유창하게 소리 내어 읽을 수 있는 능력 등을 의미한다. 이러한 읽기유창성은 흔히 자동적인 해부호화의 결과로 가정된다(Nathan & Stanovich, 1991). 읽기 능력이 단어인지와 읽기 이해로 구성되어 있고 이 두 요소는 상호의존적인 구조 속에서 발달되어 간다고 볼 때 읽기유창성의 개념은 두 능력의 매개 요소라는 측면에서 보다 정밀하게 설명될 수 있게 된다(이일화, 2002).

아동은 개개 단어의 해부호화에 능숙해져 해부호화가 자동화되면 아동은 텍스트의 의미를 이해하는 데 보다 많은 인지적 자원을 사용하고 따라서 독해 능력이 발달하게 된다(LeBerge & Samuels, 1974; Samules, 1981; 이일화, 2002에서 재인용). Chall의 읽기 능력 발달에 따르면 유창성의 숙달이 이루어지지 않을 경우 독해력에서 어려움을 보여 결국 읽기 능력 발달에 심각한 장애를 초래할 수 있다고 하였다.

다) 읽기 이해

읽기 활동을 통한 내용 이해는 크게 단어 이해(vocabulary comprehension), 내용에 대한 문자적 이해(literal comprehension), 추론적(inferential) 이해, 평가적(evaluative) 이

해, 감상적(appreciative) 이해로 나누어 볼 수 있다(Mercer, 1991). 읽기 자료에 포함된 단어에 대한 이해는 읽기 자료의 전체 내용을 이해하는 데 중요한 기초이며, 내용에 대한 기억에도 중요한 역할을 수행한다(Espin et al., 2001). 내용에 대한 문자적 이해는 읽기 자료에 쓰인 내용을 있는 그대로 의미화할 수 있는 능력을 가리키며, 추론적 이해는 읽기 자료에 나타난 정보를 있는 그대로가 아닌 개인적 경험, 지식, 직관을 이용해 가설화할 수 있는 능력을 가리킨다. 추론적 이해의 예로는 지금까지 내용을 중심으로 앞으로 계속될 이야기를 예상해 보는 것, 자료 읽기를 통해 배운 내용을 다른 상황에 어떻게 적용할 수 있는지 가설화해 보는 것 등을 들 수 있다. 평가적 이해는 독자의 지식, 경험, 가치체계를 중심으로 읽기 자료에 포함된 내용의 정확성(예: 사실과 가설의 구분, 사실과 의견의 구분), 저자의 의도, 정보의 유용성 등을 판단하는 것을 의미한다. 마지막으로, 감상적 이해란 읽기 활동 자체를 통해 심미적 만족을 갖게 되는 상태로서, 성경과 같은 경전 읽기를 통해 삶의 모습이나 진리를 발견해 가는 과정이 그 예라고 할 수 있다.

2) 기초학습기능 수학

수학 학습의 입문기인 학령기 초기에 처음 경험하는 수학 학습의 대상은 수와 연산이다. 수와 연산은 실생활에서 양을 표현하고 그들 사이의 관계를 다루는 도구인 동시에 수단이 된다. 또한 수학 학습의 기초인 동시에 수학의 뼈대로서 수학의 다른 영역과 교과학습을 위한 필수적인 도구이기도 하다(김동일, 이대식, 신종호, 2016). 따라서 연산능력에 어려움이 있는 사람은 일상생활에서의 곤란뿐 아니라 연산영역 이외의 다른 수학 학습에서, 나아가 수학적 능력을 필요로 하는 다른 교과의 학습도 효과적으로 할 수 없게 되어 전반적으로 낮은 학업 성취 수준을 보이기 쉽다.

그러므로 기본 연산을 얼마나 빠르고 정확하게 처리하느냐 하는 것은 고등수학능력 형성에 결정적인 역할을 한다. 간단한 사칙연산능력의 평가를 통해 학생들의 수학 학습능력을 간단히 평가할 수 있다. 또한 이러한 평가 결과는 수학 성적을 60－70% 이상 예언하는 것으로 알려져 있다(Silbert, Carnine, & Stein, 1990; Kirby & Becker, 1988; Geary, 1994). 간단한 사칙연산문제가 학생들의 수학 학습능력을 검증하는 하나의 수단이 될 수 있다는 것은 그러한 문제들이 연산의 속도와 정확성을 나타내는 지표로서의 역할을 하기 때문이다. 또한 연산의 속도와 정확성은 간단한 연산문제뿐만 아니라 고등 수준의 수학 과제해결에도 필수적인 기초학습기능(Geary, 1993)이다.

일반적으로 수학능력은 계산 또는 연산 그리고 응용 또는 문제해결이라는 두 가지 구인으로 이루어져 있다(Silbert, Carine, & Stein, 1990; Howell, Fox, & Morehead, 1993). 이 두 가지 구인 중 연산능력은 응용 또는 문제해결능력 형성의 필요조건으로 수학 학습의 기초가 된다. 이 때 연산은 단순히 수를 더하고, 빼고, 곱하고, 나누는 계산활동이 아니라 수나 함수 등에서 일정한 법칙 및 규칙에 따라 결과를 도출하는 것을 말한다. 아무리 고차원의 수학 문제라고 하더라도 수나 집합 등 대상 사이의 규칙이나 법칙을 이용하여 해결해야 한다. 따라서 수학 문제를 해결하기 위해서는 연산개념 및 지식이 장기기억 속에 저장되어 있어야 하고, 이것이 가능할 때 아동들은 문제를 해결하기 위해 필요한 정보를 장기기억에서 즉각적으로 인출할 수 있다. 따라서 연산은 수학문제 해결에 영향을 미칠 수 있는 요소이다(Geary, 1990).

가) 기본 연산

기본 연산을 얼마나 빠르고 정확하게 처리하느냐 하는 것은 고등 수학능력 형성에 결정적이다(Geary, 1994; Silbert, Carnine, & Stein, 1990). 이러한 기본 연산능력은 얼마나 장기기억 내에 저장되어 있는 기본 연산들을 신속하고 정확하게 인출해 내느냐에 달려 있는데(Geary, 1993, 1994), 수학성적이 낮은 학생들은 대개 이 인출과정이 신속하지 못하고 그 정확도도 떨어진다(김자경, 김기주, 2005; Geary, Brown, & Samaranayake, 1991). 또한 이들은 연산과정에서 건너뛰며 수를 세기보다는 처음부터 모든 수를 다 세는 등 비효과적인 연산전략을 사용하기 때문에, 단기기억 용량상의 부담이 클 뿐만 아니라 연산속도와 정확도 면에서 또래보다 뒤떨어질 수밖에 없다. 정확도 면에서는 크게 차이가 나지 않는 경우가 많기 때문에 이런 경우에는 단순연산의 자동화를 통한 숙련이 필요하다(Garnett, 1992).

나) 문장제 응용문제

수학 문장제 응용문제해결능력 부분에서는 문제를 읽고 이해하는 데 필요한 기본 읽기 능력, 기본 계산능력 그리고 단기기억능력의 부족(Geary, 1994; Swanson, 1993)으로, 문제를 이해하는 데 어려움을 겪고, 특히 주어진 응용문제를 수학적으로 해결하기에 용이하도록 표상(representation)하는 능력이 부족하다(Hutchinson, 1993; Montague & Applegate, 1993). 설사 기본 연산능력상에 별 차이를 보이지 않아도 보통 아동들보다 훨씬 비효과적인 문제해결 전략을 사용한다(Montague, 1997; Parmar, Cawley, & Frazita, 1996).

다) 수학 개념 이해

일반적으로 아동들은 발달과정에서 취학 전이라고 하더라도 크기, 양, 대소, 순서 등과 같은 대부분의 기본적인 수학 개념들을 초보적인 형태로나마 습득한다. 하지만 수학 학습장애아동들의 경우 이러한 기본적 수학 개념 학습 정도가 미약하다. 따라서 취학 이후에 학습하게 되는 좀 더 고차원적이고 추상적인 수학 개념(집합, 확률, 함수 등) 등에서도 자연히 일반 아동들보다 이해하는 데 더 많은 어려움을 겪는다. 연산의 속도와 정확성과 함께 추상적인 수학 개념 이해 부족은 기초학습기능 수학 부진에서의 중요한 특징 중의 하나다.

라) 도형

도형 영역은 비단 기초학습기능 수학 부진 학생뿐만 아니라 많은 일반 학생들도 어려움을 느끼는 부분 중의 하나다. 도형 영역은 단순히 선과 면 그리고 점들의 공간적 배치와 이동뿐만 아니라 기본 개념과 수리적 연산 등의 기능도 포함하고 있다. 그 중 기하와 공간지각 영역에서 특히 취약함을 보이는 기능들에는 공간 시각화 능력, 심적 회전능력 등이 있다. 예컨대, 특정 도형을 180도 혹은 뒤집을 경우 나타나게 될 모양을 추론한다든지, 전개도를 보고 해당되는 입체도형을 추측하는 활동들은 일반 아동은 물론, 기초학습기능 수학 부진을 보이는 아동들이 특히 어려워하는 내용영역이다.

3) 기초학습기능 쓰기

쓰기란 언어적 전달 내용을 기호로 전환하는 과정이며, 언어의 소리를 정확한 철자 형태를 갖춘 문자기호로 나타내는 과정이다. 언어기술에서 가장 복잡한 영역이 쓰기이며, 단순히 글자를 쓰는 낮은 수준의 능력에서부터 자신의 생각을 표현하는 높은 수준의 능력에까지 그 범위가 다양하다. 아동이 쓰기를 통해 의사소통을 하기 위해서 구어기술과 읽기기술을 적용해야 한다. 또한 아동들은 주제에 따라서 생각하고 조직할 수 있어야 하며, 단어를 쓰면서 제대로 필기할 수 있어야 한다.

쓰기는 일반적으로 글씨쓰기(습자, handwriting), 철자쓰기(spelling), 작문(written expression－composition)의 세 영역으로 분리하여 살펴볼 수 있다. 그러나 글씨쓰기와 철자가 쓰기교육의 최종 목표인 의사소통을 하는 데 사용되는 것으로 이들 간의 상호

관련성에 주목해야 한다. 쓰기는 말하기보다는 더욱 복잡한 문법적 구조와 명확한 문단 설정이 간결하면서도 형식을 갖추어야 한다. 쓰기는 가장 어려운 의사소통 도구로서 여러 가지 기술을 종합적으로 사용할 수 있는 능력을 요구한다. 쓰기는 필자로 하여금 경험이나 생각을 독자가 이해할 수 있는 기호(단어)로 부호화하는 것이다. 그러므로 쓰기는 변형할 수 있는 능력을 요구한다(Moffet & Wagner, 1983). 이러한 변형에는 경험을 생각으로 바꾸고, 생각을 음성언어로 바꾸고, 마지막으로 음성언어를 문자언어로 바꾸는 과정이 들어간다.

글은 필자, 글의 내용, 독자라고 하는 삼각의 틀 속에서 이루어지는데, 화자와 청자 사이에서 이루어지는 '말 주고받기'와 같은 직접적인 상호작용이 이루어지지 않기 때문에 필자는 말하고자 하는 내용을 독자가 정확하고 효과적으로 이해할 수 있도록 구조화할 수 있어야만 한다. 결국, 일차적으로 음성언어에서의 문제가 쓰기 과정에서의 문제를 예언한다고 볼 수 있다(Myklebust, 1965).

많은 학자들이 쓰기의 본질이 문제해결이며, 쓰기 능력은 문제해결능력이라는 데 동의하고 있다. 쓰기 능력 발달에 관한 대부분의 연구에서 아동은 쓰기를 통해 쓰는 법을 배울 수 있을 뿐만 아니라, 우수한 교사들은 읽기와 쓰기를 통합하여 지도하고 있으며, 읽기 능력은 쓰기를 통해 더욱 발전될 수 있다고 권고하고 있다(Robinson, Mckenna, & Wedman, 1996; Pressley, 1998; Ysseldyke & Algozzine, 1995). 이는 쓰기를 통해 쓰기 능력만이 개발되는 것이 아니라 읽기 능력도 같이 개발될 수 있음을 의미하며 서로 관련된 유사성이 차이점보다는 더 많다고 할 수 있다.

Hoy와 Gregg(1994)는 쓰기 능력의 발달을 <표 2-1>에서와 같이 4단계로 나누어 제시하고 있다.

표현 언어이자 문자 언어로서 쓰기는 초등학령기에 익혀야 하는 중요한 기술이며, 말하기와 읽기보다 복잡한 문법적 규칙을 사용하고, 독자를 대상으로 한 조직적이고 체계적인 활동으로서, 글을 생성, 계획 및 작성하고 고치는 과정을 거친다. 쓰기 능력의 발달은 개인과 환경과의 상호작용을 통해 이루어지며 쓰기를 통해 읽기 능력을 개발시킬 수 있을 뿐 아니라, 쓰기 경험을 많이 할수록 더욱 개발될 수 있다. 또한 쓰기는 학습자의 학습능력을 읽기보다 더욱 잘 나타낼 수 있는 좋은 준거가 된다.

표 2.1 쓰기 능력의 발달 단계

단계	쓰기 능력
취학 전 단계	– 상징놀이 – 그리기
초등학교	– 철자 – 기술 – 구문 – 설명적 이야기의 구조 – 독자의 이해를 유도(자기중심적 단계) – 시제(현재형)
중학교	– 개별화된 스타일과 유연성 – 설명문과 기술문의 구조 이해 – 독자의 이해를 증가시키는 쓰기 – 단어 구사의 유연성 – 시제(과거형) – 기능(감정의 의사소통)
고등학교	– 개별화된 스타일 – 해설문과 설득문의 구조 이해 – 단어와 구문에 대한 유연성 증가 – 독자의 이해에 영향을 미치는 사회적 역할 – 관계 기술 – 시제(미래형) – 기능(사고와 감정의 의사소통)

출처: 김동일 · 이대식 · 신동호(2016). 학습장애아동의 이해와 지도.

2 기초학습기능 부진의 유형과 원인

1) 기초학습기능 읽기 부진 유형과 원인

기초학습기능 부진 가운데 읽기에 어려움을 보이는 원인에 대하여 시지각 정보처리 과정의 이상, 읽기 학습 방법과 선호하는 정보지각 양식의 불일치와 같이 신경학적 결함과 관련되었다고 알려져 있으나(Kavale & Forness, 1985), 최근 연구들은 언어와 관련된 인지능력의 상대적 결함이나 어휘력, 구문론과 같은 언어지식에 대한 부족 그리고 읽기 자료에 관련한 사전경험이나 선행학습의 부족과 관련이 있다고 보고한다(Bender, 1992; Hallahan, Kauffman, & Lloyd, 1999).

시지각과 관련된 읽기 문제를 대표하는 것이 바로 난독증(dyslexia)이다. 난독증을 가지고 있는 아동들은 시각 자극을 인지하는 데 있어 심각한 오류를 나타낸다고 한다. 이러한 오류반응 중에 가장 대표적인 것이 바로 '반전(reversal)'이다. 반전은 주어진 시각자극을 반대 방향으로 지각하는 시지각 오류행동으로서, 'ㄱ'을 'ㄴ'으로, 'ㅂ'을 'ㅍ'으로, 'ㅏ'를 'ㅓ'로, 'ㅗ'를 'ㅜ'로 인식하는 것을 말한다. 이러한 시각 자극에 대한 인식 오류는 주어진 단어의 해독을 어렵게 하고, 단어 해독의 어려움은 글에 대한 이해력의 결함으로 이어지게 된다는 것이다. 따라서 시지각 훈련을 통해 주어진 시각 자극을 제대로 인식하도록 하는 것이 읽기 지도의 중요한 지침이 된다.

읽기뿐만 아니라 다른 교과 영역에서 기초학습기능 부진의 원인은 개인이 선호하는 정보지각 양식과 교수-학습 방법의 불일치를 들 수 있다(Hallahan, Kauffman, & Lloyd, 1999; Kavale & Forness, 1995; Mercer, 1992). 학습자는 개인이 정보를 받아들이는 방식에 있어서 서로 다른 선호를 가지고 있어 개인들에 따라 시각적, 청각적 또는 운동감각적 방식을 통해 주어진 정보를 처리하는 것을 선호한다는 것이다. 따라서 개인이 선호하는 방식과 다르게 정보를 처리하도록 요구되는 경우 학습의 효과성이나 효율성은 떨어지게 된다는 것이다. 읽기 기능에 대한 학습 역시 개인이 선호하는 정보지각 양식에 따라 청각중심 자료제시 방법, 시각중심 자료제시 방법, 운동감각중심 자료제시 방법 등을 사용하지 않는 경우 학습의 효과성과 효율성을 떨어뜨리게 되고, 이것이 심각한 경우 읽기에서의 기초학습기능 부진을 유발할 수 있다.

읽기 문제와 관련된 인지 요인으로서 교육학과 심리학 분야의 많은 학자들이 연구를 수행한 것이 바로 음운인식(phonological awareness)능력이다. 음운인식능력이란 단어를 구성하는 음절 또는 음소들을 분석해 내고 이를 하나의 소리로 조합할 수 있는 인지적 능력을 말한다. 예를 들어, '컴퓨터'라는 단어의 경우 음절 수준에서는 '컴' '퓨' '터'라는 세 부분으로, 음소 수준에서는 'ㅋ' 'ㅓ' 'ㅁ' 'ㅍ' 'ㅠ' 'ㅌ' 'ㅓ'라는 구성 요인으로 분석해 내고 이들 구성요인들을 하나로 결합하여 '컴퓨터'라는 단어를 말할 수 있는 능력을 말한다. 이 때 단어를 구성하는 소리를 분석해 내는 능력을 음운분절(phoneme segmentation)능력이라고 하고, 분석된 소리를 하나로 결합하는 능력을 음성혼성(sound blending)능력이라고 한다.

지금까지 연구들은 아동이 가지고 있는 음운인식능력이 나중의 문자해독과 관련한 읽기 능력과 밀접한 관련이 있음을 보여 주고 있다(Wagner & Torgesen, 1987). 음운인식능력은 구어를 문어로 표현해 주는 기호체계인 자모(字母)의 기능에 대한 이해를 형성하는 데 중요한 역할을 수행한다. 이러한 음운인식능력은 아동이 학습을 통해 획득하게 되는 자모와 음소의 대응관계에 대한 지식 그리고 이들 자모를 결합하여 하나의 소리 단위로 만들어 낼 수 있는 능력들이 문자해독과 관련한 중요한 기초적 읽기 능력이 되는 것이다.

읽기 활동에 있어서도 어휘에 대한 지식과 이해는 중요한 의미를 갖는다. 읽기 자료에 포함된 핵심 어휘뿐만 아니라 관련 어휘에 대한 지식이 없는 경우 읽기 유창성과 읽기 이해력에 있어서 부정적인 결과를 초래할 수 있다(Ackerman, Peters, & Dykman, 1971). 특히, 학습자가 어휘력 부족으로 인해 읽기 이해에 어려움을 갖는 경우, 글 내용을 자신의 주관적 입장에서 왜곡하여 이해하는 오류행동을 또래보다 더 많이 나타내 보인다.

의미론적 언어능력과 관련하여 일반 아동들은 읽기 활동을 수행하는 동안 자신들의 읽기 이해력을 점검, 향상시키기 위해 문맥(context)을 적절하게 활용하는 것으로 보고되고 있다. 문맥의 적절한 활용은 낯선 단어를 접하게 되는 경우에도 단어 이해와 관련하여 긍정적인 영향을 미칠 수도 있다. 읽기에 어려움을 보이는 학생들을 대상으로 한 연구들은 이들 학생들이 주어진 문맥을 적절하게 활용하는 데 어려움을 가지고 있다고 보고하고 있다. 또한 일반 학생들보다 주어진 맥락정보를 적절히 활용하는 데 있어 상대적인 어려움을 더 많이 가지고 있다. 예를 들면, '1학년인 철수는 매일 _______을(를) 제출해야 한다.'라는 문장을 읽는 경우, 행동의 주체가 '학생'이고 행동의 내용이 '타인에게 무엇인가를 주어야 한다.'라는 정보를 근거로, 들어가야 할 단어가 '숙제' '과제' '반성문' 또는 '일일 계획서'라는 추측을 할 수 있다.

마지막으로, 구문론과 관련된 지식 역시 아동의 읽기 이해에 영향을 미친다(Hallahan, Kauffman, & Lloyd, 1999). 구문론이란 문장을 구성하는 요소들 간의 관계를 규정하는 규칙에 관한 연구 분야로서, 문장을 구성하는 단어들 간의 관계를 파악해 문장에 대한 적절한 이해를 할 수 있는 것이다. 일반적으로 문장은 단문, 중문, 복문, 혼성문으로 그 유형을 대별해 볼 수 있다. 단문은 하나의 주어와 동사로 구성된 문장을, 중문은 '그리고' '그러나' '또한'과 같은 등위접속사를 통해 두 개의 단문이 서로 대등하게 연결된 문장을 말한다. 복문은 하나의 문장이 다른 문장의 한 구성요인으로서 역할을 하는 문장 형태를 말하는 것으로, '꽃이 아름다운 것은 향기를 같이 가지고 있기 때문이다.'가 그 예가 될 수 있다. 이 예문은 '꽃이 아름답다.'가 명사절로서 다른 문장의 주어 역할을 하고 있는 경우라고 할 수 있다. 마지막으로, 혼성문은 대등절과 종속절을 가진 문장으로서 단문, 중문, 복문이 하나의 문장 안에 섞여 있는 경우를 말한다. 읽기에서 기초학습기능 부진을 보이는 아동들의 경우 일반 아동보다 문장구조에 대한 이해력이 상대적으로 낮은 것으로 보고되고 있으며, 문장구조에 대한 교육이 읽기 이해력을 향상시킬 수 있는 것으로 보고되고 있다(Deshler, Ellis, & Lenz, 1996).

2) 기초학습기능 수학 부진의 유형과 원인

수학성적이 특별히 저조한 아동들은 보통 일찍부터(예컨대, 초등학교 1~2학년부터) 학업부진 현상을 보이면서 일반 아동보다 훨씬 느린 속도로 학습해 가다가, 어느 시점이 되면(예컨대, 5~6학년쯤) 그나마 학습 자체가 정체되는, 만성적이고 지속적인 학습부진을 보인다(Cawley & Miller, 1989).

기초학습기능 수학 부진 학생들은 수학 영역에서는 숫자를 쓰거나 읽는 데 어려움을 보인다. 숫자를 시간적－공간적으로 조직하는 능력이 부족하여, 예컨대 자릿값에 따른 숫자의 배열에 어려움을 느낀다든지 비슷한 글자(예컨대, 6과 9, 21과 12)를 혼동하는 경우가 있다. 시각적 태만 현상을 보이며, 소수점을 고려하는 데 어려움을 겪는다. 연산 문제를 해결하는 과정에서 학생들이 자주 보이는 연산 오류는 잘못된 오류, 계산상의 오류, 결함이 있는 알고리즘, 받아올림과 받아내림의 오류, 자릿값 혼동, 부주의로 인한 오류, 연산 과정 중 중단하는 불완전한 오류이다(김동일, 2014). 대다수의 기초학습기능 수학 부진 학생들은 단순연산뿐만 아니라 수학 응용문제 해결, 기본 수학 개념 이해 등 여러 수학 영역에 걸쳐 매우 낮은 학업성취도를 보인다(Carnine, Jones, & Dixon, 1994; Cawley & Parmar, 1994, Mercer & Miller, 1992). 이들 기초학습기능 수학 부진 학생들의 낮은 수학성취도는 대개 저학년 때부터 나타나서 오래 지속되며, 어느 정도 학년이 올라가도 향상되지 않고 정체되는 현상을 보인다(Cawley & Miller, 1989; Mercer & Miller, 1992).

기초학습기능 수학 부진의 유형은 수학학습장애와 유사하며, 주로 다음 네 가지가 언급되고 있다(Geary, 1993; Rourke & Conway, 1997). 첫째, 단순 연산의 인출과 장기기억화의 어려움으로 인한 수학 학습장애를 들 수 있다. 이러한 어려움을 갖고 있는 사람들 중 일부는 좌반구 후두엽의 기능에 문제가 있는 것으로 알려져 있으며(Geary, 1993), 대개 읽기장애를 동반하는 것으로 나타났다. 연산 인출 속도와 정확성의 문제는 유전 가능성이 높고, 일정한 시기가 지나면 회복되는 발달적 지체가 아닌 발달적 차이로 보아야 한다는 견해가 우세하다(Geary, Brown, & Samaranayake, 1991).

두 번째 유형은 주의집중의 부족이나 논리적 연산의 수행에 어려움을 겪는 것으로 연산 절차(덧셈문제 해결 전략이나 받아내림 등)상의 어려움을 겪는 경우다. 이러한 어려움은 연령이 높아 감에 따라 어느 정도 그 어려움이 완화되는 것으로 보여 연산 유창성과 달리 발달적 차이라기보다는 발달적 지체로 볼 수 있을 것 같다.

세 번째 유형으로는 수리적 정보의 시·공간적 표상 혹은 시·공간적 정보의 수리적 처리상의 어려움을 들 수 있다. 사물의 공간적 조작과 인식에 어려움을 겪는 것은 물론, 수리적 정보를 시공간적 정보로 변환하는 과정에 많은 어려움을 보인다. 이 장애현상 역시 어느 정도 신경생리학적 결함과 관련이 있다. 이러한 증상을 보이는 사람에게서는 흔히 우반구 후두엽 부분의 손상을 볼 수 있다.

네 번째 유형으로는 읽기장애를 동반하는 경우다. 읽기 능력과 수학 연산능력, 특히 그중에서도 수학 문장제 문제해결능력 간에는 상당한 상관관계가 있다. 소위 수학-읽기학습장애 공존성에 관한 연구들(Knopik, Alarcon, & DeFries, 1997)은 수학 학습장애와 읽기학습장애가 공존할 수 있음을 보여 준다.

기초학습기능 수학부진은 읽기에 비해 적은 비율을 차지하지만 읽기에 어려움을 보이는 아동 중 상당수의 아동들이 수학 학습에서도 곤란을 보이고 있다. 또한 읽기에 곤란을 보이지 않는 아동들 중에서도 수학 학습에 어려움을 보이는 경우도 있다(김동일, 2006). 이는 수학 학습을 위해서는 언어적 능력과 비언어적 능력이 동시에 요구되기 때문이며, 수학이 여러 요인과 관련 있음을 보여 준다. 즉, 수학 학습을 위해서는 수학적 개념을 이해하고 이를 이용하여 문제를 해결할 수 있는 인지적 능력이 필요하다. Kirk(1993)는 수학에서는 학습 곤란을 유발하는 6가지를 제시하였는데, 우선 언어능력의 부족이다. 언어는 수학 개념을 이해하고 수를 계산하는 활동과 대수와 관련되어 있는 능력이므로 수학에서 학습 곤란을 보이는 학생들은 수학 개념을 이해하는 데 어려움을 보이고, 연산하는 데 서투르며, 대수를 다루지 못한다. 다음으로 주의집중의 문제이다. 주의집중행동은 수학 개념과 연산능력에 연관되어 있으므로 수학 학습에 곤란을 보이는 학생들은 수학 개념을 다루는 데 서툴고, 연산활동에 어려움을 보인다. 셋째, 시간과 공간을 변별하는 능력이 부족하다. 이는 자릿값을 학습하는 것과 관련이 있으므로 수학 학습에 곤란을 보이는 학생들은 자릿값 학습에 어려움을 보인다.

또한 감각능력과 지각능력의 부족이다. 이는 계산활동과 밀접하게 관련이 있다. 지각능력 측면에서는 공간, 거리, 크기, 순서 등을 지각하는 능력이 또래보다 뒤진다. 공간 지각상의 어려움은 이차적으로 자릿수 정렬, 수의 방향 인식 등에 어려움을 줄 수 있다. 또한 숫자를 도치하여 읽는다든지 숫자의 크기를 균형 있게 맞추지 못해 자릿수를 배열하지 못한다든지 하는 등의 특징을 보인다. 미세한 시각적 기능이 요구되는 수학적 기호를 잘못 보거나 빠뜨릴 수 있다. 지각－운동 협응능력 결함상의 오류는 숫자를 균형 있게 쓴다든가, 연산과정에서 보조 숫자나 보조선을 미숙하게 활용하는 등의 형태로 나타날 수 있다.

게다가 수학 학습에 곤란을 보이는 학생들은 보존 개념을 습득하지 못해서 전반적인 수학 학습에 어려움을 보인다. 마지막으로 추리적, 귀납적 및 연역적 사고, 추상적 사고능력이 부족하여 연산활동이 서툴 수 있다. 예컨대, 72－39와 같은 연산을 하는 데 있어서 답이 72보다 클 수 없음에도 불구하고 2134 등으로 대답을 하는 학생의 경우, 기본적으로 뺄셈을 하고 나면 원래 숫자보다 항상 작은 숫자가 나오게 된다는 판단을 전혀 하지 않았다고 짐작할 수 있다. 이는 자신이 작성한 답이 해당 문제가 요구하는 것에 맞는지 여부를 따지는 소위 메타인지능력과도 또한 관련이 있다. 이에 더하여 수학 학습 곤란은 상대적으로 기억전략행동이 결핍되어 나타날 수 있으며, 이는 정보를 처리하고 문제를 해결하는 방법이 비효율적인 것에 기인한다. 또한 단어로 된 문제에서 언어와 숫자적 정보를 적절한 연산으로 변형하는 데 어려움을 보인다.

3) 기초학습기능 쓰기 부진의 유형과 원인

대부분의 학생들에게 쓰기는 읽기보다 훨씬 더 어려운 과제이고, 쓰기 영역에서의 어려움은 읽기 문제가 해결된 뒤에도 오랫동안 지속될 수 있다(김승국, 김동일 외, 1997). 쓰기 표본을 바탕으로 살펴보면 일반적으로 문장 내의 문법 및 문장부호의 오류, 문자조직에 있어서의 취약함, 다철자에 있어서의 오류 그리고 글씨를 알아보기 힘들게 쓰는 등의 문제점이 발견된다. 그러나 철자 오류나 글씨를 잘 못쓴다는 이유만으로 다른 쓰기 표현에 결함이 없을 때는 이 진단을 내릴 수 없다. Gregg(1986), Myklebust(1965)와 김영애(1988)는 쓰기 장애가 특히 철자, 문맥, 글의 구조, 독자들의 이해, 관념 및 글씨체와 관련 있다고 하여 글씨체가 중요함을 강조하고 있다.

발달적 측면에서 쓰기에 어려움을 보이는 아동들은 6~8세가 되어서도 사선이 수직선화 되거나 기하도형의 각이 찌그러지는 현상이 나타나는 등 정상 발달 연령보다 훨씬 이후까지 지체를 보인다(Silver & Hagin, 1975). 쓰기는 학교와 직장에서 성공하는 데 크게 영향을 주는 필요조건이지만 학습에 문제를 지닌 학생들에게는 작문할 기회가 거의 주어지지 않는다. 수업의 대부분이 읽기에 치중되어 있기 때문에 일반적으로 쓰기가 읽기보다 심하게 지체된 경우가 많고, 쓰기를 할 때 읽기도 향상되는 것이 사실임에도 불구하고, 작문하는 데 들이는 시간이 아주 적은 것이 현실이다.

쓰기를 잘하는 학생과 쓰기를 잘 못하는 학생은 첫째, 쓰기 과정 면에서 생성, 계획, 작성 및 고치기의 쓰기 전 과정에서 차이점을 보인다(정동빈, 1994). 둘째, 정보 활용 면에서 '음운론적 정보' 및 시각적 정보 활용에서 차이가 있다. 셋째, 쓰기 유창성 면에서 쓰기를 잘하지 못하는 학생의 경우 주어진 시간에 몇 단어만 쓰고 완성되지 않은 문장을 쓴다. 넷째, 오류 면에서 쓰기를 잘하지 못하는 학생은 문법적 오류가 많고 알아볼 수 없게 쓴다. 다섯째, 구문 측면에서 글을 잘 쓰는 아동의 경우 구와 절을 사용하여 복문 등 질이 높은 문장을 많이 쓰는 반면에 글을 잘 쓰지 못하는 아동은 단순한 주어-동사나 주어-동사-목적어 문장만을 쓴다. 이러한 학습적인 문제는 학습뿐만 아니라 학생의 자신감과 '자기정체감'에 영향을 주어 학습된 무기력감을 겪게 한다(김창대 외, 1994). 이러한 학습문제를 갖고 있는 아동은 적절한 중재를 통해 해결할 수 있다(김병하, 1995; 김계현, 김동일, 김창대 외, 2000).

4) 학습장애의 개념 및 진단

가) 학습장애 개념

기초학습기능의 부진과 심각한 결함으로 인한 낮은 성취도는 대개 저학년 때부터 나타나서 오래 지속되며, 어느 정도 학년이 올라가도 향상되지 않고 정체되는 현상을 보인다(Cawley & Miller, 1989; Mercer & Miller, 1992). 기초학습기능의 결함으로 인한 학업 부적응의 요인은 매우 다양하다.

첫째, 신경정신적인 미성숙이나 손상과 발달지체는 학습에 부정적인 영향을 미친다. 더욱이 아동의 고유한 발달 정도에 대한 이해가 선행되지 않으면 의미 있는 타자(부모, 교사 등)와의 관계가 악화될 수 있다. 둘째, 신체적인 장애나 기질적인 요인들도 학습과 관련이 있다. 태어나서 심한 영양실조나 시·청각장애를 가지게 되면 학습에 명백한 저해 요인이 될 수 있다. 셋째, 학습에 부적응을 초래하는 정서적인 요인들을 들 수 있다. 심한 불안은 집중력을 감퇴시키고, 학습과제에 대한 실패로 인한 심리적인 좌절은 학문적인 자아개념을 낮추며, 이러한 정서적인 문제가 상호 상승작용을 일으켜 심각한 학습곤란을 나타낼 수 있다. 게다가 표면적으로 매우 저조한 지적 능력, 정서적 부적응, 열악한 환경 등과 같은 두드러진 학습저해 요인이 없는 경우에도 학습에 심한 어려움을 보이는 학생들을 위하여 무엇을 어떻게 하여야 할지 난감할 때가 종종 있다. 이러한 학습곤란 아동들에게는 일반 학생들에게 실시하는 교육방법을 사용하는 것은 적절하지 않고 좀 더 적응적으로 설계된 교육방법과 치료가 필요하다.

이와 같이 특수한 교육적 요구가 있는 일군의 학생들에 대하여 특별한 장애의 한 유형으로 진단하고 인식한 것은 최근의 경향이다. 바로 '학습장애'라는 분류 하에 해당되는 학생들을 위하여 체계적인 조력체제가 다양하게 조직되고 활용되어야 할 것이다. 우리나라에서는 1994년 개정 특수교육진흥법에서 학습장애를 포함하였고, 현재 각급 학교의 특수학급이나 종합병원의 전문클리닉 그리고 상담기관을 중심으로 학습장애에 대한 교육을 실시하고 있으며, 교육계와 학계에서는 학습장애의 조작적 정의와 적격성 준거, 평가 및 중재와 관련된 다양한 연구들이 활발히 시행되고 있다.

최근 정신장애 진단 및 통계편람(DSM-5; American Psychiatric Association, 2014)에서는 학습장애의 명칭을 '특정학습장애(Specific Learning Disabilities)'로 변경하였으며, 정상수준의 지능(70+-5이상)을 가지고 있으나, 학습하고 학업기술을 사용하는데 어려움을 보이는 상태로, 어려움을 보이는 특정학습영역을 위한 중재를 받았음에도 불구하고 읽기, 쓰기, 수학영역 중 적어도 한 가지 증상이 적어도 6개월 이상 지속적으로 보이는 아동으로 정의하였다.

우리나라의 경우 학습장애의 정의나 관련 용어를 사용함에 있어 다소 혼란을 보이고 있으나, 학습장애에 관한 연구는 점차 활발해지고 있다. 학습장애란 개인 내적 원인으로 인하여 일생 동안 발달적 학습(듣기, 말하기, 주의집중, 지각, 기억, 문제해결 등)이나 학업적 학습(읽기, 쓰기, 수학 등) 영역들 중 하나 이상에서 심각한 어려움을 겪는 것을 말한다. 이 장애는 다른 장애조건(감각장애, 정신지체, 정서장애 등)이나 환경실조(문화적 요인, 경제적 요인, 교수적 요인 등)와 함께 나타날 수 있으나 이러한 조건이 직접적인 원인이 되어 나타난 것은 아니다(한국특수교육학회, 2008).

그림 2.1 한국특수교육학회 학습장애 정의

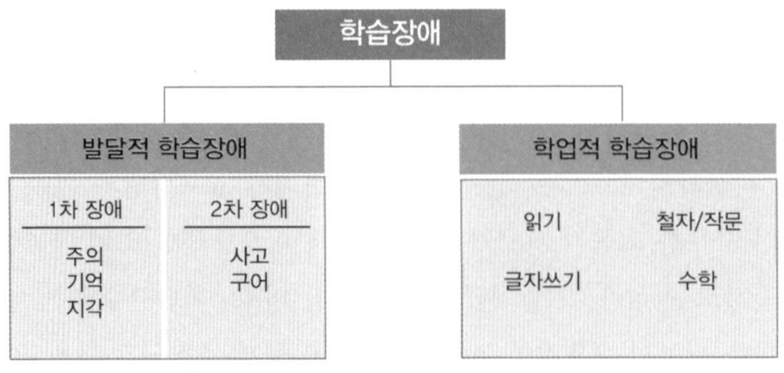

나) 학습장애 진단

학습장애 선별 및 진단 방법 중 일선학교에서 특별히 전문가를 필요로 하지 않으면서도 학습장애를 비교적 신뢰롭고 타당하게 선별하고 진단할 수 있는 대표적인 방법은 세 가지다. 첫째는 불일치 기준을 적용하는 것이고, 둘째는 최근에 불일치 기준 접근법의 대안으로 제시되고 있는 '중재반응(Response to Intervention: RTI)'으로 학습장애를 판별하는 방법, 셋째는 소위 '개인 내적 처리과정 결함 접근'(이대식, 2007)으로, 아직 연구와 실제적인 타당성이 다른 두 접근보다 상대적으로 많이 미흡한 편이지만 이론이나 학습장애 분야의 연구 역사 맥락에서 매우 유망한 접근이다.

(1) 능력–성취 불일치 접근법

학습장애를 보통 수준의 지능을 지녔음에도 불구하고 학습을 담당하는 뇌 신경계통상의 문제 이외에는 뚜렷한 원인을 찾을 수 없는 심각한 학습부진 현상을 의미하는 것으로 정의하다 보면, 학습장애인가 아닌가는 거의 논리적인 필연으로 지적인 잠재능력에서 기대되는 학업성취 수준과 실제 성취 수준 간의 차이 정도로 판단하게 된다. 즉, '지적 능력이 이 정도이면 이 정도는 성취해야 하는데, 실제 성취 수준이 거기에서 얼마나 모자란가'로 판단하게 될 것이다. 이러한 기준을 '능력–성취 불일치 기준'이라고 부르는데, 실제로 이는 최근까지 학습장애 선별과 진단의 가장 대표적인 기준으로 사용되어 왔다. 구체적으로는 잠재능력과 학업성취 수준을 어떻게 표시하느냐에 따라 몇 가지 방식으로 나누어 볼 수 있다. 첫 번째 방식은 또래들로부터의 지체 정도를 학년 수준으로 표현하는 방식이다. 주목할 점은 학년 수준에 따라 기준을 달리 적용한다는 점이다. 예컨대, 초등학교 중급 학년의 경우에는 1.5학년 이상의 차이, 중등의 경우에는 2학년 이상의 차이 그리고 고등의 경우에는 2.5학년 이상의 차이를 기준으로 한다(Richek, Caldwell, Jennings, & Lerner, 1996). 학년에 따라 기준을 달리 정하는 이유는 저학년일수록 누적된 학습량이 적기 때문이다.

두 번째 방법은 표준점수에 근거해서 잠재능력과 현 성취 수준과의 불일치를 비교하는 방식이다. 이는 잠재능력 점수와 성취 수준 점수를 모두 평면 비교가 가능하도록 표준점수로 고친 다음, 그 점수 간의 차이를 비교하는 방식이다. 보통 표준점수 간 차이가 1 내지 2표준오차 이상이면 학습장애로 간주한다. 이 방법의 단점은 비록 다양한 점수 간 비교를 가능하게 해 주는 장점이 있지만 평균으로의 회귀 현상 자체를 통제하지는 못한다는 점이다.

세 번째는 회귀분석에 근거한 잠재능력과 현 성취 수준과의 불일치를 비교하는 방식이다. 이는 특정한 지능지수 점수에 대해 회귀방정식을 사용하여 기대되는 성취 수준을 계산한 다음, 실제 성취 수준과의 차이를 비교하는 방식이다. 다른 방법과의 차이점은 기대 수준을 결정할 때 학생의 현 지능지수를 근거로 통계적으로 좀 더 정확한 기대 수준 범위를 결정하여, 현재의 성취 수준이 그 범위에 포함되는가 여부를 알려 준다는 점에서 정확성과 통계적 적절성을 특징으로 하고 있다. 이를 통해 특히 정상분포 곡선상의 양 끝에 위치하는 사람들의 성취 수준이 중앙으로 회귀하는 현상을 통제할 수 있다. 세 가지 방식 중에서는 표준점수 비교 모델에 비해 회귀 불일치 모델이 학습장애 판별의 일치 비율에 있어 보다 높은 것으로 나타났다(홍성두, 김동일, 2006).

(2) 중재-반응 접근법

이는 효과적인 수업에 얼마나 반응하는가 하는 정도로 학습장애 여부를 판단하는 접근이다(Fuchs, Fuchs, & Speece, 2002; Vaughn & Fuchs, 2003). 이 접근은 1995년 Fuchs 등이 조작적으로 정의하여 주창한 이래 2000년도 초기부터 미국에서는 많은 지지를 받고 있다(Vaughn & Fuchs, 2003). 절차는 일단 특별한 문제가 없는 평상시의 통합교육에 각 학생들이 어떻게 반응하는지를 교육과정중심측정(Curriculum-Based Measurement)을 통해 점검해 나간다. 교육과정중심측정이란, 교사가 실제로 가르친 내용을 대상으로 간편하게, 그렇지만 타당도와 신뢰도를 어느 정도 갖추어 측정한 일종의 형성평가 형태를 말한다. 반응도는 반응속도와 학업성취 수준 등 두 가지 측면을 고려한다. 일단 첫 단계에서 또래에 비해 심각하게 반응도가 낮은 학생에게는 2단계에서 효과적인 수업을 일정 기간(보통 10~15주 정도) 체계적이고 집중적으로 투입하면서 그 반응도를 역시 교육과정중심측정 방법을 사용하여 추적해 나간다. 효과적인 수업이란, 경험적으로 그 효과가 어느 정도 증명되고, 통합학급 교사가 매일매일 감당할 수 있는, 그러면서도 대상 학생을 위해 집중적이고 체계적인 교수노력이 가미된 교육을 의미한다. 핵심은 포착된 학습부진이 통합학급에서의 효과적인 교수에 의해 해결될 만큼의 경미한 것인가 아니면 그 이상인가를 확인하는 것이다. 이 과정에서도 동등한 지적 능력을 소유한 또래들에 비해 효과적인 중재에 반응하는 정도가 심각하게 낮을 경우 이를 학습장애로 규정한다.

(3) 인지처리과정 결함 접근

역사적으로 학습장애는 기본적인 심리처리 과정 혹은 인지처리과정에 결함이 있어서 이것이 전반적인 인지능력에는 영향을 미치지 않지만 특정 교과 영역의 학습에는 심각하게 영향을 미쳐 또래에 비해 심각하게 낮은 학업성취를 보이는 현상으로 이해되어 왔다. 여기에서 처리과정이란 정보처리이론 관점에 따른 개념으로, 시간의 흐름 속에서 자극으로 들어온 정보를 변형시키고 조작하여 특정 형태로 반응하는 일련의 정신적 행위나 조작을 말한다. 심리적 혹은 인지적 처리과정을 학습장애 현상의 핵심 원인으로 이해할 경우 학습장애 진단 및 선별은 그러한 과정의 특징을 분석하여 개인 내 혹은 개인 간 특징과 비교 분석하는 접근인 개인 내적 인지처리과정 결함(intrinsic processing deficits) 모델(Bradley et al., 2002)로 나타날 것이다.

인지처리과정 결함 접근은 인지적 처리과정 변인이나 해당 교과 기본 학습 기능에서의 수행 정도를 바탕으로, 개인 내 혹은 개인 간 여타 기능의 수행 정도와 어떤 차이가 있는지, 그리고 그러한 차이가 해당 교과 학업성취의 차이를 얼마나 설명하는지 등을 확인하는 방법이다(Fletcher et al., 2003; Torgesen, 2002).

다) 학습장애 선별

학습장애 선별 작업에서 간과하기 쉬운 사항 중 하나는 학습장애를 정확히 판별하는 목적은 무엇보다도 학습장애 현상을 정확하게 이해하여 궁극적으로는 학습장애 아동에게 적절한 교육 프로그램을 제공하기 위함이라는 점이다. 학습부진을 보이는 아동들에게 효과적인 교육 프로그램을 제공하는 활동과, 학습장애 현상을 정확히 규명하고 학습장애아동을 정확히 판별하는 것은 동시에 강조되어야 할 사항이지, 어느 하나를 지나치게 강조하는 것은 바람직하지 않다. 즉, 일단 학습문제를 해결할 중재를 하면서 진단을 하는 '선(先) 중재 후(後) 진단'의 접근이 필요하다. 이러한 점을 고려하여 학습장애 선별 및 진단 절차를 제시해 보면 아래와 같다.

먼저, 제1단계에서는 특정 교과에서의 대상 아동의 또래집단에 대한 상대적 위치를 파악해야 한다. 이를 위해서는 대단위 표준화 검사나 다양한 영역의 전문가들에 의한 심층 진단평가보다는 각 교과 영역별로 간편하면서도 측정학적 요건을 갖춘 검사가 적절하다. 가장 유용한 도구 중의 하나는 교육과정중심측정(Curriculum-Based Measurement: CBM) 절차를 적용한 기초학습기능수행평가체제(Basic Academic Skill Assessment: BASA)다(김동일, 2006). 예컨대, 1분 동안 아동들의 읽기 기능을 간편하게 측정함으로써 시간이나 비용 절감은 물론, 아동이 전체 집단에서 차지하는 상대적인 위치, 학습의 진전도와 읽기 관련 곤란 부분을 밝히고, 학습효과를 확인하고 이에 맞게 진도나 교수계획을 수립하는 데에도 도움을 받을 수 있다(김동일, 2000). 일단 제1단계에서 또래에 비해 심각하게 낮은 학업수행 정도를 보이면 제2단계로 보내는데, 심각한 차이의 정도는 평균으로부터 떨어진 정도나 백분위 점수를 활용한다. 제1단계에서 선정된 아동들은 원인은 모르지만 심각하게 학습에 문제를 보이는 아동들이다.

제2단계에서는 각 교과 영역별로 한 가지 이상의 표준화 검사를 사용한다. 검사를 실시할 영역은 크게 언어영역과 수리영역이다. 언어영역 중에서는 말하기, 듣기, 읽기, 쓰기의 4가지 언어영역 중 읽기와 쓰기영역만을 대상으로 한다. 말하기와 듣기 영역을 포함시키지 않는 이유는, 이들 두 영역을 포함시켰을 경우 언어장애와 중복되기 때문이다. 언어영역과 수리영역에서 또래보다 심각하게 낮은 성취 수준, 예컨대 백분위 25퍼센타일 이하 혹은 −1 내지 −2표준편차 이상의 차이를 보이는 아동들을 1차로 선별한다. 이 기준은 현실적으로 해당 학교나 지역의 사회·문화적 여건에 따라 이 기준보다 낮을 수도 있고 약간 높을 수도 있을 것이다. 한 가지 고려해야 할 점은 아동들의 학년 수준에 따라 기준을 유연하게 적용해야 한다는 점이다. 즉, 저학년 아동들에게는 고학년 아동들보다 완화된 기준을 적용해야 한다. 그 이유는 고학년 학생들의 경우 누적된 학습량이 있어 또래와의 '현저한' 차이를 보이려면 상대적으로 많은 학년 수준의 차이가 나야 하지만, 저학년의 경우에는 약간의 차이도 많은 학습능력상의 차이를 반영한 것이라고 볼 수 있기 때문이다. 이는 유아기 때의 1년 발달 차이와 청소년기의 1년 발달 차이 간의 비교를 생각해 보면 이해될 것이다. 제3단계에서 비슷한 지적 잠재능력을 가진 또래에 비해 심각하게 학업성취 수준이 낮은 아동들은 일단 잠재적인 학습장애아동으로 분류할 수는 있지만 구체적으로 어떤 학습 기능의 문제가 있는지 불분명하다.

제3단계에서는 심각하게 학습부진을 보인 아동 중에서 앞에서 기술했던 학습장애 제외준거에 해당하는 아동들을 제외시킨다. 학습장애 개념에서 제외되어야 할 유형은 ① 불충분한 혹은 부적절한 교육으로 인한 학습부진, ② 감각적 결손으로 인한 학습부진, ③ 학습에 부정적인 영향을 미칠 사회 · 정서적 어려움 그리고 ④ 미세한 뇌 기능상의 결함 이외 학습과 관련된 심각한 수준의 신경문제 등이다. 제외준거에 해당할 때 무조건 학습장애에서 제외시키지 않고 제외준거에 의한 통상적인 영향과 비교를 하는 이유는, 실제 많은 학습장애 아동들이 학습장애 아동이면서 제외준거에 해당하는 경우가 많기 때문이다. 학습장애 제외준거에 해당하지 않는 아동들은 제4단계 선별과정을 거친다. 제3단계까지의 진단평가로는 중재를 위한 교수-활동 계획에 별 도움을 받을 수 없다. 따라서 임상에 중점을 둔 제4단계 진단평가가 필요하다.

제4단계 진단평가의 목적은 학습부진 교과 영역별 장애를 보이는 학습 기능을 규명하고 나아가 중재 계획 수립에 필요한 자료를 확보하는 것이다. 이를 위해서는 먼저 학습부진을 보인 각 교과영역별로 기초학습 기능을 측정할 수 있는 타당하고 신뢰로운 검사가 확보되어 있어야 하지만, 현실적인 검사도구 확보 여부는 논외로 하기로 한다. 먼저, 읽기 분야에서는 낱글자, 단어(두 글자 단어, 세 글자 단어 등, 글자 수별 단어 범위 포함), 문장, 문단 등을 포함하여 문자 해부호화와 독해 능력 모두를 측정한다. 또한 반드시 음운론적 인식능력을 검사한다. 특히, 낱글자나 단어 읽기에서는 반드시 무의미 단어를 포함하도록 한다. 무의미 단어를 통해 읽기능력의 결정적 요소인 음운론적 인식능력을 가장 잘 측정할 수 있다(Siegel, 1999).

쓰기 분야에서는 낱글자나 단어의 받아쓰기 능력과 베껴쓰기 능력을 모두 측정한다. 이때에도 역시 유의미한 단어와 무의미 단어를 모두 제시하도록 한다. 작문능력을 측정하는데, 현재로서는 객관적이고 신뢰로운 작문능력 평가 방법이 연구되고 있는 단계다(Jentzsch & Tindal, 1991). 하지만 글자체, 작문한 단어의 수, 아이디어의 조직이나 구성, 맞춤법, 문법, 기타 구두점 등에 관한 항목별로 양적 · 질적 측정을 할 수 있을 것이다. 김동일(2002)은 쓰기능력 측정과 관련하여 구체적이면서도 유용한 방법들을 제시하였다.

수학 분야에서는 단순 연산능력과 수학 문제해결능력 그리고 공간지각능력 등을 모두 측정한다. 특히, 단순 연산능력을 측정할 때에는 정확성과 신속성을 모두 그 측정 대상으로 한다.

각 교과 영역별 하위 검사 이외에 제4단계에서 검사할 부분은 전통적으로 학습장애 아동들이 보였던 특성으로 주의집중 정도, 지각－협응 능력 정도, 학습자아개념, 기본적인 정보처리능력 등이다. 이들 영역들은 학습장애 현상과 직접적인 관련이 있다기보다는 후에 교육 프로그램을 중재할 때 참고로 활용할 수 있을 것이다.

제4단계 검사 결과에 따라 또래 아동과 비교해서 수행 수준이 유의미하게 낮은 아동들을 '○○교과 학습장애아동' 혹은 '○○ 학습기능장애아동'으로 분류할 수 있을 것이다. 단, 여기에서도 유의미한 수준은 해당 지역이나 학교의 상황과 현실에 따라 적절하게 정해질 수 있다.

이제까지 제시한 단계별 선별 및 판정 절차에서는 몇 가지 고려해야 될 점이 있다. 우선, 각 단계별 선별 및 판정 절차나 결과에 상관없이 새로운 중재 방안이 확정되기 전까지는 가장 효과적이라고 생각되는 중재는 지속적으로 투입되어야 한다. 또한 검사도구는 각 단계별로 유연하게 목적에 따라 중복 사용할 수도 있다. 무엇보다도 중요한 것은 각 교과 영역별 핵심 기초학습 기능 요소를 추출해 내는 일이 선행되어야 할 것이다. 그 핵심 기초학습 기능 요소들은 음소인식능력이나 1분당 정확하게 읽은 단어의 수 등 해당 교과 영역의 능력과는 상관이 높으면서 다른 학습 영역과의 상관은 낮은 것이어야 함은 물론이다. 덧붙여, 적어도 3단계부터는 다양한 학문적 배경을 가진 다수의 전문가들과 학부모, 교사 등으로 구성된 팀이 선별활동을 주관하도록 해야 할 것이다.

문제는 학령기 이전의 아동들을 대상으로 해서는 위와 같은 방법과 절차를 적용할 수 없다는 점이다. 그 이유는 일단 이들이 본격적으로 학습을 하지 않은 상태이기 때문에 현재의 학업성취 수준을 산출하기 어렵기 때문이다. 하지만 학습장애를 조기에 판별해야 하는 일의 중요성은 간과될 수 없다. 취학 전 아동들을 대상으로 해서 장차 여러 분야를 학습하는 데 필요한 각 부분의 발달 정도를 또래와 비교하여 전반적인 발달 상황을 점검하는 방법을 사용한다. 예컨대, 운동, 언어, 읽기나 기타 학교 교과목 관련한 학습기술 측면에서 발달의 지체를 알아볼 수 있다. 이와 관련된 영역으로는 물건 정확히 다루기, 물건 기술하기, 대화하기, 모양이나 색깔 명명하기, 소리와 글자 관련짓기, 소리 재생하기, 숫자 세기, 적절한 시간 동안 특정 과제에 주의 기울이기, 어른들의 지시 이행하기, 적절한 사회적 반응하기 등을 들 수 있다.

3 기초학습기능 부진의 평가와 개입

기초학습기능 수행평가체제(Basic Academic Skills Assessment: BASA)는 교육과정중심측정(Curriculum-Based Measurement: CBM) 절차에 근거하여 개발된 검사이다(김동일, 2000). 이 검사는 실시가 간편하여 형성평가로 활용할 수 있으며, 학습의 효과를 확인하고 이에 맞게 진도나 교수계획, 개입계획을 수립하여 아동의 변화를 점검하는 데 사용할 수 있다. 여기에서는 교육과정중심측정 절차에 따른 읽기, 수학, 쓰기 영역의 기초학습기능 부진의 평가와 개입방법을 살펴보고자 한다.

1) 기초학습기능 읽기 평가와 개입

가) 기초학습기능 읽기 평가

기초학습기능 부진을 평가할 때, 각 교과영역별로 기초학습기능을 측정하여 기초학습기능 부진을 판단할 수 있다. 읽기 분야에서는 낱글자, 단어(두 글자 단어, 세 글자 단어 등, 글자 수별 단어 범위 포함), 문장, 문단 등을 포함하여 문자 해부호화와 독해 능력 모두를 측정한다.

기초학습기능 수행평가체제(Basic Academic Skills Assessment: BASA)는 교육과정중심측정(Curriculum-Based Measurement: CBM) 절차에 근거하여 개발된 검사이다(김동일, 2000). 이 검사는 실시가 간편하여 형성평가로 활용할 수 있으며, 학습의 효과를 확인하고 이에 맞게 진도나 교수계획, 개입계획을 수립하여 아동의 변화를 모니터링하는 데 사용할 수 있다.

(1) BASA: 초기문해

이 검사는 읽기 장애위험에 처한 아동들을 정확하게 예측·조기 선별하기 위해, 대상 아동의 발달 과정상의 잠재적인 변화와 성장을 고려하여 반복측정하도록 개발되었다. 본 검사는 크게 기초평가와 형성평가로 구분된다. 기초평가는 음운처리과정검사와 초기 읽기 검사로 이루어져 있다. 음운처리과정검사에는 음운인식검사, 음운적 작업기억능력검사, 음운적 정보회상능력검사가 포함되며 초기 읽기 능력 검사는 단어인지검사, 읽기유창성검사를 포함한다. 형성평가는 음운인식을 측정하며 음절과 음소를 각각 변별, 합성, 탈락, 대치의 4가지 과제유형으로 나누어 측정한다.

표 2.2 음운인식검사 문항

영역	음운처리과정검사
하위영역	음운인식검사
영역설명	음운인식능력 검사는 변별, 합성, 탈락, 대치의 네 가지 요인으로 구성되어 있으며 각각의 요인을 음절 수준, 음소 수준으로 분류하여 총 여덟 가지 과제로 구성되어 있다. 총 46문항이며, 검사자는 각각의 검사를 아동에게 충분히 이해시킨 후, 검사를 실시한다.

문항예시

① 탈락검사

탈락검사 문항제시 예
'김밥'에서 '김'을 빼면 어떤 소리가 남을까요?

첫 음절 탈락		반응	점수
연습문제	김밥	밥	
본문제	시소	소	0 1
	도깨비	깨비	0 1

② 합성검사

합성검사 문항제시 예
'꿀' 소리에 '벌'을 합하면 무슨 소리가 될까요?

첫 음절 탈락		반응	점수
연습문제	꿀, 벌	꿀벌	
본문제	책, 미	책미	0 1
	당, 문	당문	0 1

③ 대치검사

대치검사 문항제시 예
'오리'에서 '오'를 '머'로 바꾸면 무슨 소리가 될까요?

첫 음절 탈락		반응	점수
연습문제	오리: 오/머	머리	
본문제	도끼: 도/토	토끼	0 1
	저울: 저/거	거울	0 1

출처: 김동일(2011). BASA: 초기문해.

표 2.3 음운적 작업기억능력검사 예시

영역	음운처리과정검사
하위영역	음운적 작업기억능력검사
영역설명	음운적 작업기억 검사는 숫자 회상검사와 무의미 단어 회상검사로 구성되어 있다. 숫자 회상검사는 검사자가 불러준 숫자들을 아동이 같은 순서로 따라하는 문항과 거꾸로 따라하는 문항으로 구성되어 있다. 무의미 단어 회상검사는 초성, 중성, 종성이 들어있는 무의미 단어를 회상하는 문항으로 이루어져 있다.

문항예시

① 바로 따라 외우기

	문항	점수
숫자 회상	1) 2－5	0　1
	2) 6－3	0　1
	3) 7－9－6－8	0　1
	4) 4－1－3－5	0　1
총점		

② 거꾸로 따라 외우기

	문항	점수
숫자 회상	1) 2－5	0　1
	2) 6－3	0　1
	3) 7－9－6－8	0　1
	4) 4－1－3－5	0　1
총점		

③ 무의미 단어 회상 검사

	문항	점수
무의미 단어 회상	1) 봅 을 림	0　1
	2) 편 측 킬	0　1
	3) 랑 멈 딥 묵	0　1
	4) 통 필 학 찬	0　1
	⋮	
총점		

출처: 김동일(2011). BASA: 초기문해.

표 2.4 초기읽기 검사 예시

영역	초기읽기 검사
하위영역	단어인지검사
영역설명	단어인지검사는 문자해독 능력을 측정하기 위한 것으로 제시된 단어를 얼마나 정확하게 읽는가? 즉, 정확성을 측정하기 위한 것이다. 이 검사는 아동의 연령을 고려하여 고빈도 단어, 저빈도 단어, 비단어가 각 규칙성(규칙, 불규칙)에 따라 10개씩 총 30개의 단어로 구성되어 있다.
문항예시	본 문제 제시 예시: 아동이 가능하면 정확하고 빠르게 읽을 수 있도록 안내한다. 청소 약국 실태 협상 돈남 녹수 가족 택시 표상 결점 글래 덥저 방학 늑대 공감 복지 순춘 조두피 피아노 책상 정착 낙심 갑추 급생 운동화 식구 내색 실적 준탑 갈침망

출처: 김동일(2011). BASA: 초기문해.

문자 해부호화는 쓰여진 문자나 단어를 보고 읽을 수 있는 능력으로 이를 위해 읽기 검사 기초평가에서는 학생들이 주어진 시간 내에 얼마나 많은 글자를 정확하게 읽는가를 측정하는 내용으로 구성되어 있다. 학생들은 제시된 이야기를 지시에 따라 1분 동안 되도록 또박또박 읽고 이를 검사자가 채점한다. 아래는 문자 해부호화 능력을 측정한 채점용 예시이다.

표 2.5 문자 해부호화 측정을 위한 BASA 읽기검사 예시

토끼야 토끼야(채점용)	
학교 뒷마당에는 사육장이 있습니다.	15
슬기는 사육장에 자주 놀러갑니다. 여러 동물들이 보고 싶어서 입니	42
다. 사육장에는 토끼, 다람쥐, 너구리를 비롯하여 오리, 거위, 칠면조,	68
잉꼬, 꿩, 공작새 등 여러 동물들이 많습니다. 이름표가 다 붙어 있어 알	94
기도 쉽습니다.	100
슬기가 사육장에 가면,	109
“슬기 왔니?”	113

출처: 김동일(2008). BASA: 읽기검사.

독해력을 측정하기 위한 읽기검사는 '빈칸채우기'로 문맥에 맞는 적절한 단어를 선택하는 문항으로 구성되어 있으며 학생들에게 마음속으로 읽다가 제시되어 있는 단어 중 적절한 한 단어를 고르도록 한다. 검사자는 주어진 시간 동안 학생이 바르게 선택한 문항의 수를 계산한다. 다음은 독해력 측정을 위한 읽기 검사의 예시이다.

표 2.6 독해력 측정을 위한 BASA 읽기 검사 예시

또한 반드시 음운론적 인식능력을 검사한다. 특히, 낱글자나 단어 읽기에서는 반드시 무의미 단어를 포함하도록 한다. 무의미 단어를 통해 읽기능력의 결정적 요소인 음운론적 인식능력을 가장 잘 측정할 수 있다(Siegel, 1999).

표 2.7 무의미 단어 회상 검사 예

	문항	점수
무의미 단어 회상	① 봅 을 림	0 1
	② 편 측 킬	0 1
	③ 랑 멈 딥 묵	0 1
	④ 통 필 학 찬	0 1
	⑤ 만 씀 친 녹 골	0 1
	⑥ 꼴 색 봉 뜻 칩	0 1
	⑦ 쁜 솔 정 남 턴 숙	0 1
	⑧ 큰 찰 농 쪽 갈 범	0 1
총 점		

출처: 김동일(2011). BASA: EL 초기문해 기초평가.

나) 기초학습기능 읽기 개입

읽기 문제 해결을 위해서는 문자해독뿐만 아니라 어휘력, 읽기 이해력 그리고 학습동기 등을 종합적으로 고려해야 한다. 또한 읽기 문제가 다른 교과학습에도 부정적인 영향을 미칠 수 있음을 고려할 때, 가능한 한 조기에 읽기 문제에 대한 중재 프로그램을 체계적으로 제공하는 것이 필요하다. 이를 위해서는 효과적이고 효율적인 읽기 지도 프로그램들이 무엇이며, 이를 기초학습기능 부진 학생들에게 어떻게 적용할 수 있는지에 대하여 살펴보고자 한다.

(1) 단어인식능력 향상 교수

단어인식(word recognition)능력을 향상시키기 위한 프로그램들은 크게 의미중심(meaning-based) 프로그램과 해독중심(decoding-based) 프로그램으로 대별해 볼 수 있다. 전자는 통언어적 접근(whole-language approach)과 언어경험 접근(language experience approach)으로 나누어 볼 수 있으며, 후자는 음운분석적 접근(phonics approach)과 언어학적 접근(linguistic approach)으로 나누어 볼 수 있다.

단어인식능력 향상을 위해 적용되고 있는 의미중심 프로그램의 특징은 문자해독과 관련된 개별 기능들을 가르치기보다 의미 형성을 위한 전체적인 학습활동으로서 읽기 활동을 전개한다는 데 그 특징이 있다. 의미중심 프로그램의 한 유형으로서 먼저 통언어적 접근을 들 수 있다. 통언어적 접근에서는 문자해독을 위한 구체적인 기능(예: 음운분석)을 직접 가르치기보다, 이들 기능들이 의미획득 또는 내용이해를 위한 읽기 활동 과정에서 자연적으로 습득된다고 본다. 따라서 일상적인 언어경험이나 기능과 구별되는 인위적인 음운분석이나 결합 기능에 대한 교육은 불필요하다는 것이 통언어적 접근의 기본 가정이다. 읽기 능력 향상을 위한 교육자료는 읽기 기능 중심이 아닌 주제 중심으로 구성되며, 읽기 활동은 말하기, 듣기, 쓰기와 같은 다른 언어관련 활동과 연계되어 이루어지게 된다(Mercer, 1992).

아동의 문자해독 기능을 향상시키기 위해 통언어적 접근에서 사용하는 방법은 일견단어(sight word) 교수 방법이라고 할 수 있다(Bender, 1992). 즉, 반복적인 노출을 통해 주어진 단어의 시각적 형태를 기억하도록 하고, 단어의 시각적 형태와 음(sound)과 의미를 서로 연합시키도록 하는 것이다.

언어경험 접근은 말하기, 듣기, 쓰기 활동을 읽기 프로그램에 통합함으로써 아동이 자신의 언어활동, 환경과의 접촉, 일상적 생활경험에 더 민감해지도록 한다는 장점을 갖는다. 또한 자신의 경험을 중심으로 한 읽기 자료의 구성은 읽기 활동에 대한 학생들의 학습동기를 높여 주는 기능을 수행하며, 논리적인 이야기 전개나 여러 사상들(events)에 대한 통합적 사고 등을 통해 언어뿐만 아니라 사고력도 함께 개발할 수 있는 장점이 있다. 반면에, 단점으로는 계열성을 갖는 구체적 읽기 기능(예: 음운분석, 음운결합, 단어형성 등)에 대한 체계적인 교육을 제공하지 않는다는 것을 들 수 있다. 또한 읽기 활동이 아동의 경험과 어휘력에 의존하는 데 비해, 어휘력 개발을 위한 구체적 프로그램이 존재하지 않는다는 것도 언어경험 접근의 한계라고 할 수 있다(Mercer & Mercer, 1993).

언어경험 접근은 읽기를 유의미한 개인의 활동으로 생각한다는 측면에서 통언어적 접근과 유사하다고 할 수 있다. 하지만 문어를 구어로부터 유도된 이차체제(secondary system)로 본다는 것과 쓰기 활동을 할 때 구두 받아쓰기 활동을 하지 않는다는 것이 통언어적 접근과 구별되는 특징이다(Mercer, 1992).

(2) 해독중심 교수

해독중심 프로그램에서는 의미에 대한 이해보다는 주어진 낯선 단어의 기능적 인식이 중요한 활동으로 고려된다. 해독중심의 읽기 활동을 강조하는 접근으로는 음운분석적 접근(phonics approach)과 언어학적 접근(linguistic approach)을 들 수 있다.

먼저, 음운분석적 접근에서는 문자(letters) 및 문자와 음소(phoneme)의 대응관계에 대한 지식 그리고 단어를 구성하는 음소의 분석 및 결합 기능들이 문자해독 기술 향상을 위한 중요한 교수-학습 활동이 된다(Mercer, 1993; Mercer & Mercer, 1992). 이러한 문자해독 기능의 향상을 촉진하기 위해 음운분석적 접근에서는 다음 두 가지 접근법을 사용한다.

첫 번째 방법은 종합적 방법(synthetic method)으로, 이 교수법에서는 학생들이 각 문자에 대응하는 음소에 대한 지식을 먼저 획득하도록 하는 활동이 먼저 이루어진다. 이때 각 문자가 갖는 음가(音價)가 강조되어 가르쳐진다. 예를 들면, 'ㄱ'에 해당하는 음가인 '그-으'라는 음이, 'ㅌ'에 해당하는 음가인 '트-으'라는 음이 각 문자와 연합되어 가르쳐지게 된다. 각 문자에 대한 음가를 학습한 다음에는 학습한 음가들의 결합을 통해 주어진 단어에 대한 해독활동을 수행하도록 교육된다. 예를 들면, '가'는 '그-으'+'아-'라는 음운분석과 결합을 통해 단어로서 해독될 수 있도록 교수-학습 활동이 이루어지게 된다.

두 번째 방법은 분석적 방법(analytic method)으로서, 이 교수법에서는 단어를 구성하는 통합된 부분으로서 문자의 음가를 학습하도록 하는 것이 강조된다. 예를 들면, 'ㄱ'에 해당하는 음가가 '그'라는 것을 가르칠 때에 'ㄱ'이 포함된 단어인 '가방'이 예로서 활용된다. 'ㄱ'의 음가는 바로 '가방'에 포함된 '그-으'라는 음이라는 것이 강조되어 가르쳐지게 된다.

지금까지의 연구들은 기초학습기능 읽기에서 어려움을 보이는 학생들이 일반 학생들보다 음운분석적 기능에 있어 낮은 수행을 나타낸다고 말한다(Hallahan, Kauffman, & Lloyd, 1999). 낯선 단어 해독과 관련해 주어진 단서 단어들을 얼마나 효과적으로 활용하는지에 대한 비교 연구는 기초학습기능 읽기에서 어려움을 보이는 학생들은 일반

학생들보다 주어진 단서 단어에 대한 기억능력이나 활용능력이 상대적으로 떨어짐을 보여 준다. 예를 들어, '바람'과 '강둑'이라는 단어가 단서로서 먼저 제시되고, 이어서 '바둑'이라는 단어가 해독 과제로서 제시되었을 때 읽기에 어려움을 보이는 학생들은 단서 단어를 활용해 과제 단어를 적절하게 해독하는 데 어려움을 더 많이 나타내 보인다.

다음은 음운인식과 관련하여 증거기반 교수학습전략의 제안과 전략의 효과성 확인을 위한 수행평가체제인 BASA(Basic Academic Skills Assessement)에서 제안하는 해독 중심의 음운인식 프로그램을 확인해보면 다음과 같다.

<표 2-8>은 발음중심법을 병행한 음운인식 수업에서 두운 산출 및 변별하기와 음절 수 세기에 대한 예이다.

표 2.8 음운인식 읽기 지도 예시

1단계 활동 하위영역	설명
두운 산출 및 변별하기	교사: 제일 좋아하는 과일을 하나씩 말해보자. 아동: 수박이요. 교사: 수박을 제일 좋아하는구나. 그럼 '수'자로 시작하는 말에는 뭐가 있을까? 우리 같이 '수수수자로 시작하는 말' 노래를 불러보면서 한 가지씩 말해보자. 아동: 수건이요. (아동들은 노래를 부르면서 '수'자로 시작되는 단어를 한 가지씩 말한다.) 교사: 잘했구나. 그러면 선생님이 3개 단어를 말하면 그중에서 시작하는 말이 다른 것 하나만 찾을 수 있겠지? 아동: 네. 교사: 수박, 수건, 호떡. 아동: 호떡이요. 교사: 잘했어요. * 각운 산출 및 변별하기 활동도 이와 같이 진행한다.
음절 수 세기	교사: 자기 이름을 말해 보자. 아동: 김철수요. 교사: 그럼/김철수/에는 몇 개의 소리가 있는지 세어보자. (/김철수/를 말하면서 박수를 3번 친다.) 아동: 3개요. (다른 아동의 이름도 말하고 소리 수만큼 박수를 치고 몇 개의 소리가 있는지 말해 본다.)

출처: 김동일(2013). 바사(BASA)와 함께하는 증거기반 읽기 교수-학습 전략. pp. 26-27.

(3) 어휘력 향상 교수

어휘력 증진을 위한 교수법은 수업 초반부나 중간에 새롭게 읽기 자료에 나타난 단어에 대한 의미를 설명하기, 새로운 단어에 대한 단순한 정의 내리기, 새로운 단어의 동의어나 반의어 찾기 등의 수업행동을 포함한다. 어휘력 증진을 위한 교수 전략에 대한 연구들은 새로운 단어에 대한 의미나 정의를 전반적인 글의 맥락 속에서 설명하는 것이 단순히 새로운 단어의 사전적 의미나 정의를 제공하는 방법보다 훨씬 효과적이라고 밝히고 있다. 또한 이러한 어휘력 증진을 위한 교수 전략은 학생들이 배운 어휘를 직접 담고 있는 글뿐만 아니라, 그렇지 않은 글에 대한 이해에 있어서도 긍정적인 영향을 미치는 것으로 나타났다(Stahl & Fairbanks, 1986).

어휘력 증진을 위한 교수 전략은 크게 문맥을 이용한 교수 전략(contextual strat-egies)과 범주를 이용한 교수 전략(categorical strategies)으로 대별해 볼 수 있다(Lovitt, 1989). 먼저, 문맥을 이용한 교수 전략에는 문맥을 활용한 어휘 정의하기(contextual redefinition), 어휘 의미 발견하기(preview in context) 그리고 문장 만들기(possible sen-tence) 방법이 포함된다. 문맥을 활용한 어휘 정의하기 방법에서는 교사가 먼저 새로운 어휘를 학생들에게 소개하게 된다. 소개활동이 끝난 후 교사는 새로운 어휘가 포함된 문장을 학생에게 제시하고, 문장 속에 내포된 어휘의 의미를 학생들이 정의하도록 요구하는 활동이 전개된다. 어휘 의미 발견하기 방법은 학생들이 읽어야 할 부분 중 새로운 어휘가 나오는 일부분을 발췌하여 이를 이용한다. 학생들에게 발췌문을 제시하고, 주어진 자료의 전반적 내용을 고려했을 때 새로운 어휘의 의미가 무엇인지를 질문과 토론을 통해 발견하도록 한다. 마지막으로, 문장 만들기 방법은 학생들이 새롭게 접하게 될 단어와 이 단어와 관련되어 있으면서 학생들이 이미 알고 있는 단어들을 동시에 제공하고, 이들을 이용해 문장을 만들어 보도록 하는 것이다. 이러한 문장 만들기 활동을 통해 새로운 단어의 의미가 무엇인지를 파악할 수 있도록 구조화된 활동을 교사가 제공하게 된다.

범주를 이용한 교수 전략에는 단어 유창성(word fluency), 나열-범주화-명칭 부여하기(list-group-label), 특징 분석(feature analysis), 도식 활용(graphic organizer) 방법이 포함된다. 단어 유창성 방법은 주어진 시간 안에 범주에 속하는 가능한 한 많은 단어를 학생들에게 말하도록 요구함으로써 유창성을 향상시키려는 방법이다. 나열-범주화-명칭 부여하기 방법에서는 제시된 대상 단어와 관련이 있는 단어들을 학생들에게 모두 나열하도록 하고, 그 다음으로는 이를 범주화하도록 하며, 마지막으로 범주화된 집단에 대해 적절한 명칭을 부여하는 활동이 이루어진다. 특징 분석 방법은 범주들이 먼저 제시되고, 제시된 범주에 해당하는 단어들을 학생들이 나열하도록 요구한다. 그 다음에 각 범주의 특징이 무엇인지를 확인하도록 하고, 마지막으로 여러 범주들에 걸쳐 공통된 특징과 그렇지 않은 특징이 무엇인지를 확인하도록 학생들에게 요구한다. 이러한 활동을 통해 학생들은 범주에 속하는 단어들의 의미적 차이점과 유사점을 확인해 나가게 되는 것이다. 마지막으로, 도식 활용 방법은 핵심 어휘를 중앙에 위치시키고, 이와 관련된 단어들을 그래픽 형식으로 확인해 나가도록 함으로써 학생들에게 핵심 어휘의 의미를 파악하도록 요구한다.

(4) 읽기이해 향상 교수

독해력을 직접적으로 증진시키기 위한 교수 전략으로는 관련 지식 자극하기(background knowledge practice), 질문하기(questioning practice), 심상 만들기(imagery practice) 등을 들 수 있다. 이들 교수 전략들을 살펴보면 다음과 같다.

첫째, 관련 지식을 자극하기 위해 사용되는 교수 전략은 학생들이 읽기 자료의 주요 내용들을 논리적이고 의미 있게 서로 연결하고 글의 내용을 중심으로 적절한 추론을 내릴 수 있도록 학생들을 도와주는 역할을 수행한다(Lloyd, 1995–96; Pearson & Fielding, 1998). 이 교수 전략의 예로는 이전 읽기 내용과 현재 읽기 내용을 서로 연관시켜 주기, 이야기의 전반적인 맥락을 제시하여 주기, 학생들에게 글의 내용과 관련한 경험이나 지식을 서로 이야기하도록 하기 등을 들 수 있다. 한 관찰연구에 의하면, 초등학교 교사의 약 90% 정도가 학생들의 관련 지식을 자극하기 위해 관련된 교수 전략을 읽기 수업시간 중에 사용하는 것으로 나타났다(Lloyd, 1995, p. 96).

둘째, 질문하기 교수 전략 또한 학생들의 글에 대한 이해력을 증진시키기 위해 주로 사용되는 교수 방법으로, 학생들이 글의 주요 내용에 주의를 기울이도록 유도하고, 글의 전체 내용을 단계적으로 요약할 수 있도록 도와주고, 학생 스스로가 글을 읽는 동안 글의 내용에 대한 자신의 이해를 점검해 볼 수 있도록 도와주는 기능을 수행한다(Mastropieri & Scruggs, 1997; Pearson & Fielding, 1998). 질문하기 교수 전략은 교사가 직접적으로 학생들에게 단계적으로 준비된 질문을 제시하거나, 학생들에게 글의 제목, 그림, 도표 등을 이용해 스스로 질문을 만들고 그에 대한 답을 찾도록 함으로써 활용될 수 있다. 교사는 글 전체 내용을 가장 잘 대표하는 핵심어를 찾도록 하는 질문, 글의 주요 내용에 대한 문단별 요약을 요구하는 질문, 읽은 내용을 중심으로 다음 단계에서 어떤 일이 일어날지 예견하고 그 결과를 확인해 보도록 하는 질문 등을 만들어 읽기 수업에 활용할 수 있을 것이다.

셋째, 심상 만들기 교수 전략은 학생들이 주요 내용을 효과적으로 연결하고 요약할 수 있도록 도와주기 위해 주로 활용된다(Mastropieri & Scruggs, 1997; Pearson & Fielding, 1998). 읽기 능력 발달을 설명하는 심상모형(mental image model)에 의하면, 학생들은 글을 읽는 동안 글 속에 기술되어 있는 인물, 사건, 상황 등을 반영하는 영상을 마음속에 형성하는 동시에 사실적 정보에 대해서는 그 내용을 명제(proposition)로서 부호화한다고 한다(McNamara, Miller, & Bransford, 1996). 예를 들면, '농구선수들은 하루에 슈팅 연습을 최소한 100회 이상 한다.'라는 문장을 읽는 경우, 학생들은 '농구선수들이 슈팅하는 모습'을 영상정보로서 기억하는 동시에 '100회 이상'이라는 사실정보는 명제로서 기억한다는 것이다. 읽는 자료가 공간적 정보(spacial information)를 많이 담고 있을수록 학생들은 제시된 정보에 대한 심상을 형성하려는 경향을 보이는 반면에, 글 속에 기술된 세부적인 사항을 모두 기억해야 하는 경우에는 공간적 정보라 할지라도 학생들은 제시된 정보를 명제로서 기억하려는 경향을 나타낸다고 한다.

한 관찰연구에 의하면, 초등학교 교사의 약 3분의 1 가량이 읽기 수업 시 심상 만들기 교수 전략을 사용하는 것으로 나타났다(Lloyd, 1995, p. 96). 심상 만들기 교수 전략의 예로는 학생들에게 글을 읽는 동안 마음속에 글의 내용에 대한 심상을 만들어 보도록 요구하기, 글을 읽고 난 후 글의 내용을 대표할 수 있는 그림을 그리도록 요구하기, 글을 읽는 동안 글 속에 들어 있는 삽화를 보면서 글의 내용과 관련지을 수 있도록 유도하기 등을 들 수 있다.

넷째, 효과적인 학습동기 교수 전략의 사용은 학생들로 하여금 읽기 활동에 적극적으로 참여하도록 유도함으로써 궁극적으로 학생들의 읽기 능력 향상에 도움을 주는 기능을 수행한다(Sweet & Gurthrie, 1996; Wharton-MacDonald et al., 1997). 학생들이 읽기 활동에 참여하는 동기는 크게 내재적 동기(internal motivation)와 외재적 동기(external motivation)로 나누어 볼 수 있다. 내재적 동기요인으로는 글의 내용에 대한 관심(involvement), 새로운 내용에 대한 학습 호기심(curiosity), 글 속에 숨어 있는 복잡한 암시나 해결책을 찾아내기(challenge), 친구들과의 대화에서 책의 내용에 대해 이야기하기(social interaction) 등을 들 수 있고, 외재적 동기요인으로는 교사의 요구에 순응하기, 교사로부터 인정받기, 친구들과 경쟁하기 등을 들 수 있다.

2) 기초학습기능 수학 평가와 개입

가) 기초학습기능 수학 평가

수학 평가는 평가의 목적과 평가 대상자의 연령에 따라 평가 영역이 달라진다. 첫째, 대상 학생이 기초학습기능으로서 수학 부진의 위험을 갖고 있는지 확인하기 위해서는 우선 수학 기본학습기능의 소유 여부를 확인하는 것이 필요하다. 이러한 기본학습기능에는 단순 연산 유창성, 수 개념, 수 감각, 문장제 문제해결능력 등이 포함될 수 있다(김애화, 2006; 이대식, 2007; Gersten, Jordan, & Jonahan, 2005). 김애화, 유현실(2012)은 조기 수학 검사 영역으로 수 식별, 수 의미, 수량변별, 빈 칸에 알맞은 수 넣기, 간단한 덧셈과 뺄셈, 작업 기억, 단기기억, KISE 기초학력검사 중 수학 영역 총점을 제시했다. 둘째, 일반적인 의미의 수학 학업성취도를 평가하기 위해서는 현재의 교육과정에 명시된 내용 영역들이 평가대상이 된다. 현재 제7차 교육과정에 분류되어 있는 수학 교과의 영역을 보면 수와 연산, 도형, 측정, 확률과 통계, 규칙성과 함수, 문자와 식으로 분류되어 있다(교육부, 2011). 이러한 영역을 다 측정대상으로 할 것인지, 아니면 이 중에서 특정 영역만 선별하여 측정할 것인지 논란의 여지가 있을 수 있다.

기초학습기능 수학을 평가하는 도구로는 기초학습기능평가－초기수학(Basic Academic Skills Assessment: Early Numercy(BASA－EN))(김동일, 2014), 기초학습기능 수행평가체제(수학)(BASA: Math)(김동일, 2000) 등을 들 수 있다. BASA－EN 검사는 만 4세 이상의 아동을 대상으로 수학 학습 장애 혹은 학습장애위험군 아동을 조기판별하거나 초기 수학 준비기술을 평가할 목적으로 만들어진 개별검사이다. 검사 소요 시간은 약 30분이고, 하위 검사 영역은 수 인식, 빠진 수 찾기, 수량 변별, 추정이다. 각 하위 검사별 검사 내용과 문항 수는 <표 2－9>와 같다. 한편, BASA－Math는 초등학교 1학년부터 성인까지를 대상으로 수학 학습 수준의 발달과 성장을 측정하고, 학습부진이나 학습장애에 해당하는지 여부를 알기 위한 평가로, 개별검사이고 소요시간은 25분이다.

표 2.9 기초학습기능평가-초기수학(Basic Academic Skills Assessment: Early Numercy (BASA-EN)) 하위 검사 영역과 검사 내용 및 문항 수

검사 명	검사 내용	문항 수
수인식	1~100까지의 수를 빠르고 정확하게 읽는 능력 측정	80
빠진 수 찾기	1~20까지의 수 중 연속된 세 수에서 수들의 배열 규칙을 찾아 빠진 수를 인식하는 능력 측정	30
수량변별	아동이 두 수 중 어떤 수가 더 큰지를 변별하는 능력 측정	40
추정	아동이 수직선 위에서 수의 위치를 추정해보는 능력 측정	30
전체		180

일부 표준화된 검사의 하위 검사에서도 수학학습장애 여부를 진단할 수는 있다. 대표적인 검사로는 기초학습기능검사와 국립특수교육원이 개발한 기초학력검사(KISE-BAAT)를 들 수 있다. 기초학습기능검사는 한국교육개발원에서 박경숙, 윤점룡, 박효정 등이 연구하여 개발한 것으로, 유치원(만 5세)부터 초등학교 6학년(만 12세)까지의 장애 및 비장애 아동의 기초학습 기능의 학년 수준 및 연령 수준을 파악할 수 있도록 1987년에 고안된 검사다. 검사 점수는 아동의 현재 학습 수준이 또래에 비해 어느 정도인가를 확인하고, 어느 수준의 아동집단에 배치해야 하는가를 밝히며, 나아가서 선수학습능력이나 학습결손 상황을 파악하여 구체적으로 개별화 교육 프로그램 작성 시 필요한 정보를 제공할 목적으로 활용될 수 있다.

기초학습기능검사는 크게 정보처리(관찰, 조직, 관계짓기), 언어(문자와 낱말의 재인, 철자의 재인, 독해력) 그리고 수(기초 개념 이해, 계산능력, 문제해결력) 등 세 영역으로 나누어져 있다. 정보처리는 정보에 대한 학습자의 지각과정, 자극에 반응하는 시각-운동과정, 시각적 기억과 양, 길이, 무게 및 크기에 대한 관찰능력과 묶기, 분류하기, 공간적 특성과 시간에 따라 순서짓기 등의 조직능력, 학습자의 추론 및 적용능력, 유추, 부조화된 관계 알기 등의 능력을 측정한다. 그중에서 수 영역에서는 숫자의 변별, 수 읽기 등과 같은 셈하기의 기초 개념부터 간단한 사칙연산, 십진 기수법, 기하, 분수, 측정 그리고 응용문제 등을 측정하는 문항들로 구성되어 있다. 문항 형식은 사지선다형이다.

나) 기초학습기능 수학 개입

기초학습기능 수학 학습 지도는 연산문제 풀이에 대한 불안 낮추기, 연산에 대한 흥미 북돋기, 연산을 위한 선수지식 가르치기와 같은 일반적인 연산 교수와, 연산 속

도 증가 및 연산 정확성을 증진시키는 구체적인 연산 교수, 오류 교정 중재 등이 있다.

(1) 수학 개념 이해

수학 개념을 지도하기 위해서는 일반적으로 구체물(Concrete)－반구체물(Semi-concrete)－추상물(Abstract) 등의 순서에 따라 보조교재나 교구 또는 구체물(콩, 블록, 나무젓가락, 빨대, 사탕, 모형 과일 등)을 사용하는 것이 효과적이다(Rivera & Bryant, 1992). 수학적 추리 또한 이러한 'CSA' 순서에 따라 지도하는 것이 효과적이다. 하지만 학습장애아동들은 주의가 산만하고 구체물을 다루는 데 서투르기 때문에 지나치게 주의를 끄는 요소를 갖추었거나 크기와 촉감 때문에 다루기 힘든 것(바둑알, 콩알 등) 등은 가급적 사용하지 말아야 한다. 때로는 구체물보다는 반구체물을 사용하는 경우가 더 효과적인 경우도 있다.

일대일 대응과 같은 기본 개념 형성을 위해서는 친숙한 물체와 숫자 간 일대일 대응 연습을 시킨다. 범주 개념은 크기, 색, 모양 등에 따라 범주화하는 연습을 통해 기를 수 있다. 또한 순서 개념은 크기, 강도, 길이 등에 따라 사물을 순서짓는 연습을 통해 기를 수 있다.

(2) 문장제 문제

현재까지 연구를 통해 효과가 있다고 발표되어 온 문장제 응용문제 교육 방법은 문제 재해석 기법, 핵심어 전략, 인지 전략 사용법, 시각적 표상화 전략, 문제 자체의 조절 방법 그리고 컴퓨터 보조수업 등을 들 수 있다(김소희, 2005).

어느 방법을 사용하든지 간에 중요한 것은 교사가 먼저 시범을 명백히 보여야 한다는 것이다. 단순히 학생들에게 '문장제 응용문제를 수학적으로 재해석해야 한다.'라고 주문하는 것만 가지고서는 특히 학습부진아나 학습장애아동들에게는 불충분하다. 일단 시범을 보인 후에는 학생들과 같이 연습하면서 점차 학생들 스스로 과제를 이행할 수 있도록 도움의 정도를 감소시켜야 한다. 그리고 어느 정도 숙달 정도에 이르면 다양한 예를 제시하여 학습한 기술을 일반화할 수 있게 해야 한다. 핵심어 전략이나 제시된 문제 상황을 그림이나 도식으로 나타내어 문제해결을 시도하는 시각적 표상화 전략, 문장제 문제 해결에 소요되는 과정을 단계별로 나누어 이행하는 과정과 방법상의 절차에 관해 훈련하는 인지 전략 훈련 방법 등이 있다.

(3) 오류 분석

사칙연산능력을 향상시키는 효과적인 방법 중 하나는 학습자들이 보인 오류 유형에 따라 지도를 하는 것이다. 다양한 오류 유형을 고려하지 않은 교육은 효과를 거둘

가능성이 적다. 문제는 그러한 오류 유형은 저절로 드러나지 않는다는 점이다. 오류 유형을 파악하기 위해서는 먼저 다양한 유형의 문제를 제시해야 한다. 즉, 나타날 수 있는 오류 유형을 미리 파악하여 해당 오류를 파악할 수 있는 문제를 학습자들에게 제시해야 한다. 단순 연산의 경우, 나타날 수 있는 오류는 전략 사용상의 오류, 단순 연산 오류, 절차 잘못 적용의 오류 등이 있다. 오류 분석에서 중요한 것은 오류를 보였을 때에는 즉시 교정해 주고 비슷한 유형의 문제를 통해 숙달할 수 있도록 기회를 제공해 주어야 한다.

교수과정에서 학습자가 갖고 있는 학습문제의 유형과 성격을 정확히 파악하고 그에 따라 효과적인 중재 방안을 내리는 것을 주요 목적으로 하는 검사로서 대표적으로 오류 유형 분석을 들 수 있다. 수학교육 영역에서 오류 유형 분석과 교정은 단순히 수학 진단 평가를 위해서 뿐만 아니라 교수목적 달성을 위해서도 이제는 거의 필수적인 과정 중의 하나로 인식되고 있다. Enright, Gable, Hendrickson(1988)은 수학 연산과정에서의 오류를 진단하고 교정하는 것의 중요성을 강조하였다. 그러나 오류 분석을 위해서는 몇 가지 고려해야 할 사항이 있다.

첫째, 기초학습기능 수학 부진 학생들은 매우 다양한 형태의 오류를 범할 수 있다. 그러나 중요한 점은 그들이 스스로 그러한 다양한 형태의 오류를 보이는 것이 아니라 다양한 형태의 오류를 범할 기회가 있어야 한다는 점이다. 이는 교사가 학습자들이 다양한 유형의 오류를 범할 수 있도록 내용을 조직하고 제시해 주어야 함을 의미한다.

가능한 한 최대한의 오류를 범할 수 있는 기회를 제공하기 위해서는 우선 해당 영역에서 필요한 기능과 지식을 최대한 철저하게 분석하여 조금이라도 상이한 접근이나 일반화 혹은 전이, 적용을 요하는 과제는 모두 개발해야 한다. 즉, 교사가 아동이 어떠한 오류를 범할 것인지 그리고 그 오류는 어떠한 과제를 통해서 확인할 수 있을지를 알기 전에는 그리고 실제로 시행하기 전에는 아동의 오류는 추적이 불가능하고 그 오류의 교정도 불가능할 것이다.

둘째, 한 가지 오류 유형의 진단 및 처치가 반드시 다른 유형의 오류를 감소시키거나 없애주지 않는다는 점이다. 일반 아동의 경우, 약간 문제가 변형되어도 학습한 기술이나 지식을 적용하는 데 큰 어려움을 겪지 않을 수 있다. 하지만 학습장애 아동들의 경우에는 다르다. 오류를 범하는 즉시 그 자리에서 교정해 주고, 반복연습을 통해 숙달될 때까지 이르도록 해야 비로소 오류를 범할 가능성이 줄어들 것이다.

셋째, 아동이 오류를 보이면 즉시 정확하고 구체적으로 교정해 주어야 하며, 반드시 충분한 연습을 통해 숙달하도록 해야 한다. 선행연구에 의하면, 오류는 발생하는 즉시 직접 교정해 주는 것이 효과적이다. 오류를 지적하는 것과 함께 충분한 연습을 시켜서 학습자가 그 오류에서 완전히 '자유롭게' 만들어야 한다. 오류의 반복 여부를 확인하는 데에는 새로운 유형의 과제를 주어 일반화 능력을 살피는 것이 가장 효과적인 방법이다.

3) 기초학습기능 쓰기 평가와 개입

가) 기초학습기능 쓰기 평가

쓰기 평가의 초점은 ① 개별적 문자 형성 능력을 개발하거나 교정하는 것, ② 문제가 나타날 때마다 그 문제를 정확히 찾아내는 것, ③ 전반적 쓰기에 있어 목표 능력을 포함한 숙달이 실제적 개선을 가져왔는지의 여부를 결정하는 것이다. 쓰기 과정 및 글에 대한 평가를 할 때 고려해야 할 사항으로는 첫째, 표본으로 삼을 행동 및 기준, 둘째, 신뢰도와 타당도다. 쓰기 평가는 반드시 교육적 의사결정에 유용할 수 있도록 안정적이면서도 적절한 것이어야 하며, 이 두 가지가 학생 쓰기 평가의 양적, 질적 지침이 된다.

'쓰기 평가'는 크게 쓰여진 글을 기준에 의해 평가하는 직접 평가와 기준에 의해 개발된 문항을 가지고 시험과 같은 형태로 평가하는 간접 평가가 있다. 간접 평가에 대한 연구로는 이희세(1989)의 빈칸 채우기 검사 등이 있으나, 간접 평가는 실제적인 쓰기 능력을 밝히는 데 한계가 있다는 비판을 받았으며, 대부분의 국어학자들은 직접 평가에 의한 평가가 바람직하다고 제시하고 있다(노명완, 박영목, 권경안, 1988; 한철우, 이인제, 성낙수, 1993; 박영목, 한철우, 윤희원, 1995; 이성영, 2001).

다음에서는 쓰기 반응의 유형에 따른 평가(직접, 간접)와 평가체제(주관적, 객관적 평가)에 대하여 살펴본다. 직접 평가는 글쓴이에게 자극을 제공하고, 특정 방식으로 자신을 표현하는 반응을 글로 이끌어 내도록 하는 것이다(Moran, 1987). 예컨대, 설명문, 논설문, 시와 소설 등이 포함된다. 직접 평가에는 구체적으로 표준화된 기준을 사용하는데, 이 기준에 따라 채점이 매겨지고 기록된다. 반대로, 간접 평가에서는 어떤 과정적인 혹은 설명적인 것을 요구하지 않는다. 글을 짓는 대신에 학생들은 선택 문항 중에서 올바른 답안을 고르게 된다. 빈칸 채우기와 같은 이런 문항들은 선다형 방식을 취하기도 하며 주로 문장구조, 단어사용 및 철자, 구두점 혹은 대문자 사용에 중점을 둔다.

주관적 평가 혹은 질적 평가는 분석적 평가와 총체적 평가로 나누어 볼 수 있다. 분석적 평가에 대한 대표적인 연구인 노명완, 박영목, 권경안(1988)과 김정자(1992)의 연구에서는 글을 하나하나의 구성요소가 합쳐진 전체로 보고, 글의 내용, 글의 조직, 글의 표현이라는 세 가지 영역으로 나누어 평가하였는데, 글의 내용은 내용의 풍부성, 내용의 정확성, 내용의 관련성, 추론적 사고, 종합적 사고, 비판적 사고, 대안적 사고로 나누었고, 글의 조직은 글의 짜임, 문단의 구성 및 결합관계, 글 전체의 통일성으로 나누었으며, 글의 표현은 표현의 정확성, 표현의 독창성, 표현의 적절성 그리고 문장의 다양성으로 나누었다. 또한 표기 및 어법으로서 맞춤법, 문장부호, 글씨, 어법을 평가 준거로 삼았다. 이 연구들을 바탕으로 곽지순(1999)은 내용 생성, 내용 조직, 표현의 유창성, 고쳐쓰기, 협의하기, 반응의 준거를 사용하였고, 박영민(2000)은 내용 생성, 초고 쓰기, 고쳐쓰기의 준거를 사용하였으며, 주영미(2001)는 글의 내용, 조직, 표현의 세 가지 영역으로 나누어 평가하였다. 세 가지 영역의 하부 영역 준거로는 글의 내용에 주제의 명확성과 뒷받침 내용의 타당성, 조직에 논리적 조직성과 구조의 명확성 그리고 표현에 표현의 명확성을 준거로 삼았다.

총체적 평가는 학생들이 작성한 글에 대한 총체적 인상에 의존하는 것으로 한 편의 글을 통일성 및 일관성을 갖춘 유기적 조직체로 인식하고 글의 전체적인 유창성을 평가한다. 총체적 평가는 글 전체를 읽고 상호 침투된 형식을 함께 검토하는 것으로서 시간과 비용을 최소화할 수 있어 효율적이고 경제적이며, 하나의 평가척도를 다른 유형의 글에도 그대로 활용할 수 있다. 하지만 평가자의 주관이 개입될 가능성이 높아 신뢰도가 위협받게 된다. 따라서 평가의 객관성을 확보하는 것이 중요하다.

주관적 평가가 평정척도와 추론적으로 결정되는 최종 점수를 통한 질적인 평가에 기반하고 있는 반면, 객관적 평가는 구체적인 특성들의 실제적인 평가에 기반하고 있다. 가장 빈번하게 사용되는 객관적 평가는 유창성, 문장의 질, 어문 규정이 주로 사용되고 있다.

쓰기 형태를 평가하는 방법은 문자나 문장부호들의 정확성을 측정하는 것이며, 글자 형성과 읽기 용이성을 평가하는 것과 함께 중요한 것은 유창성(fluency)이다. 유창성은 “학생이 작문을 하는 데 있어 문장이 점점 능숙해지고, 점점 그 길이가 증가하는 정도”로 정의할 수 있다(Issacson, 1985). 유창성은 학업성취에 영향을 미치는데,

낱자와 단어를 쓰는 속도가 매우 느린 학생은 특정 교과에 대해 그들이 갖고 있는 지식을 교사에게 전달할 수 없다. 쓰기 유창성이란 단어 속에서의 글자, 문장과 문단 속에의 글자, 산문 내에서의 단어에 관한 유창성은 제한된 시간 안에 쓰인 글을 대상으로 하여 맞게 쓴 총 단어 수, 정확한 단어 수, 정확한 음절 수, 정확한 철자 수, 순서에 맞는 단어 수로 보기도 한다(Gable & Hendrickson, 1990). 문장의 질은 구문성숙도(syntax maturity)라고 할 수 있는데 이는 학생이 보다 폭넓고 복잡한 문장을 사용하는 정도를 말한다(Issacson, 1985). 구문성숙도는 명백히 다른 범주(불완전문, 단문, 중문, 복문)에 속하는 문장의 수를 세는 방식과 단문이나 대등접속사로 연결된 하나의 독립절을 'T단위'로 보고 길이의 평균을 계산하는 방식이 있다(Hunt, 1977). 어문규정은 문장부호, 맞춤법 등 문법적으로 문장을 올바로 쓰는 것과 관련한 요소들을 말한다. 구체적으로 적절한 어휘 사용, 맞춤법, 여백, 구두법(마침표, 의문부호, 쉼표, 인용부호) 등과 글의 가독성을 나타내는 글씨체가 포함될 수 있다.

기초학습기능 수행검사체제 쓰기검사는 '교육과정중심' 측정 쓰기검사의 측정학적 특성 및 절차를 반영하여 표준화된 쓰기검사이다(김동일, 2008). 이 검사는 개인검사로서 이야기 서두제시검사의 형태로 실시하며, 학생이 주어진 시간 내에 얼마나 많은 글자를 얼마나 정확하게 쓰는가를 측정한다. 검사자는 아동에게 이야기 서두를 제시한 후 1분간 생각하고, 3분간 이야기 서두에 이어질 내용을 쓰도록 한다. 검사는 기초평가와 형성평가로 나누어 실시하며, 검사의 채점은 쓰기 유창성 수준을 측정하는 '정량적' 평가를 기본으로 하되, 아동의 쓰기 수행에 대한 부가적인 정보를 얻기 위해 '정성적' 평가를 실시할 수 있다. 이야기 서두제시검사는 지침서와 같이 제시되어 있다. <표 2-10>, <표 2-11>은 기초평가와 형성평가에서 사용되는 이야기 서두제시검사 지침과 그 예이다,

표 2.10 이야기 서두제시검사 지침

이야기 서두제시검사 지침 - 검사자용
실시 시간: 총 4분(1분 준비, 3분 작성) 1. 이야기 서두제시검사 자료를 학생에게 제공해 주십시오. 2. 자료 맨 윗편에 학년, 반, 번호, 이름을 기록하게 하십시오. 3. 학생에게 먼저 다음과 같이 말씀해 주십시오. 4. 학생에게 제시된 이야기 서두를 읽게 합니다. 학생이 이야기 서두를 읽은 뒤에는 다음과 같이 말한 후, 시간을 잽니다. 5. 1분이 지나면 다음과 같이 말한 후, 계속해서 시간을 잽니다. 6. 3분이 지나면 "그만"이라고 말한 후, 검사지를 수거합니다. 7. 만일, 아동이 이야기를 끝까지 완성하기를 원하는 경우에는 3분 동안 작성한 분량에 '//' 표시를 한 후, 계속 쓰도록 합니다.

표 2.11 쓰기 기초평가 검사지

쓰기 기초평가 검사지			
이름		검사자	
성별		검사실시일	
학교별		생년월일	
학년·반		검사 시 연령	
나는 오늘 아침에 일찍 일어났습니다.			

채점은 정량적 평가를 기본으로 하되, 필요한 경우 부차적으로 정성적 평가를 겸해서 실시한다. 정량적 평가(쓰기 유창성 평가)를 하는 방법은 아래와 같다.

- 총 음절 채점: 아동이 쓴 글에서 음절의 수를 모두 센다.
- 빨간색이나 파란색 등 색깔 있는 펜으로 오류를 표시한다. 이때, 오류 유형은 소리 나는 대로, 생략, 대치, 삽입 4가지로 제한하여 오류를 계산한다. 쓰기 오류 유형에 따른 정의 및 예시는 <표 2-12>와 같다.
- 정확 음절 채점: 총 음절에서 오류의 개수를 뺀다.

표 2.12 쓰기 오류 유형

오류 유형		정의 및 예시
소리 나는 대로	정의	맞춤법을 무시하고 소리 나는 대로 쓴 음절
	예시	안자, 가방을 매고, 따까씁니다(닦았습니다) 등
생략	정의	써야 할 음절을 빠트리고 쓰지 않은 경우
	예시	갔습다, 등교하였습, 이상걸(이상한걸)
대치	정의	써야 할 음절 대신에 글자나 발음이 유사한 다른 음절을 사용
	예시	서둘어(서둘러), 에배(예배), 줌넘기(줄넘기)
삽입	정의	불필요한 음절을 삽입한 경우
	예시	체조조를 하고, 할머니가가

정성적 평가의 경우에는 아동이 쓴 글을 6개의 영역으로 나누어 1~5점 중 적절한 점수를 부여한다. 각 영역은 글의 형식, 글의 조직, 글의 문체, 글의 표현, 글의 내용, 글의 주제로 나눌 수 있다. 그 중에 글의 형식에 대한 채점 기준만 제시하면 아래의 <표 2-13>과 같다.

표 2.13 글의 형식

수준	평가 기준
5	글의 종류에 알맞은 형식 및 구성요소들을 잘 갖추고 있습니다.
4	글의 종류에 알맞은 형식 및 구성요소들을 대부분 잘 갖추고 있습니다.
3	글의 종류에 알맞은 형식 및 구성요소들을 비교적 잘 갖추고 있습니다.
2	글의 종류에 알맞은 형식 및 구성요소들을 거의 갖추고 있지 않습니다.
1	글의 종류에 알맞은 형식 및 구성요소들을 전혀 갖추고 있지 않습니다,

이야기 서두제시검사에 대한 정량적, 정성적 평가 결과를 기록한다. 쓰기 유창성을 측정하기 위한 정량적 평가를 기본으로 실시하고, 전반적인 쓰기 능력을 측정하기 위한 정성적 평가는 부자적인 평가로 실시한다.

나) 기초학습기능 쓰기 개입

쓰기에 어려움을 겪는 학생을 지도하기 위한 효과적인 교수 방법은 쓰기의 결과물과 그 결과물이 나오기까지의 과정 모두가 강조되어야 한다. 과정적 접근에서 보면 학생은 다양한 쓰기 단계를 통해 쓰기를 수행하게 되며, 교사는 각 단계에 집중하여 지도한다. 학생은 쓰기 준비 단계에서 주제와 제재를 선택하고, 이에 맞추어 초고를 작성한다. 이 초고를 중심으로 교사나 또래의 피드백을 받고 내용을 수정하고 글의 형식을 적절하게 편집하게 된다. 글의 수정은 글의 내용이나 구성을 바꾸어 보는 것을 지칭하고, 편집은 '어문규정'에 맞게 철자와 문법의 오류를 교정하는 것이다. 문법적, 통사론적, 구두법, 철자법 등에서의 실수를 수정하는 과정을 말한다. 마지막으로, 그 결과물은 제출되거나 게시되어 다른 학생들이 볼 수 있게 된다. 교사는 학생에게 쓰기 과제를 주고 쓰기 과정 동안 학생이 작업한 결과물을 지속적으로 점검하고 평가할 수 있다. 이런 쓰기 과정을 통하여 문제해결능력, 비판적 사고기술, 긍정적인 자아개념이 발달할 수 있다.

메타분석을 통해 확인된 효과적인 쓰기 교수에는 쓰기전략, 요약하기, 협력적 쓰기, 구체적인 목표 설정, 워드프로세싱, 문장 합성, 쓰기 전 활동, 탐구 활동, 과정적 쓰기 접근, 모델 학습, 내용 학습을 위한 쓰기가 있다(MacArthur, Graham, & Fitzgerald, 2008). 이 가운데 쓰기 전략은 학생들에게 쓰기를 계획하고, 교정하고, 편집하기 위한 전략들을 지도함으로써 쓰기의 질을 상당히 향상시킬 수 있다. 전략 교수는 텍스트를 계획, 교정 및 편집하는 것에 대한 명시적이고 체계적인 지도단계를 의미한다. 전략 교수의 궁극적인 목표는 학생들에게 이러한 전략들을 독립적으로 사용하도록 지도하는 것이다. 전략 교수를 통해 브레인스토밍이나 또래 교정을 위한 협력과 같은 보다 포괄적인 과정을 지도하기도 하고, 생활문이나 논설문 같은 특정 유형의 쓰기 과제를 완수하기 위한 전략을 지도하기도 한다. 포괄적이건, 매우 초점화된 것이건 간에 계획, 교정, 편집을 위한 명시적 교수전략들은 그들의 쓰기 질에 있어서 상당한 효과를 가져왔다. <표 2-14>는 쓰기전략 교수의 예다.

표 2.14 쓰기 전략 교수

쓰기 전략 교수의 예시: SRSD(Self-Regulated Strategy Development)
자기조절 전략 계발(SRSD, Self-Regulated Strategy Development)은 계획하기, 초고쓰기, 교정하기를 위한 특정 전략을 학생들에게 지도하는 접근이다. SRSD 교수의 특징은 명시적 교수, 개별화된 교수, 준거-기반(criterion-based) 대 시간-기반(time-based) 학습이라는 것이다. 여기에서는 아동을 학습 과정의 적극적인 협력자로 간주한다. 교수는 다음과 같은 6단계를 통해 이루어진다. • 사전지식 지도: 학생들은 성공적으로 전략을 사용하기 위해 필요한 지식을 배운다. • 설명하기: 전략과 그것의 목적 및 강점을 설명하고, 논의한다. • 시범 보이기: 교사는 전략을 사용하는 방법에 대해 시범을 보인다. • 암기하기: 학생은 전략의 단계를 기억법 등을 통해 암기한다. • 도움주기: 교사는 학생들이 전략을 숙달하도록 도움을 주거나 비계를 설정한다. • 독립적 사용: 학생들은 교사의 도움을 거의 혹은 전혀 받지 않으면서 전략을 사용한다. 또한 학생들은 그들이 쓰기전략, 쓰기 과정, 그들의 행동을 조절하기 위해 설계된 많은 자기조절 기술들(목적 설정, 자기-모니터링, 자기-교수, 자기-강화 등)을 배운다. 기억법은 쓰기 수행을 향상시키기 위한 기억전략들을 학생들이 사용할 수 있도록 한다. 그 예는 PLAN이다. PLAN • Pay attention to the prompt: 주의 집중하기 • List the main idea: 중심 생각 나열하기 • Add supporting ideas: 뒷받침하는 생각 첨가하기 • Number your ideas: 아이디어 정리하기

출처: 김동일(2008). 기초학습기능 수행검사체제 쓰기검사.

또한 작문에 어려움을 겪는 학생을 지도하기 위한 효과적인 교수 지침을 제시하면 다음과 같다(Mercer & Mercer, 2001).

① 쓰기를 위한 시간을 따로 할당한다. 직접 써 보아야만 쓰기를 학습할 수 있고 쓰기 능력이 발달할 수 있기 때문에 충분한 시간이 쓰기 수업에 할당되어야 한다(예: 일주일에 4시간).

② 다양한 쓰기 과제를 제시한다. 자기가 자유롭게 작성하는 작문뿐만 아니라 조건이 제시된 구조화된 문제해결을 위한 글쓰기에도 참여하도록 한다.

③ 쓰기를 촉진하는 글쓰기 환경을 조성한다. 교사는 위협적이지 않은 교육환경

을 조성해야 하며, 학생들이 서로 쓴 작문을 공유하고 협동하게 하여 상호 의사소통을 촉진한다.

④ 다른 과목과 쓰기를 통합한다. 쓰기 경험을 늘리고 기술을 발달시키기 위해서 다른 언어 예술 활동과 통합되어야 한다.

⑤ 효과적 쓰기를 위한 쓰기 단계를 따르도록 한다. 쓰기 단계(예: 준비하기, 초고 쓰기, 교정하기)에 따라서 쓰기를 하고, 각 쓰기 단계의 특이성을 파악하고 상위인지 전략을 활용한다.

⑥ 어문규정에 익숙하게 하고 쓰기를 자동화한다. 교사는 맞춤법, 문장부호 등 기능적인 부분의 오류를 교정해 주고 직접적인 지도를 해야 한다.

⑦ 훌륭한 쓰기 작품의 특징에 대한 명확한 지식을 가지도록 지도한다. 좋은 작품이나 교사가 제시하는 글을 통해 다양한 쓰기 작품의 특징, 특수한 스타일이나 기능, 문장구조 등에 주목하고 이를 모델링한다.

⑧ 세련된 글을 쓰는 과정을 수행할 수 있도록 한다. 세련된 글을 쓰기 위하여 교사는 학생과 글에 대해 토론해야 하고, 체계적으로 외부(다른 사람)의 피드백을 받을 수 있는 절차를 규정하고, 자기교수 전략 등 상위인지 전략을 활용한다.

⑨ 쓰기를 향상하기 위한 목표를 세우고 이를 달성하도록 한다. 목표를 세우고, 명시적인 기준에 따라 자신이나 다른 사람의 쓰기 작품을 평가하도록 하여, 쓰기 과정을 모니터하고 성취 수준에 대한 피드백을 받는다.

⑩ 학생들의 쓰기 수행능력을 향상시키는 교육을 지속적으로 실시한다. 문법이나 철자문제는 실제 쓰기 활동에서 다루어져야 하며, 쓰기 교육이 전체 교육체계에서 강조되어야 한다. 특별히 자주 발생하는 오류와 쓰기 문제는 따로 교정적 피드백을 제공한다.

4 기초학습 부진 사례분석 및 지도

1) 기초학습기능 읽기 부진 사례분석 및 지도: 읽기유창성

다음은 기초학습기능 읽기유창성 평가 및 지도에 대한 구체적인 사례이다.

학생명: 홍길동　　생년월일: 2008년 12월 1일

1. 일반적인 특성

① 학습

읽기연습 부족으로 인한 읽기유창성 및 이해 결함을 보임. 학업부진이 누적되어 학업에 자신감이 없고, 본래 성격도 소극적인 편이라 수업시간에 자신의 어려움을 드러내지 않음.

② 정서 및 행동

소극적이고 승부욕이 없으며, 친구들과의 경쟁에서도 크게 이기려고 하지 않음. 자신은 공부를 잘 못한다는 인식이 강하게 있어, 세 명 가운데 꼴찌를 하더라도 전혀 정서 변화가 없는 편임. 산만하지는 않지만 집중도가 낮음.

2. 기초선 검사

이 름	홍길동	검사자	김○○
학교명	○○초등학교	검사실시일	2018년 9월 1일
성 별	남	생년월일	2008년 12월 1일
학년 반	4학년 1반	검사 시 연령	만 9세

읽기검사 1회	①	원점수	178
읽기검사 2회	②	원점수	180
읽기검사 2회	③	원점수	178
읽기수행수준	④	원점수(중간값)	178
	⑤	T점수(중간값)	38.14
	⑥	백분위점수(중간값)	11.7
	⑦	백분위점수 단계	4
	⑧	현재수준 설명	기초읽기능력 향상을 위하여 지도를 부탁드립니다.
	⑨	현재학년	4.5
	⑩	학년점수(중간값)	2
	⑪	학년차이(학년점수－현재학년)	2.5
	⑫	월진전도	6

주어진 시간 내(1분)에 얼마나 많은 글자를 정확히 읽는가를 측정하는 기초수행평가 체제 유창성 검사는 정확성과 속도를 동시에 측정하는 검사로 검사 결과 백분위 점수가 11점으로 기초적인 학력 향상을 위한 지도가 필요함. 또한 현재 학년은 4.5학년이나 실제 수행 수준은 2학년으로 2.5학년 차이를 보이고 있음. 또래보다 천천히 읽고, 단어 읽기에서 오류가 나타나, 읽기와 관련한 기초학습부진으로 판단됨. 읽기유창성을 향상하는데 프로그램 목표를 설정하여 진행하는 것이 필요함.

이를 기초로 하여 작성된 중재 계획 및 진전도 검사 결과는 다음과 같다.

3. 교수 목표

① 장기 목표: 읽기 유창성 향상

읽기 유창성 가운데 읽기 정확성은 낮은 편이 아니므로 읽기 속도를 높이고 리듬감 향상에 목표를 둠

② 단기 목표(단계별 제시하기)

읽기 자료를 또박또박 소리 내어 읽을 수 있다.

읽기 자료를 의미 단위로 나누어 음율감 있게 읽을 수 있다.

읽기 자료를 속도감 있게 읽을 수 있다.

: 읽기 유창성 자료로 동요 → 시 → 광고성 글 → 일기 → 설명문 → 주장글 → 이야기 글을 활용하여 읽기 자료의 분량과 난이도를 점차적으로 높이는 방향으로 조절함.

4. 교수 계획

회기	교수 내용
1	– 자기소개, 교사소개 이후, 수업에 빠지지 않고 열심히 참여하겠다는 서약서를 작성함. – 자음모음 한글카드를 활용하여 자신의 이름, 좋아하는 게임 등 단어 만들기를 실시. 단어가 능숙해지면 문장의 빈칸에 해당하는 단어를 자음모음 카드를 조합하여 만들어 봄으로써 음운인식 능력을 확인함.
2	– 동요<우산>을 듣고 가사를 소리 내어 읽은 후 따라 부르며 정확한 발음과 운율감을 익히도록 함. 가사 속에 나오는 핵심어를 찾아 핵심어로 가사를 요약할 수 있는 문장 만들기를 수행함.
3	동시<노을>을 소리 내어 읽기를 수행함. 소리를 내어 읽으면서 시에서 느껴지는 운율감을 익히도록 함. 시를 읽고 시에서 느껴지는 느낌이나 감정을 이야기해보고, 시의 핵심어를 찾아 한 문장으로 요약하기를 수행함.
4	광고성 글<고래로 만든 과자>를 소리 내어 정확하게 읽고, 광고하고자 하는

	물건을 추측하여 물건이 가지고 있는 특징을 장점과 단점으로 나누는 활동을 수행함. 글을 읽는 과정에서 모르는 단어를 찾아 동그라미 치고 뜻을 설명한 후, 여러 번 반복 읽기를 수행하여 유창성을 높임.
5	일기 <여름방학이 오면>을 묵독한 후, 소리 내어 다시 한번 읽도록 지도함. 글을 읽는 과정에서 모르는 단어 또는 발음이 어려운 단어에 동그라미를 치고 뜻을 설명하거나 발음을 여러 번 하도록 수행함. 마지막으로 지문을 빠르고 유창하게 읽도록 유도함.
6	설명글 <세상의 많은 동물들>을 1분 내에 얼마나 유창하게 읽을 수 있는지 테스트 한 후, 자신의 목표만큼 읽었을 경우 강화물을 제공함. 위 지문을 처음부터 소리내어 읽은 후, 속도를 조금씩 붙여 빠르게 읽는 동시에 정확하게 읽을 수 있도록 총 세 번을 연달아 읽도록 함.
7	주장글 <종이를 아껴씁시다>를 1분 내에 얼마나 유창하게 읽을 수 있는지를 테스트 한 후, 목표만큼 읽었을 경우 강화물을 제공함. 위 지문을 처음부터 소리내어 읽은 후, 속도를 조금씩 붙여 빠르게 읽는 동시에 정확하게 읽을 수 있도록 총 세 번을 연달아 읽도록 함.
8	이야기글 <행복한 왕자>를 1분 내에 얼마나 유창하게 읽을 수 있는지를 테스트 한 후, 목표만큼 읽었을 경우 강화물을 제공함. 위 지문을 처음부터 소리내어 읽은 후, 속도를 조금씩 붙여 빠르게 읽는 동시에 정확하게 읽을 수 있도록 총 세 번을 연달아 읽도록 함.

읽기유창성 지도에 대한 진전도 점검 결과 및 제언은 다음과 같다.

5. 진전도 검사 결과 및 제언

검사	1회	2회	3회
유창성	178	180	185

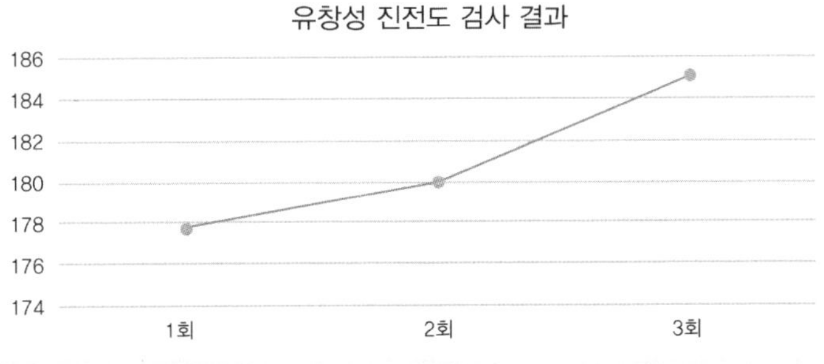

읽기유창성의 경우, 정확성은 높은 편이라 오류가 많지는 않으나 조심스럽고 작은 목소리로 읽는 속도가 빠르지 않은 것이 문제였기 때문에 소리 내어 반복적으로 읽기 위주로 빠르게 읽는 것에 중점을 두는 방법으로 지도하였으며, 그 결과 읽기유창성이 또래에 비해 조금 낮은 편이긴 하지만 속도를 높이는 데 도움이 되었던 것으로 보임. 월 진전도가 +6이었는데, 실제 진전도 검사 결과 한 달이 지난 후 진전도 3회 실시 결과 +7 향상한 것으로 나타남. 이에 소리 내어 반복적으로 읽기 연습이 학생의 자신감을 높이고 유창성과 정확성을 높이는 방법이 될 것이라고 판단됨.

2) 기초학습기능 읽기 부진 사례분석 및 지도: 어휘

다음은 기초학습기능 어휘 평가 및 지도에 대한 구체적인 사례이다.

학생명: 김영희　생년월일: 2004년 10월 1일

1. 일반적인 특성

① 학습

다른 과목보다 국어 점수가 유독 낮으며, 읽기에 흥미를 느끼지 못하며 교사가 제안하는 학습방식에 잘 따라오기는 하지만, 문제를 풀이하는 과정에서 교사에게 힌트를 물어보거나 반복적으로 질문을 하는 등 자신 없는 모습을 많이 보이는 편임.

② 정서 및 행동

차분하고 교사의 지시에 잘 따르나 주변에 친구들이 오는 경우 산만한 태도와 약간의 짜증이 있는 편임.

③ 사회성

친구들과의 대인관계가 좋음. 그러나 아래 학년 동생들에게는 무관심하거나 짜증 또는 명령적인 말투를 사용함.

2. 기초선 검사

이 름	김영희	검사자	안○○
학교명	★★초등학교	검사실시일	2016년 9월 1일
성 별	남	생년월일	2004년 10월 1일
학년 반	6학년 1반	검사 시 연령	만 11세

어휘검사 1회	원점수	12
어휘수행수준	T점수	8
	백분위점수	0
	백분위점수 단계	5
	현재수준 설명	전반적이고 지속적인 어휘 지도가 필요합니다.

주어진 시간 내(15분)에 형태소, 명시적 정의, 그리고 상황적 맥락과 관련된 42문항을 풀이하는 기초학습수행평가체제 어휘 검사 결과 백분위 점수가 0점으로 전반적이고 지속적인 어휘 지도가 필요함. 어휘 수준이 매우 낮은 수준으로 나타나 어휘능력 향상을 중재 프로그램의 목표로 설정함.

이를 기초로 하여 작정된 중재 계획 및 진전도 검사 결과는 다음과 같다.

3. 교수 목표

① 장기 목표: 어휘수 증가 및 자발적인 어휘학습을 가능하게 한다.

- 명시적 중재를 통해 새로운 어휘를 획득하고, 이를 문장 안에서 활용할 수 있다.
- 모르는 문제에 대한 어휘목록을 만들고, 국어사전을 활용하여 새로운 어휘를 학습할 수 있다.
- 어휘수가 증가함에 따라 특정 읽기 자료의 주변 정보를 종합하여 모르는 어휘의 뜻과 문장의 의미를 유추할 수 있다.

② 단기 목표(단계별 제시하기)

- 새로운 어휘를 학습한다.
- 사전의 자음, 모음 순서를 알고 모르는 단어의 뜻을 국어사전을 사용하여 찾을 수 있다.
- 읽은 내용의 핵심 어휘를 알고, 이를 육하원칙에 사용하여 설명할 수 있다.
- 의미영역, 유의어, 반의어와 같은 단어 간 관계를 이해하고 이를 활용하여 풍부한 표현이 가능하다.

4. 교수 계획

회기	교수 내용
1	– 자기소개 및 프로그램 안내: 중재 및 강화 계획을 위한 기초 정보 수집 – 강화 계획 수립: 프로그램을 진행하는 과정에서 학생과 함께 학습 단기 목표를 수립하고 이를 달성할 경우 강화물을 제공하기로 함. 또한 수업 준비도, 참

	여도 등과 같은 학업 태도에 대한 강화 계획도 수립하여 프로그램 성공 여부에 핵심적인 학생의 책임감을 고취시키고자 함. – 영희의 뇌구조 알아보기: 학생의 머릿속에 있는 다양한 생각을 적게 하고 그에 대한 이야기를 나누며 적은 어휘와 관련성이 있는 어휘를 추가로 적게 함. 라포 형성 및 학생의 어휘 수준 확인.
2	– 사전의 자음, 모음 순서 알기: 개인의 자발적 학습을 촉진하기 위하여 사전을 찾는 방법 지도. – 모르는 어휘 목록 만들기: 해당 학년의 교과서 지문을 읽고 모르는 단어를 목록화 하기. – 모르는 어휘를 가, 나, 다 순서대로 번호를 매기고 앞서 배운 사전의 자음과 모음 순서를 활용하여 모르는 단어의 뜻을 찾아보기.
3, 4	– 텔레스트레이션을 활용한 어휘 학습: 교사와 학생이 번갈아가며 게임 실시. 한 사람은 6개의 어휘가 적혀있는 카드 한 장을 랜덤하게 뽑고 주사위를 던져 나온 어휘를 그림판에 그리고 상대방이 무슨 어휘인지 맞춤. – 게임이 끝난 후 오답 각자의 판에 적어놓은 오답 어휘는 국어사전에서 찾아보게 함. – 생물과 같이 정확히 이해가 안 되는 경우는 인터넷을 활용하여 학생의 이해를 도움.
5	– 오류수정: 진전도 검사를 위해 실시한 BASA 어휘검사(형성1) 오답을 수정하여 이해하지 못한 개념을 정확하게 이해할 수 있도록 함. – 오답을 학습목표에 따라 분류하여 순차적으로 중재를 제공하였음. – 학생은 오답을 제외한 보기 4개 중 다시 정답을 찾아야 했으며 자신의 선택에 대한 설명을 제공해야 함. 문제가 어려워 추측을 한 경우에는 교사가 개입하여 지도함. 교사지원은 점진적으로 소거하였음.
6	– 육하원칙 알기: 글을 읽고 육하원칙에 따라 핵심어휘를 찾아낼 수 있도록 함. 이는 학생이 특정 단어의 뜻을 이해해야 하는 동시에 읽기 이해 능력 향상에 효과적임. – 육하원칙을 충분히 이해한 후, 학생은 읽기 지문을 읽고, 육하원칙에 해당하는 어휘를 찾아 해당 원칙에 적도록 함. – 육하원칙을 완성한 경우, 핵심어휘와 육하원칙을 종합하여 읽은 내용을 요약함. – 오답이 있거나 적절한 단어를 선택하지 않은 경우, 반복된 질문을 통해 스스로 정답을 찾을 수 있게 지도함.
7	– 의미영역 및 유의어·반의어 학습: 목표 단어와 더불어 그와 관련된 다양한 단어를 학습하여 풍부한 어휘와 표현을 가능하게 함. – 명사 카드와 동사/형용사 카드를 활용하여 의미영역 및 유의어·반의어의 개념을 학습하고 연습함. – 읽기 지문을 읽고 모르는 단어를 적음. 모르는 단어들을 핵심 어휘로 설정하고, 교사와 함께 의미영역 및 유의어·반의어를 찾고 적어보기

8	– 오류수정: 진전도 검사를 위해 실시한 BASA 어휘검사(형성2) 오답을 수정하여 이해하지 못한 개념을 정확하게 이해할 수 있도록 함. – 오답을 학습목표에 따라 분류하여 순차적으로 중재를 제공함. – 학생은 오답을 제외한 보기 4개 중 다시 정답을 찾아야 했으며 자신의 선택에 대한 설명을 제공해야 함. 문제가 어려워 추측을 한 경우에는 교사가 개입하여 지도함. 교사지원은 점진적으로 소거함. – 향후 학습계획 수립 및 클로징: 중재를 실시하면서 읽기에 대한 생각이 어떻게 바뀌었는지 이야기 함. 독립적인 학습을 촉진하기 위해 학습계획을 수립하고 각 계획에 대한 방법을 논의함.

어휘 지도에 대한 진전도 점검 결과 및 제언은 다음과 같다.

5. 진전도 검사 결과 및 제언

검사	1회	2회	3회
어휘	26	18	17

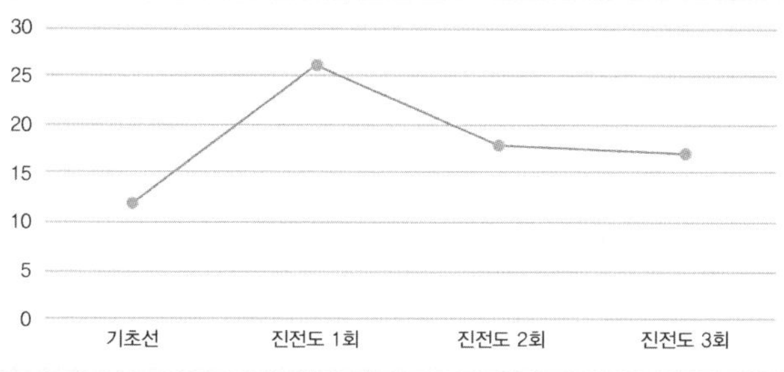

지속적으로 중재를 제공해 온 어휘 검사의 경우는 백분위 0이었던 사전검사 결과에 비해 소폭 상승한 긍정적인 결과가 나타남. 낮은 어휘능력은 읽기이해의 어려움을 야기할 수 있기에 어휘를 목표영역으로 설정하여 중재를 제공하였음. 학생의 어휘 수준은 낮았지만, 너무 쉬운 지문이나 어휘는 학생의 자존감에 부정적인 영향을 끼칠 것을 고려하여 놀이위주의 활동은 학생의 실제 수준에 맞는 카드를 사용하여 중재를 진행하였고, 장문의 지문이 필요한 경우에는 해당 학년 교과서 지문을 활용함. 반복적으로 글을 읽어 다양한 어휘의 글 유형에 노출될 필요가 있기에 짧은 글이라도 지속적으로 읽을 수 있도록 환경을 조성하고 지도할 필요가 있음. 추후 어휘능력이 향상되고 그 수준이 유지될 경우에는 장문의 글을 활용하여 읽기이해 능력을 향상시킬 필요가 있다고 판단됨.

생각나누기

01 다음 자료를 읽고 여러분이 최 선생님이라면, 이 상황을 어떻게 대처할 것인지 학습 컨설팅의 과정에 따라 그 대처 전략을 고안해 보시오.

진영(초4, 남)은 국어시간에 소리 내서 읽는 시간을 가장 싫어한다. 또박또박 읽지 못해서 친구들이 비웃는 것 같고, 위축되기 때문이다. 저학년 때와는 다르게 난이도가 갑자기 높아짐에 따라 학교생활에 어려움을 겪고 있다. 원래도 단어를 읽는 속도가 느리고, 정확성이 또래에 비해서 낮았지만 시간이 지나면 잘할 것이라고 생각하여 부모님은 큰 관심을 두지 않았다. 그러나 지속적인 읽기 연습 부족은 읽기 유창성과 이해에도 결함을 보이게 되었다.

진영은 읽는 속도가 느리기 때문에 학습해야 할 분량이 많음에도 불구하고 제때 해결을 하지 못하고 있다. 급기야 매번 수업 시간마다 숙제를 못해가기가 일쑤이다. 진영은 이런 자신을 보면서 원래 공부를 못하기 때문에 어쩔 수 없다는 식으로 체념하곤 한다. 그래서인지 꼴찌를 하거나 시험 점수가 낮더라도 크게 개의치 않는 편이다.

최 선생님은 더 늦기 전에 진영의 읽기 능력 향상을 위해서 사탕이나 별 스티커와 같은 강화물을 활용해서 활동을 촉진시켜 보기도 하였으나 아예 관심을 두지 않는 진영의 모습에 답답하기만 하다. 친구들과의 게임과 경쟁을 통한 수업 방식에도 크게 이기려고 하지 않는다. 다행인 점은 과학을 좋아하기 때문에 과학에 대한 설명글은 천천히 이해하며 읽으려고 노력하는 점이다. 최 선생님은 진영이 흥미를 보이는 부분을 잘 활용하여 어떻게 학습을 시켜야 할지 고민이다.

02 다음 자료를 읽고 여러분이 안 선생님이라면, 이 상황을 어떻게 대처할 것인지 학습 컨설팅의 과정에 따라 그 대처 전략을 고안해 보시오.

안 선생님은 수학을 가르치면서 눈에 띄는 학생을 발견하였다. 수업에 전혀 참여를 하지 않는 학생인 한별(초5, 여)은 수학을 왜 배우는지 이해할 수 없다면서 수업시간에 계속 장난만 쳤다. 처음에는 수업을 방해하려는 행동으로 생각하고 혼을 냈지만 이내 한별이 수업 내용을 따라오지 못한다는 사실을 발견하였다. 특히 초등학교 고학년이 되면서 접하게 되는 문장제 응용문제는 문제를 이해하는 것조차 잘 되지 않는다고 하였다. 한별의 예전 담임선생님은 한별이가 저학년일 때는 비록 또래보다 훨씬 느린 속도로 문제를 풀었지만 끈기를 가지고 이해하려고 노력했다고 한다. 그러나 지금 한별은 연산 과정이 너무 복잡하고, 수학 개념을 이해하는 과정이 너무 어렵게 느껴진다고 한

다. 그러다 보니 수학 시간이 답답하고 짜증도 난다고 하였다.

안 선생님은 한별을 위해서 학습장애 진단 방법 중 중재-반응 접근법을 활용하여 어느 정도 중재에 반응하는지를 알아보려고 한다. 이후에 수학 학습지도 개입을 하려고 한다. 한별에게 효과적인 방법은 어떤 방법일지 고민하고 있다.

03 다음 자료1과 2를 읽고 아래의 활동을 해보시오.

(자료 1)

선우(초2, 남)의 엄마는 고민이 있다. 선우가 학교에서 적어오는 알림장을 읽기가 어렵기 때문이다. 글자의 크기나 간격이 제멋대로여서 알아보기가 힘들 정도이다. 학교에서는 수업을 잘 따라가고 있는지도 걱정이 되었다. 고민 끝에 선우 엄마는 학교 담임선생님에게 면담을 요청하였다. 선생님 역시 선우가 학교에서 쓰기활동 시간에 딴 짓을 하거나, 집중을 하지 못한다고 하였다. 또, 글의 내용이나 글의 조직, 표현 등이 이해하기가 어렵다고 하였다.

선우 엄마의 요청에 따라 선생님은 선우의 상태가 어떤지 평가해 보기로 하였다.

(자료 2)

선우(초2, 남)의 쓰기활동 평가 결과 쓰기를 지도하기 위해 효과적인 교수 방법이 필요하다는 결론을 내렸다. 선우는 쓰기에 대한 정량적 평가에서 또래보다 낮은 점수를 보였고, 생략과 대치의 오류를 많이 보였다. 또, 정성적 평가 부분에서는 글의 종류에 알맞은 형식 및 구성요소들을 거의 갖추고 있지 않았다. 선생님과 선우 엄마는 쓰기 전략 교수법이 있을 것이라고 생각하지만 어떤 것들이 있는지 자세히 알지 못해서 찾아보기로 하였다.

(1) 자료 1에서 기초학습기능 쓰기를 어떻게 평가할지 논의해 보시오.

(2) 자료 1과 자료 2를 바탕으로 쓰기 개입 과정에서 활용할 수 있는 전략들을 논의해 보시오.

곽지순(1999). 쓰기 수행 평가 방법 연구. 인천교육대학교 대학원 석사학위 논문.
교육과학기술부(2011). 특수교육 연차보고서. 서울: 교육과학기술부.
김계현, 김동일, 김봉환, 김창대, 김혜숙, 남상인, 조한익(2000). **학교상담과 생활지도**. 서울: 학지사.
김동일(1999). **학습부진 영재아동**. 서울: 원미사.
김동일(2006). **기초학습기능 수행평가체제(BASA): 수학검사**. 서울: 학지사심리검사연구소.
김동일(2008a). **기초학습기능 수행평가체제(BASA): 읽기검사**. 서울: 학지사심리검사연구소.
김동일(2008b). **기초학습기능 수행검사체제(BASA): 쓰기검사**. 서울: 학지사심리검사연구소.
김동일(2010). BASA: **초기수학**. 서울: 학지사심리검사연구소.
김동일(2011). BASA: EL **초기문해 기초평가**. 서울: 학지사심리검사연구소.
김동일(2013). **바사(BASA)와 함께하는 증거 기반 읽기 교수-학습 전략**. 서울: 학지사.
김동일, 이대식, 신종호(2016). **학습장애아동의 이해와 교육**. 서울: 학지사.
김병하(1995). 개별화교육계획의 작성·운영을 위한 교사 수행능력과 그 문제점 분석. **특수교육학회지**, 16(3).
김소희(2005). 수학적 문제해결을 위한 중재전략에 관한 고찰: 학습장애 학생들을 중심으로. **학습장애연구**, 2(1), 65-91.
김승국, 김동일, 정대영, 강영심, 정정진, 신현기, 전병운, 이성봉, 구광조, 김호연, 김삼섭, 한성희, 남정걸, 박원희, 이효자(1997). **학습장애 아동 교육의 이론과 실제**. 파주: 교육과학사.
김애화(2006). 수학 학습장애 위험학생 조기선별검사 개발: 교육과정중심측정 원리를 반영한 수감각검사. **특수교육학연구**, 40(4), 103-133.
김영애(1988). 쓰기 우열집단의 특성비교 연구. 단국대학교 대학원 석사학위 논문.
김자경, 김기주(2005). 수학 학습장애아동과 수학학습부진 아동의 암산 능력과 전략 비교. **특수교육 저널: 이론과 실천**, 6(4), 93-108.
김정자(1992). 쓰기 평가 방법 연구. 서울대학교 대학원 석사학위 논문.
김창대, 이정윤, 임은미, 김택호, 이영선(1994). 성적이 떨어지는 아이들. 청소년상담문제연구보고서, 9. 서울: 청소년대화의광장.
노명완, 박영목, 권경안(1988). **국어과교육론**. 서울: 갑을출판사.
박영목, 한철우, 윤희원(1995). **국어과 교수-학습방법 탐구**. 서울: 교학사.
박영민(2000). 쓰기 수행평가의 평가 준거 설정에 관한 연구. 한국교원대학교 대학원 석사학위 논문.
박유정(2006). 학령기초기 읽기 저성취 아동의 빨리이름대기 특성 연구. 서울대학교 대학원 석사학위논문.
이대식(2007). 수학학습장애 진단 및 판별 방법으로서의 내재성 처리과정 결함 접근의 타당성과 전망. **정서·행동장애연구**, 23(2), 217-249.
이성영(2001). 쓰기 능력의 지표화 방안연구: '내용 생성' 범주를 중심으로. 2001년 서울대학교

국어교육연구소 연구발표회 미간행 자료집.
이일화(2002). 학령기 초기의 읽기유창성과 독해력 수준과의 관계. 서울대학교 대학원 석사학위 논문.
이희세(1989). 국어교육 평가도구로서의 빈칸 메우기 연구. 서울대학교 대학원 석사학위 논문.
정동빈(1994). **언어발달지도**. 서울: 한국문화사.
주삼환, 신현석, 윤인숙(1999). 학교문화, 수업 지도성 및 학업성취도 간의 관계분석에 따른 학교정책에의 적용 가능성 탐색. **교육행정학연구**, 17(4), 167-193.
주영미(2001). 학령에 따른 쓰기 능력 발달에 대한 연구. 한양대학교 대학원 석사학위 논문.
한국특수교육학회(2008). 특수교육대상자 개념 및 선별기준. 용인: 한국특수교육학회.
한철우, 이인제, 성낙수(1993). 중학교 국어교과의 수업 모형·수업방법·평가 방법 및 평가 도구 개발에 관한 연구. 청주: 한국교원대학교 부설 교과교육 공동연구소.
홍성두, 김동일(2006). 학습장애 진단을 위한 불일치 모형의 효율성 비교. **교육심리연구**, 20(3), 725-743.

Ackerman, P. T., Anhalt, J. M., & Dykman, R. A. (1986). Arithmetic automatization failure in children with attention and reading disorders: Associations and sequela. *Journal of Learning Disabilities, 19*, 222-232.
Ackerman, P. T., Peters, J. E., & Dykman, R. A. (1971). Children with specific learning disabilities: WISC profiles. *Journal of Learning Disabilities, 4*, 150-166.
Bender, W. N. (1992). *Learning disabilities: Characteristics, identification, and teaching strategies*. Needham Heights, MA: Allyn & Bacon.
Bradley, R., Danielson, L. E., & Hallahan, D. P. (2002). *Identification of learning disabilities: Research to practice*. Mahwah, NJ: Erlbaum.
Carnine, D. W., Jones, E. D., & Dixon, R. (1994). Mathematics: Educational tools for diverse learners. *School Psychology Review, 23*, 406-427.
Cawley, J. F., & Miller, J. H. (1989). Cross-sectional comparisons of the mathematical performance of children with learning disabilities: Are we on the right tract toward comprehensive programming? *Journal of Learning Disabilities, 23*, 250-254, 259.
Cawley, J. F., & Parmar, R. S. (1994). Structuring word problems for diagnostic teaching: Helping teachers meet the needs of students with mild disabilities. *Teaching Exceptional Children, 26*, 16-21.
Deshler, D. D., Ellis, E. S., & Lenz, B. K. (1996). *Teaching adolescents with learning disabilities: Strategies and methods* (2nd ed.). Denver, CO: Love.
Enright, B., Gable, R., & Hendrickson, J. (1988). How do students get answers like these? Nine steps in diagnosing computation errors. *Diagnostique, 13*, 55-63.
Espin, C. A., Busch, T. W., Shin, J., & Kruschwitz, R. (2001). Curriculum-based measurement in the content areas: Validity of vocabulary-matching as an indicator of performance in a social studies classroom. *Learning Disabilities Research and*

Practice, 16, 142–151.

Fletcher, J. M., Morris, R. D., & Lyon, G. R. (2003). Classification and definition of learning disabilities: An integrative perspective. In H. L. Swanson, K. R. Harris, & S. Graham (Eds.), *Handbook of learning disabilities* (pp. 30–56). New York: Guilford Press.

Fuchs, L. S., Fuchs, D., & Speece, D. L. (2002). Treatment validity as a unifying con–struct for identifying learning disabilities. *Learning Disability Quarterly, 25*, 33–45.

Garnett, K. (1992). Developing fluency with basic number facts: Intervention for students with learning disabilities. *Learning Disabilities Research & Practice, 7*, 210–216.

Geary, D. C. (1990). A componential analysis of an early learning deficit in mathematics. *Journal of Experimental Child Psychology, 49*, 363–383.

Geary, D. C. (1993). Mathematical disabilities: Cognitive, neuropsychological, and genetic components. *Psychological Bulletin*, 114, 345–362.

Geary, D. C. (1994). *Children's mathematics development: Research and practical applications.* Washington, DC: American Psychological Association.

Geary, D. C., Brown, S. C., & Samaranayake, V. A. (1991). Cognitive addition: A short longitudinal study of strategy choice and speed–of–processing differences in normal and mathematically disabled children. *Developmental Psychology, 27*, 787–797.

Gersten, R., Jordan, N. C., & Flojo, J. R. (2005). Early identification and intervention for students with mathematics difficulties. *Journal of Learning Disabilities, 38*, 293–304.

Gregg, N. (1986). Written expression disorders. In L. Bailet, A. Bain, & L. C. Moats (Eds.), *Assessment and diagnosis of child and adolescent psychiatric disorders: Current issues and procedures.* Hillsdale, NJ: Lawrence Erlbaum Associates.

Hallahan, D. P., Kauffman, J. M., & Lloyd, J. W. (1999). *Introduction to learning disabilities.* Needham Heights, MA: Allyn & Bacon.

Howell, K. W., Fox, S. L., & Morehead, M. K. (1993). *Curriculum–based evaluation: Teaching and decision making.* Pacific Grove, CA. Brooks.

Hoy, C. & Gregg, N. (1994). *Assessment: The special educator's role.* Pacific Grove: Brooks/Cole Publishing Company.

Hunt, K. L. (1977). Early blooming and late bloomig syntactice structures. In C. Cooper & L. Odell (Eds.), *Evaluating Writing.* Washington, DC: National Council for Teachers of English.

Hutchinson, N. L. (1993). Second invited response: Students with disabilities and math–ematics education reform–Let the dialogue begin. *Remedial and Special Education, 14*, 20–23.

Issacson, S. (1985). Assessing written language skills. In C. S. Simon (Ed.), *Communication skills and classroom success: Assessment methodologies for language–learning disabled students.* San Diego, CA: College–Hill Press.

Jentzsch, C., & Tindal, G. (1991). *Analytic scoring of writing: Training module no. 8.* Eugene, OR: Research, Consultation, and Teaching Program, College of Education, University of Oregon.

Juel, C. (1988). Learning to read and write: A longitudinal study of fifty–four children from first through fourth grade. *Journal of Educational Psychology, 80,* 437–447.

Juel, C. (1991). Beginning reading. *Handbook of reading research, 2,* 759–788.

Kavale, K. A., & Forness, S. R. (1985). Learning disability and the history of science: Paradigm or paradox? *Remedial and Special Education, 6,* 12–24.

Kirby, J. R., & Becker, L. D. (1988). Cognitive components of learning problems in arithmetic. *Remedial and Special Education, 2,* 7–16.

Knopik, V. S., Alarcon, M., & DeFries, J. C. (1997). Comorbidity of mathematics and reading deficits: Evidence for a genetic etiology. *Behavior Genetics, 27,* 447–453.

LaBerge, D., & Samuels, S. J. (1974). Toward a theory of automatic information proc–essing in reading. *Cognitive psychology, 6,* 293–323.

Lloyd, C. V. (1995). How teachers teach reading comprehension: An examination of four categories of reading comprehension instruction. *Reading Research and Instruction, 35,* 171–185.

Lovett, M. W., Warren–Chaplin, P. M., Ransby, M. J., & Borden, S. L. (1990). Training the word recognition skills of reading disabled children: Treatment and transfer effects. *Journal of Educational Psychology, 82,* 769.

Lovitt, T. C. (1989). *Introduction to learning disabilities.* Needham Heights, MA: Allyn & Bacon.

MacArthur, C. A., Graham, S., & Fitzgerald, J. (2008). *Handbook of writing research.* New Guilford Press.

Mastropieri, M. A., & Scruggs, T. E. (1997). Best practices in promoting reading com–prehension in students with learning disabilities. *Remedial and Special Education, 18,* 197–213.

McNamara, T. P., Miller, D. L., & Bransford, J. D. (1996). Mental models and reading comprehension. In R. Barr, M. L. Kamil, P. Mosenthal, & P. D. Pearson (Eds.), *Handbook of reading research: Volume II* (pp. 490–511). Mahwah, NJ: Erlbaum.

Mercer, C. D. (1992). *Students with learning disabilities* (4th ed.). Columbus, OH: Merrill Publishing.

Mercer, C. D., & Mercer, A. R. (1993). *Teaching students with learning problems* (4th ed.). New York, NY: MacMillan.

Mercer, C. D., & Mercer, A. R. (2001). *Teaching students with learning problems* (6th ed.). Upper Saddle River, NJ: Prentice Hall.

Mercer, C. D., & Miller, S. P. (1992). Teaching students with learning problems in math to acquire, understand, and apply basic math facts. *Remedial and Special Education, 13,* 19–35, 61.

Moffett, J. M., & Wagner, B. J. (1983). *Student centered language arts and reading. K–13: A handbook for teachers.* Boston, MA: Houghton Mifflin.

Montague, M. (1997). Cognitive strategy instruction in mathematics for students with learning disabilities. *Journal of Learning Disabilities, 30,* 164–177.

Montague, M., & Applegate, B. (1993). Middle school students mathematical problem solving: An analysis of think–aloud protocols. *Learning Disability Quarterly, 16,* 19–32.

Moran, M. R. (1987). Options for written language assessment. *Focus on Exceptional Children, 19,* 1–12.

Myklebust, H. R. (1965). *Development and disorders of written language: Picture story language test.* New York: Grune & Stratton.

Nathan, R. G., & Stanovich, K. E. (1991). The causes and consequences of differences in reading fluency. *Theory into Practice, 30,* 176–184.

Parmar, R. S., Cawley, J. F., & Frazita, R. R. (1996). Word problem–solving by students with and without mild disabilities. *Exceptional Children, 62,* 415–429.

Pearson, P., & Fielding, L. (1998). Comprehension instruction. In R. Barr, M. L. Kamil, P. Mosenthal, & P. D. Pearson (Eds.), *Handbook of reading research: Volume II* (pp. 813–859). Mahwah, NJ: Erlbaum.

Pressely, M. (1998). *Reading Instruction that works: The case for balanced teaching.* New York: Guilford Press.

Richek, M., Caldwell, J., Jennings, J., & Lerner, J. (1996). *Reading problems: Assessment and teaching strategies.* Needham Heights, MA: Allyn & Bacon.

Rivera, D. M., & Bryant, B. R. (1992). Mathematics instruction for students with special needs. *Intervention in School and Clinic, 28,* 71–86.

Robinson, D. R., Mckenna, C. M., & Wedman, M. J. (1996). *Issues and trends in literacy education.* Needham Heights, MA: Allyn & Bacon.

Rourke, B. P., & Conway, J. A. (1997). Disabilities of arithmetic and mathematical rea–soning: Perspectives from neurology and neuropsychology. *Journal of Learning Disabilities, 30,* 34–46.

Samuels, S. J. (1987). Information processing abilities and reading. *Journal of Learning Disabilities, 20,* 18–22.

Shin, J., Good, J., Greenwood, C., & Luze, G. (2001). Assessing language, early literacy, and social skill development of preschoolers. Paper Presented at the Annual Meeting of the Council for Exceptional Children, Kansas City, Kansas.

Siegel, L. S. (1999). Issues in the definition and diagnosis of learning disabilities: A per–spective on Guckenberger v. Boston University. *Journal of Learning Disabilities, 32,* 304–319.

Silbert, J., Carnine, D., & Stein, M. (1990). *Direct instruction mathematics*. Englewood Cliffs, NJ: Prentice–Hall.

Stahl, S. A., & Fairbanks, M. M. (1986). The effects of vocabulary instruction: A model–based meta–analysis. *Review of Educational Research, 56*, 72–110.

Stanovich, K. E. (1986). Matthew effects in reading: Some consequences of individual differences in the acquisition of literacy. Reading *Research Quarterly, 21*, 360–407.

Stanovich, K. E. (1991). Conceptual and empirical problems with discrepancy definitions of reading disability. *Learning Disability Quarterly, 14*, 269–279.

Swanson, H. L. (1993). An information processing analysis of learning disabled children's problem solving. *American Educational Research Journal, 30*, 861–893.

Sweet, A. P., & Guthrie, J. T. (1996). How children's motivations relate to literacy development and instruction. *The Reading Teacher, 49*, 660–662.

Torgesen, J. K. (2002). The prevention of reading difficulties. *Journal of School Psychology, 40*, 7–26.

Vaughn, S., & Fuchs, L. S. (2003). Redefining learning disabilities as inadequate response to instruction: The promise and potential problems. *Learning Disabilities Research & Practice, 18*, 137–146.

Wagner, R. K., & Torgesen, J. K. (1987). The nature of phonological processing and its causal role in the acquisition of reading skills. *Psychological Bulletin, 101*, 192–212.

Wharton–McDonald, R., Rankin, J., & Mistretta, J. (1997). Effective primary–grades literacy instruction equals balanced literacy instruction. *The Reading Teacher, 50*, 518–521.

Ysseldyke, J. E., & Algozzine, B. (1995). *Special education: A practical approach for teachers* (3rd ed.). Boston, MA: Houghton Mifflin Company.

P/A/R/T 3

정서·행동 문제 학생의 학습컨설팅 사례분석 및 지도

P/A/R/T 3

정서·행동 문제 학생의 학습컨설팅 사례분석 및 지도*

노 원 경

개요

학습부진의 원인은 참으로 다양하고 복잡하다. 그 중 최근 들어 정서·행동 문제를 지닌 학습부진학생들은 학교 내부에서 대처하기 힘들어 외부 전문기관의 도움을 받고자 하는 경우를 볼 수 있다. 비록 외부 전문기관의 도움을 요청하더라도 정서·행동 문제들을 이해하고 더불어 이러한 문제를 사전에 예방할 수 있는 방법은 무엇인지 고민해 볼 필요가 있다. 문제의 정도 차이가 있겠지만 결국 이 학생들은 다시 교실로 돌아와 일반 학급에서 적응하면서 생활해야 한다. 이와 같은 경우 단순히 개인 차원의 문제에 그치는 것이 아니라 교실의 수업분위기를 와해시키거나 경우에 따라 주변 학생들에게 문제행동을 전이시키고 다른 학생들의 수업권까지 빼앗는 등 불편한 영향을 미치고 있다는 것이 학교 현장의 하소연이다. 따라서 정서·행동문제를 지닌 학습부진학생의 지도·지원에 대한 노력은 개인에게 학습의 기회를 제공하고 개선, 성장시킬 뿐만 아니라 모든 학생들의 학습권을 보장한다는 차원에서도 필요하다.

제3부에서는 정서·행동 문제를 정의하는 다양한 측면을 소개하고, 실제 현장 교사들의 면담을 통해 나타난 정서·행동 문제 학생들의 유형 및 특성을 분석한다. 또한 정서·행동 문제를 지닌 학생의 원인을 분석하는 다양한 방법을 제시하고, 이를 바탕으로 문제행동의 원인별 지원전략을 소개한다.

학습목표

1. 정서·행동 문제의 다양한 개념과 지원 방향을 이해한다.
2. 정서·행동 문제 학생의 유형과 특성을 설명할 수 있다.
3. 정서·행동 문제 학생의 원인을 분석하는 방법을 이해하고 적용할 수 있다.
4. 정서·행동 문제 원인별 지원 전략을 이해하고 실제 적용할 수 있다.

* 본 내용은 김태은 외(2012)의 '정서·행동적 어려움을 지닌 초등학생 지원을 위한 수업 전략과 학습 환경 설계'(한국교육과정평가원 연구보고 RRI 2012-4) 연구 중 일부 내용을 발췌하여 작성하였음을 밝힘.

1 정서·행동 문제의 이해

1) 정서·행동 문제의 개념

정서·행동 문제를 정의하는 것은 인간의 감정과 행동을 측정하기 위한 공통적 기준 개발이 어렵고, 인간 행동을 정상과 이상으로 분류하기 위한 경계가 불분명하기 때문에 매우 어렵다(이소현, 박은혜, 2011). 정서행동 문제 혹은 장애에 대한 정의는 지난 수십 년간 정서장애, 정서행동장애, 문제행동 등 여러 가지 용어로 정의되어 왔고, 현재까지도 학문 영역과 개인의 견해와 선호도에 따라 공식적으로 사용되는 표현이 매우 다양하며, 통일된 정의가 없다(Hallahan & Kauffman, 2003; Forness & Knitzer, 1992). 따라서 정서·행동 문제를 가진 학생에 대한 다양한 견해들을 살펴보고, 이에 대한 정의와 범주를 명확히 하고자 한다. 이를 위해 정신보건, 특수교육 등 관련 학문 영역에서 정리된 정서·행동 문제 혹은 장애에 대한 정의와 분류를 종합적으로 살펴보고자 한다.

가) 정신보건 정의

정서·행동 문제에 대해 가장 폭넓게 사용되는 정신의학적인 분류체계는 미국 정신의학회(American Psychiatric Association; APA, 2000)의 정신장애 진단 및 통계편람 제4판(Diagnostic and Statistical Manual of Mental Disorders, 4th ed. rev.; DSM－Ⅳ－TR)이다. DSM－Ⅳ－TR 분류체계는 의학적, 심리학적, 정신의학적 전문가들 간의 의사소통을 원활히 하고, 약이나 치료를 위한 권장사항을 성문화하기 위해 고안한 것으로 각 증후에 기초하여 진단 명칭을 부여하는 포괄적인 분류도식이다. 일반적으로 DSM－Ⅳ－TR에서 정서·행동 문제와 관련된 장애는 ① 주의력 결핍 및 파괴행동장애(주의력 결핍·과잉행동장애, 품행장애, 적대적 반항장애), ② 섭식장애(이식증, 반추장애, 급식장애), ③ 틱장애(뚜렛장애, 만성운동/음성 틱, 일과성 틱장애), ④ 배설장애(유뇨증, 유분증, 분리불안장애, 선택적 함구증, 반응성 애착장애, 상동형 운동장애)가 있다(윤치연, 2003; 김미경 외, 2006에서 재인용).

미국정신보건서비스 센터(Center for Mental Health Services: CMHS)는 심각한 정서장애(Serious Emotional Disorder: SED) 아동 및 청소년을 '현재 또는 과거 12개월 내에 DSM으로 진단가능한 정신적, 행동적 또는 정서적 장애로 인해 가정이나 학교, 지역사회에서 역할함에 있어 상당한 기능적 장애를 갖고 있는 18세 이하의 아동 및 청소년들'로 정의하였다(Friedman, Kutash, & Duchnowski, 1996; 유서구, 2005에서 재인용). CMHS의 정의에서 보이듯 SED의 범위는 상당히 포괄적이고, 단순히 정서장애만을 의미하는 것이 아니라 행동 및 기능장애도 포함하고 있으며, 실제 연구의 대상들도 다양한 장애를 갖고 있는 것으로 나타났다(유서구, 2005). 홍강의(2008)는 아동의 정신장애를 한 인간의 생각, 행동, 정서조절의 이상으로 인하여 발생하는 것으로서 내적 고통과 갈등이 있음, 대인관계와 적응의 어려움, 때에 따라 타인과 사회에 해를 끼침, 일상생활과 학업에 지장을 줌, 주어진 발달과제를 수행하지 못함 등의 증상으로 나타난다고 설명하면서, 정신장애에 대해 9가지(① 정상적 발달위기, ② 일시적 적응장애, ③ 정서장애, ④ 품행장애, ⑤ 과잉운동장애, ⑥ 발달장애, ⑦ 기질성 정신장애, ⑧ 정신병, ⑨ 특수장애) 개념으로 분류하여 정의하고 있다.

정서·행동 문제와 관련된 정서장애(emotional disorders)와 품행장애(conduct dis-orders)에 대해 살펴보면, 정서장애(emotional disorders)는 내적인 심리적 갈등으로 인해 적절한 상태의 유지와 조절에 이상이 있는 장애로 불안증, 우울증, 강박증, 틱장애 등이 해당하는데, 소아정신과 환자의 1/3 정도를 차지할 만큼 많은 수의 학생들이 이러한 정서장애를 경험하고 있다고 보고하고 있다. 주요한 증상으로는 신체증상, 불안, 초조, 우울 등이 나타나고, 이러한 정서장애의 주원인으로는 환경적인 요소가 강하다고 보는데, 특히 부모-자녀관계 이상(애정의 불확실로 인한 불안, 애정결핍으로 인한 우울, 과잉통제/학대/폭력 등으로 인한 분노와 적대감)으로 인한 경우가 많다. 품행(행위)장애(conduct disorders)는 학생의 외적행동의 이상으로 나타나 타인의 이익을 해칠 정도의 문제가 되는 경우로 도벽, 거짓말, 잦은 싸움, 과잉공격성, 난폭 등이 이에 해당한다. 품행(행위)장애의 주요 원인은 선천성 기질적 요소가 많이 작동을 한다고 보고 있고, 그 밖에 부모의 적절한 훈육 결여, 폭력적 가족 분위기 등을 원인으로 지적하고 있다. 주요 증상으로는 주의력결핍과잉행동장애(Attention Deficit Hyperactivity Disorder: ADHD), 적대적 반항장애, 반사회적 행동장애, 우울성 행동장애 등이 있다.

나) 특수교육 정의

미국의 경우, 장애인교육법(Individuals with Disabilities Education Act: IDEA)을 통하여 오랫동안 '심각한 정서장애(seriously emotionally disturbed)'라는 용어를 사용하다가 1997년 개정 시 '정서장애(emotionally disturbed)'로 변경하였다. 2004년 개정된 미국 장애인교육법(IDEA 2004)에서는 '정서장애(emotional disturbance)'라는 용어를 다음의 특

성 중 하나 이상을 오랜 시간 동안 눈에 띌 정도로 나타냄으로써 교육적 성취에 부정적인 영향을 미치는 상태로 정의하였다.

- 지적, 감각, 건강상의 요인으로 설명할 수 없는 학습상의 무능력
- 또래 및 교사와 만족할 만한 상호적인 관계를 형성하고 유지하지 못함
- 정상적인 환경에서 나타나는 부적절한 형태의 행동이나 감정
- 일반적이고 전반적인 불행감이나 우울감
- 개인적 또는 학교 문제와 관련해서 신체적 증상이나 두려움을 보이는 경향

미국 장애인교육법의 정서장애는 정신분열증을 포함하며 정서장애를 보이지 않는 한 사회적 부적응을 보이는 아동에게는 적용되지 않는다고 명시하였다. 이러한 정의는 정신분열증은 이미 위에 언급한 다섯 가지 항목만으로도 장애 범주에 포함되기 때문에 추가적인 설명이 불필요하며, 사회적 부적응을 보이는 학생을 장애범주에서 배제하였다는 비판을 받고 있다(Bower, 1982; Hallahan et al., 2009; 이소현, 박은혜, 2011에서 재인용).

미국의 특수교육협회(Council for Exceptional Children: CEC)에서는 공식적으로 행동장애(behaviorally disordered)라는 용어를 사용하고 있다. 이 용어는 객관적으로 관찰 가능한 대상 학생의 일탈된 행동 문제에 초점을 맞춘다는 장점을 가지고 있으며(이소현, 박은혜, 2011), 문제의 해결과 연관된 중재를 시행하기에 용이하고, 아동에게 주어지는 장애 낙인이 덜하다는 점에서 법조문에서 사용된 정서장애(emotional disturbance)라는 용어보다 더 적절하다는 주장도 있다(Forness & Kavale, 1997; 박지연 외, 2004 재인용). 그러나 행동장애라는 용어 역시 정서문제에 대한 부분을 포괄하지 못하는 제한점을 가지고 있어 학생의 정서문제와 행동문제 중 하나 또는 두 가지 모두를 보일 수 있는 용어를 사용할 필요가 있다는 주장이 제기되었다(Cullinan, 2007; Kauffman & Landrum, 2009; Kavale, Forness, & Mostert, 2005; 이소현, 박은혜, 2011에서 재인용).

미국에서는 아직까지 정서 및 행동장애라는 용어가 공식적인 법적 용어로 채택되지 못하고 있지만 현재 우리나라의 특수교육법은 정서·행동장애라는 용어를 사용하고 있다. 최근까지는 '정서장애(자폐포함)'라고 명시하여 자폐적 특성을 지닌 학생을 정서장애에 포함시켰으나 2007년 제정된 특수교육법에서는 자폐성 장애를 독립된 장애 영역으로 분류하였다. 이에 따라 2007년에 제정된 장애인 등에 대한 특수교육법에서

는 장기간에 걸쳐 다음 각 항목의 어느 하나에 해당하여, 특별한 교육적 조치가 필요한 사람으로 정서 · 행동장애를 정의하고 있다.

- 지적 · 감각적 · 건강상의 이유로 설명할 수 없는 학습상의 어려움을 지닌 사람
- 또래나 교사와의 대인관계에 어려움이 있어 학습에 어려움을 겪는 사람
- 일반적인 상황에서 부적절한 행동이나 감정을 나타내어 학습에 어려움이 있는 사람
- 전반적인 불행감이나 우울증을 나타내어 학습에 어려움이 있는 사람
- 학교나 개인 문제에 관련된 신체적인 통증이나 공포를 나타내어 학습에 어려움이 있는 사람

우리나라의 특수교육법에서는 각 항목의 행동 특성이 '학습상의 어려움'으로 연계되도록 표현하여 정서 · 행동적 어려움이 학습에까지 어려움을 겪는 경우에만 정서 및 행동장애로 그 적격성을 인정받을 수 있다(이소현, 박은혜, 2011).

다) 문제행동의 정의 및 분류

영국의 교육부(Department For Education, 1993)는 아동 · 청소년의 문제행동을 사회적으로 방해가 되는 외현적 문제에서부터 정서적 · 사회적으로 위축되는 내재적 문제까지 정서행동 문제를 모두 포함하는 개념으로 정의하고 있다. Achenbach와 Edelbrock(1983)은 아동의 문제행동을 통계적으로 분석한 후 문제행동을 내면화 문제행동(internalized problem)과 외현화 문제행동(externalized problem)으로 구별하였다. 그런 다음 내면화 문제행동을 정신분열증, 신체화, 강박증, 우울증으로, 외현화 문제행동을 과잉행동, 공격성, 비행 등으로 세분화하였다.

그 후 Achenbach(1991)는 아동행동조사지(Child Behavior Checklist; CBCL)를 통해 아동, 청소년들이 주로 나타내는 문제행동의 유형을 파악하고 분류하였다. 그 결과 광범위한 범위의 요인으로는 감정이나 행동의 적절한 억제가 결여되어 과소 통제된 행동을 의미하는 것으로 비행과 공격성 등의 증상을 포함하는 외현화 문제행동과 소극적이고 사회적으로 내재화되어 과잉 통제된 행동을 의미하는 것으로 불안/우울, 위축, 신체증상, 주의집중 문제 등의 증상을 포함하는 내면화 문제행동이 추출되었고, 협소한 범위 요인으로는 위축행동, 신체증상, 불안/우울, 과잉행동, 미성숙행동, 정신분열

증, 비행, 공격행동, 성문제 등 9가지가 추출되었다. 이러한 9가지 특성의 내용을 살펴보면 다음과 같다(배내윤, 2006).

- 사회적 위축: 어떤 사람이 사회접촉을 회피하거나 탈피하고자 하는 일련의 행동을 말한다. 사회적 위축 아동은 유아기 때부터 사회적으로 친숙하지 않은 상황에 개입하지 않으며, 낯선 사람과 교류하지 않으려 하는 행동을 보이고, 성장하면서 억제행동과 부정적인 정서를 보인다.
- 신체화: 의학적 원인이 밝혀지지 않았지만 근육통, 두통, 과민성 대장 증상, 소화불량, 만성피로, 현기증, 호흡 장애, 건강 염려증 등과 같은 다양한 고통을 호소하는 문제이다.
- 불안/우울: 인간이 성장하면서 흔히 경험할 수 있는 정서임과 동시에 지각, 판단, 기억, 인지, 사고, 태도 등에서부터 대인관계에 이르기까지 광범위한 부분에 부정적 영향을 미치는 정서 상태이다.
- 사회적 미성숙: '나이에 비해 어리게 행동한다.', '너무 어른들에게 의지하고 매달리는 경향이 있다.' 등 발달상의 문제와 사회적으로 미성숙하고 비사교적인 측면들로 정의된다. 결핍된 사회기술, 즉 언어적, 비언어적 대인행동과 바람직하지 못한 대인관계를 보인다.
- 강박 등의 사고: 위험의 회피, 특질 불안, 책임감, 확실성의 추구와 이와 관련된 우유부단성 및 의심, 인내력 부족, 위협의 과대평가, 사고 통제의 중요성, 완벽주의 등의 성격 특성을 말한다.
- 주의집중: 주의력결핍과잉행동장애로 요약되는데 발달적으로 부적절한 주의집중, 과잉행동, 충동성이 특징으로 나타나며 7세 이전에 나타나 6개월 이상 지속되어 이 증상으로 인한 장애가 두 개 이상의 환경에서 나타난다.
- 비행: 법률적 의미의 범죄행위는 물론 도덕적, 윤리적, 사회적 측면에서 일어나는 옳지 못한 행동들을 모두 포괄하는 의미를 가진다. 기록 비행과 숨은 비행이 있다.
- 공격성: 말다툼이 잦고 신체적으로 타인을 괴롭히거나 반항하고, 고집을 심하게 부리고, 심한 분노의 표출이 잦은 행동 및 의도(공격성, 협박, 과도한 정서적 기복, 과도한 정서/분노 표출, 불순종)를 말한다.

한편, 박지연 등(2004)의 연구에서는 Achenbach(1991)의 개념 틀을 사용하여 정서 및 행동 문제를 가진 아동들이 보이는 특성을 21명의 초등학교 교사들을 대상으로 심층면담하여 조사하였다. 그 결과 <표 3-1>에서와 같이 9가지로 구분하여 정리하였다.

이러한 연구결과들을 종합하여 보면 문제행동은 외현적 문제행동과 내재적 문제행동으로 구분된다. 외현적 문제행동은 자신의 행동을 적절히 통제하지 못하여 발생하는 문제로 공격성, 과잉운동, 거짓말, 도벽, 다른 사람을 못살게 구는 행동적인 문제 등이 해당되고, 내재적 문제행동은 자신의 행동을 지나치게 억제하거나 자신을 적절하게 표현하지 못하여 발생하는 문제로, 위축행동 및 불안행동, 외로움, 우울, 두려움 등의 정서적인 문제행동이라고 정의될 수 있다(Achenbach & Edelbrock, 1983; 백혜정, 황혜정, 2005).

표 3.1 정서 및 행동 문제를 가진 학생들이 보이는 특성

범주	설명	핵심어
① 위축	혼자 있고, 우울하고 비활동적이며 수줍고 말이 없음	위축, 고립, 백일몽
② 신체 증상	심리적인 요인으로 어지러움, 두통, 눈의 이상, 구토 등의 신체 증상이 나타남	–
③ 우울/불안	우울하고 불안해하면서 잘 울고 사랑받지 못함을 불평하고 피해의식을 가짐	우울, 불안, 슬픔, 피해의식
④ 사회적 미성숙	어른에게 의지하고 어린아이 같은 행동을 하거나 자발성이 부족함	미성숙, 무책임, 느림, 자발성 부족, 정서적 기초결핍, 낮은 자존감, 사회적 인지 부족
⑤ 사고의 문제	강박적인 사고와 행동을 하면서 환각을 보거나 이상한 행동을 나타냄	양면성, 집착
⑥ 주의 집중문제	과잉행동, 충동성 등과 함께 산만하고, 주의집중의 문제를 보임	학습부진, 산만, 돌발적 행동, 자제력 부족
⑦ 비행	가출, 방화, 도벽, 욕, 거짓말 등의 행동을 보임	도벽, 언어적·신체적 폭력, 기물파괴
⑧ 공격성	말다툼이 잦고 신체적으로 타인을 괴롭히거나 반항하고 고집을 심하게 부리고 심한 분노의 표출이 잦음	공격성, 협박, 과도한 정서적 기복, 과도한 정서/분노 표출, 불순종
⑨ 기타	자해나 손 빨기처럼 신체적이거나 성적인 기타 이상 반응을 함	자폐성향, 상동 행동, 틱, 성적 행동, 구강접촉

출처: 김태은 외(2012). 정서·행동적 어려움을 지닌 초등학생 지원을 위한 수업 전략과 학습 환경 설계. 한국교육과정평가원 연구보고 RRI 2012-4.

한편, 이와 같이 정서 및 행동 문제를 행동 특성에 따라 범주화하는 접근은 교실에서 어려움을 보이는 학생들을 분류하는 데 유용하다. 교실상황에서는 정신과적 분류에 따라 중재를 하기보다는 행동특성에 따라 중재를 하는 것이 보다 현실적이기 때문이다.

라) 정서 및 행동 문제를 가진 학생에 대한 정의

정서·행동 문제 및 장애는 객관적으로 관찰되거나 측정되기 어렵고, 정상성에 대한 절대적인 기준을 제시하기 어려운 매우 광범위하고 포괄적인 개념이다. 이에 정서행동 문제를 둘러싼 다양한 개념 틀을 모두 만족시킬 수 있는 정의를 규정하는 것은 거의 불가능하다고 할 수 있고, 오히려 정의를 내리고자 하는 목적에 따라 정의가 달라질 수 있다(박지연 외, 2004). 즉, 문제를 바라보는 관점과 주요 대상에 따라 정서행동 문제에 대한 다양한 정의가 가능하고, 이를 명명하는 방식이 달라질 수 있다.

따라서 여기서는 첫째, '정서 및 행동 문제를 가진 학생'의 범주를 정신보건과 특수교육에서 정의하는 정서장애와 행동장애, 문제행동에서의 내면화 문제행동과 외현화 문제행동을 모두 포함하는 개념으로 포괄, 적용하였다. 둘째, 학생들이 경험하는 정서·행동적 차이를 장애로 규정하기보다는 교육적 지원과 학생을 둘러싼 환경의 적극적인 노력에 의해 해결될 수 있다는 관점에서 바라보았다. 단, 학생의 발달특성상 초등학생과 중·고등학생은 차이가 있으므로 정서·행동 문제의 조기 발견을 통한 개입의 효과성을 높일 수 있는 초등학생으로 예시를 한정하였다. 종합적으로 '정서 및 행동 문제'의 정의를 정서장애와 행동장애 및 문제행동에서의 내면화, 외현화 문제로 학습에 곤란(학습부진)을 느끼는 상태 혹은 교사가 지도하기 어려운 상태인 학습 상황에 국한하여 재정의하였다.

2) 정서·행동 문제 학생 지원의 추세

가) 학문적 접근

정서 및 행동 문제를 보이는 학생들을 지도하는 교사들이 직면하는 가장 큰 어려움은 ① 어떻게 이 학생들의 문제행동을 다루어야 하는지, 그리고 ② 어떻게 효과적으로 학업지도를 할 수 있는지에 대한 것이다.

(1) 학교 차원의 긍정적 행동지원(school-wide positive behavior support)

학생들의 문제행동이 갈수록 그 종류와 정도가 심각해져감에 따라 학교현장에서는 문제행동에 대한 효과적 지도와 관리의 중요성이 매우 강조되고 있는 상황이다. 이러한 문제행동은 제대로 지도되지 않을 경우 교사들의 교육활동을 방해할 뿐 아니라 학생들의 학업수행에 큰 악영향을 미친다. 학교에서의 문제행동에 대한 전통적인 반응은 처벌과 배제이며(Gottfredson, Gottfredson, & Hybl, 1993; Tolan & Guerra, 1994, Bambara & Kern, 2005에서 재인용), 문제행동을 보이는 학생들은 꾸중, 권리박탈, 교무실에 가기, 방과 후 학교에 남기, 퇴학 등의 징계를 받는다. 이러한 엄격한 접근 방법은 미래에 또다시 발생할 문제행동을 막아주고, 파괴적 행동을 보이는 학생을 제외시켜서 다른 학생들에게 이득을 줄 수 있다는 전제를 하고 있다(Bambara & Kern, 2005). 엄한 체벌이나 퇴학 등의 징계를 통해 문제행동이 잠시 감소하였다는 보고가 있었던 것은 사실이지만(McCord, 1995; Patterson, Reid, & Dishion, 1992), Mayer와 동료들은(Mayer, 1995; Mayer & Butterworth, 1979; Mayer, Butterworth, Nafpaktitis, & Sulzer-Azaroff, 1983) 엄한 학교 훈육의 궁극적인 결과는 공공시설의 파괴, 무단결석, 지각, 공격성의 증가였다고 설명하였다(Bambara & Kern, 2005에서 재인용).

이와 같은 연구결과를 통해 제안된 대안적인 접근이 학교차원의 긍정적 행동지원(school-wide positive behavior support)이다. 학교차원의 긍정적 행동지원이란 단순히 문제행동 중재방안들이나 프로그램을 묶어 표현하는 말이 아니라 학생들의 사회적 행동들을 보다 긍정적으로 변화시키고 궁극적으로는 학생들의 삶의 방식을 변화시키기 위해 학교와 가정, 지역사회 교육역량을 총체적으로 증진시키기 위한 시스템적 접근을 말한다(Dunlap, Sailor, Horner, & Sugai, 2009, 최진오 2010에서 재인용).

그동안 학교 내 행동지원은 문제행동을 보이는 일부 학생들을 위해서만 제공되었다(Sugai & Horner, 2002). 그러나 학교에서 현재의 문제뿐만 아니라 예방적인 부분에 중점을 둔 확장적인 행동지원의 필요성이 지속적으로 제기되면서 Walker와 그의 동료들(Walker et al., 1996; Walker & Shinn, 2002)은 모든 학생들을 위한 예방의 노력과 개별 학생들을 위한 집중적인 행동지원을 통합하는 노력으로서 채택한 '행동지원 예방모형(prevention model of behavior support)'을 제안하였다(Larson, 1994; National Research Council & Institute of Medicine, 1999; Shonkoff & Phillips, 2000, Bambara & Kern, 2005에서 재인용). 이 모형의 총체적인 형태는 [그림 3-1]과 같다.

그림 3.1 행동지원 3단계 예방 모형

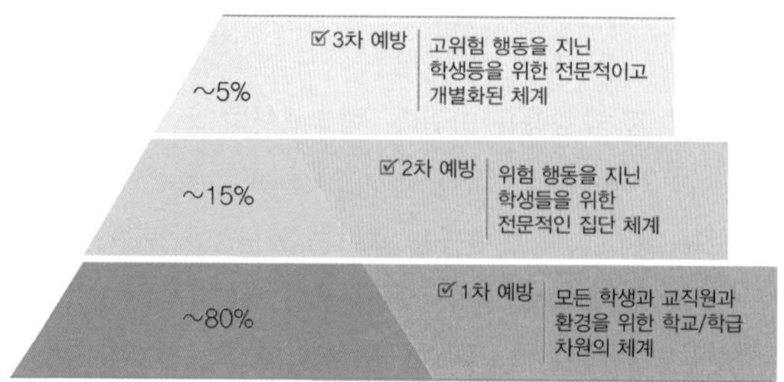

출처: 김태은 외(2012). 정서 · 행동적 어려움을 지닌 초등학생 지원을 위한 수업 전략과 학습 환경 설계. 한국교육과정평가원 연구보고 RRI 2012-4.

첫 번째 층은 모든 학생들을 대상으로 모든 성인들이 모든 상황과 시간대에 적용하는 1차 예방(primary prevention)에 중점을 두고 있으며 적절한 행동을 적극적으로 가르치는 것을 목적으로 하고 있다. 1차 예방을 위한 노력은 모든 학생들에게 행동지원이 필요하다고 가정하며, 학교에 입학하는 모든 학생들은 어떤 것이 허용되고 그렇지 않은지를 명확히 배우며 적절한 행동을 할 때 지속적으로 인정받을 수 있어야 한다. 2차 예방(secondary prevention)은 문제행동을 일으킬 위험을 지니고 있지만 집중적인 개별적 중재가 필요하지 않은 학생들을 위한 것이며 1차 예방보다 행동지원이 더 많이 필요한 학생들을 위해 행동지원의 강도를 증가시킨다. 2차 예방의 대상 학생들은 학업실패, 가족과 지역사회의 지원제한, 일탈된 또래 집단 구성원, 장애학생, 건강관련 문제, 빈곤 등과 관련된 문제행동을 보인다. 이 모형의 3차 예방(tertiary prevention)은 가장 집중적인 행동지원을 필요로 하는 학생들을 위한 것이다. 이러한 학생들은 개별화되고 종합적인 지원을 받는다.

(2) 보편적 학습 설계(Universal Design for Learning: UDL)

정서 · 행동 문제를 지닌 학생들을 위한 지도에서 문제행동의 지도와 더불어 중요시되고 있는 영역이 학업지도이지만, 학업지도에 관련된 연구가 미흡한 것이 사실이다(박현숙, 2000). 정서 · 행동 문제를 지닌 학생들이 보이는 중요한 특성 중 하나는 낮은 학업성적 결과로 인하여 자신의 잠재적인 지적 능력과는 상관없이 학교에서 낮은 학업성취를 보인다는 점이다(Lane & Wehby, 2002; 이소현, 박은혜, 2009에서 재인용). 이러한 학생들은 대부분 교실에서의 활동 수행에 어려움을 겪고 읽기와 수학에 문제를 보일뿐 아니라 기타 과목의 학습에도 문제를 보이곤 한다(이소현, 박은혜, 2009).

교육에 대한 전반적인 추세는 산업사회에나 적합했던 집단 교육에서 점차 개별 맞춤형 교육에 대한 요구로 전환되고 있다. 따라서 미래에는 개인적인 학습 차이를 수용하고 배려한다는 전제로, 융통성이 있으며 모든 학습자들에게 접근 가능한 보편적인 학습 설계 및 환경 조성이 요구된다. 보편적 학습 설계(Universal Design for Learning: UDL)는 건축학의 보편적 설계(Universal Design: UD)의 원리와 세부지침들을 교수학습 분야, 특히 교수설계 분야에 확대·적용시킨 것(Meyer & Rose, 1998; Rose & Meyer, 2000, 2002; 김희진, 2011)이다. 건축학에서 보편적 설계원리에서 보면 건물 내의 경사로, 엘리베이터, 자동문의 시설은 일반계단을 사용하기 어려운 장애인들이 건물을 쉽게 이용할 수 있도록 설계된 시설이지만 결과적으로 노인이나 유모차를 끄는 주부, 무거운 짐을 운반하는 일반인들에게도 유용한 기능을 함으로써 결국 모든 사람들이 건물을 쉽게 이용하는 데 도움이 되었다. 보편적 학습설계의 대상은 장애를 가진 학습자뿐 아니라 장애가 없는 경우, 정규 교육과정에 부적응을 보이는 학생들도 포함시키고 있으며 일반 학생들도 혜택을 받을 수 있는 설계를 지향한다는 점에서 모든 학생을 고려한 설계이다. 이러한 맥락에서 보편적 학습설계는 "모든 학습자들에게 접근성을 부여하고, 적절한 도전감을 주며, 학습에 몰입하게 하는 유연한 자료와 방법을 제공하고자 하는 노력"이라고 할 수 있다(최정임, 신남수, 2009).

보편적 학습설계의 필요성에 대한 주장을 요약하면 다음과 같다. 첫째, 보편적 학습설계는 기본적인 학습권의 보장을 전제하고 있다. 보편적 학습설계가 추구하고 있는 바는 특수교육 대상자만을 위한 것이 아니라 일반 아동의 교육적 목표를 달성하는 데 있어서도 필요한 학습설계를 포함하고 있다. 따라서 '보편적'의 개념은 모든 사람을 위한 한 가지 최적의 해결책을 의미하는 것이 아니라 특수교육 대상자를 포함하여 가능한 한 다양한 학습자들이 공통의 환경에서 학습할 수 있도록 교육과정 및 학습 환경을 탄력적으로 설계하는 것이며, 내재된 융통성의 개념을 교육상황에 적용 시키는 것이라 할 수 있다(노석준, 2006; 김용욱, 2012에서 재인용).

둘째, 보편적 학습설계의 장점 중 하나는 사회경제적 부담의 경감이라는 것이다. 일반인을 위주로 설계된 시설 및 설비에 장애인이 접근가능하고 충분히 이용할 수 있도록 하기 위해서는 하는 수 없이 기존 구조에 대한 재정비가 이루어져야 한다. 그리고 이와 같은 과정에서 경제적, 시간적 비용의 지출은 물론 그동안 해당 시설 및 설비를 이용해왔던 일반인들 역시 많은 불편을 경험할 수밖에 없다(김용욱, 2012). 유사한 측면으로 학습 상황을 살펴보면 사회가 복잡해지고 양극화가 심해지며 경쟁이 치열해질수록 낙오되거나 좌절하는 학습자들이 많아지는 추세이며, 그 과정에서 학습자들이 겪게 되는 정서적 어려움 및 문제행동은 증가될 수밖에 없다. 이에 따라 발생하는 문제들을 해결하기 위해 기초학력 수준에도 도달하지 못하는 학습부진학생들을 위한 경제적·시간적 비용 지출 역시 무시할 수 없는 수준이 되었다. 따라서 학습에 어려움을 겪는 학생들뿐만 아니라 일반 학생들의 교육적 목표를 동시에 달성하기 위한 보편적 학습설계는 인적·물적인 사회경제적 부담 절감의 측면에서도 의미 있는 접근이라 할 수 있다.

셋째, 보편적 학습설계는 예방적인 대응책이라 할 수 있다. '예방'의 차원에서 문제 해결 방안에 대한 접근이 시작될 때, 기초학력이 부족하여 정서·행동적으로 어려움에 처해 있는 학생들 혹은 정서·행동적 어려움에 기인하여 학력수준이 저하되는 학생들의 복합적인 문제를 해결하고 지원하기 위한 노력이 성과를 가져올 수 있을 것이다. 보편적 학습설계는 국가가 정한 수업일수를 만족시키기만 하면 고학년으로 진급시키고 있는 우리나라의 교육현실에서 일반 아동들의 학업적 결손을 사전에 보완할 수 있는 대안적 기능을 제공한다고 볼 수 있다(김용욱, 2012).

이러한 차원의 필요성을 지닌 보편적 학습설계는 다양한 내용 제시 방법, 다양한 표현 방법, 다양한 참여 방법 등의 세 가지 원리를 표방하며 이에 대한 교수방법의 적용 실례에 대한 구체적인 내용은 아래 <표 3-2>와 같다(Rose & Meyer, 2002; 손지영, 2008).

표 3.2 보편적 학습설계의 세 가지 원리와 교수방법의 적용 실례

보편적 학습설계의 세 가지 원리	교수방법의 적용 실례
1. 다양한 내용 제시 방법	• 다양한 예시 제공 • 정보의 중요한 특징 강조 • 다양한 매체와 형태 제공 • 배경 지식 및 맥락에 대한 정보 제공
2. 다양한 표현 방법	• 융통성 있는 수행 모델 제공 • 도움을 받으면서 연습을 할 수 있는 기회 제공 • 지속적이고 관련된 피드백 제공 • 기술시연을 위한 융통성 있는 피드백 제공
3. 다양한 참여 방법	• 내용과 도구의 선택권 제공 • 적절한 목표수준 제공 • 보상에 선택권 제공 • 학습상황의 선택권 제공

2 정서·행동 문제 학생의 유형 및 특성

정서 · 행동 문제를 구분하는 기준은 정신의학적인 체계로서 정신장애 진단 및 통계편람 제4판(Diagnostic and Statistical Manual of Mental Disorders, 4th ed. rev.; DSM-Ⅳ-TR)의 분류, 특수교육학의 체계로서 정서장애(Diagnostic and Statistical Manual of Mental Disorders: DSM)의 분류 및 교육학의 체계에 기반을 둔 아동행동조사지(Child Behavior Checklist-CBCL)의 문제행동 분류를 참고할 수 있다. 이 중 아동행동조사지(CBCL)가 본 연구에서 대상으로 하고 있는 일선 학교 현장에서 마주치게 되는 정서 · 행동 문제 학생들의 유형 구분과 가장 근접한 것으로 볼 수는 있다. 그러나 이상의 접근 모두 국외의 사례에 기준하거나 국내의 실정을 반영하였다 하더라도 국외의 기준을 번안하여 국내의 실정에 맞게 활용한 수준이다. 따라서 최근 우리나라 초등학교 교실 현장에서 교사가 지도에 어려움을 겪고 있는 학생의 정서 · 행동적 특성의 유형을 현상에 기초하여 살펴보는 것이 필요하다. 따라서 현장 교사들을 대상으로 FGI(Focus Group Interview)를 실시하고 정서 · 행동 문제를 가진 학생의 문제행동 특성을 정리한 결과는 <표 3-3>과 같으며, 교사들의 응답 내용을 Achenbach(1991)의 문제행동 구분과의 연관성과 함께 분석하였다. Achenbach는 아동행동조사지(Child Behavior Checklist: CBCL)를 통해 아동, 청소년들이 주로 나타내는 문제행동의 유형을 파악하고 분류하였다. 그 결과, 비행과 공격성 등의 증상을 포함하는 외현화 문제행동과 불안/우울, 위축, 신체증상, 주의집중 문제 등의 증상을 포함하는 내면화 문제행동이 추출되었다. 구체적인 하위 특성은 ① 위축행동, ② 신체증상, ③ 불안/우울, ④ 과잉행동, ⑤ 미성숙행동, ⑥ 정신분열증, ⑦ 비행, ⑧ 공격행동, ⑨ 성문제 등 9가지이다. FGI에 참여한 교사들이 묘사한 학생들의 정서 · 행동 문제의 문제행동 특성은 Achenbach가 분류한 하위 특성들을 대부분 포함하고 있었다. 그러나 내면화 행동 특성 중 선택적 함묵증, 자살충동, 외현화 행동 특성 중 게임/매체중독, 권력에 복종 또는 역이용, 학교거부, 언어기술 부족은 FGI에 참여한 교사들의 응답을 통해서만 나타난 특성이었다.

표 3.3 FGI 참여자가 묘사한 정서·행동 문제를 가진 학생의 문제행동 유형

구분	범주	관련 코드	Achenbach의 문제행동 분류와의 연관성
내면화 행동 특성	심한 감정 기복	① 감정의 기복이 심함	○
	불안감	② 불안감이 있음	○
	선택적 함묵증	③ 말을 하지 않음	
	우울	④ 우울함	○
	위축감	⑤ 위축되어 있음 ⑦ 두려움이 많음 ⑧ 강박관념이 있음 ⑨ 항상 긴장해 있음	○
	자살충동	⑥ 자살충동을 느낌	
외현화 행동 특성	게임/매체 중독	① TV/컴퓨터게임/인터넷 중독	
	공격행동	② 공격적/폭력적 행동을 함 ⑤ 폭력적 도구 소지 또는 사용 ⑬ 파괴적인 행동을 보임 (물건 던지기 등) ⑲ 친구들을 괴롭힘	○
	과잉행동	③ 과잉행동 (가만히 앉아 있지 못함, 심한 장난) ⑧ 괴성을 지름 ⑪ 교실 이탈 행동 ⑯ 돌발행동 ㉗ 지속적인 울음 ㉘ 이상한 소리를 냄 ㉜ 자해행동	○
	고자질/거짓말	④ 고자질을 함 ⑥ 거짓말을 함	○
	자기 미조절	⑦ 고집을 부림 ㉚ 자기조절이 안됨 ㉛ 자기중심적 행동	○
	반항/욕설	⑨ 교사에게 반항과 욕설을 함 ⑱ 욕설 및 범죄 언어 사용 ⑫ 규칙을 지키지 않음	○
	권력에 복종/역이용	⑩ 교사의 호의를 역이용함 ⑳ 교사에 따라 다르게 행동함	
	자폐적 성향	⑭ 눈을 못 맞춤 ⑰ 특정 행동의 반복	○
	도벽	⑮ 도벽증상	○
	주의력 결핍	㉔ 산만한 행동/주의집중이 잘 안됨 ㉖ 정리정돈이 안됨	○
	학교거부	㉑ 지각/결석/등교거부	
	성(性)적인 행동	㉒ 성(性)적인 행동을 함	○
	부정적 반응/자기방어	㉓ 습관적인 부정적 반응 ㉙ 자기방어적인 태도	○
	언어기술 부족	㉕ 언어적 문제 (부정확한 발음, 말더듬, 단답형 대답)	

1) 내면화 행동 특성

가) 심한 감정 기복

실제 학교 현장에서는 감정에 따라 학습의 참여 여부가 결정되는 학생, 마음에 드는 부분에만 집착을 하거나 교사의 지적에 대해 감정 조절을 하지 못하는 학생들이 있으며, 날씨에 의해서도 감정 상태가 심하게 달라지는 학생들이 있음을 언급하였다.

- 어떤 날은 가라앉은 상태에서 거의 엎드려 있거나 얘기도 별로 안하고 어떤 날은 굉장히 기분이 좋아서 아침에 붕 떠서 오는 경우도 있어요. (T21)
- 날씨에 영향을 많이 받는데, 날씨 흐린 날은 정말 하루 종일 감정 주체를 못하고, 흥분했다 우울했다 해요. (T29)

나) 불안감

항상 불안해하는 학생들은 불안해지면 손톱을 깨물거나 머리카락을 쥐어뜯는 행동을 하고, 눈을 계속 깜박거리면서 초조해 하는 모습을 보였다. 이러한 학생들의 경우 긴장감으로 인해 과제를 시작조차 못하거나, 주어진 시간 내에 과제를 완성하지 못하는 경우도 있으며, 자신의 행동이 느리다는 것을 인식하고 그에 대해 스스로 불안해하기도 한다. 이러한 불안감이 만성적인 상태로 연결되면 학교의 모든 활동에 대해 불안해하고 심지어는 등교를 거부하는 모습을 보이기도 하였다.

- 행동이 느린 것 때문에 스스로 불안감을 느낀 거예요. (T10)
- 근데 등교 문제의 이유는 전날부터 불안이 있는 거였어요. (T14)
- 불안한 상태가 되면 손톱을 깨물어나 머리를 쥐어뜯고, 손톱을 깨물거나 긁어서 피가 나는 경우도 있어요. (T33)

다) 선택적 함묵증

교사가 아무리 대화를 시도해도 웃기만 할뿐 대답을 하지 않거나, 학교에 와서 단 한마디도 하지 않는 학생들도 있다. 교사는 물론 친구들과도 대화를 하지 않기 때문에 교사 입장에서는 장애를 의심하게 되는 경우도 있었다. 모둠활동을 진행할 때에도 함묵해버리기 때문에 대상 학생을 수업에 끌어들이는 일이 불가능했다는 사례도 언급되었다.

- 수업 4~5시간 동안 말을 한마디도 안하는 학생이 있어요. (T34)
- 토의할 때 입을 다물어 버리니까 다른 학생들이 답답해하는 거죠. (T47)
- "넌 왜 제 시간에 하지 않아?"라고 하면 웃기만 하면서 말하지 않아요. (T7)

라) 우울

우울함을 느끼는 학생들 중에는 왕따를 당하거나 가정에서의 문제 등으로 인해 우울해하거나 학업 수행의 어려움으로 자존감이 낮아져서 우울함이 심해지는 경우도 있었다. 교사가 대상 학생의 증상이 의심스러워 학부모와 상담을 한 후 실제 진단을 받아본 결과 소아우울증으로 진단 받은 학생들의 사례도 있었다. 이와 같이 학부모가 진단에 동의한 경우에는 원인을 찾아 지원을 시도할 수 있지만, 진단 자체를 거부해 버릴 경우에는 교사 입장에서 해줄 수 있는 방법이 없다는 의견도 있었다.

- 이유를 알 수는 없지만 우울감에 시달린 애들이 있었는데 저도 이 아이들의 공통적인 특징을 생각을 해보니까 애들 자체가 크게 학습에 관심이 없고요. 뭔지 모르게 계속 우울해 있었고요. 몇 가지 같은 경우에는 이유를 알겠는데 이렇게 이유를 알 수 없이 우울하고 이런 아이들이 대체적으로 왕따를 많이 당하는데 가만히 보고 있으면 사람한테 공감하는 능력이 떨어진다고 해야 할 것 같아요. (T46)
- 작년에 6학년 중에 소아우울증 학생이 있었어요. 위 센터에 전화를 했죠. 검사를 했더니 점수가 40점 넘으면 소아 우울증인데 50점이 넘었어요. (T45)

마) 위축감

불안감이 있는 경우와 다르게 위축감이 있는 학생은 자신감이 없거나, 반복된 실패로 인해 위축되어 있는 상태이기 때문에 별도의 특성으로 구분하였다. 학생 자신이 수업 내용을 잘 따라가지 못한다고 생각하기 때문에 계속해서 친구의 것을 보면서 따라하게 되고, 학업 평가 결과 역시 좋지 않다 보니 더욱 자신감도 없어지게 되었다.

- 자신감도 없고 당연히 성적은 최하위입니다. 자기가 주도하거나 자기 의견을 제시하는 것은 잘 안 되는 것 같습니다. (T47)
- 본인도 자꾸 움츠려 드는 건데, 친구들이 '너 왜 내 것 보냐.'라면서 가리면 못하고, '0점 맞았어요.' 하고 놀리면 울고... 그리고 기분이 안 좋아서 수업 참여를 안 하려고 해요. (T64)

바) 자살충동

교사들이 가장 우려하는 특성은 자살과 관련된 언행을 보이는 학생들의 사례였다. 만성화된 부정적인 사고로 인해 주변 사람들에게도 죽겠다는 말을 자주 하며, 누가 쳐다보기만 해도 민감한 반응을 보이거나, 심지어는 도구를 활용해서 자살 소동을 벌이는 경우도 있었다고 한다.

- 부모님한테 죽겠다고 말을 하기도 하는 학생인데... (T37)
- 자살소동을 벌이는 아이가 있어서 3학년인데 제도용 칼을 들고 소동을 벌이는 거예요. (T9)

2) 외현화 행동 특성

가) 게임/매체 중독

정서·행동 문제 학생들의 행동 특성 중에 학교 현장 교사들이 항상 언급하는 특징은 게임 중독 문제였다. 가정에서의 돌봄이 여의치 않은 경우 게임 중독에 빠지기 쉽다. 밤새 게임을 하고 다음날 등교한 학생들을 보면 짜증도 많이 내고, 정서적으로 불안정하여 친구들이나 교사에게까지 화를 내는 경우가 있다. 또한, 폭력적인 게임에 몰두해 있는 학생들의 경우 그와 유사한 수준의 폭력성을 드러낸다는 의견도 있었다.

- 엄마가 퇴근하고 9시에 오시기 때문에 아이들이 학원을 다 마치고 집에 가서 식사를 하고 나면 그때부터 자기 시간이라 밤새도록 게임을 해요. 그러고 나서 학교에 오면 짜증도 많이 나고 화도 나고 그래서 선생님한테 화도 내고 그럽니다. (T35)
- 집에 가면 TV나 컴퓨터 앞에만 있더라고요. 누나가 6학년이거든요. 누나한테 물어봤

는데 컴퓨터, TV 밖에 안 한다고 하더라고요. 설문조사를 했을 때도 게임중독의 정도가 심했거든요. (T60)

- 외아들, 주말부부인데 엄마는 늦게 대학을 다니고, 외할머니 집에 있는데 외할머니랑 뭐하니 그러면 TV본다고 하고, 집에서는 컴퓨터로 '서든(어택)' 한다고 하고, 친구들도 건드릴 때 굉장히 폭력적이에요. (T20)

나) 공격행동

외현화 행동 특성 중 가장 많이 언급된 사례 중 하나가 공격행동이었다. 학생들은 손에 잡히는 물건뿐만 아니라 심지어 의자를 집어 던지거나, 친구들과 항상 다툼이나 시비가 일어나 친구들을 때리는 폭력적 행동을 하고, 물건을 부서뜨리는 파괴적인 모습을 보였다.

- 첫 날부터 가방을 집어 던지고 평상시 학습을 할 때는 틱이 있어서 손, 발을 떤다는 식이었고요. 핸드폰이 있으면 자기가 사용을 하고 약한 아이들 대상으로 괴롭히거나 욕을 하거나 물건을 몰래 숨기는 행동을 했고요. 화나면 깨고 의자를 집어던지고 했었어요. (T18)
- 체육을 못해서 방해를 하거나 피구 판에 드러눕거나 자기 뜻대로 안 될 때 소리 지르거나 물건을 던지고 교사의 물건까지 던질 정도였어요. (T13)
- 책상을 뒤집거나 의자를 던져서 모둠 활동을 할 때 어려워요. (T9)
- 옛날보다 더 심해졌고요. 그리고 화가 난다 그러면 있는 것을 찢거나 친구들한테 소리 지르고 때리고요, 폭력적이에요. 또 자기의 의견이 수용이 안 된다 그러면 실내화를 집어던져요. 다른 선생님들이 자기 맘에 안 들게 한다 그러면 갑자기 소리를 지르고 폭력적 행동을 하더라고요. 학교를 막 휘저으면서 한 명씩 다 괴롭혔거든요. (T23)

다) 과잉행동

학생들의 공격 행동과 더불어 가장 많은 사례로 제시된 특성은 과잉행동에 관한 것이었다. 가만히 앉아있지 못하거나 심하게 장난을 하는 경우, 수업시간에도 괴성을 지르거나, 지속적으로 울거나, 이상한 소리를 내는 경우, 교사가 통제할 겨를도 없이 순식간에 책상을 엎어버리거나 식판을 던져버리는 등의 돌발 행동들이 언급되었다. 심한 경우 자신의 머리를 땅에 부딪치는 등의 자해 행동까지 한다고 하였다.

- 급식을 먹다가 (음식물을) 떨어뜨려도 소리를 지르는 거예요... 자리에 못 앉아 있고 튀어나와서 자기 말을 해요. (T9)
- 마음에 들지 않으면 괴성을 지르고 드러눕거나 (학교 밖으로) 뛰쳐나가는 행동을 보이는 학생이 있었어요. (T57)
- 아이들과 충돌이 있으면 나는 죽어야 한다고 하거나 쓰레기통에 들어가거나 잘못을 지적했더니 밖에 나가서 풀을 뜯어 먹은 적이 있었어요... 옆에 친구가 교사에게 모둠 활동 안 하는 것을 이르자... 아무 말도 없이 화장실에 가더라고요. 좀 있다가 한 아이가 '선생님, 여기에 똥이 있어요!' 하기에 보니까 그 말을 한 (교사에게 일렀던) 짝꿍의 의자 위에다가 똥을 놓은 거예요. 교실에서 싼 것이 아니라 화장실에서 손으로 들고 왔더라고요. (T52)
- 어느 날은 콘센트에 물을 붓기도 했어요. 나가면 못 들어온다 하니 나가서 없어졌어요. 그래서 그 아이를 찾으러 돌아다녔던 적이 있었죠. (T29)

라) 고자질/거짓말

교사에게 지속적으로 친구들이 어떻게 했다는 것을 고자질을 하거나, 친구들의 행동에 대해 사실과 다르게 거짓말을 하는 행동 특성도 제시되었다. 친구들이 자신에게 폭력을 가한다고 교사에게 말하는 경우는 학교 폭력의 문제와도 연결되어 있기 때문에 교사가 조심스럽게 상황을 살펴본 결과 해당 학생이 친구들의 장난을 과장해서 해석하거나, 실제로는 없었던 일인데 본인이 심적으로 힘들었다고 느낀 정도를 표현하는 과정에서 습관적으로 거짓말이 나오는 경우도 있었다.

- 지난번에 학교 폭력 전수조사를 해서 봤는데요. 자기를 친구들이 리본 끈으로 목을 졸랐다는 식으로 적었어요. 사실 그렇게 할 만한 친구들이 없었다고 보는데 이 친구는 정말로 있었는지, 그렇게 느끼는 건지(구분을 못하는 것 같아요). 친구들이 살짝 뭐라고 할 수도 있고 한데 대개 크게 받아들이는 것 같아요. 왕따 당한 친구가 칭찬을 받기 위해서 거짓말을 하기도 하고요. (T47)
- 조금만 아프면(등교를 안 해요). 그리고 학교 오기 싫으면 거짓말을 하는 거예요. (T51)

마) 자기 미조절

심하게 고집을 부리거나 자기중심적인 행동을 하는 등 자기조절능력이 떨어지는 학생들도 언급되었다. 장난감을 학교에 가져와서 수업 시간 내내 수업에 참여하지는 않고 계속 장난감만 만지작거려 교사가 못하게 하면 심하게 과잉행동이나 폭력성을 드러내기도 하기 때문에 제지를 하기가 어렵다는 사례도 있었다. 기본적으로 자신이 원할 때 무조건 해야 하고 참고 기다리는 것 자체를 경험해 본 적이 없는 학생들을 지도할 때 힘이 많이 든다는 의견이었다.

- 만약 절제가 가능한 친구는 처음부터 과학실에 큐브나 공을 들고 오지 않았겠지만 그 아이들은 미련을 못 버리고 들고 가야 하고... 들고 갔으니 자꾸 만지게 될 수밖에 없는 것 같아요. (T44)
- TV라든가 휴대폰 때문에 자기조절력이 없어졌고... 게임을 하다보면 멈춰야 하는데 실제 그게 안 되는 거죠. (T45)

바) 반항/욕설

교사에게 반항하거나 심지어는 욕설을 거침없이 내뱉는 학생들의 행동도 언급되었다. 학생들이 교사에게 욕설을 할 경우 교사들은 어떻게 지도해야 할지 난감하다는 것이 공통 의견이었다. 어떤 교사의 경우에는 인신공격까지 마다하지 않으며 반항과 욕설을 하는 학생을 끝까지 참고 계속 수용해주었더니 '선생님이 왜 이럴까?' 궁금해 하면서 나중에는 온순해지고 교사의 말을 듣기 시작했다는 사례도 언급하였다. 그렇지만 이러한 모든 상황을 견뎌내야 하는 교사의 정신 상태와 마음은 만신창이가 되더라는 의견도 덧붙였다.

- 담임선생님께서 '바르게 앉아라.'라고 말씀을 해도 바로 욕을 하면서 나가는 거예요... 가정에서 엄청난 스트레스를 받아 왔기 때문에 선생님까지 '왜 나한테 욕하고 난리야' 이렇게 하면서 계속 욕을 들이 붓는데... (T11)
- 친구들과 어울리는 것을 힘들어하고 힘들다 싶으면 욕을 하거나 하는 이상한 행동을 해요. (T62)
- (교사에게) '지랄이야.'라고 하더라고요. (교사 생활하면서) 처음 들었죠. (T10)

사) 권력에 복종/역이용

담임교사가 있을 때는 문제행동을 보이지 않으나 전담교사나 인턴교사 앞에서는 문제행동을 나타내는 학생들이 있었다. 즉, 담임교사의 수업에는 별 문제가 없는데 유독 전담교과 시간에만 문제행동을 보이거나 인턴교사에게 함부로 대하기도 하고, 남자교사보다는 여자교사에게 문제행동을 더 많이 나타낸다는 것이다. 교사가 친절하게 대해주거나 배려를 해주면 오히려 역이용하는 행동을 하는 학생들의 사례도 언급되었다.

- 근데 얘들은 담임과 전담교사 구분은 잘하고, 인턴교사한테도 '뭐 해줄래요?'라고 말해요. 자신한테 유리한 것은 기가 막히게 잘 챙기고 인턴선생님한테 '내가 (공부)하면 뭐 해줄래요?' 이런 식으로 나오니까요. 제가 무섭게 하니까 더 무섭게 하지 않는 선생님을 우습게 보기도 해요. 담임선생님, 오래 본 선생님이면 함부로 못 하지만, 외부강사나 여자 선생님, 큰 목소리를 안 내는 선생님들한테는 (함부로) 해요. (T45)
- 엄마의 입장에서 굶기고 하는 것이 애처로워서 그것을 해 주면 처음에는 아이가 역이용하더라고요. (나중에는) 저한테 그런 걸 요구하더라고요. (T8)

아) 자폐적 성향

기본적으로 교사와 대화를 할 때 눈을 못 마주치거나 특정 행동을 반복하는 학생들이었는데, 특정 물건에 과도하게 집착해서 친구들과 마찰이 일어나는 경우 폭력성까지 드러내는 경우도 있었다. 계속 이상한 소리를 내거나 같은 말을 반복하고, 손을 주머니에 넣었다 뺐다 하는 등의 행동을 계속 반복하는 학생들이 있었다.

- 눈을 잘 못 맞추고 사람 눈을 피합니다. 아이들이랑 평상시에는 노는데, 대립이 생기게 되면 자신의 것이 아니더라도 그 친구의 물건을 뺏고 싶다고 생각하면 친구를 팍 밀쳐서 상해를 입히더라고요. (T59)
- 교사와 1:1로 이야기를 하면 다른 데를 보고, 손과 발을 가만히 있지 못했어요. 호주머니에 손을 넣었다가 뺐다가 하고 돌아다닙니다. (T30)
- 이상한 소리를 내거나 반복적 말을 한다거나 그래요. (T26)

자) 도벽

사례 중에는 이미 학교의 교사들 간에도 대상 학생의 도벽을 조심하라는 소문이 날 정도로 지속적인 도벽 행동을 나타내는 학생에서부터 친구들과 어울려서 함께 돈을 훔치는 경우도 있었다.

- 도벽증상이 7살 때부터 있었다 하더라고요. 이 아이는 액수도 컸어요. 굉장히 대담해졌는데요. 훔치는 과정에서도 '지갑에 돈이 없네'라는 여유 있는 상황을 보이는 정도까지 갔더라고요. 그 학생은 치료를 받아야 된다는 의견이 나왔는데요... 그 아이는 훔쳤을 때 쾌감을 느낀다고 하더라고요. (T15)

차) 주의력 결핍

주위가 산만하여 수업 시간에 집중하지 못하는 학생들은 손을 가만히 두지 못하거나, 수업 시간에 계속 움직이고, 친구들에게 말을 시키거나 혼자서 중얼거리는 행동을 하였다. 또한 자신의 주변 정리가 되지 않아 개인 물건들이 책상 위에 널려 있기 때문에 수업이 시작되어도 교재나 필기도구들이 준비된 적이 없는 학생들의 사례도 있었다.

- 주위가 산만해서 수업 시간에 계속 이야기하고 움직이고... 이런 과정에서 국어는 글을 읽고 생각을 해서 말을 하거나 답을 해야 되잖아요. 그럴 때 못해요. (T61)
- 통제가 되지 않고, 관리가 되지 않고, 정리정돈도 안 돼서 가방, 사물함, 책상 자기 물건인지 개념도 없고... 그런 아이들의 특징이 학습에 집중을 못하고 산만하고 마음대로 행동을 하죠. 교실에 오면 안정감이 없어서 산만한 행동을 하는 것 같아요. (T5)
- 정리 정돈이 안 되고 항상 수업 시간 내내 지우개를 밀고 있어요. (T32)

카) 학교거부

유독 지각과 결석이 잦거나 등교를 거부하는 학생들의 특성도 언급되었다. 공부하는 것이 싫거나 숙제하는 것이 싫어서 학교를 거부하기도 하지만, 등교 자체에 불안감을 갖고 있는 학생의 사례도 있었으며, 수업 활동 자체를 거부하는 경향이 있어서 수업시간마다 늦게 들어오는 경우도 있었다.

- 아이들이 공부하는 것도 싫고 하니까 상황을 피하려고 하기도 해요. 6학년의 어떤 학생은 2주 넘게 학교에 안 왔어요. 또 어떤 친구는 숙제를 내주면 숙제하기가 싫어서 결석을 하기도 해요. (T51)
- 등교문제의 이유는 전날부터 불안이 있는 거예요. '과제를 안했기 때문에 선생님께 야단을 맞겠구나...'의 문제가 아니라 스스로 불안해서 그랬거든요. 결석을 자주 하게 되는 것이 그 아이의 문제도 있겠지만 결석을 하는 과정 속에서 부모님을 힘들게 해요. 9시 전에 엄마가 많이 달래서 보내고, 지금까지도 그 아이를 달래고 맛있는 것을 해줘가면서 학교를 보내는 상황이 된 거예요. (T14)

타) 성(性)적인 행동

성(性)적인 문제행동을 보이는 학생들의 사례도 제시되었다. 이성에게 빈번하게 신체적 접촉을 시도하고 범죄 용어를 쓰는가 하면, 학교 내에서 자위행위를 하거나 본인의 속옷을 내리고 돌아다니는 행동으로 교사와 학생들 모두가 놀라는 사건도 언급되었다. 이 학생의 경우 어렸을 때부터 화장실을 다녀오면 엄마가 물티슈로 매번 닦아 주었다고 하는데, 학교에서는 그것이 불가능하여 속옷을 올리지 않고 돌아다녔다고 한다. 해당 학생을 지도했던 교사는 행여 주변 학생들이 그 행동을 따라 할까 매우 걱정이 되었다고 응답하였다.

- (수업시간에) 사라지는 것은 당연하고 책상 모서리 같은 곳에 성기를 대고 비비거나 학교나 학원의 문 밖에 소변을 보고 속옷을 내린 채로 돌아다닌다거나 하는 행동을 했어요. 남자 아이들을 물어뜯고 뽀뽀를 하고... 짝꿍 남자 아이 무릎 위에 누워있거나 하는 행동을 했습니다. (T17)
- 수업시간에 준비도 안 되어 있고, 여자에 대한 관심이 많아서 불쑥 가슴을 만지거나 하는 등의 행동을 하더라고요. (T55)

파) 부정적 반응/자기방어

교사의 질문에 습관적으로 부정적인 반응을 보이는 학생들의 사례가 언급되었다. 교사가 활동의 시작을 알리자마자, 바로 '안 하겠다. 왜 하느냐.'는 식의 반응을 보이는 학생들이 있는데, 특별한 이유도 없고 무조건적으로 부정적 반응부터 내뱉는다는 것이다. 자신의 존재를 드러내기 위한 것 같아 교사가 개별적인 대화를 시도해도 계속해서 부정적인 반응을 보이기 때문에 어떻게 지도해야 할지 모르겠다는 의견도 있었다. 이처럼 부정적 반응은 학급 전체의 수업 분위기를 나쁘게 만들기도 하는데, 친구들이 그런 행동에 대해 재미있어 하면 더 심하게 부정적인 반응을 나타내서 더욱 힘들다고 했다. 한편 자기 방어적인 태도를 취하는 학생들도 유사한 부정적 반응을 보인다고 하였다. 교사의 칭찬에도 의심하는 말투로 대화를 거부하거나, 친구들에게도 피해의식이 있는 것처럼 방어적인 태도와 말투로 대하였다.

- 얘는 무기력이 아니라 무슨 말을 탁 내뱉으면 아무 생각 없이 바로 반응이 오는 애에요. 예를 들면 '자, 이것이 뭔지 생각해보자.'라고 하면 바로 '몰라요.', '생각해보자.', '몰라요.' 그런 식으로 딱 얘기를 해요. 자기의 존재를 계속 드러내 주는 거예요. '몰라요, 몰라요'라고 하면서... (T6)
- 저희 반에 있었던 애는 극도의 자기 방어적 성향을 가지고 있었던 아이가 있었고요. 거의 3, 4학년 때까지 선생님들이 자폐가 아닐까 하는 생각을 하셨대요. 어떤 유형이냐면요. '오늘 머리가 참 예쁘네.'라고 하면 일반적인 아이들은 웬만하면 웃거든요. 그 학생 같은 경우는 표정이 바뀌면서 공격적으로 나와요. '왜요?'라고 반응을 해요. 자기한테 뭔가 시비를 걸려고 하는 게 아닌가? 이런 느낌으로 반응을 하더라고요. (T46)

하) 언어기술 부족

언어기술이 부족한 학생의 경우 부정확한 발음이나 말을 더듬어서 친구들 사이에서 놀림감이 되거나, 심한 경우 왕따까지 당하는 사례도 있었다. 교사에게 반말이나 단답형 대답을 하는 식의 문제행동도 언급되었다.

- 말이 어눌하고 발음이 안 좋아서 친구들과 의사소통이 안 돼서 왕따를 당하는 경우도 많아요. (T44)

3 정서·행동 문제 학생의 문제행동 원인 분석

1) 문제행동의 기능

인간의 행동을 해석하는 행동주의적 접근법은 모든 인간의 행동이 학습된 결과라고 주장한다. 즉, 기본적으로 학습은 개인과 환경 간의 상호작용 과정에서 이루어지므로 환경자극을 어떻게 제공하는가에 따라 개인의 학습 내용은 달라질 수 있다는 관점이다(Bambara & Kern, 2005). 이러한 개인의 행동과 환경과의 관계는 A(선행사건)－B(행동)－C(후속결과) 원리로 설명되는데, 개인의 행동(Behavior)은 선행사건(Antecedent)과 후속결과(Consequence)에 따라 형성, 유지 및 감소 또는 증가될 수 있다. 즉, 행동은 환경 변인과 함수관계에 있다고 할 수 있다. 행동(B)과 기능적으로 연관되어 있는 선행사건(A)과 후속결과(C)가 무엇인지 알아보는 것을 기능평가라 하는데, 기능평가가 중요한 이유는 같은 형태로 나타난 행동일지라도 그 행동을 하는 목적은 사람마다 다를 수 있기 때문이다. 예를 들어, 철수와 영희가 똑같이 우는 행동을 했지만 철수는 관심을 끌기 위해서 울었고, 영희는 과제가 하기 싫어서 한 행동일 수 있다. 따라서 문제행동의 선행사건과 후속결과에 대한 정보를 가능한 자세하게 수집하여 행동과 환경 변인 간의 관계에 대한 가설을 설정하고, 입증하는 것이 기능평가의 목적이라고 볼 수 있으며, 문제행동에 효과적으로 대처하기 위하여 이와 같은 과정은 무엇보다 중요하다고 할 수 있다.

2) 문제행동의 기능평가 방법

문제행동의 기능을 평가하기 위한 방법으로는 크게 직접관찰법, 간접관찰법, 실험법 등이 있다. '직접관찰법'은 문제행동이 일어날 때마다 선행사건과 후속결과를 관찰하고 기록하는 것이다. 이를 ABC 관찰이라고도 한다. 직접관찰은 문제행동이 가장 잘 일어나는 환경에서 수행해야 하므로 이를 위해서 대상 학생의 문제행동이 언제 가장 잘 일어나는지에 대한 정보가 필요하다. 문제행동의 직접적 기능평가를 위해서 Bijou 외(1968)가 개발한 A(Antecedent, 선행사건)－B(Behavior, 행동)－C(Consequence, 후속결과) 관찰지를 사용하여 직접관찰을 실시할 수 있다([부록 1] 문제행동의 선행사건－행동－후속결과 기술 분석지 참조).

‘간접관찰법’은 대상 학생을 잘 아는 사람(부모나 교사)이 면접지나 질문지에 응답함으로써 이루어지는 방법으로 Durand 외(1988)가 개발한 문제행동 발생 동기 평가 척도(Motivation Assessment Scale: MAS)를 활용할 수 있다([부록 2] 문제행동의 동기 평정 척도 참조).

‘실험법’은 대상 학생의 문제행동에 영향을 미치는 선행사건과 후속결과 변인을 조작하여 행동과 환경 변인과의 기능적 관계를 밝히는 것이다. 예를 들어, 철수의 물건 던지기 행동의 기능이 관심 혹은 과제회피로 의심되는 경우, 무관심 조건과 과제제시 조건을 설정하고 문제행동을 측정해 볼 수 있다. 대상 학생의 문제행동 기능을 평가한 구체적인 방법은 다음과 같다.

가) ABC 관찰

ABC 관찰은 관찰자가 대상 학생의 문제행동 발생 시 구체적인 상황을 기술하는 것인데, 기술하는 주 내용은 일반적인 상황, 선행사건, 문제행동, 후속결과로 구성되어 있다. 관찰에 앞서 대상 학생의 문제행동이 언제 가장 잘 일어나는지에 대한 정보를 파악하기 위해서 담임교사가 문제행동분포도([부록 3] 문제행동 분포도 참조)를 작성하고, 문제행동의 발생시간 또는 상황에 대한 분석이 이루어진 후 그 시간대에 ABC 관찰을 실시한다.

ABC 관찰 결과 문제행동의 기능에 대한 분석은 크게 ‘관심끌기’, ‘자기자극’, ‘과제회피’의 세 가지로 구분된다. 첫째, ‘관심끌기’는 과제에 참여하고자 할 경우 또는 과제를 하고자 하였으나 제지당한 경우 자신의 관심을 표현하는 방법으로 사용된다. 타인에게 자신의 요구를 들어주도록 하는 경우가 모두 ‘관심끌기’에 해당되며, ‘관심끌기’는 목적이 달성되어야만 문제행동을 멈추게 된다. 둘째, ‘과제회피’는 과제 수행을 거부하기 위한 수단으로 타인에 의해서 요구된 상황에 참여하기를 거부하는 것이다. 예를 들어, 과제를 회피하기 위한 목적으로 자해행동을 보이는 것이나, 활동에 대한 부정·부인, 사물 및 사람에 대한 부정·부인이 해당된다. 셋째, ‘자기자극’은 어떤 문제행동 그 자체로 즐거움을 얻는 경우로 책상을 ‘탁탁’ 치는 행동을 하면서 피드백되는 소리를 즐긴다든지, 자위행위를 하면서 촉감각을 즐긴다든지 하는 예가 이에 포함된다.

나) 문제행동 발생 동기 평가 척도(Motivation Assessment Scale: MAS)

문제행동의 기능을 분석하기 위해 담임교사를 대상으로 대상 학생의 문제행동 발생 동기 평가 척도(MAS)를 실시하였다. 문제행동 발생 동기 평가 척도(MAS)는 16개의 질문으로 구성되어 있으며, 문제행동 발생에 대한 환경적 요인과 대처양상을 확인할 수 있다. 또한 문제행동 발생 동기 평가 척도(MAS)의 득점에 따라 대상 학생들이 문제행동을 유지시키는 변인들을 밝힐 수 있다. 즉, 가장 높은 점수를 받은 변인이 연구 대상 학생의 문제행동에 가장 중요한 영향을 미치는 것이라고 분석할 수 있다. 문제행동에 영향을 미치는 주요 변인으로는 '감각적 자극' 변인, '탈출' 변인, '관심' 변인, '물질적 보상' 변인이 있다.

다) 정서·행동 문제 학생 선별 검사

정서 · 행동 문제 학생의 행동 특성 및 정도를 파악하기 위해 특수교육대상아동 선별검사(국립특수교육원, 2009) 중 정서 · 행동장애 영역을 활용할 수 있다([부록 4] 정서 · 행동 문제 학생 선별 검사 참조). 이 검사는 특수교육대상 아동의 일차적인 선별을 위한 것으로써 또래나 교사와의 대인관계 어려움, 일반적인 상황에서 나타나는 부적절한 행동이나 감정, 전반적인 불행감이나 우울, 또는 학교나 개인 문제에 관련하여 신체적인 통증이나 공포를 나타내는 경향을 찾아내기 위해 활용된다.

본 검사를 통해 대상 학생이 정서 · 행동적 영역, 즉 또래나 교사와의 대인관계의 어려움, 일반적인 상황에서 나타나는 부적절한 행동이나 감정, 전반적인 불행감이나 우울, 또는 학교나 개인 문제에 관련하여 신체적인 통증이나 공포 중 특히 어려움을 겪고 있는 영역이 어느 부분인지 그 특성과 수준을 분석할 수 있다.

3) 분석 결과(예시)

관찰 대상 학생의 문제행동을 분석하기 위해서 담임교사가 문제행동 발생 동기 평가 척도(MAS)와 정서행동 문제 학생 선별검사를 실시하였고, 관찰자는 ABC 관찰지를 활용하여 대상 학생의 문제행동을 관찰하였다. 앞에서도 언급하였듯이 ABC 관찰 결과, 대상 학생의 문제행동 기능은 주로 관심끌기, 자기자극, 과제회피로 나타났다. 이는 교사가 평정한 학생의 문제행동 발생 동기 척도와 하위 변인, 즉 감각적 자극, 탈출, 관심, 물질적 보상과 유사한 점이 있다. 예를 들어, ABC 관찰 결과 문제행동기능으로써 '자기자극'은 교사 평정 결과 문제행동 발생 동기 중 '감각적 자극'과 유사하며, ABC 관찰 결과 '관심끌기'는 교사의 문제행동 발생 동기 척도 중 '관심'이라는 하위변인과 동일하게 해석될 수 있다. ABC 관찰 결과 '과제회피'는 교사의 문제행동 발생 동기 척도 중 '탈출'과 유사하게 해석될 수 있다.

ABC 관찰과 문제행동 발생 동기 평정 척도(MAS)의 경우 문제행동의 기능, 즉 원인은 감각적 자극으로 인한 즐거움 추구, 과제로부터의 탈출(회피), 관심 받고자 하는 욕구, 물질적 보상으로 다양하게 나타났다. <표 3−4>는 관찰 대상 학생의 관찰 결과를 정리한 예시이다.

표 3.4 A학생(초4, 남)의 관찰 분석 결과 프로파일

ABC 관찰 결과				문제행동 발생 동기 평정 척도(MAS) 점수				
관심끌기	자기자극	과제회피	총점	감각적 자극	탈출	관심	물질	MAS 결과 우선순위
16	15	15	46	16	8	5	7	감각적 자극

정서·행동 문제 학생 대상 선별검사 결과					웩슬러 아동 지능 검사 결과(환산점수/IQ점수)[1]
대인관계 형성	부적절한 행동/감정	불행감/우울감	신체적 통증/공포	총점(32점)	언어성 검사
2	4	2	2	10	50/100

관찰자의 ABC 관찰 결과 A학생(초4, 남)의 문제행동 기능은 관심끌기, 과제회피, 자기자극으로 다양하게 나타났다. 문제행동의 주요 기능이 관심끌기인 경우 활동에 대한 참여의 의지로 타인의 관심을 끌려고 하는 행동을 하는 것으로 분석할 수 있다. 또한 교사가 제시하는 과제에 대한 흥미가 없거나 어려울 경우 문제행동을 하는 것은 문제행동을 유발하는 원인이 과제와 관련이 되어 있으므로 이때는 과제의 선호도를 고려하거나 과제의 난이도를 조절하면 문제행동의 발생을 예방하거나 다소 감소시킬 수 있을 것이다.

문제행동의 발생 동기 평정 척도 분석 결과, A학생의 경우 다른 변인보다 감각적 자극 변인이 문제행동 유발에 가장 중요한 영향을 미치는 것으로 나타났다. 즉, 자신

1) 일반학급에 있는 정서·행동적 어려움이 있는 학생들이기 때문에 관찰 대상 학생의 정신지체(Mental Retardation: MR) 여부를 알아보기 위해 지능검사의 일부(언어성)를 실시하였으며, 학부모가 동의한 학생들에 한해서만 검사가 실시되었음.

의 감각, 예를 들어 느낌, 맛, 시각, 후각, 청각적 자극 등이 학생 자신을 즐겁게 하기 때문에 자신의 행동을 즐기며, 문제행동은 장시간 혼자 있게 될 때 계속 나타나는 경우도 많은 것으로 나타났다. 정서·행동 문제 선별검사 결과, A학생의 경우 대부분의 영역에서 문제가 심각하지 않았지만, 다른 영역에 비해 수업시간에 손발을 가만히 두지 못하거나 의자에 앉아서도 몸을 움직이는 등, 부적절한 행동이나 감정을 나타내는 영역에 어려움을 보이는 것으로 나타났다.

A학생의 담임교사 면담 결과 내용은 <표 3-5>와 같다. A학생의 경우 전반적으로 모든 교과에서 성적이 최하였다. 학원에 다니고 있지만, 성적 향상에는 효과가 없었다. 맞벌이 가정이었으며, 가정의 경제적 수준은 괜찮은 편이었다.

표 3.5 A학생의 담임교사 면담 내용

- 교 사 명: ○○○ • 대상 학생: A
- 일 시: 201○. ○. ○. • 면 담 자: ○○○
- 면담내용
  - 학업능력
    - 교과별 성적 모두 4학년 전체 최하임.
    - 종합학원을 다니지만 효과는 없어 보임.
  - 가정환경
    - 부모는 맞벌이를 하고 3살 차이의 형이 있는데 형은 잘함.
    - 경제적 수준은 괜찮은 편임.
  - 건강상태
    - 비염만 있음. 다른 큰 문제는 없음.

4 정서·행동 문제 학생의 사례분석 및 지도 전략

1) 문제행동 발생의 기본 원리

교실에서 문제행동을 보이는 학생이 있는 경우, 교사는 이러한 문제행동을 예방하고 통제하기 위해 체계적이고 일관성 있는 지도전략이 필요하다. 일반학급 내에서 발생하는 문제행동을 다루기 위해 교사가 알아야 할 행동 발생의 기본 원리는 다음의 네 가지로 제시된다(이소현, 박은혜, 2011).

가) 행동은 특정 법칙에 따라 발생한다

행동은 임의로 발생하는 것이 아니라 특정 법칙에 따라 발생하므로 행동의 발생 원인을 이해하고 행동에 영향을 미치는 변인을 이해하기 위한 노력이 필요하다. 즉, 학생들이 보이는 문제행동은 많은 경우에 특정 상황에 의한 자극통제(문제행동을 하면 강화를 받을 수 있다는 것을 자극이 알려줌)에 의한 것이기 때문에 해당 특정 상황에서 발생하는 것으로서, 이는 대부분 학습된 반응으로 볼 수 있다. 또한 문제행동은 오랜 시간에 걸쳐 교사와 학생의 관계, 학생의 부모 또는 학생을 양육한 양육자와의 상호작용을 통해 형성되는 경우가 많다.

나) 모든 행동은 기능을 지닌다

문제행동은 대부분의 경우 목적 없이 행해지는 부적응적인 행동이라기보다는 동일한 목적을 성취할 수 있는 더 좋은 방법을 알지 못하여 나타나는 기능적인 행동이다. 즉, 학생들이 교사 또는 부모의 관심이나 보조를 얻기 위해서, 소속감을 느끼기 위해서, 자신에게 주어진 과제를 피하기 위해서, 원하는 물건을 얻거나 활동을 하기 위해서, 즐거움을 추구하기 위해서, 또는 싫증이나 좌절 등의 감정을 표현하기 위해 문제행동을 보일 수 있다(Frey & Wilhite, 2005; Kennedy, Meyer, Knowles, & Shukla, 2000; Rodriguez, Thompson, & Baynham, 2010, 이소현, 박은혜, 2011에서 재인용). 일반적으로 정서·행동 문제를 지닌 학생들이 보이는 문제행동은 관심끌기, 과제회피, 물건얻기, 자기자극 등이다. 관심끌기, 과제회피, 물건얻기는 의사소통적 의도를 지닌 문제행동이며 자기자극은 그 행위자체를 통해 만족감을 얻는 기능을 지닌다.

다) 행동은 행동이 발생하는 상황의 영향을 받는다

행동은 행동이 발생하는 환경 내의 상황에 영향을 받는다. 일반적으로 행동발생과 관련된 상황은 선행사건(antecedents), 배경사건(setting events), 후속결과(consequence)의 개념으로 이해된다.

그림 3.2 행동발생에 영향을 주는 환경적 변인의 예

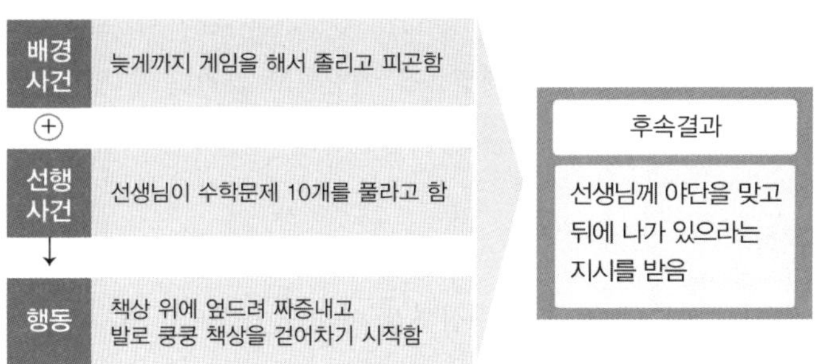

출처: 이소현, 박은혜(2011). 특수아동교육에서 발췌 · 수정함

[그림 3-2]의 예에서 보면, 밤늦게까지 게임을 해서 졸리고 피곤한 상태로 등교한 학생에게 수업시간에 교사가 수학문제 10문항을 풀라는 지시를 내린 상황이다. 학생은 풀어야 하는 수학문제에 집중을 하지 못하고 책상 위에 엎드려 짜증을 내고 발로 쿵쿵 책상을 걷어차기 시작하였고, 교사는 학생에게 야단을 치고 뒤로 나가서 있으라고 하였다. 대부분의 경우 이러한 상황에서 교사는 학생의 문제행동만 생각하게 되고 배경사건, 선행사건, 후속결과 등은 고려하기 어렵다. 하지만 행동은 그 행동이 발생하는 전후의 상황과 관련되므로 선행사건 및 후속결과를 고려한 지도전략은 행동을 통제하는데 매우 중요한 역할을 하게 된다. 즉, 교사는 행동전후에 발생하는 선행사건이나 후속결과를 수정하거나 조절함으로써 새로운 행동을 학습시킬 수도 있고 기존의 행동을 조절할 수도 있게 된다.

라) 행동은 환경의 영향을 받는다

학생들이 학교에서 보내는 거의 대부분의 활동은 교실에서 이루어진다. 교실의 물리적인 구조, 교실 내에서의 이동 반경, 교수 프로그램 등 교실운영과 관련된 모든 환경적인 요소는 문제행동의 강도나 발생빈도에 중요한 영향을 미친다.

교실환경은 물리적 환경과 교수적 환경의 두 가지로 나뉜다. 환경의 구조화를 통한 행동 통제는 일반적으로 특정 행동을 일으키거나 유지시키는 행동의 선행사건을 수정하는 것을 의미한다. 환경의 구조화의 예로는 교실의 조명, 실내온도, 소음, 학습시간표, 교실규칙, 공간과 교재의 배치 등의 물리적 환경의 구조화와 교수내용 및 절차상의 수정을 모두 포함하는 교수적 환경의 구조화가 있다.

2) 문제행동 기능별 지원전략

정서 · 행동 문제 학생들의 문제행동을 예방하고 관리할 수 있도록 긍정적 행동지원의 원리를 고려한 문제행동 기능별 지원전략을 제시하면 다음과 같다.

가) 관심끌기

초등학생들은 부모나 교사의 관심뿐만 아니라 또래 친구들의 관심도 받고 싶어 한다. 교사나 친구의 관심을 끌기 위해 보이는 문제행동은 주로 다음과 같은 상황에서 발생한다(Bambara & Kern, 2005).

- 오랜 기간 동안 관심을 받지 못하는 경험을 한 경우
- 특정인이 없는 상황에서 그 사람의 관심을 받고 싶어 하는 경우
- 다른 사람들은 관심을 받고 있거나 서로 상호작용을 하는데 자신은 그렇지 않은 경우

(1) '관심끌기'에 대한 예방 차원의 전략

① 예방 전략 1: 비유관 강화(noncontingent reinforcement: NCR)[2)]–계획에 따른 관심 제공

사례 1

영인이는 교사의 관심을 끌기 위하여 수업 시간에 친구의 물건을 빼앗거나 친구를 괴롭히는 등의 행동을 하였고, 그 때마다 교사의 관심(예: 영인에게 교사가 주의를 줌 등)을 받아왔다. 이로 인해 영인이의 문제행동이 지속적으로 발생하고 있다. 영인이의 이러한 문제행동은 평균 15분 간격으로 발생하였다.

NCR 중재

교사가 매 10분~14분 이내에 영인이가 수업과 관련된 어떤 활동을 하고 있을 때, 그 행동에 대해 관심(예: 교사가 미소를 지으며, 영인이의 어깨를 가볍게 두드려 줌, 영인이의 행동에 대해 가볍게 칭찬함)을 보인다.

---

2) 다수의 연구에서 NCR을 적용하여 수업방해 행동, 자해행동, 공격행동, 부적절한 언어사용 등 다양한 행동을 감소시켰다(Carr et al., 2000; DeLeon, Anders, Rodriguez–Catter, & Neidert, 2000).

비유관 강화(NCR)는 교사나 타인의 관심을 얻기 위하여 문제행동을 보이는 경우에 적용하는 행동지원 전략이다. 교사는 NCR 전략을 사용하여 문제행동의 발생과는 무관하게 미리 정한 시간 간격에 따라 강화인(관심)을 제공한다. 다만, 학생이 교사나 타인의 관심을 끌기 위해 얼마나 자주 문제행동을 하는지에 대한 자료를 수집하고, 학생이 관심을 끌기 위해 문제행동을 하는 시간보다 조금 앞당겨 강화인(관심)을 제공하는 것이 중요하다. NCR 전략은 특히 문제행동이 발생하는 것을 예방할 수 있다는 장점이 있다.

② 예방 전략 2: 교사의 근접성(staff proximity)

사례 2

수영이는 자신의 교실 맨 뒷부분에 있는 자신의 책상에 혼자 앉아서 과제를 수행해야 하는 읽기 시간에 문제행동을 보이곤 했다. 수영이는 과제이탈행동, 울기, 흐느끼기, 자해행동 등과 같은 문제행동을 보였다.

교사의 근접성을 고려한 중재

수영이는 다른 사람과 가까이 있는 것을 좋아하기 때문에 수영이의 책상을 교실 앞쪽으로 옮겨서 교사 가까이에 앉게 한다.

관심끌기를 위한 문제행동을 보이는 학생들의 경우, 교사 가까이에 앉게 하여 문제행동을 감소시킬 수 있다. 교사 가까이에 학생을 앉게 함으로써 교사의 관심이 주어질 가능성이 크게 된다.

(2) '관심끌기'에 대한 대처 차원의 전략

① 대처 전략 1: 낮은 비율 행동 차별 강화(differential reinforcement of lower rates of behaviors: DRL)

사례 3

미진이가 교사의 관심을 끌기 위해 수업과 관련 없는 질문(예: "선생님, 비가 오니까 밖에 못나가지요?")을 자주 하였고, 그 때마다 교사나 친구의 관심(예: 교사가 미진이의 행동에 반응을 보임 등)을 받아왔다. 이로 인해 미진이의 문제행동이 지속적으로 발생하고 있다.

DRL 중재

전체 수업 시간 40분을 10분 간격으로 나누고, 10분 간격 동안에 1번 이하로 수업과 관련 없는 질문을 했을 때(현재는 10분 간격 동안에 수업과 관련 없는 질문을 2~3회 정도 함), "미진이가 수업에 잘 참여해서 정말 예뻐요."라고 칭찬하는 등의 관심을 보인다.

낮은 비율 행동 차별 강화(DRL)는 행동 자체가 참을 수 있거나 발생빈도가 낮을 때는 바람직하지만 발생빈도가 높을 때는 부적절한 행동일 경우에 사용하는 행동지원 전략이며, 행동의 제거보다는 행동의 발생 비율을 감소시키는 것에 초점을 둔다(Alberto & Troutman, 2006). DRL은 일반적으로 일정한 시간 동안 바람직한 행동이 미리 정한 기준이나 혹은 그 기준보다 낮게 발생하면 그 행동에 대하여 강화하는 것이다. DRL을 적용할 때는 전 회기(full session DRL) 또는 전 회기를 일정 시간간격으로 나누어(interval DRL) 행동의 발생을 기록한다. DRL의 장점은 강화에 근거하여 행동의 발생을 감소시킨다는 점이다. 그러나 DRL은 한꺼번에 행동의 발생을 현저하게 감소시키기보다는 점차적으로 행동의 발생을 줄여나가는 절차이기 때문에 시급히 감소되어야 하는 행동이나 아동 자신 또는 타인에게 위험한 행동의 감소에는 적합한 절차가 아니라는 점에 유의하여야 한다. DRL에서 중요한 점은 행동수준을 정하는 것인데 중재를 하기 전 학생의 행동수준을 고려하여 정하는 것이 바람직하다.

② 대처 전략 2: 소거(extinction)

사례 4

지현이가 수업 중에 교사나 또래의 관심을 끌기 위해 수업과 관련 없는 말을 자주 하였고, 그 때마다 교사나 친구의 관심(예: 교사가 지현이에게 관심을 줌, 친구들이 지현이의 행동에 대해 웃는 반응을 보임 등)을 받아왔다. 이로 인해 지현이의 문제행동이 지속적으로 발생하고 있다.

소거 중재

지현이가 수업과 관련 없는 말을 하더라도 교사가 이러한 행동에 대해 관심을 보이지 않는다. 즉, 의도적으로 지현이의 행동을 무시한다. 지현이의 문제행동이 더 심해지더라도 교사가 지현이에게 어떠한 반응도 주지 않고 수업을 진행한다. 그러다가 지현이가 수업에 집중하거나 참여하는 등의 바람직한 행동을 할 때, 그 행동에 대해 강화(예: 칭찬)하는 등의 관심을 보인다.

소거는 문제행동을 유지하고 있는 강화인(예: 관심)을 더 이상 주지 않거나 보류함으로써 부적절한 행동을 감소시키는 행동지원 전략이다. 다만, 교사가 문제행동을 유지하고 있는 강화인(예: 관심)을 정확하게 파악하여 그 강화인을 중지 또는 보류하여 문제행동을 감소시키는 것이 중요하다. 문제행동에 대한 강화인이 더 이상 주어지지 않으면 결국 문제행동은 소거될 것이다. 또한 한 번 소거된 행동은 거의 발생하지 않는다는 장점이 있다. 그러나 소거는 문제행동을 점차적으로 제거하는 절차이므로 공격행동, 자해행동 등 위험한 행동의 감소에는 적절하지 못하다는 단점이 있다. 뿐만 아니라 소거를 최초로 적용할 경우, 문제행동을 함으로써 그동안 지속적 또는 간헐적으로 받아왔던 강화인을 더 이상 받지 못하기 때문에 강력한 반발이 일어나기도 하는데, 이를 소거발작(extinction burst)이라고 한다. 소거발작 현상으로 인하여 소거절차를 적용할 경우 처음 몇 회기 동안에는 문제행동 발생이 일시적으로 증가하는 현상이 나타나지만 일관성 있는 중재를 할 경우 문제행동은 급격히 감소하게 된다.

소거를 적용할 때 고려하여야 할 또 다른 사항은 자발적 회복(spontaneous recov-ery)이다. 소거절차가 진행되는 동안 아동이 문제행동을 하지 않다가 어느 순간 다시 그 문제행동을 하게 되는데 이것을 자발적 회복이라 한다. 이러한 현상이 일어나더라도 소거가 계속 진행 중이라면 그 행동은 아주 오랫동안 발생하지 않거나 제거될 것이다. 마지막으로 소거는 단지 문제행동을 감소 또는 제거시키는 행동수정절차이므로 바람직한 행동을 증가시키는 강화와 함께 사용하는 것이 바람직하다.

나) 과제회피

정서·행동 문제를 가진 학생들의 경우 개별과제나 숙제를 잘 수행하지 못한 경험을 가지고 있는 경우가 많다. 이런 학생들은 과제를 완수하는 것 자체가 어렵고 과제를 하는 상황 자체가 부담이 되어 회피하고 싶어지기 때문에 결국 문제행동을 하게 된다(Bambara & Kern, 2005).

(1) '과제회피'에 대한 예방 차원의 전략

① 예방 전략 1: 선행사건(antecedents)의 조작

사례 5

수업 중에 교사가 과제를 할 것을 요구하자 진실이가 과제를 하지 않고 교사에게 반

항하거나, 주어진 과제물을 구기거나, 책상에 머리를 대고 엎드리거나, 친구에게 욕설을 하는 등의 행동을 한다.

선행사건 조작(과제의 난이도나 길이 조정, 선호도 고려)

주어진 과제가 진실이가 수행하기 어려운지 파악한 다음 과제의 난이도를 조절한다. 또는 과제의 길이가 너무 긴 경우, 과제를 나누어 제시하거나(예: 수학문제 5개를 풀고 난 후 나머지 5개를 제시함), 가장 중요한 것만을 빈칸에 채워 넣도록 하는 등(예: 사회 시간에 어휘를 학습할 때에 (　　　)란 특정한 (　　　)를 표현할 것을 목적으로 작성된 (　　　)입니다) 학생이 써야 하는 분량을 줄여준다. 또는 학생이 선호하는 색깔 펜을 활용하여 읽기 문제를 풀이하게 하는 등 학생의 선호도를 고려한다. 이렇게 선행사건을 조작하였을 때 학생이 과제를 잘 수행할 경우, 이러한 행동에 대해 즉각적으로 강화(예: 칭찬)를 한다.

선행사건의 조작이 문제행동을 예방하는 데 효과가 있다는 다수의 연구논문이 발표된 바 있다(예: 최혜승, 김의정, 2005; Luiselli & Cameron, 1998). 특히 문제행동을 직접적으로 유발하는 선행사건을 파악하고 이를 조작하는 것은 문제행동의 발생을 예방할 수 있거나 문제행동의 발생을 줄일 수 있다는 측면에서 상당히 중요하다고 볼 수 있다.

(2) '과제회피'에 대한 대처 차원의 전략

① 대처 전략 1: 타 행동 차별 강화(differential reinforcement of other behaviors: DRO)

사례 6

희수는 교사가 과제를 할 것을 요구하자 과제로부터 회피하기 위해 자기 손을 꼬집는 등의 자해행동을 하거나, 다른 친구를 때리는 등의 공격행동을 하거나, 교사에게 부적절한 언어를 사용하며 반항한다.

DRO 중재

교사는 DRO 간격(10분)을 정하고, 미리 정한 시간인 10분이 지난 후 희수가 자신의 손을 꼬집거나, 다른 친구를 때리거나, 교사에게 부적절한 언어를 사용하는 등의 문제행동을 보이지 않자, 희수가 좋아하는 활동을 5분 동안 하도록 허락한다. 희수의 문제행동이 감소하는 것이 보이자, 교사가 DRO 간격을 20분으로 늘리고, 20분 동안 전혀 문제행동이 발생하지 않을 경우, 희수가 좋아하는 활동 이후부터는 20분으로 시간을 늘려 강화를 한다.

타 행동 차별 강화(DRO)는 일정한 시간 동안 표적행동이 전혀 나타나지 않을 때 강화를 제공하는 행동지원 전략이며 0% 차별 강화(differential reinforcement of zero rates of behavior) 혹은 무행동 차별 강화(differential reinforcement of ommission of behavior)라고도 한다. DRO는 문제행동이 일정 시간 동안 전혀 발생하지 않도록 한다는 장점과 문제행동이 발생하지 않은 시간이 길어지면 자연적으로 문제행동이 감소한다는 것을 전제로 하고 있다. 그러나 정해진 시간 동안 전혀 문제행동이 발생하지 않게 하려면 현재 문제행동을 유지하고 있는 강화인보다 훨씬 더 강력한 강화인을 사용하는 것이 요구된다. 뿐만 아니라 일정한 시간 동안 표적행동을 하지 않았다고 하더라도 표적행동이 아닌 다른 문제행동을 하였을 경우 강화를 하여서는 안 된다.

또한 바람직한 행동이 많지 않은 아이들의 경우, 정해진 시간 동안 표적행동이 아닌 다른 부적절한 행동을 할 수 있으므로 이에 대비하여 아동에게 필요한 적절한 대체행동을 정하여 그 행동에 대하여 강화하는 것이 실용적이며 윤리적이다. 특히 DRO를 효과적으로 적용하기 위하여 초기 DRO의 간격 설정이 중요하다. 무엇보다도 행동중재를 하기 전에 수집한 자료를 활용하여 표적행동이 발생하는 평균 반응 간 시간을 확인하여야 한다. 그런 다음 초기 DRO 간격은 행동중재를 하기 전에 확인된 평균 반응 간 시간보다 다소 적은 간격으로 설정하여야 0% 표적행동에 대한 강화를 제공할 가능성이 있다.

② 대처 전략 2: 상반 행동 차별 강화(differential reinforcement of incompatible behaviors: DRI)

사례 7

철희는 수업 중 과제로부터 회피하기 위해 자주 자리를 이탈한다. 교사는 철희가 자리를 이탈하는 것에 대해 여러 차례 주의를 주거나 타임아웃을 적용해 보았으나 별 효과가 없었다.

DRI 중재

교사는 철희가 자리에 앉아서 과제를 하고 있는 기회를 놓치지 않는다. 철희가 자리에 앉아서 과제를 하고 있을 때 교사가 그 행동에 대해 강화(예: 칭찬)를 한다. 이를 통해 철희의 자리이탈 행동은 감소하고, 착석행동은 증가하게 되며, 궁극적으로 철희가 과제를 완수하게 된다.

상반 행동 차별 강화(DRI)는 문제행동과 동시에 일어날 수 없는 행동을 강화함으로써 표적행동의 발생을 감소시키는 행동지원 전략이다. 예를 들어, 자리이탈 행동과 동시에 일어날 수 없는 행동은 착석행동이다. DRI는 학생이 과제로부터 회피를 하기 위해 자리를 이탈하는 경우, 문제행동과 동시에 일어날 수 없는 바람직한 행동인 착석하기 행동을 강화하여 문제행동을 감소시킬 뿐만 아니라 대체행동, 즉 착석행동도 증가시킬 수 있다는 장점이 있다.

다) 물건얻기

학생들 중에는 원하는 것을 얻기 위한 목적의 행동으로 특정 물건이나 음식 등을 얻거나 특정 활동을 하고자 하기 위해 문제행동을 보이는 경우가 있다. 때로는 원하는 물건을 잃게 되거나 원하는 활동이 종료될 때, 물건을 잃지 않기 위해서나 활동을 지속하기 위해 문제행동을 보이기도 한다(이소현, 박은혜, 2011).

(1) '물건얻기'에 대한 대처 차원의 전략

① 대처 전략 1: 소거(extinction)

사례 8

다린이는 미술 시간에 친구가 자기가 좋아하는 물통(또는 다른 물건)을 가지고 있자, 그것을 갖기 위해 친구에게 협박을 하거나 욕설을 한다. 그럴 때마다 다린이는 자기가 좋아하는 물통(또는 다른 물건)을 가질 수 있었다. 이로 인해 다린이의 문제행동은 지속적으로 발생한다.

소거 중재

교사는 다린이의 문제행동(친구 물통 가지기)을 소거시키기 위하여 다린이가 부적절한 언어를 사용하더라도 친구에게 물통을 주지 않도록 지도하였다. 다린이는 시간이 지나도 부적절한 언어의 사용이 자신이 원하는 물통(또는 다른 물건)을 가질 수 없게 된다는 것을 알고, 더 이상 부적절한 언어를 사용하지 않는다.

소거는 교사가 문제행동을 유지하고 있는 강화인(예: 자기가 원하는 물건 얻기)을 정확하게 파악하여 그 강화인을 중지 또는 보류하여 문제행동을 감소시키는 것이 중요하다. 문제행동에 대한 강화인이 더 이상 주어지지 않으면 결국 문제행동은 소거될 것이다. 만약 학생이 자기가 원하는 물건을 얻기 위해 문제행동을 한다면 소거를 적용하여 문제행동을 감소시킬 수 있다.

② 대처 전략 2: 대체 행동 차별 강화(differential reinforcement of alternative behavior: DRA)

사례 9

놀이터에서 신나게 놀다보니 목이 마른 동민이가 친구를 밀치고 먼저 물을 마신다. 그럴 때마다 친구들이 동민이가 먼저 물을 마시게 하다 보니 동민이의 문제행동이 지속적으로 발생하고 있다.

DRA 중재

교사가 동민이에게 친구를 밀치는 문제행동을 하는 대신 대체행동(예: 친구들에게 먼저 먹을 수 있도록 양해 구함 등)을 지도한다. 동민이가 친구에게 양해를 구하는 행동을 할 때, 교사가 그 행동에 대해 강화(예: 칭찬 등)를 한다.

대체 행동 차별 강화(DRA)는 표적행동과 기능적으로 동일한 대체 행동을 강화함으로써 표적행동의 발생을 감소시키는 행동지원 전략이다. DRA를 적용하기 위하여 교사는 문제행동과 동일한 기능을 가진 대체 행동을 결정해야 한다. 이 때 대체 행동은 문제행동보다 더 효과적이며 효율적으로 원하는 것을 획득할 수 있는 것이어야 한다. 만약 교사가 선택한 대체 행동이 너무 어려울 경우 대체 행동을 강화할 기회가 주어지지 않기 때문에 표적행동을 감소시키기는 어려울 수 있다는 점을 염두에 두어야 한다.

라) 자기자극

문제행동이 지니는 기능 중 자기자극은 누군가에게 특정 메시지를 전달하기 위한 사회-의사소통적인 기능과는 달리 감각적 기능을 지닌다. 이런 행동의 목적은 행위를 하는 것 자체로 욕구가 충족되는 것인데, 즉 특정행동을 함으로써 얻어지는 감각적 자극이 자기 자신을 강화시키는 것이다(이소현, 박은혜, 2011).

(1) '자기자극'에 대한 대처 차원의 전략

① 대처 전략 1: 상반 행동 차별 강화(differential reinforcement of incompatible behavior: DRI)

사례 10

미선이는 수업 중에 자주 상동행동(손 흔들기, 손 마주치기 등)을 한다. 교사가 이러한 행동을 막아보기 위해 미선이의 손을 잡아 보지만, 이러한 신체구속이 더 심각한 문제행동으로 이어지는 결과를 초래한다.

DRI 중재

교사가 미선이가 상동행동을 하는 대신 수업 시간에 적절한 행동(예: 쓰기 시간에 미선이가 좋아하는 펜으로 글씨 쓰게 하기, 미술 시간에 미선이가 좋아하는 색깔 펜으로 그림 그리게 하기 등)을 하도록 지도하고, 이러한 행동에 대해 즉각적인 강화(예: 칭찬 등)를 한다.

상반 행동 차별 강화(DRI)는 문제행동과 동시에 일어날 수 없는 행동을 강화함으로써 표적행동의 발생을 감소시키는 행동지원 전략이다. 예를 들어, 허공에 손 흔들기와 같은 상동행동과 동시에 일어날 수 없는 행동은 손으로 글씨를 쓰는 행동이다. DRI는 학생이 자기자극을 위해 문제행동을 하는 경우, 문제행동과 동시에 일어날 수 없는 바람직한 행동인 글씨 쓰기, 그림 그리기 등의 행동을 강화하여 문제행동을 감소시킬 뿐만 아니라 대체행동, 즉 글씨 쓰기, 그림 그리기 등의 행동도 증가시킬 수 있다는 장점이 있다.

이러한 긍정적 행동지원 전략 이외에도 문제행동을 감소시키기 위해 전통적인 행동지원 전략인 반응대가, 타임아웃, 벌 등을 적용할 수 있다. 그러나 가능하다면 보다 긍정적인 행동지원 전략을 적용하여 교사와 학생이 긍정적으로 상호작용하면서 문제행동을 예방하거나 감소시키는 것이 필요하다(최혜승, 김의정, 2005).

부록 1 문제행동의 선행사건-행동-후속결과 기술 분석지(관찰자용)

「문제행동의 선행사건-행동-후속결과 기술 분석지」(ABC[Antecedent-Behavior-Consequence] Technical Analysis)

아동:	날짜:	시작시간: 종료시간:
관찰자:	장소:	교과명:
상황:		
선행사건 (antecedents)	행동 (behaviors)	후속결과 (consequences)

※ 주의 사항: 위에 제시된 칸을 이용하여 1) 관찰한 행동(B), 2) 행동이 일어나기 전의 선행자극(A), 행동이 일어난 후의 후속결과(C)를 기록합니다. 일화기록을 통해 수집된 정보를 구조화시키기 위해 ABC 기술분석지를 활용할 수도 있습니다. ABC 기술분석지는 표적행동과 선행사건, 그리고 후속결과의 관계를 규명하고, 문제행동 중재 전략 개발 위한 가설 도출에 도움이 됩니다.

부록 2 문제행동의 동기 평정 척도(관찰자용)

「문제행동의 동기 평정 척도(Motivational Assessment Scale)」

- 학교: • 학생이름(학년): • 평가자:

- 평가 일시: • 평가 장소:

- 문제행동(구체적으로 기술)

※ 문제행동의 우선순위를 정하시고, 가장 시급히 중재가 필요하다고 생각되는 문제행동을 기술해주세요.

- 문제행동이 일어나는 상황

※ 주의 사항: 본 문제행동의 동기평가 평정 척도는 한 개인이 특정의 방식으로 행동하는 상황을 알아내기 위해 고안된 질문지입니다. 본 질문지의 결과는 적절한 강화인, 문제행동 중재 전략을 선택하게 해주기 때문에 중재 절차를 개발할 때 적합하게 쓰일 수 있습니다. 본 평정 척도를 사용하기 전 문제시되거나 관심 있는 행동 하나를 선정하여 구체적으로 기술합니다. 예를 들면, 막연하게 공격행동이라고 하기보다는 '옆에 있는 짝꿍을 손으로 때린다'라고 기술하는 것이 정확하게 공격적 문제행동을 평가하게 해줍니다. 평가할 구체적 문제행동이 결정된 후에 각각의 질문을 주의해서 읽고 선생님께서 관찰한 바에 따라 제일 적합하다고 생각하는 곳에 동그라미로 표시를 하시면 됩니다.

	질문	답변						
		전혀 그렇지 않다	거의 그렇지 않다	가끔 그렇다	반은 그렇다	주로 그렇다	거의 항상 그렇다	항상 그렇다
1	위 문제행동은 장시간 혼자 있게 될 때 계속해서 나타난다(예: 서너 시간 동안).	0	1	2	3	4	5	6
2	어려운 과제를 하라고 요구하게 되면 나타나게 된다.	0	1	2	3	4	5	6
3	교사가 교실에 있는 다른 학생(사람)에게 말을 걸면 이에 대한 반응으로 나타난다.	0	1	2	3	4	5	6
4	장난감, 음식, 활동 등 자신이 갖고 싶거나 하고 싶어 하는 것을 '안돼(하지 마)'라고 하면 나타난다.	0	1	2	3	4	5	6
5	주변에 장시간 아무도 없으면 반복적으로 나타난다.(예: 한 시간 이상 몸을 앞뒤로 흔든다).	0	1	2	3	4	5	6
6	어떤 것을 하라고 지시를 하기만 하면 나타난다.	0	1	2	3	4	5	6
7	자신에게 주는 관심을 멈추게 되면 나타난다.	0	1	2	3	4	5	6
8	좋아하는 장난감, 음식, 활동 등과 같은 것을 빼앗게 되면 나타난다.	0	1	2	3	4	5	6
9	자신의 행동을 즐기고 있는 것 같다(예: 느낌, 맛, 시각적, 후각적, 청각적 자극 등이 본인을 즐겁게 하는 것 같다)	0	1	2	3	4	5	6
10	요구한 것을 하게끔 하려 하면 요구한 사람을 화나게 하거나 신경질 나게 하려 그 행동을 하는 것 같다.	0	1	2	3	4	5	6
11	자신에게 관심을 주지 않으면 상대방을 화나게 하거나 신경질 나게 하려 그 행동을 하는 것 같다.	0	1	2	3	4	5	6
12	자신이 요구한 장난감, 음식, 활동 등을 주거나 하게 하면 그 행동이 멈춘다.	0	1	2	3	4	5	6
13	그 행동이 발생할 때는 조용하며 자신 주변에 일어나고 있는 일을 의식하고 있는 것 같지 않다.	0	1	2	3	4	5	6
14	요구한 것을 강요하지 않으면 바로(1-5분 이내) 그 행동이 멈춘다.	0	1	2	3	4	5	6
15	상대방과 함께 시간을 보내려고 그 행동을 하는 것 같다.	0	1	2	3	4	5	6
16	자신이 하고 싶어 하는 것을 하지 못하게 하면 그 행동이 발생하는 것 같다.	0	1	2	3	4	5	6

감각적 자극	탈출	관심	물질
1.____________	2.____________	3.____________	4.____________
5.____________	6.____________	7.____________	8.____________
9.____________	10.____________	11.____________	12.____________
13.____________	14.____________	15.____________	16.____________

합계 =	____________	____________	____________	____________
평균 =	____________	____________	____________	____________
평정순위 =	____________	____________	____________	____________

출처: 이유리, 곽승철(2011). 긍정적 행동지원이 정신지체 학생의 문제행동과 사회적 상호작용에 미치는 효과에서 재인용.

부록 3 문제행동 분포도(관찰자용)

아 동:	날짜:	문제행동:
관찰자:	장소:	

교시/시간	과목/활동	요일					비고
		월	화	수	목	금	
등교/자습							
1교시							
쉬는 시간 (~)							
2교시 (~)							
쉬는 시간 (~)							
3교시 (~)							
쉬는 시간 (~)							
4교시 (~)							
점심 시간 (~)							
5교시 (~)							
쉬는 시간 (~)							
6교시 (~)							
쉬는 시간 (~)							
7교시 (~)							
하교 시간 (~)							

※ 주의 사항: 분포도 분석은 관찰 대상 학생이 언제, 어떤 과목에서, 어떤 활동을 할 때 문제행동을 보이는지에 대한 전반적인 패턴을 파악할 수 있습니다. 문제행동은 교사가 평정척도 작성 시 선정한 것을 대상으로 관찰하는 것이 바람직합니다. 요일별로 각 교시/시간에 문제행동이 세 번 이상 발생하면 그 칸을 색칠해 주세요. 문제행동이 한 번이라도 발생하면 그 칸에 사선(/)을 그어 주세요. 문제행동이 발생하지 않으면 그대로 둡니다. 비고 칸에는 특이사항을 간략하게 적어주시면 됩니다.

부록 4 정서·행동 문제 학생 대상 선별 검사(교사용)

정서·행동 문제 학생 대상 선별 검사

학생명		학교명		학년반	
나 이	만 세	검사일시		검사자명	

1. 대인 관계 형성

문항	자주 나타남	가끔 나타남	나타나지 않음
1. 혼자 있거나 혼자서 논다.	2	1	0
2. 또래와 상호작용을 적절하게 유지하지 못한다.	2	1	0
3. 또래 또는 교사와 이야기하는 것을 회피한다.	2	1	0
4. 단체 활동에 참가하는 것을 회피한다.	2	1	0
합 계			
		총점	

2. 부적절한 행동이나 감정

문항	자주 나타남	가끔 나타남	나타나지 않음
1. 부주의로 인해 학업 및 놀이 활동에 실수를 저지른다.	2	1	0
2. 수업시간에 손발을 가만히 두지 못하거나 의자에 앉아서도 몸을 움직인다.	2	1	0
3. 학교 규칙을 위반하는 행동을 한다.	2	1	0
4. 사람 및 동물에게 공격행동을 한다.	2	1	0
합 계			
		총점	

3. 불행감이나 우울감

문항	자주 나타남	가끔 나타남	나타나지 않음
1. 슬프거나 공허한 표정 등의 우울한 기분을 보인다.	2	1	0
2. 일상 활동에 대한 흥미나 즐거움을 느끼지 못한다.	2	1	0
3. 집중력이 떨어지거나 결정내리기를 어려워한다.	2	1	0
4. 자존감이 낮거나 지나친 죄책감을 보인다.	2	1	0
합 계			
		총점	

4. 신체적인 통증이나 공포

문항	자주 나타남	가끔 나타남	나타나지 않음
1. 새로운 환경이나 낯선 사람과 있을 때 무서워한다.	2	1	0
2. 특정 동물, 사물, 장소 등을 지나치게 무서워한다.	2	1	0
3. 친구들 앞에서 발표하는 것을 불안해하거나 고통스러워한다.	2	1	0
4. 특별한 질병이 없는데도 신체적 고통을 호소한다.	2	1	0
합 계			
		총점	

생각나누기

01 다음은 담임교사가 학교생활 적응에 어려움이 있다고 호소한 초등학교 2학년 여학생의 수업 시간 및 쉬는 시간을 관찰한 일화기록 중 일부이다. 일화기록에 근거하여 이 학생의 정서 · 행동 문제의 특성을 제시하고, 여러분이 이 학생의 문제행동의 원인을 분석한다고 가정하고, 어떠한 순서와 방법을 활용할지 고안해 보시오.

<○○초등학교 2학년 ○반 이**>

관찰 1(과목: 듣기, 말하기, 쓰기 / 시간: 2교시. 9시 50분~10시 30분)
(친구들과 함께가 아닌, 교탁 바로 옆에 혼자 앉아 있음)

- 관찰자를 볼 때마다 '메롱'을 반복함.
- 박수치기나 머리에 손 올리기, 노래 부르기 등의 교사의 통제에 따르지 않고 가만히 앉아있거나 막대로 책상을 치는 행위를 함. 교사가 일대일로 지시하여도 참여하지 않음.
- 책을 꺼내지 않고 교사가 묻자 없다고 했지만 서랍에 책이 있었음.
- 손들고 발표하는 시간에 참여하지 않고 가만히 앉아있거나 책에 낙서를 하는 등 다른 행동을 함.
- 책에 줄긋기 활동에 잠깐 참여하다가 핸드폰을 만지거나 두리번거리는 등의 행동을 보임.
- 교사가 맨 뒤의 학생에게 창문을 닫아달라고 하니 맨 앞에서 뛰어나가 창문을 닫음.
- 필기를 할 때에도 잠깐 참여하다가 돌아앉거나 핸드폰을 만지는 등의 행동을 보임. 특히 입에 손을 넣는 행동이 많음.

[쉬는 시간]

- 관찰자에게 다가와서 '메롱'을 하는 등 관심을 보이고 관찰자 주변 사물함에 오르락 내리락하며 장난을 침.
- 다른 아이들과 어울리기도 하지만 혼자 돌아다니는 경우가 많음.
- 신발을 벗고 다님.
- 핸드폰을 보여주며 관찰자에게 먼저 말을 걸었는데 다른 아이들과는 다르게 '언제가?'라며 반말로 얘기함.

참고문헌

김미경, 문장원, 서은정, 윤점룡, 윤치연, 이상훈(2006). **정서 및 행동장애아 교육**. 서울: 학지사.

김용욱(2012). 보편적 학습설계의 적용과 쟁점. 보편적 학습설계에 기반한 한국통합교육 방안 탐색. 2012년 **한국특수교육학회 춘계학술대회 자료집**, 1-9.

김희진(2011). 보편적 학습설계에 대한 예비교사의 인식과 교사연수를 위한 제언: 교육현장에 보편적 학습설계의 적용을 위하여. 석사학위논문. 한양대학교 교육대학원.

노석준(2006). 보편적 설계 원리의 교수·학습에의 적용: 보편적 학습설계. **제 11회 이화특수교육 학술대회 자료집**, 17-27.

박지연, 조윤경, 김미선(2004). 일반학급 내 정서 및 행동 문제를 가진 아동의 특성과 지원 요구에 대한 질적 연구: 정서 및 행동장애아동 지원체계 개발을 위한 기초연구. **정서·행동장애연구**, 20(2), 251-284.

배내윤(2006). 정서행동장애 학생에 대한 초중등교사의 인식비교연구. 박사학위논문. 대구대학교 대학원.

백혜정, 황혜정(2005). 초등학생의 문제행동에 영향을 미치는 부모관련 변인 및 자아관련 변인에 관한 연구. 한국청소년개발원 연구보고서.

손지영(2008). 장애 대학생을 위한 e-러닝 설계 전략 연구 : 보편적 설계(universal design)를 중심으로. 박사학위논문. 서울대학교 대학원.

유서구(2005). 가정외배치의 영향요인에 관한 연구: 미국의 정서장애 아동을 중심으로. **특수아동교육연구**, 7(4), 171-193.

윤치연(2003). **발달장애의 이해**. 서울: 형설출판사.

이소현, 박은혜(2009). **특수아동교육 2판**. 서울: 학지사.

이소현, 박은혜(2011). **특수아동교육**. 서울: 학지사.

이유리, 곽승철(2011). 긍정적 행동지원이 정신지체 학생의 문제행동과 사회적 상호작용에 미치는 효과. **특수교육재활과학연구**, 50, 289-315.

최정임, 신남수(2009). 보편적 학습설계를 반영한 디지털 교과서 설계 원리. **교육공학연구**, 25(1), 29-59.

최진오(2010). 학년 단위 긍정적 행동지원 모형 개발. **특수교육저널: 이론과 실천**, 11(2), 311-332.

최혜승, 김의정(2005). 기능평가에 근거한 중재가 자폐아동의 문제행동에 미치는 효과. **특수교육저널: 이론과 실천**, 6(3), 311-333.

홍강의(2008). "소아청소년정신장애: 개념적 이해, 분류, 치료원칙". **서울시아동청소년정신건강포럼자료집**. 서울시소아청소년광역정신보건센터.

Achenbach, T. M. (1991). *Manual for the Child Behavior Checklist/4-18 and 1991 profile*. Burlington, VT: University of Vermont, Department of Psychiatry.

Achenbach, T. M., & Edelbrock, C. S.(1983). *Manual for the Child Behaviour Checklist*

Case Conference and Supervision for Learning Consultation: Underachievement, Learning Disability, and Multiculturalism *and Revised Child Behaviour Profile*. Burlington, VT: University of Vermont, Department of Psychiatry.

Alberto, P. A. & Troutman, A. C. (2006). *Applied Behavioral Analysis for Teachers* (7th ed.). Upper Saddle River, NJ:Pearson Merrill Prentice Hall.

Bambara, L. M., & Kern, L. (2005). *Individualized supports for students with problem behaviors: Designing positive behavior plans*. The Guilford Press. 이소현, 박지연, 박현옥, 윤선아 역(2008). 장애학생을 위한 개별화 행동지원－긍정적 행동지원의 계획 및 실행. 서울: 학지사.

Bijou, S. W., Perterson, R. F., & Adult, M. H. (1968). A method to integrate Descriptive and experimental field studies at the level of data and empirical concepts. *Journal of Applied Behavior Analysis, 1*. 175－191.

Bower, E. M. (1982). Defining emotional disturbance: Public policy and research. *Psychology in the Schools, 19*, 55－60.

Dunlap, G., Sailor, W., Horner, R. H., & Sugai, G. (2009). Overview and history of positive behavior support. In W. Sailor, G. Dunlap, G. Sugai, & R. H. Horner(Eds.), *Handbook of positive behavior support* (pp. 3－16). New York: Springer.

Durand, V. M., & Crimmins, B. (1988). Identifying the variables maintaining self－in－jurious behavior. *Journal of Autism and Developmental Disorders, 18(1)*, 99－117.

Forness, S. R., & Knitzer, J. (1992). A new proposed definition and terminology to re－place "serious emotional disturbance" in Individuals with Disabilities Education Act. *School Psychology Review, 21*, 12－20.

Frey, L. M., & Wilhite, K. (2005). Our five basic needs: Application for understanding the function of behavior. *Intervention in School & Clinic, 40*, 156－160.

Friedman, R. M., Kutash, K., & Duchnowski, A. J. (1996). The population of concern: Defining the issues. In B. A. Stroul & R. Friedman (Eds.), *Children's mental health* (pp. 69－96). Baltimore, MD: Brooks.

Gottfredson, D. C., Gottfredson, G. D., & Hybl, L. G. (1993). Managing adolescent be－havior: A multiyear, multischool study. *American Educational Research Journal. 30*, 179－215.

Hallahan, D. P., & Kauffman, J. M. (2003). *Exceptional learners: Introduction to special education* (9th ed.). Boston: Allyn & Bacon.

Hallahan, D. P., Kauffman, J. M., & Pulllen, P. C. (2009). *Exceptional learners: Introduction to special education* (11th ed.). Boston: Allyn and Bacon.

Kennedy, C. H., Meyer, K. A., Knowles, T., & Shukla, S.(2000). Analyzing the multiple functions of stereotypical behavior for students with autism: Implications for as－sessment and treatment. *Journal of Applied Behavioral Analysis, 33*, 559－571.

Lane, K. L., & Wehby, J. (2002). Addressing antisocial behavior in the schools: A call for action. *Academic Exchange Quarterly, 6*, 4－9.

Larson, J. (1994). Violence prevention in schools: A review of selected programs and procedures. *School Psychology Review, 23,* 151－164.

Luiselli, J. K. & Cameron, M. J. (1998). *Antecedent control: Innovative approaches to be－havioral support.* Baltimore: Paul H. Brooks.

Mayer, G. R. (1995). Preventing antisocial behavior in the schools. *Journal of Applied Behavior Analysis, 28,* 467－478.

Mayer, G. R., Butterworth, T. (1979). A preventive approach to school violence and vandalism: An experimental study. *Personal and Guidance Journal, 57,* 436－441.

Mayer, G. R., Butterworth, T., Nafpaktitis, M., Sulzer－Azaroff, B. (1983). Preventing school vandalism and improving discipline: A three year study. *Journal of Applied Behavior Analysis, 16,* 355－369.

McCord, J. (Ed.) (1995). *Coercion and punishment in long－term perspective.* New York: Cambridge University Press.

Meyer, A. & Rose, D. H.(1998). *Learning to read in the digital age.* Cambridge, MA: Brookline Books.

National Research Council & Institute of Medicine. (1999). *Risk and opportunities: Synthesis of studies on adolescence.* Washington, DC: National Academy Press.

Patterson, G. R., Reid, J. B., & Dishion, T. J. (1992). *Antisocial boys.* Eugene, OR: Castalia.

Rodriguez, N, N, Thompson, R. H., & Baynham, T. Y. (2010). Assessment of the relative effects of attention and escape on noncompliance. *Journal of Applied Behavior Analysis, 43,* 143－147.

Rose, D. H. & Meyer, A. (2000). Universal design for individual differences. *Educational Leadership, 58,* 39－43.

Rose, D. H. & Meyer, A. (2002). Teaching every student in the digital age: Universal design for learning. Baltimore: Association for Supervision & Curriculum Development. Retrieved November 13, 2012 from http://www.cast.org/teach－ingeverystudent /ideas/tes/

Shonknoff, J. P., & Phillips, D. A. (Eds.). (2000). Report: Board on children, youth and families, commission on behavioral and social sciences and education. Washington, DC: National Academy Press.

Sugai, G., & Horner, R.H. (2002). The evolution of discipline practices: School－wide positive behavior supports. *Child and Family Behavior Therapy, 24,* 23－50.

Tolan, R., & Guerra, N. (1994). *What works in reducing adolescent violence: An empiri－cal review of the field.* Boulder: Center for the Study and Prevention of Violence, University of Colorado.

Walker, H. M., & Shinn, M. R. (2002). Structuring school－based interventions to achieve integrated primary, secondary, and tertiary prevention goals for safe and effective schools. In M. R. Shinn, G. Stoner, & H. M. Walker (Eds.), *Interventions for academic and behavior problems: Preventive and remedial approaches* (pp. 1–26). Silver Spring, MC: National Association of School Psychologists.

Walker, H. M., Horner, R. H., Sugai, G., Bullis, M., Sprague, J., Bricker, D., & Kaufman, M. J. (1996). Integrated approaches to preventing antisocial behavior patterns among school-age children and youth. *Journal of Emotional and Behavioral Disorders, 4*, 194–209.

P/A/R/T 4

다문화 학습컨설팅의 사례분석 및 지도

P/A/R/T 4

다문화 학습컨설팅의 사례분석 및 지도

문은식

개요

다문화 학생 10만 명 시대가 임박했다. 교육부에 따르면 2016년에 국내 초·중·고등학교에 재학 중인 다문화 학생은 9만 9,186명이었다. 10년 전인 2006년 9,389명보다 10배 넘게 늘었다. 같은 기간 전체 학생 대비 비율도 0.12%에서 1.68%로 급증했다. 학령 인구 감소세와 다문화 유아 규모(12만 명)를 감안할 때 비중은 계속 증가할 전망이다. 다문화 학생의 학교에서의 낮은 성취와 학업 중단, 학교생활 부적응의 문제 등은 이들의 인적자본 축적의 기회를 상실하게 함으로써 빈곤의 악순환에 빠질 우려를 낳고 사회일탈행위도 발생시켜 개인의 삶의 질 저하는 물론 사회적으로도 적지 않은 비용을 초래할 것이다. 따라서 다문화 학생의 개인적·사회적 특성, 적응과 발달상의 문제들, 학습부진의 원인을 이해하고, 이에 기초하여 다문화 학생의 학교생활 적응, 정체감 형성, 진로발달 등을 합리적이고 체계적으로 지도·안내해야 할 필요가 있다.

제4부에서는 먼저 다문화교육의 이론적 기초로서, 다문화교육의 개념 및 필요성과 핵심적 가치, 다문화 교육과정을 제시한다. 둘째, 다문화가정 학생의 이해로서, 다문화가정 학생의 개인적 특성(언어·정의적 특성), 가정환경, 학교생활 적응(학업적, 사회적, 정의적 적응)에 관하여 알아본다. 셋째, 다문화 학생의 학습컨설팅 과정으로서, 다문화 학생의 학습부진 원인(개인적, 사회적 측면), 교육적 개입 방안(학업문제, 학교생활 적응, 정체성 확립), 다문화 학습컨설팅의 평가를 소개한다. 넷째, 다문화 학습부진학생의 지원 현황(다문화 예비학교 특별학급, 대안학교, 일반학교의 지도·지원사례)을 알아보고, 다문화 학습컨설팅의 기본 방향과 대상별(학생, 교사, 학부모) 학습컨설팅 방안에 관하여 알아본다. 마지막으로 다문화 학생의 학습컨설팅 사례분석 및 지도의 실제를 소개한다.

학습목표

1. 다문화교육의 개념과 핵심적 가치 그리고 다문화 교육과정을 설명할 수 있다.
2. 다문화가정 학생의 언어적·정의적 특성, 가정환경, 학교생활 적응(학업적, 사회적, 정의적 적응)을 설명할 수 있다.
3. 다문화가정 학생의 학습컨설팅 과정 — 다문화 학생의 학습부진 원인(개인적, 사회적 측면), 교육적 개입 방안(학업문제, 학교생활 적응, 정체성 확립, 다문화 학습컨설팅의 평가)을 이해·적용할 수 있다.
4. 다문화 학습부진학생 지도·지원 사례(다문화 예비학교 특별학급, 대안학교, 일반학교)를 파악하고 다문화 학습컨설팅에 주는 시사점(기본 방향, 학생 및 교사 그리고 학부모 대상 학습컨설팅 방안)을 제시할 수 있다.
5. 다문화 학생의 학습컨설팅 사례분석 및 지도의 실제를 이해·적용할 수 있다.

1 다문화교육의 기초

1) 다문화교육의 개념

다문화교육(multicultural education)은 민주주의의 신념과 가치에 기초를 두고, 상호 의존성이 높은 세계, 문화적으로 다양한 사회 안에서 문화다원주의(cultural pluralism)를 지지하는 교수-학습 방법이다. 다문화교육은 크게 다음과 같은 네 가지 차원으로 구성되어 있다. ① 평등지향 운동(the movement toward equity) 혹은 평등교수법(equity pedagogy), ② 교육과정 개혁(curriculum reform) 혹은 다양한 관점에서 교육과정 재검토, ③ 다문화적 역량(multicultural competence) 혹은 문화 간 상호작용의 기초로서 자신의 문화적 관점뿐만 아니라 타인의 문화적 관점도 이해하게 되는 과정, ④ 사회정의를 지향하는 가르침(teaching toward social justice) 혹은 모든 유형의 차별과 편견, 특히 인종차별주의, 성차별주의, 계급차별주의에 대한 저항이다(김옥순 외, 2009).

최근까지 다문화교육은 주로 한 사회 안의 민족집단들에만 초점을 맞추어 왔다. 그러나 최근 생태계의 위기, 핵문제, 테러리즘, 인권문제, 천연자원의 고갈과 같은 전 지구적 차원의 현안 문제들이 등장하면서 국가 간 연계가 급증함에 따라, 다문화교육의 범위는 전 지구적인 관점을 포함할 수 있을 만큼 확장되고 있다.

[그림 4-1]에 제시된 개념도는 Bennett(2007)이 발전시킨 다문화 교수법의 네 가지 차원들을 나타내고 있다(김옥순 외, 2009, 재인용).

첫째는 평등교수법이다. 이것은 교사가 긍정적인 교실 분위기를 만들고 학생들의 성취수준을 향상시키기 위해 문화적으로 민감한 교수기법을 사용하며, 교수-학습 과정에서 학생들의 경제적 조건뿐만 아니라 문화적 스타일과 사회화 과정까지도 고려하는 행위들을 포함한다. 둘째는 교육과정 개혁이다. 이것은 기존의 전통적인 교육과정에서 나타나는 문제점을 조사하여 변화시키는 것이다. 셋째는 다문화적 역량이다. 이것은 교사가 인종적·문화적 측면에서 자신과 다른 학생들(혹은 가정이나 다른 교사들)을 편안하게 대할 수 있고, 그들과 어떻게 상호작용해야 할지를 배우는 것이다. 넷째는 사회정의를 지향하는 가르침이다. 이것은 교사가 불평등한 사회구조나 대중문화 속에 나타나는 인종, 문화, 계급, 성 등의 이미지들에 대해 신중하게 생각하고, 지역적 혹은 지구적 차원에서 보다 많은 사회적 평등을 만들어 내기 위한 사회적 행동들을 고려하며, 학생들에게도 이러한 문제들에 대해 탐구해보도록 하는 것이다.

그림 4.1 다문화 교수법의 개념도

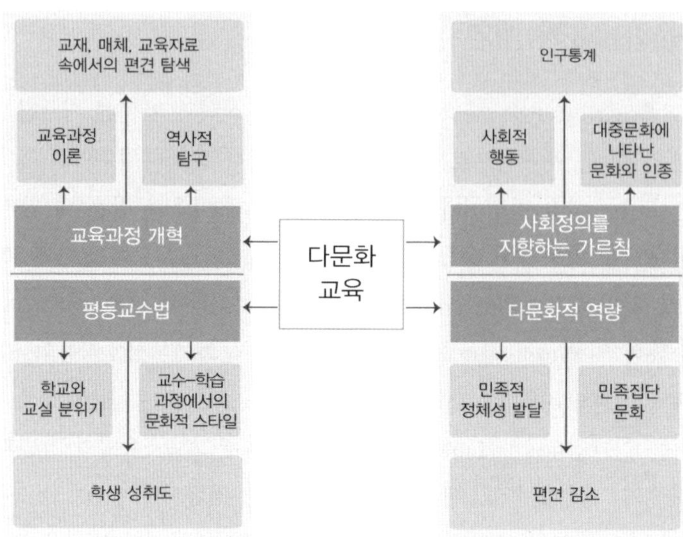

출처: 김옥순 외 역(2009). 다문화교육: 이론과 실제.

2) 다문화교육의 핵심적 가치

다문화교육의 핵심적 가치는 다문화 교육과정에 철학적 기초를 제공해 준다. 다문화교육의 핵심적 가치는 크게 네 가지로 정리할 수 있다(김옥순 외, 2009). ① 문화적 다양성의 수용과 인정, ② 인간의 존엄성과 보편적 인권에 대한 존중, ③ 세계공동체에 대한 책임, ④ 지구상에 존재하는 모든 사람들에 대한 존중이다. 이들 네 가지 핵심 가치는 이상적인 것으로서, 아직까지 현실화되지 않았을뿐더러 광범위하게 수용되지도 않고 있다. 예컨대, 환경문제나 빈부격차, 테러 행위, 사형과 사법체계, 빈곤 청소년에 대한 공적 지원 등에 대한 논쟁은 이러한 상황을 잘 대변해 준다. 다문화교육의 핵심적 가치들은 '민주주의 이론'과 '아메리칸 인디언의 철학'에 그 뿌리를 두고 있으며, 다문화교육에 강력한 윤리적 기반을 제공한다.

민주주의는 정의의 원칙(principle of justice)과 인종, 종교, 성, 생활방식을 초월한 모든 인간의 평등과 존엄성의 인정에 기초를 두고 있다. 그리고 만인에 대한 동일한 법적 보호의 보장과 다수결의 원칙 역시 민주주의의 기반이 된다. 민주주의 사회에서 양심의 자유, 언론 및 출판의 자유, 결사의 자유 등과 같은 국민의 기본권은 다른 사람의 자유와 존엄성이 침해되지 않는 범위 내에서 보장된다. 또한 민주주의 사회는 사상의 자유로운 유통을 촉진하며, 교양과 참여 의지를 겸비한 시민을 필요로 한다. 따라서 민주주의는 세뇌나 검열, 감시 등을 반대하며, 의견 차이, 자유 주장, 자율 선거, 다양한 정치적 정당 등을 장려한다. 그리고 국민이 자신의 잠재력을 최대한 계발할 수 있도록 교육기회를 평등하게 제공하려고 노력한다.

특히 네 번째 핵심 가치인 '지구상에 존재하는 모든 사람들에 대한 존중'은 '지구상에 존재하는 모든 것들은 상호 의존적 관계를 맺고 있다.'는 철학에 근거한 것이다. 즉, 생태계나 자연계 속에는 균형과 조화가 유지되고 있고 그 안에서 모든 생명체들은 서로 관련을 맺고 있기 때문에, 사람들은 자신의 행동이 다른 존재(식물, 동물, 사람)에게 영향을 미칠 수 있다는 사실을 항상 염두에 두어야 한다는 것이다. 이렇게 되기 위해서는 우선적으로 돌봄 의지와 동정심을 가진 사람들이 있어야 하며, 타인에게 피해를 주지 않는 범위 내에서 자신을 위하는 윤리공동체(ethical community)가 있어야 한다.

세계인권선언(Universal Declaration of Human Rights)은 위의 네 가지 핵심 가치들이 언젠가는 광범위하게 수용될 것임을 천명하고 있다. 세계인권선언은 모든 국가에서 성취되어야 할 기준을 제시하기 위해 만들어진 것으로, 1948년 UN 총회에서 채택되고 1993년 비엔나 세계인권대회에서 재확인되었다. 모든 사람은 태어나면서부터 자유롭고 동등한 존엄성을 갖고 있으며, 정치적 · 경제적 · 사회적 · 시민적 권리를 표현할 수 있다는 내용을 포함하고 있다.

3) 다문화교육의 필요성

가) 교육적 수월성과 평등에 대한 요구

교육적 수월성을 성취하기 위해서는 어느 한쪽에 치우치지 않는 공정하고 공평한 교육체제를 만들어야 한다. 학생의 지적 · 개인적 · 사회적 잠재력을 최대한 발달시켜 주는 것이 다문화교육의 주된 목적이라면, 이는 국가적으로 중요시되고 있는 교육적 수월성과 일치되는 것이다. 그리고 이것은 교사의 지식과 태도, 행동에 따라 달라질 것이며, 교사의 평등한 학습기회 제공 여부와 단일문화적 교육과정의 변화 정도에 따라서도 달라질 것이다.

인간의 잠재력 계발에 대한 관심은 특별한 재능을 갖고 있는 개인게만 한정되지 않는다. 모든 사람들은 고도의 발달수준과 성취수준에 도달할 수 있기 때문이다. 뿐만 아니라 다문화교육은 다양한 민족에 대한 지식을 축적하고 그들의 관점을 교육과정에 반영시킬 수 있게 한다는 점에서 수월성의 성취에 또 다른 방식으로 기여한다.

교육평등이 없다면 교육적 수월성(educational excellence)은 결코 성취될 수 없다. 여기서 교육평등이란 잠재력 계발을 위한 교육기회의 동일성(equal opportunity for all students)을 의미하며, 교육의 결과나 경험의 동일성과는 다른 개념이다. 즉, 학생들의 잠재력은 서로 다르기 때문에 잠재력의 차이에 따라 교육적 개입도 달라져야 한다는 점을 강조한다.

나) 다민족사회의 존재

현재 학교는 문화적으로 다원화된 학생들을 교육해야 하는 상황에 직면하고 있다. 다원화된 학교는 학생들의 학습이나 행동과 관련하여 전체 학생들이 반드시 지켜야 할 기준들을 설정할 수 있다. 그러나 그러한 기준들로 인해 야기될 수 있는 문화적 편견과 문화적 갈등을 감소시키기 위해 다각적인 노력이 시도되어야 할 것이다.

다) 상호 연계된 세계의 존재

최근 청소년들의 글로벌 의식(global awareness) 함양이 절박하게 요청되고 있다. 인류는 오존층 파괴, 환경오염, 빈곤, 인구과잉, 핵무기, 가뭄과 기근, AIDS 확산 등 심각한 문제에 직면하고 있다. 이러한 위협적인 문제를 해결하고 세계화된 무역과 경제발전에 참여하기 위해서는 전 지구적인 협력이 요구된다. 그리고 이러한 협력을 위해서는 일정 수준의 문화 간 이해를 가진 사람들이 있어야 한다.

라) 평등과 민주주의의 가치

평등은 단순한 교육체제의 개선만으로 얻어지지 않는다. 인간의 기본권이나 사회정의, 대안적 삶의 선택에 대한 존중, 만인에 대한 동등한 기회 등과 같은 민주주의의 이념에 대해 가치를 부여하고 있다면 평등은 반드시 필요하다. 특히 다문화교육은 인종차별주의를 잉태시킨 무지로부터의 해방을 촉진하고 반인종차별주의자(antiracist)로 변화하기 위해 필요한 생각과 행동을 발달시키는 데 목적을 두고 있기 때문에, 민주주의의 이상실현에 장애가 되는 요인들을 극복하는 데 도움이 될 것이다.

민주주의의 원리는 다문화교육에서 다루어지는 대부분의 논쟁에서 핵심적인 위치를 차지한다. 예컨대, 다수결의 원칙이 통용되는 사회에서 소수자들이 자신의 권리를 찾기 위한 투쟁, 이의제기의 권리, 표현의 자유에 대한 제한 등과 같은 문제들을 다룰 때 민주주의의 원리는 그 핵심적인 내용이 된다. 다문화교육에서는 표현의 자유, 진리의 탐구, 편견 없는 비판적 사고방식 등을 가르치지만 결코 가치중립적이지는 않다.

4) 다문화 교육과정

교육과정이란 교육기관에서 학생들이 갖게 되는 공식적 혹은 비공식적 경험의 총체다. 이러한 개념의 정의에 기초할 때, 다문화 교육과정은 잠재적 교육과정에 해당된다. 예컨대, 다문화 교육과정은 교사의 가치관과 기대, 학생의 또래집단 형성, 학교의 규칙 등과 밀접한 관련이 있다. 그리고 학생들이 갖고 있는 다양한 가치관, 문화적 스타일, 지식, 견해 등과도 밀접하게 관련되어 있다. 따라서 광의적인 관점에서 볼 때, 다문화 교육과정은 학교환경 전체와 관련되어 있다(김옥순 외, 2009).

다문화교육이란 용어가 국가교육과정에 처음 도입된 시기는 2007 개정교육과정이다. 다문화교육 관련 언급이 제시된 부분은 시·도 교육청 편성·운영, 지역 교육청 편성·운영, 범교과 학습지도이다. 시·도 교육청 편성·운영에서는 '특수아, 귀국자 및 다문화가정 자녀 교육 관련 사항'으로 언급되고 있으며, 지역 교육청 편성·운영에서는 '특수아, 귀국자, 다문화가정 자녀 교육 기회 마련 및 운영'으로 기술되고 있다. 2009 개정 교육과정에서는 2007 개정교육과정에 비해 다문화가정 학생에 대한 배려와 지원 내용이 명시적으로 증가하였다. 예를 들어, 학교 급별 편성과 운영의 공통사항에 '학습부진아, 장애를 가진 학생, 귀국 학생, 다문화 가정 자녀 등이 학교에서 충실한 학습 경험을 누릴 수 있도록 특별한 배려와 지원을 하도록 한다'로 좀 더 구체적으로 진술하고 있다(장인실, 2016). 특히 다문화 학생의 한국어 능력을 고려하여 '다문화 가정 학생을 위한 특별 학급을 설치·운영하는 경우, 다문화 가정 학생의 한국어 능력을 고려하여 교육과정을 조정하여 운영하거나, 한국어 교육과정 및 교수·학습 자료를 활용할 수 있다. 한국어 교육과정은 학교의 특성, 학생·교사·학부모의 요구 및 필요에 따라 주당 10시간 내외에서 운영할 수 있다'로 명시함으로써 다문화가정 학생에 대한 배려와 지원 내용을 구체적으로 제시하고 있음을 알 수 있다. 2015 개정 교육과정에는 39개이던 범교과 학습 주제를 10개로 줄였음에도 다문화교육은 범교과 학습 주제로 남아있게 되었으며, 학교 교육과정 편성·운영에 모든 학생을 위한 교육

기회의 제공 영역이 새로 신설되었다. 이러한 모든 학생을 위한 교육 기회 제공 영역의 신설은 교실에서 소수집단에 대한 배려와 중요성이 강조되어야 함을 의미하는 것이다.

그러나 여기서는 [그림 4-2]에 제시된 다문화교육의 목적과 관련하여 학생들의 이해, 행동, 가치관, 태도 등을 개발하기 위해 의도적으로 계획된 학교경험에만 초점을 맞추고자 한다.

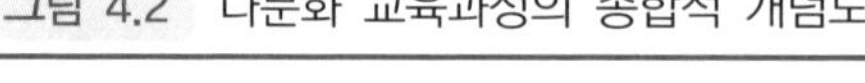
그림 4.2 다문화 교육과정의 종합적 개념도

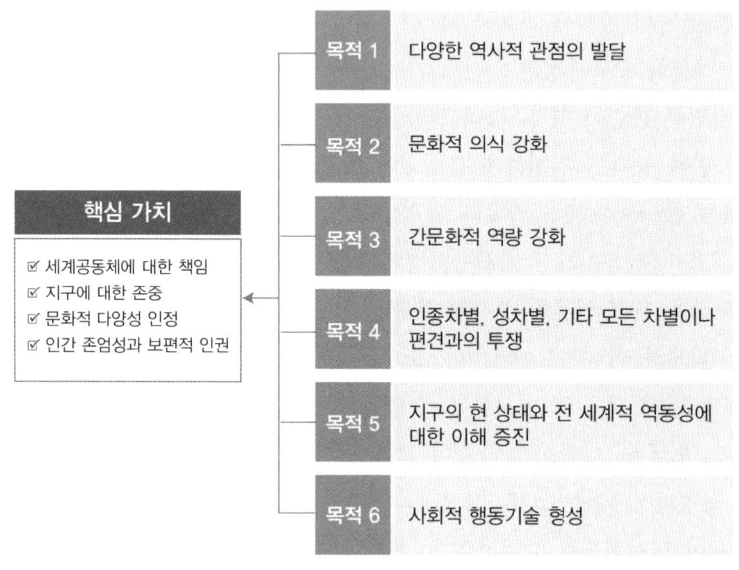

출처: 김옥순 외 역(2009). 다문화교육: 이론과 실제.

가) 목적 1: 다양한 역사적 관점의 이해

다문화교육의 가장 중요한 목적은 다양한 역사적 관점을 발달시킴으로써 영국과 서유럽 중심으로 편향되어 있는 성향들을 바로잡는 것이다. 과거와 현재의 세계적 사건들은 다양한 나라의 관점에서 이해되어야 한다. 지역적 사건이나 국가적 사건들을 이해할 때에도 다수집단과 소수집단의 관점이 동시에 고려되어야만 한다.

나) 목적 2: 문화적 의식 함양

문화적 의식이란 자신의 세계관이 보편적이지 않으며, 다른 나라나 민족집단의 구성원들이 갖고 있는 세계관과 심각하게 다르다는 점을 이해하고 인정하는 것이다. 여기에는 인간사회에 다양한 사고와 행동 방식이 존재한다는 점을 이해하고, 자신의 생각과 행동이 다른 나라나 민족집단에서 어떻게 이해될지에 대해서 인식하는 것이 포함된다.

다) 목적 3: 간문화적 역량 개발

간문화적 역량이란 자신과 다른 표상적 의사소통(언어, 기호, 몸짓)과 무의식적인 신호들(신체언어), 문화적 관습들을 해석할 수 있는 능력이다. 여기에서 중요한 것은 공감과 의사소통이다. 상이한 문화적 배경을 갖고 있는 사람들이 상대방의 행동과 사고방식을 접했을 때는 자신의 문화적 조건에 기초해서 상대방에 대해 여러 가지 가정들을 하게 되는데, 이렇게 자신의 문화적 조건에 기초해서 만들어진 가정들을 자각하게 하는 것이 간문화적 역량 개발의 궁극적인 목적이다.

라) 목적 4: 인종차별이나 성차별 또는 모든 형태의 편견과 차별에 대해 투쟁하기

인종차별, 성차별, 기타 모든 형태의 편견과 차별에 대해 투쟁한다는 것은 성에 대한 편견이나 인종에 대한 오해, 그리고 자신의 문화와 다르다는 점 때문에 만들어지거나 형성된 부정적인 태도나 행동을 줄여나가는 것을 의미한다. 여기에서는 성, 인종, 민족 집단과 관련된 사회적 통념과 고정관념을 제거하는 것이 강조된다. 특히 인간은 기본적으로 유사하다는 점이 강조된다. 그리고 미국과 세계 각지에서 개인이나 조직 내에 그리고 문화적으로 인종차별과 성차별이 존재하고 있었으며 현재에도 여전히 존재하고 있다는 점을 인식하고, 이에 기초하여 반인종차별주의자, 반성차별주의자로서 행동하도록 하는 것이 궁극적인 목적이다.

마) 목적 5: 지구의 현 상태와 전 세계적 역동성에 대한 이해 증진

지구의 현 상태와 전 세계적으로 나타나는 역동성을 이해한다는 것은 지구의 현재 상태와 보편적인 변화 경향, 발전과정을 인식하는 것이다. 전 세계는 다양한 하위체계들이 상호 밀접하게 연계되어 있는 거대한 생태계로서, 신기술의 도입과 같이 매우 작은 사건들로 세분화될 수 있을 뿐만 아니라 작은 사건들에 의해서 심각한 영향을 받을 수도 있다는 점을 이해하는 것이다.

바) 목적 6: 사회적 행동기술 개발

사회적 행동기술이란 지구의 미래와 인류의 행복을 위협하는 문제들을 해결하는 데 필요한 지식과 태도, 행동을 의미한다. 특히 전 지구적으로 생각하고 지역적으로 행동하는 것을 강조한다. 그리고 개인적 효능감과 세계시민으로서의 책임의식을 발달시키고, 그에 기초하여 사회구성원으로서 적극적으로 참여하도록 하는 데 목적을 두고 있다. 뿐만 아니라 소수집단이나 비소수집단이 민주적 과정을 통해 변화 촉진자가 되도록 하는 데에도 중점을 주고 있다.

2 다문화가정 학생의 이해

다문화가정 학생이란 두 가지 이상의 문화권에 걸쳐서 성장하고 생활하는 아동·청소년으로 최근 급속하게 증가하고 있는데 특히 초등학생의 경우 2006년 6,795명에서 2008년 15,804명으로 2배 가까이 증가되었다. 최근 진행되는 다문화가정의 증가경향을 고려해 볼 때 향후 10년 이내에 학령기 자녀수는 급격하게 증가할 것으로 예측된다(송미경, 이은경, 신효정, 2009).

다문화가정 자녀 규모는 지난 10년 사이에 크게 늘었다. 만 18살 이하 다문화가정 자녀 수는 2006년 2만 5000여 명에서 2015년엔 20만 8천 명으로 늘었다. 이 가운데 초·중·고교에 다니는 학생은 2015년 기준 82,536명으로, 전체 학생의 1.35%를 차지했다. 초등학생 중 다문화 학생 비율은 처음으로 2%를 넘어섰다. 이런 다문화 학생의 학업중단율은 1.01%(2014년 기준)로, 전체 학생(0.83%)에 견줘 높은 수준이다. 여성가족부가 '2012년 전국다문화가족 실태조사' 원자료를 분석한 결과를 보면, 가정형편이나 친구·교사관계, 한국어 문제 등이 학업중단 사유로 꼽혔다. 또 가족형태를 보면 재혼가족 비율이 높아서 가족관계에서 오는 스트레스도 클 것이라고 여가부는 설명했다(한겨레, 2016. 3. 9).

조영달(2006)의 연구에 의하면, 국제결혼 가정의 자녀는 '뒤처지는 아이들', 외국인 근로자 가정의 자녀는 '방치되는 아이들', 새터민 가정의 자녀는 '탈락하는 아이들'로 표현하고 있다. 이는 다문화가정이 처한 상황과 조건에 따라 입학환경, 학교적응, 교육적 어려움이 각기 다름을 시사한다.

다문화가정의 상당수 자녀들은 부모의 낮은 경제 · 사회적 지위, 언어 · 문화 · 교육 방식의 차이 등으로 가정, 학교에서 여러 문제들을 드러내고 있다. 이들은 언어발달 지체 및 문화 부적응으로 인해 학교수업에 대한 이해도가 낮으며, 부모의 낮은 소득으로 인해 사회적, 경제적 기반이 취약하여 학습 환경이 열악하다. 이러한 환경의 열악함은 지나치게 소극적이거나 반대로 폭력성 또는 과잉행동장애를 보이는 등의 정서장애를 유발하기도 하고, 아동 스스로 혹은 각 가정의 도움으로 해결하기가 어려워 동료 학생들의 학업 효율에도 영향을 끼치게 된다(이수진, 2010).

친구들과 다른 외모와 어머니가 외국인이라는 점 또한 놀림이나 따돌림의 이유가 되어, 주위의 시선에 민감하고 정서적으로 예민한 청소년기 아동들은 학교를 포기하는 경우가 발생한다. 2007년 행자부에 따르면 다문화가정 자녀들 중 57.5%만이 학교에 재학 중인 것으로 밝혀졌다.

여기에서는 다문화가정 학생의 개인적인 특징, 가정환경, 학교생활 적응에 대하여 좀 더 구체적으로 알아보고자 한다.

1) 개인적인 특징

가) 언어적 특징

다문화가정의 특수한 가정환경으로 인하여 언어발달 수준이 일반 또래 아동에 비해 낮은 것이 공통적인 문제점으로 지적되고 있다. 다문화가정 아동의 언어 및 인지발달에 관해서는 크게 두 가지 관점에서 논의되고 있는데, 한국어가 미숙한 외국인 어머니와 함께 생활함에 따라 언어발달이 지체되고 이로 인해 의사소통에 제한을 받으며(류현주 외, 2008; 조영달, 2006), 또한 다문화가정의 유아들은 한국 표준화 집단에 비해 사실에 대한 지식 습득에서도 인지적 수준이 낮은 것으로 보고되고 있다(구효진 · 최진선, 2007). 다른 측면에서는(오성배, 2005) 이들의 일반적인 의사소통이나 언어 또는 인지능력에는 별 다른 큰 문제가 없으나, 독해, 어휘력, 쓰기, 작문능력이 일반 유아에 비해 현저히 떨어지므로 이후 학교교육 또는 학업성취도 차원에서 예방과 중재를 실시해야 한다고 주장하고 있다.

국제결혼가정 2세 자녀들은 말을 배우는 가장 중요한 시기인 유아기에 한국말이 서투른 외국인 어머니의 교육 하에 성장하기 때문에 언어발달이 늦어지고, 의사소통에 제한을 받기 때문에 부적응 현상을 보일 수 있다. 언어 발달 지체 및 문화 부적응으로 인해 학교수업에 대한 이해도가 낮고, 지나치게 소극적이거나 반대로 폭력성 또는 과잉행동장애를 보이는 등의 정서 장애를 보인다. 따라서 언어능력의 부족은 학습부진을 초래하고 있다. 또한 국제결혼가정의 자녀들은 일상적인 의사소통에는 큰 문제가 없었으나 독해와 어휘력, 쓰기, 작문 능력이 현저히 떨어지는 것으로 나타났다(권명희, 2009).

윤희원(2009)은 다문화가정 자녀의 한국어 사용 실태에 대하여 첫째, 기초 지식이나 상식의 결핍, 둘째, 논리적 사고 및 추상화 능력 부족, 셋째, 감각적 표현 및 직관의 차이라는 문제점을 지적하였다. 다문화가정 자녀는 언어를 습득하는 단계에서부터 언어적 노출의 빈도가 낮다. 대부분의 다문화가정 자녀는 가족과의 관계 속에서 습득하거나 학습한 한국어의 양이나 질이 일반 가정의 학생들에 비해 낮다고 할 수 있다.

나) 정의적 특징

첫째, 정체성의 문제로서, 다문화가정 자녀 중 어머니가 일본인과 중국인인 경우 한국인과 외모가 비슷하지만, 어머니가 베트남이나 필리핀에서 온 경우는 외모가 또래들과 다르며, 이러한 차이를 알기 시작하면서 자아정체성에 혼란을 느끼는 것으로 나타났다(서현 · 이승은, 2007). 정하성 · 우룡(2007)의 연구에서도 60명의 다문화 청소년을 대상으로 설문조사를 실시한 결과 응답자 가운데 10명(16.7%)만이 한국인이라고 응답하고, 26명(43.3%)과 20명(33.3%)은 각각 외국인, 한국인과 외국인 모두에 해당된다고 응답하였다. 이를 통해 다문화가정 자녀들이 외모와 관련하여 자아정체성 및 국가 정체성에 혼란을 느끼고 있음을 알 수 있으며, 이러한 정체성 혼란은 청소년기에 발달적 위기를 초래할 수 있다.

둘째, 소극적 성격과 가치관 혼란의 문제로서, 다문화가정 아동들은 외모와 언어 문제로 자신을 또래에게 노출시키지 않으려 하고, 어머니가 한국인이 아니라는 사실만으로 위축감을 느끼는 등 소극적인 성격이 형성된다(서현 · 이승은, 2007). 또한 각각 다른 나라의 부모로부터 다른 가치관을 보고 배움으로써 가치관 혼란을 경험하고, 이로 인해 부적응이 초래된다(정정희, 2006; 정하성 · 우룡, 2006).

2) 가정환경

다문화가정 자녀의 유형에는 국제결혼 가정 자녀, 외국인근로자 가정 자녀, 새터민 가정 자녀가 있다. 국제결혼 가정 자녀는 한국인 아버지와 어머니 사이에서 또는 한국인 어머니와 외국인 아버지 사이에서 태어난 아동이고, 외국인근로자 자녀는 외국인 근로자가 한국에서 결혼하여 태어난 아동이거나 본국에서 결혼하여 형성된 가족이 국내에 이주한 가정의 아동이며, 새터민 가정 자녀는 북한에서 태어나 한국에 입국한 아동 또는 한국에서 태어난 아동이다. 다문화가정의 문제는 사회 부적응, 한국어에 대한 숙달도 부족, 한국 문화와 자국 문화의 격차 등의 문제로 인한 가정 문제, 학교 문제, 사회 문제로 나누어 볼 수 있는 만큼 다각적인 측면에서 접근해야 한다. 또한 한국인에게도 이러한 다문화가정 문제에 대해 인식하고 패러다임을 전환하는 것이 필요하다(윤희원, 2009).

한국 남성과 외국 여성이 결혼한 다문화가정의 경우, 한국 남성의 52.9%는 최저 빈곤층에 속해 있다(조선일보, 2007. 3. 16). 이 때문에 빈곤한 다문화가정의 아동은 교육과 관련하여 부모로부터 충분한 지원을 받지 못하며, 이로 인해 학업수행과 관련된 스트레스를 경험하고, 이는 학교생활 적응 혹은 심리사회적 적응에 부정적 영향을 미칠 수 있다.

일반적으로 다문화가정의 경제적 수준은 빈곤한 경우가 많은데 새터민 가정도 이와 무관하지 않다. 새터민 가장의 31.7%가 무직이며, 새터민 가정의 40%가 정부 보조금으로 생활하고 있다는 점(조영달 외, 2006), 그리고 새터민 여성의 85%가 기초생활보장 수급대상자라는 사실이 이러한 점을 뒷받침한다.

국제결혼은 대부분 배우자에 대한 깊은 만남 없이 이루어지는 것이 현실이다. 보건복지부 자료에 따르면 결혼이주여성 중 남편과 한 번도 만나지 않고 결혼한 비율도 10명 중 1명꼴이나 된다. 해외로 가서 맞선을 보니 많은 돈이 들어가는 상황에서 오래 천천히 만날 수 없기 때문이다(구정화 · 박윤경 · 설규주, 2009).

국제결혼가정에서 생기는 문제는 일부분 결혼이주여성들의 출신국가와 우리의 가족제도, 문화가 다르기 때문에 나타난다. 중국의 경우 문화혁명을 통해 남녀평등 사회로 거의 전환되었고, 베트남과 필리핀, 인도네시아, 캄보디아 등의 국가는 가부장제인 한국과 달리 '양변제' 가족제도가 대부분이다. 양변제는 부계와 모계를 모두 같이 존중하는 것으로 가족 안에서 부부가 상대적으로 평등하며 상보적인 역할을 한다(김민정, 2002). 또한 양변제 가족제도에서는 부모와 자식 간에 강한 유대감이 있으며 형편이 어려운 형제자매에 대한 책임의식도 강한 편이다. 가족 내에서 부모 봉양은 아들보다 딸에게 더 책무가 강하게 주어지며, 이로 인해 딸도 성장하면 일자리를 찾는데 자신의 행복보다는 부모에 대한 책무를 더 강하게 생각한다.

한편, 이주노동자 가정의 경우 자녀를 양육하고 교육하는 데 있어서 법제도적으로 상당한 제한을 받고 있는 어려움 이외에 현실적인 어려움도 많이 경험한다. 우선 이들이 한국에서 자녀를 출산하게 되면 현재의 국적법으로 인해 출생신고를 못 하게 되면서 아이는 무국적자가 된다. 이렇게 아이가 무국적자가 되면 그 이후에 양육의 어려움이 뒤따라온다. 대부분 이주노동자의 경우 부부가 같이 일을 하는데 자녀가 무국적이기에 공공서비스 기관의 교육기관에 아이를 맡기거나 입학시킬 수 없어서 아이 양육과 교육에 어려움이 수반된다.

법적인 문제에서 보았듯이 이들 자녀의 교육문제는 더 첩첩산중이다. 그나마 초등학교 입학은 다행히 해결이 가능하지만 해당 학교장의 재량에 의해 입학이 결정되는 중등학교의 경우에는 자녀의 입학을 허락해줄 학교를 찾는 것도 어렵다. 다행히 입학을 하게 되더라도 국제결혼가정의 자녀와 달리 이들 자녀는 더 낯선 외모와 저조한 한국어 능력, 그리고 대부분 자신의 연령보다 더 낮은 학년에서 공부해야 하는 등의 현실로 인해 학교 부적응을 쉽게 경험한다(구정화 · 박윤경 · 설규주, 2009).

3) 학교생활 적응

교육인적자원부(2006)는 다문화가족 자녀들이 공통적으로 가지고 있는 문제점으로 학습 결손 및 편견과 차별로 인한 학교부적응을 제시하였다. 다문화가정 자녀들은 피부색이 다른 외모로 인하여 따돌림 등을 경험하여 교우관계 등 학교생활에 어려움을 느끼고, 한국어능력의 부족은 언어소통의 부족으로 이어지고 이는 학업성취도에 영향을 미치며, 문화적 부적응으로 가치관의 혼란 등 정체성 형성에 부정적인 영향을 미친다(김종백 · 탁현주, 2011; 설동훈 · 이혜경 · 조성남, 2006).

다문화가정 자녀의 학교적응과 관련된 연구들의 공통점은 이들이 학교 내에서 비주류로 생활하고 있다는 점, 언어 발달 지체 및 문화 부적응으로 인해 학교수업에 대한 이해도가 낮다는 점, 외모 등 사회의 차별적 시선이 낳은 위축감과 한국사회의 차별적 태도로 인해 내적·외적 갈등을 모두 겪고 있다는 점 등을 들 수 있다(이수진, 2010). 일반적으로 다문화가정 자녀들은 초등학교 저학년 때는 언어장벽, 고학년 때는 학습장벽, 중학교 들어서는 교우관계 장벽 등에 시달리고 있는 것으로 드러났다. 다문화가정 자녀가 겪는 학교적응의 문제를 또래관계, 학업적 문제, 정의적 문제, 학업중단율을 중심으로 고찰해 보면 다음과 같다.

가) 또래관계

긍정적인 또래관계는 이주자녀의 학교생활 적응에 매우 중요한 영향을 끼친다. 아이들은 한국에 처음 와서 초등학교를 다닐 때 가장 싫었던 일로 '아이들이 놀리고 욕하는 것', '나이 어린 애들이랑 공부하는 것', '또래 친구가 없는 것' 등을 꼽는다. 특히 자신의 나이보다 한참 낮은 학년에 배정된 아이들은 긍정적인 또래관계를 형성하고 학교생활에 적응하기 어려워하는 모습을 보인다. 그 결과 학교에 흥미를 잃게 되고, 점점 학교를 빠지면서 급기야는 중도 탈락하는 경우가 발생하게 된다(최중옥 외, 2009).

아래 사례와 같이 이주가정 자녀들의 학교생활에서 가장 중요한 점은 또래친구들과 잘 어울릴 수 있도록 도와주는 것이라는 한 몽골학생의 지적(김정원 외, 2005)은 이주가정 자녀의 학교지도에 있어 많은 점을 생각하게 한다. 이는 이주가정 학생들의 학교생활 지도에 있어 교과학습뿐 아니라 교우관계나 생활지도의 면이 중요하다는 점을 인식하게 해 준다.

> 나이 차 많은 어린애들이랑 같이 공부하는 것이 제일 싫었어요. 그게 제일 적응하기 어려웠던 것 같아요. 제 생각에는 학교에서 무엇을 배운다는 것이 중요한 것이 아니라, 아이들이 친구들과 잘 어울릴 수 있도록 도와주는 것이 제일 중요한 것 같아요(김정원 외, 2005: 116).

나) 학업적인 문제

(1) 이주가정 학습자

2008년 11월 기준으로 일반학교에 재학 중인 외국인 근로자 자녀 재학생 수는 초·중·고를 합하여 1,402명인 것으로 집계되고 있다(교육과학기술부, 2008). 이주노동자 자녀들이 당면한 교육문제는 입학 문턱, 나이에 맞지 않는 학년 배정, 교육과정과 교과서의 소외, 또래집단과의 문제, 차별, 경제적 어려움 등으로 요약할 수 있다(김정원 외, 2005; 최충옥 외, 2009).

외국인 노동자 가정 자녀들이 초기의 학교생활에서 겪는 가장 큰 어려움은 언어적 어려움이다. 이들은 대개 6개월에서 1년 정도 지나면 일상적인 한국어를 능숙하게 구사하는 편이고, 교우관계가 원만하며 학교생활을 모범적으로 잘 해나가는 것으로 알려져 있다. 초등학교나 중학교에서 외국인 가정 자녀의 교과 성취 수준은 개개인에 따라 차이가 크다. 대체로 한국어 능력이 부족한 초기 학습자의 경우 한국어를 제대로 이해하지 못해 교과 내용을 이해하기 힘들어하는 경우가 많고, 시간이 점차 흐르면서 한국어 이해력이 증가하면 그에 따라 교과 성취도도 높아지는 게 일반적이다(최충옥 외, 2009).

초기 학습자들은 한국어 실력이 부족하기 때문에 '국어' 과목을 어렵게 느낀다. 그러나 대체로 이들은 교과목 중에서 국어과목을 선호하는 편인데 그 이유는 이들의 '한국어 학습'에 대한 열의가 매우 높고 국어 과목을 잘 하면 한국어 공부에 도움이 된다고 믿기 때문이다. 한국어 실력이 향상된 뒤에도 이들이 지속적으로 어려워하는 과목은 사회이다. 사회과목의 경우 한국 역사와 문화에 대한 배경지식이 부족하고 문화적 차이가 많기 때문에 일상적인 한국어에 능통한 이주 자녀라 해도 교과내용을 알아듣지 못하는 경우가 많다.

(2) 국제결혼 가정 학습자

오성배(2005)와 홍영숙(2007)은 국제결혼 가정 자녀들의 경우 다른 과목에 비해 문장 이해력이 떨어지고, 작문 과정에서 대체로 받아쓰거나 독후감 정리에 어려움을 겪으며, 자신의 생각을 정리하여 쓰는 데 어려움을 경험한다고 밝혔다. 조영달 외(2006)는 국제결혼 가정 자녀들이 언어능력의 부족으로 인한 학습부진이 심각하고, 일상적인 의사소통은 문제가 없지만 독해와 어휘력, 쓰기, 작문 능력이 현저히 떨어진다고 말한다. 아래는 한국어 쓰기에 어려움을 겪는 국제결혼 가정 자녀들을 교육 지도한 현장교사의 사례이다(최충옥 외, 2009).

> 여기서 태어나서 우리말은 잘 하는 편이지만 글 쓰는 것은 빨리 하는 편은 아니다. 맞춤법은 눈에 띄게 못하지 않는데 글 자체를 길게 쓰거나 빨리 쓰지 못한다. 학교에서 글짓기 대회 같은 것을 할 때 보면 분량도 많지 않고, 글씨도 빠르게 쓰지 못하니까 정해진 시간에 작성을 하지 못한다. (중략) (이창호 · 오성배 외, 2007: 76-77).

다) 정의적인 문제

다문화가정 자녀는 다문화가정이라는 특수성을 가진 가정배경에서 어릴 때부터 사회적 관심과 혼혈인에 대한 고정관념으로 편견을 경험한다. 그리고 이러한 경험은 가정과 부모에 대한 자신감과 존경심의 결여와 함께 자존심의 상실, 자기비하로 이어진다.

한미숙(2010)은 다문화가정 자녀들은 출생가정환경부터 자신이 다른 일반학생들과 다르다는 인식을 가지고 있으며, 이러한 지각은 가정환경에 대한 분노 감정을 포함해 자신의 선택권 없이 이루어진 태생적 환경에 대한 억울함으로 나타난다고 하였다. 또한 자신이 타인과 다름에 대한 이질감과 불안함이 자신에 대한 막연한 분노 등으로 표현되고, 이 분노는 학교적응에 부정적 영향을 미친다. 이러한 문제는 심리적으로 내재화되어 우울, 불안, 분노 등을 일으켜 긴장, 초조, 걱정과 관련되는 행동으로 나타나 또래집단과 잘 어울리지 못하거나 거부당할 가능성이 있다.

국제결혼 가정 자녀들은 자신을 기본적으로 한국인이라고 여기면서도 동시에 두 문화를 가지고 있다는 점을 인식하고 있다. 이러한 과정에서 정체성 혼란을 경험하기도 한다. 따라서 이들이 다양한 문화를 기반으로 하는 자신의 정체성에 대해 자연스럽게 받아들이고, 긍정적으로 생각할 수 있도록 지도하는 것이 중요하다. 아래의 사례에서 자신이 기본적으로는 한국 사람이지만 두 나라의 문화를 반반씩 갖고 있는 점을 다른 사람과 다른 독특한 면이라고 생각하는 학생 2의 태도는 긍정적으로 자기 정체성을 받아들이는 좋은 사례라 할 수 있다.

연구자 : 자신의 정체성은?

학생 1 : 수단 이름이 있긴 하지만 한국 이름을 주로 사용하고 한국에서 오랜 생활을 했기 때문에 한국인이라고 생각한다.

학생 2 : 기본적으로 한국 사람이라고 생각한다. 하지만 두 나라의 문화를 반반씩 갖고 있기 때문에 사람들을 대하는 데 수월하다고 생각한다. 이런 면이 다른 사람이 가지지 못한 독특한 면이라 생각한다.

학생 3 : 필리핀 사람이기도 하고 한국 사람이기도 하다. 필리핀 사람이라고 생각하는 것은 어머니 때문이다. 필리핀은 2년 전에 가보았는데 고향처럼 느껴졌다. 한국에 있어도 편하다.

출처: 이창호·오성배 외, 2007: 72.

라) 학업중단율

교육부 자료에 따르면 다문화학생 학업중단율은 2014년도(2014.3~2015.2) 기준 1.01%였다. 초등학교 0.8%, 중학교 1.2%, 고등학교 2.1%로 학교급이 높을수록 증가하고 있다. 미세한 수준이지만 일반학생들의 학업중단율(2014년도 기준 0.83%)이 감소세를 보이는 가운데 다문화 학생만이 증가하고 있어 전문가들이 우려하고 있다. 전문가들은 다문화학생들의 중도탈락의 주요한 이유로 가정형편이나 친구·선생님 관계와 더불어 한국어 등 학습부진을 꼽았다. 한 다문화 관련 교육기관 관계자는 "학생들이 한국어 능력도 안 되고 그래서 공부도 못 따라가고 친구들과 잘 못 지내게 되면 너무 쉽게 학교생활을 포기하고 그만두려는 모습을 보인다."며 "특히 부모들도 자녀의 학업을 지속시키려는 의지가 부족한 경우가 많다."고 말했다(내일신문, 2016.5.30.). 국제결혼 가정의 중도 탈락률이 일반 학생들보다 높은 이유는 가정의 경제적 어려움보다 학교생활의 적응에 어려움을 겪기 때문으로 판단된다(설동훈, 2005; 오성배, 2005).

조영달(2006)은 국제결혼 가정 자녀의 집단따돌림 경험 비율이 일반 초등학생들의 따돌림 비율과 크게 차이가 나지 않는다고 말한다. 그러나 따돌림의 이유에 있어서는 일반 학생들과 국제결혼 가정 학생들 간에 큰 차이가 있는데 우리나라 학생의 경우, '잘난 척해서'(29.4%)가 가장 많은 이유인 반면, 국제결혼 가정 자녀는 그 개인적 성격의 특성과 무관하게 단순히 '국제결혼 가정의 자녀라는 이유' 때문에 따돌림을 당하는 것으로 드러나 공교육에서 인종차별적 편견과 따돌림, 소외를 방지할 수 있는 다문화교육 노력이 요구된다.

새터민 청소년들은 남북한의 사상과 문화의 차이, 교육과정과 학력 수준의 차이, 탈북과정에서 겪은 생존적 체험의 고통, 남한에서 생전 처음 겪는 상대적 빈곤의 박탈감, 남한 사람들의 북한에 대한 우월적 태도와 같은 복합적인 양상에 의해 남한 공교육에서 부적응 양상을 보이고 있으며 중도 탈락률 또한 매우 높은 것으로 보고되고 있다(최충옥 외, 2009). 따라서 학생들이 남한의 공교육에 적응하는 것은 다른 다문화가정 자녀들보다 오히려 더욱 힘들 수도 있다는 점을 인식하고 이들의 학습능력 신장뿐 아니라 정서적 아픔을 치유할 수 있는 교육적 지원이 필요하다. 동시에 이들을 바라보는 일반 학생들의 배타적인 태도나 시각에 대한 편견 해소 교육도 지속적으로 요구된다.

3 다문화 학생의 학습컨설팅 과정: 원인 및 개입 그리고 평가

1) 다문화 학생의 학습부진 원인

다문화 학생의 주요한 학습부진의 원인은 크게 개인적인 측면(예: 한국어 능력, 기초 학습능력, 성취동기 및 자신감, 정체성 혼란 등)과 사회적 측면(열악한 가정환경, 인간관계 문제, 학교 체제 등)에서 살펴볼 필요가 있다.

가) 개인적 측면

(1) 한국어 능력 부족

국제결혼가정 자녀들은 말을 배우는 가장 중요한 시기인 유아기에 한국말이 서투른 외국인 어머니의 교육을 받고 자랐기 때문에 언어발달이 늦고 의사소통에 제한을 받기 때문에 언어 발달 지체와 문화 부적응을 보인다. 또한 국제결혼여성 가정의 자녀들은 일상적인 의사소통에는 큰 문제가 없으나 독해와 어휘력, 쓰기, 작문 능력이 현저히 떨어지는 것으로 나타났다(권명희, 2009).

다문화가정 아동의 경우, 한국어가 미숙한 어머니로 인해, 언어습득의 결정적 시기인 유아기에 원활한 언어적 상호작용 기회가 제한되고, 이로 인해 언어습득 및 구사능력이 떨어지게 된다. 또한 이들 가족에게 한국어를 잘하는 아버지와 조부모가 있다 하더라도, 이들은 농사 일 등으로 바쁘고, 아동을 양육하는 것은 어머니의 몫이라고 생각하여 실질적인 도움이 되지 않는 것으로 나타났다(서현 · 이승은, 2007: 32-34). 이러한 한국어 능력의 부족은 다문화 학생의 학습부진을 야기하게 될 것이고, 결국 학교생활 부적응으로 이어질 것이다.

(2) 기초학습 능력 부족

기초학습 능력은 초 · 중등학교의 학습과제를 해결하는 데 필요한 능력으로, 기초적인 언어능력(읽기, 쓰기, 말하기), 기초적인 수학 능력(가감승제, 구구단, 집합 등), 기초적인 사회성 능력(또래와 잘 어울리기, 주위 사람들과 원만한 관계 맺기, 기본 예절 및 규범 지키기 등)이 이에 해당된다. 이러한 기초학습 능력의 습득은 유아기 가정환경과 밀접한 관련을 맺고 있다.

다문화 학생의 가정환경은 대부분 사회 · 경제적 여건이 열악하고, 국제결혼가정이나 이주노동자 가정의 어머니의 한국어 미숙으로 인한 원활한 언어적 상호작용 기회가 결여되고, 자녀에 대한 충분한 교육적 지원을 하지 못함으로써, 유아기와 초등학교 입학 단계에서부터 다문화 학생의 기초학습 능력은 상당한 결손을 갖게 된다. 이렇게 누적된 결손은 학교학습의 전반적인 학습과제를 해결하는 데 걸림돌이 되고 있다.

(3) 학업동기 결여

김순규(2011)는 다문화가정 자녀가 겪고 있는 어려움으로 불충분한 교육지원, 차별경험, 언어문제, 친구관계 문제, 가치관 혼란 등을 지적하고 있다. 이들의 이러한 어려움은 공부 그 자체의 즐거움이나 자신의 성장을 추구하는 숙달목표, 학교 공부가 자신의 진로와 미래 꿈을 실현하는데 매우 필요하다는 것을 인식하는 성취 가치, 자신은 주어진 학교학습과제를 충분히 해낼 수 있다는 학업적 자기효능감을 약화시킨다. 이러한 학업동기 약화는 학교학습과제에 몰두하지 못하고, 유능감 결여와 학습 불안을 야기하여, 결국 학습부진으로 이어진다.

(4) 정체성 혼란

'나는 누구인가?', '나의 적성, 특기, 능력, 진로가 무엇인가?', '이 세상은 살 만한 가치가 있는가?', '인생의 행복은 무엇인가?' 등에 대한 물음은 개인의 정체성 확립과 밀접한 물음들이다. 국제결혼가족이나 이주노동자가족의 자녀들은 부모 중 한 명이 외국인 —중국인(조선족, 한족), 몽골인, 베트남인, 필리핀인, 일본인 등— 이어서 한국어가 서툴고, 피부색이 다름으로 인해서 주위 사람들의 시선을 지나치게 많이 받는 상황이다. 이러한 상황들은 또래 친구들의 놀림감, 따돌림, 편견, 차별 등으로 이어져 스트레스, 우울, 불안, 자신감 결여 등과 같은 정서적 문제를 야기한다.

한편, 다문화가정 자녀 중 어머니가 일본인과 중국인인 경우 한국인과 외모가 비슷하지만, 어머니가 베트남이나 필리핀에서 온 경우는 외모가 또래들과 다르며, 이러한 차이를 알기 시작하면서 자아정체성에 혼란을 느끼는 것으로 나타났다(서현 · 이승은, 2007). 정하성 · 우룡(2007)의 연구에서도 60명의 다문화 청소년을 대상으로 설문조사를 실시한 결과, 응답자 가운데 10명(16.7%)만인 한국인이라고 응답하고, 26명(43.3%)과 20명(33.3%)는 각각 외국인, 한국인과 외국인 모두에 해당된다고 응답하였다. 이를 통해 다문화가정 자녀들이 외모와 관련하여 자아정체성 및 국가 정체성에 혼란을 느끼고 있다는 것을 알 수 있으며, 이러한 정체성 혼란은 청소년기 발달적 위기를 초래할 수 있다.

나) 사회적 측면

(1) 열악한 가정환경

다문화가정 자녀들은 가정의 경제적 빈곤 때문에 충분한 교육적 지원을 받지 못하고 있는 실정이다. 부모의 사회경제적 특성은 아동의 이후 직업 획득 및 개인의 삶의 질과 밀접하게 연관된 학업성취에 영향을 미치는 요인으로 선행연구에서 중요하게 지적되고 있다(구인회, 2003; 문은식 · 김충회, 2003). 즉, 빈곤한 가정은 자녀의 학습도구 구입 및 사교육 등에 투자할 비용을 충분히 제공하기 어렵기 때문에 자녀의 학업성취에 부정적 영향을 미치게 된다는 것이다(구인회, 2003). 이러한 연구결과는 경제적 빈곤에 처한 다문화가정 아동에게도 동일하게 적용될 수 있는데, 한국 남성과 외국 여성이 결혼한 다문화가정의 경우, 한국 남성의 52.9%가 최저 빈곤층에 속해 있기 때문이다(조선일보, 2007. 3. 16).

교육인적자원부(2006) 자료에 의하면, 다문화가정 자녀의 어머니가 한국말이 서툰 경우, 언어발달의 시기인 유아기에 언어발달이 지체되고 의사소통에 제한을 받으며, 이는 학령기의 학습부진으로 이어진다. 다문화가정 부모 중 생계 유지를 위해 일을 하는 경우, 자녀의 학습지도에 무관심하거나 자녀를 방치하는 경우가 있고, 그 결과 자녀의 언어 능력 부족 및 학습부진으로 이어지게 된다. 따라서 다문화가정 학생이 학교생활 적응에 필요한 지식, 기능, 태도 습득이 부족하게 되어 학교 부적응 또는 학업중단을 초래하기도 한다(오상철 외, 2013).

(2) 인간관계 문제

또래관계는 아동의 사회성 및 인지발달에 영향을 미치는 요인으로 또래와의 긍정적 경험은 이후 대인관계 형성에 중요한 영향을 미친다. 학교에서 긍정적이고 친밀한 친구관계를 형성하고 있는 다문화가정 자녀의 경우 학교생활에 쉽게 적응할 수 있다. 따라서 교사는 다문화가정 자녀의 특성을 고려하여 학급 내 친구들과 친밀하게 지낼 수 있도록 환경을 조성해 줄 필요가 있다. 한국에 입국한 지 얼마 안 된 이주노동자 가정 자녀가 학급에 배정될 경우 교사는 같은 나라(문화권) 출신이면서 한국어에 능통한 학생을 짝으로 배정하거나, 또는 새로 온 친구에게 긍정적인 호감을 갖고 친구관계를 맺고자 하는 한국 학생을 짝이나 또래 도우미로 지정, 학교생활에 적응할 수 있도록 도울 수 있다(권오현 외, 2013).

교사–학생관계는 학생들의 학업수행, 문화화 과정, 인성 및 다양한 발달 과정에 영향을 미치며, 동료를 비롯한 교사와의 사회적 관계가 원만할 때 학생들은 학업을 포함한 학교생활에 적절하게 적응할 뿐만 아니라 긍정적인 자아개념을 형성하게 된다(김종백 · 탁현주, 2010). 또한 학생과 교사의 바람직한 인간관계는 학생의 기본적 욕구를 충족시켜 주고, 학습효과에도 긍정적인 영향을 주게 되어 교육목표 달성을 극대화시킬 수 있으며, 학생이 교사를 긍정적이고, 수용적이며, 자신에게 도움을 준다고 지각할수록 학교적응을 잘한다(안우환, 2007; 최성보, 2010).

(3) 문화

다문화 청소년들은 부모가 모국의 문화와 한국문화를 조화 있게 융화하거나 적응하지 못함에 따라 부정적 특성을 보인다. 즉, 문화적으로 부적응과 차별, 그리고 비전의 부재 등으로 인해 기인하는 특성을 보인다(정하성 · 유진이 · 이장현, 2007).

첫째, 부적응과 부조화의 문화다. 다문화 청소년들은 언어, 글자, 풍습, 사회관계 등에 익숙하지 못하여 불편을 겪게 된다. 보편적으로 다문화 청소년들은 한국문화와의 부적응과 부조화로 고통을 받고 있다.

둘째, 열등과 차별의 문화이다. 배타적인 한국사회의 특성과 저개발국 출신의 외국인에 대한 지나친 편견으로 인한 타문화 가치에 대한 인식의 문제이다. 다문화 청소년들은 상대적으로 열등한 부모의 직업이나 사회적 지위, 외모, 모국의 국제적 위상 등으로 인한 차별을 받고 있다.

셋째, 비전 부재의 문화이다. 다문화 청소년들은 여러 가지 적응의 어려움으로 인해 미래의 비전 없이 자포자기하거나 체념하면서 원대한 꿈과 비전을 갖고 있지 않다. 현실의 벽이 높아 이를 극복하기 어렵게 되자 아예 포기하고 마는 경향이 있다.

다문화가정의 자녀들이 원만한 학교생활을 하기 위해서는 사회적인 인식의 전환이 무엇보다 중요하며 학급 내에서의 다문화 이해에 대한 인식은 담임교사로 인해 충분히 바뀔 수 있다는 한 교사의 경험담에 귀 기울일 필요가 있다(권순희, 2007).

다문화가정의 자녀이기 때문에 아이가 학교생활에서 가지는 심리적 부담감은 생각보다 크다. 그러다 보니 학교생활에서 저절로 위축되고 자신감도 없게 되는 듯하다. 다문화 자녀가 학교생활에서 접하게 되는 문제는 학생 자신의 문제보다는 사회적 문제라고 보는 게 더 타당할 듯하다. 본인이 지도한 영희(가명)처럼 개인과 가정의 문제는 거의 찾아볼 수 없음에도 아동은 학교생활에서 어려움을 느끼게 되는 것이 사실이다. 다문화가정 자녀를 일반아동과 다르게 생각하는 사회적 편견으로 자신들과의 의지나 노력 여부와는 상관없이 부담을 갖고 생활해 나가는 것이다. 그것이 관심이든, 아니면 편견이든

이러한 생각은 학생들이 학교생활에 적응하는 데 큰 벽이 된다. [○○초등학교 이영희 (가명) 담임교사]

2) 교육적 개입 방안

가) 학업문제

(1) 기초 학습

국어교육, 수학교육, 영어교육 등 기초학습이 필요하다. 기초 학습은 학교 공부를 제대로 하는 데 도움을 줄 것이고 상급학교 진학에 어려움을 덜어 줄 것이기 때문이다. 기본 교과교육이 제대로 이루어지지 못하면 학습 능력이 떨어지게 되고 상급 학년에 진학을 해도 학습에 문제가 생길 수 있다. 상급 학교 진학의 어려움은 나중에 진로 문제에도 영향을 미칠 수 있다.

오성배(2005)의 코시안 아동의 성장과 환경에 관한 사례연구에서 다문화가정 자녀들의 학습결손은 가장 기본적인 학습기능인 한국어능력의 발달 지체와 관련되며, 이들의 언어 능력은 의사소통에서는 크게 문제가 되지 않지만 읽기, 쓰기 등 학습과 관련된 상황에서는 일반 학생들과 큰 차이를 보인 것으로 나타났다.

(2) 읽기

어린 시절 부모가 이야기책을 많이 읽어주는 것이 필요하다. 보통의 경우는 대부분 어린 시절 아이들에게 이야기책을 많이 읽어준다. 그러나 국제결혼 가정의 어머니들은 여가 시간의 문제, 발음 상의 문제, 독해력의 문제 등으로 이야기책을 많이 읽어주지 못한다. 문식성 환경 부족으로 그 결과 다문화가정 자녀들이 책을 읽을 때 발음상 문제가 나타나고, 책에 대한 흥미도가 높지 않은 경우가 있다. 읽기에 유창하지 못한 학생들은 스스로도 읽기를 잘 하지 못한다고 인식하는 경우가 대부분이다. 발음이 틀릴 수 있다는 불안감 등으로 자신감이 없다. 그 결과 문장의 끝을 흐리게 발음한다든지, 큰 소리로 읽지 못하는 경향이 있다(권순희 외, 2010).

성현이가 무엇보다 싫어하는 것은 글씨를 읽는 것이었습니다. 국어수업보다 수학수업을 많이 좋아하였고, 글을 쓰는 것은 천천히 잘 하지만 그것을 읽는 것은 매우 싫어했습니다. 쓴 글씨를 읽어보라고 하면 공부하기 싫다고 등을 돌리는 경우도 많아서 틀리게 읽는 부분을 어떻게 고쳐야 할지 어려웠습니다. 겹받침 단어나, '희'라는 단어를 항상 '회'로 읽었는데 고쳐 말해주면 자신이 틀렸다고 하는 그 말을 매우 싫어했습니다. [전주교대 멘토 안윤희가 지도한 전주별꽃초등학교(가명) 1학년 김성현(가명)]

다문화가정 자녀들이 문제 자체를 해석하는 능력이 떨어져서 수학 문제를 쉽게 풀지 못하는 경우가 있다. 요즈음 수학 과목에서 서술식 문제해결 상황을 읽은 후 식을 만들어 문제를 풀어야 하는 경우가 많다. 이때 발생하는 어려움은 수학 능력이 부족하여 발생하는 문제라기보다는 국어 능력이 부족하여 발생하는 문제이다.

다문화가정 자녀는 겹받침이 있는 어휘를 잘 발음하지 못한다. 또한 구개음화, 자음접변이 있는 단어 등에서 정확한 발음을 하지 못하는 경향을 보인다. 이세연(2009)은 다음과 같은 몇 가지 사례를 제시하고 있다(권순희 외, 2010, 재인용).

표 4.1 다문화가정 자녀 발음 사례

어휘	바른 소리	다문화가정 자녀발음
젊다	점따	절따
짓다	진따	진따
솟을	소슬	소틀
굳이	구지	굳티
찢어	찌저	찌더

출처: 권순희 외(2010). 다문화사회와 다문화교육.

(3) 쓰기

대부분의 사람들은 글을 쓸 때 띄어쓰기를 자연스럽게 한다. 띄어쓰기 자체를 완전히 무시하는 경우는 드물다. 그러나 다문화가정 자녀의 경우 이러한 기본적이고 사소한 표기의 문제를 인식하지 못하는 경우가 있다.

초등학교 저학년에게 받아쓰기는 중요하다. 왜냐하면 받아쓰기 능력이 부족하면 나중에 읽기와 쓰기 능력에도 연쇄적으로 영향을 미치기 때문이다. 이계풍(2009: 19)이 제시하고 있는 전남 무안군 ○○초등학교에 재학 중인 다문화가정 자녀 14명의 받아쓰기 오류를 소개하면 다음과 같다(권순희 외, 2010, 재인용).

표 4.2 다문화가정 자녀의 받아쓰기 오류 사례

번호	정답	오답 사례
1	소정이는 학교가 끝난 뒤 엄마와 함께 양파밭에 물을 주었습니다.	끝낭뒤(1명), 한께(1명), 함개(1명), 함꼐(1명), 앙파받에(1명), 양파밧의(1명), 주웠습니다(1명), 주엇습니다(1명)
2	소정이는 친구와 심하게 싸웠습니다.	신하게(1명), 심하개(1명), 심하계(1녕)
3	동생은 공부방에 안 가고 바닷가에 놀러 갔습니다.	공부방의(1명), 바다가로(1명), 바다가의(1명), 않가고(3명), 롤로(1명), 놀로(3명)
4	나의 가족은 항상 행복합니다.	나으(1명), 한상(1명)
5	나는 가끔 동생이 부끄러울 때가 있습니다.	각금(1명), 가금(1명), 가끈(1명), 부끄러운적(2명)
6	아버지는 낙지를 잡으러 바다로 나가셨습니다.	낚지(3명), 낮지(1명), 잡으로(12명)

출처: 권순희 외(2010). 다문화사회와 다문화교육.

(4) 어휘 사용

전체적으로 어휘력이 부족하다. 개념어, 추상어 등에 대한 어휘 능력이 부족하고, 상위어, 하위어의 관계 파악이 어렵다. 상상력을 통해 관련된 어휘를 알아맞히거나 연상어휘를 찾는 연습을 많이 해 주는 것이 좋다.

(5) 국어과 수업

다문화 학생의 국어과 수업 방향을 제시하면 다음과 같다(김혜영 · 전은주, 2010).

첫째, 교사는 다문화 학생을 대상으로 한 국어 수업의 목표를 명확히 설정하고 그 목표를 달성할 수 있도록 수업 내용을 구성해야 한다. 다문화 학생 수업의 목표는 크게 언어적 측면, 사회문화적 측면, 인식 측면으로 나누어 정리할 수 있다. 언어적 측면은 문화적 어휘를 평균적인 일반 학생 수준으로 자유롭게 사용할 수 있는 능력을 키우는 것이고, 사회문화적 측면에서는 다문화 학생이 국어 수업을 통해 한국 사회와 문학을 포함한 문화 전반에 대해 올바르게 파악함으로써 국어과 수업 내용으로 설정된 다양한 글의 갈래를 이해하고 그 글의 내용을 왜곡 없이 읽고 감상할 수 있는 능력을 기르는 것이다. 인식 측면은 다문화 학생이 글의 내용을 수용적으로만 받아들이는 것이 아니라 비판적으로 재인식하여 한국 사회에서 다문화인으로서의 삶을 좀 더 적극적이고 주체적으로 영위할 수 있는 정서적 발판을 마련하도록 지도하는 데 의의가 있다.

둘째, 다문화 학생 대상의 국어과 수업에서는 그들의 국어 사용 기능 향상과 다문화 사회에서의 적응기제로서의 인식을 개선하기 위해 학습 텍스트 선정에 관심을 기울여야 한다. 이들에게 제공되는 학습 텍스트는 문화적 어휘 —속담, 관용어, 고사성어, 한자어 등— 가 많이 포함되어 있는 것이 좋다. 다문화 학생은 부모의 문화권이 일반 학생들과 다르므로 가정에서 한국 문화나 한국인의 가치관을 습득하는 것이 쉽지 않다. 그러므로 다문화 학생의 이러한 언어문화적 결핍을 보충해 줄 수 있는 것이 수업인데 '어물전 망신은 꼴두기가 시킨다, 과일가게 망신은 모과가 시킨다' 등의 속담을 통해 한국 문화를 배우는 것, '원숭이와 거북'이라는 아랍설화 학습 과정에서 우리나라 전래동화에 대해 상기하고 이를 확장하여 학습하는 것 등은 문화적 어휘 학습의 효과적인 방법이 될 수 있다.

셋째, 다문화 학생의 상황에 맞는 언어 학습 방향을 찾아 실제 교육에 적용해야 한다. 다문화 학생의 국어 능력에는 가족 구성 형태에 따라 다양한 변인들이 영향을 미치고 있다. 학생의 한국 체류 기간이나 재학 기간은 중요한 변인으로 이는 국어 능력에 크게 영향을 미친다. 그 체류 기간이 짧아 국어 능력이 전반적으로 부족한 경우나 재학 기간이 짧아 학습에 필요한 국어 능력이 부족한 경우에는 제2언어로서의 한국어 교육을 통해 학생의 언어 발달이 궁극적으로는 국어 교육의 성취 목표에 도달할 수 있도록 도와 줄 필요가 있다.

넷째, 교사는 국어과 수업에서 적절한 수업 지시어 선택, 다른 개념이나 항목으로서의 대치, 설명 과정에서의 풀어 말하기 등 교수 상황에서의 언어와 행동을 상황에 맞게 사용해야 한다. 교사는 각 학습자의 언어 능력과 수업 시 반응에 따라 교실 언어와 지도 방식을 달리 선택하여 교육할 수 있어야 한다.

나) 학교생활 적응

학교생활 적응이란 학교생활과 밀접하게 관련된 학업적, 사회적, 정의적 측면에서의 요구를 합리적으로 만족시키기 위해서 물리적이고 심리적인 학교환경에 순응하거나 그 환경을 변화시키고 조작하는 외현적 · 내재적 행동이다(문은식, 2002). 학교생활 적응에는 학업적 적응, 사회적 적응, 정의적 적응이 있다. 학업적 적응은 학생이 얼마나 수업에 적극적으로 참여하고 있는가(수업참여도), 학교학습을 위해 얼마나 노력을 기울이고 있는가(학습노력), 학교학습을 방해하는 개인 내 · 외적 요인을 얼마나 잘 통제하고 있는가(학습행동통제), 학교학습을 얼마나 주의집중해서 지속적으로 잘 하고 있는가(학습지속성)와 관련된 학생의 적응행동을 의미한다. 사회적 적응은 학생이 학교에서의 사회적 관계 또는 대인관계(예: 학급 친구, 절친한 친구, 교사와의 관계)를 조화롭게 맺기 위한 친사회적 행동으로서, 사교적인 행동, 교실 규칙을 지키는 행동, 책임을 지는 행동, 교사의 훈계를 잘 수용하는 행동 등을 포함한다. 정의적 적응은 학교학습과 관련된 일반적인 태도와 관련된 것으로, 학생이 학교생활을 좋아하거나 혹은 싫어하는 행동(학교선호), 학교에서 이루어지고 있는 전반적인 활동에 대한 학생의 만족 정도(학교생활만족)를 의미한다.

교육인적자원부(2006)는 다문화가족 자녀들이 공통적으로 가지고 있는 문제점으로 학습결손과 편견 및 차별로 인한 학교부적응을 제시하였다. 다문화가정 자녀들은 피부색이 다른 외모로 인하여 따돌림 등을 경험하여 교우관계 등 학교생활에 어려움을 느끼고, 한국어능력의 부족은 언어소통의 부족으로 이어지고 이는 학업성취도에 영향을 미치며, 문화적 부적응으로 가치관의 혼란 등 정체성 형성에 부정적인 영향을 미친다(설동훈 외, 2006; 조영달, 2008).

(1) 교사의 다문화 교육인식

홍정미(2008)는 학생이 교사를 긍정적이고, 수용적이며, 자신에게 도움을 준다고 지각할수록 학교적응을 잘한다고 보고하였다. 여러 선행연구들은 다문화 교육에 있어서 교사의 인식이 중요한 요인임을 밝히고 있다. 다문화가정 자녀에 대한 교사의 인식 연구에서 다문화가정 자녀들의 원활한 사회화 과정에 중요한 역할을 수행하는 사람은 이들의 교육을 담당하고 있는 교사들이라고 했다. 이들이 다문화가정 학생들에 대해 어떻게 인식하고 있으며, 어떻게 상호작용을 하고 있는지는 다문화가정 학생들의 학교생활 적응에 중요한 역할을 할 것이며, 다문화가정 학생이 학교에 바라는 점에서 선생님의 배려와 관심이 최우선 순위이고, 긍정적인 이중문화 유지를 위해 가장 중요한 역할을 하는 것으로 학교와 선생님을 꼽고 있다(설동훈 외, 2006; 조혜영, 2009).

(2) 교사-학생 관계

교사-학생 간의 관계와 다문화가정 학생의 학교적응에 대한 관계를 살펴보면, 교사-학생 관계는 학생들의 학업수행, 문화화 과정, 인성 및 다양한 발달과정에 영향을 미치며, 동료를 비롯한 교사와의 사회적 관계가 원만할 때 학생들은 학업을 포함한 학교생활에 적절하게 적응할 뿐만 아니라 긍정적인 자아개념을 형성하게 된다. 또한 학생과 교사의 바람직한 인간관계는 학생의 기본적 욕구를 충족시켜 주고, 학습효과에도 긍정적인 영향을 주게 되어 교육목표 달성을 극대화시킬 수 있으며, 학생이 교사를 긍정적이고, 수용적이며, 자신에게 도움을 준다고 지각할수록 학교적응을 잘 한다(김종백·탁현주, 2011; 최성보, 2010). 김종백·탁현주(2011)는 교사－학생 관계가 교사의 다문화 교육에 대한 인식과 다문화가정 학생의 학교적응 간의 관계를 완전 매개한다고 보고하였다.

다문화가정 학생이 교사와의 관계에서 기본적인 요구가 충족되어 수용적이라 느낄 때 학교적응에 긍정적 영향을 미치므로 현실적으로 다인수 학급 등 교사－학생 관계를 저해하는 요인에 대한 정책적 지원을 통해 학생에게 관심을 가지고 지도할 수 있는 학급환경을 제공할 필요가 있다.

(3) 긍정적인 또래관계 조성

다문화가정 학생들의 학교적응을 도울 수 있는 효과적인 방법 중 하나가 또래 도우미를 활용하는 것이다. 교사는 다문화가정 자녀의 짝으로 긍정적이고 배려적인 한국인 학생을 맺어 주거나, 같은 나라 출신이면서 한국어를 잘하는 다문화가정 자녀가 있으면 그를 짝으로 배정하여 한국어 이해와 학교생활을 도와주도록 할 수 있다. 이들 도우미에게 청소 면제나 칭찬 스티커를 발부하여 긍정적 유인을 제공할 수도 있다. 그러나 이러한 또래 도우미를 활용하기 위해서는 먼저 다문화가정 자녀와 도우미의 의사를 충분히 타진한 뒤 자발적으로 원하는 아이들로 또래환경을 구성해 주는 것이 필요하다(최충옥 외, 2009).

다문화가정 자녀의 주변에 긍정적이고 협력적인 또래관계를 형성해 주는 것은 다문화가정 자녀의 학교생활을 돕고, 일반 한국 학생들에게는 타인에 대한 배려심과 타문화에 대한 이해를 함양시키는 계기가 된다. 또한 준비물이나 소풍지도, 학급생활지도 등의 교사의 일상적인 지시는 또래 도우미들이 설명해 줄 수 있기 때문에 다인수 학급지도에 바쁜 교사의 시간을 절약해 줄 수 있다.

(4) 학교생활 적응 향상을 위한 교육적 과제

다문화 학생의 학교생활 적응을 향상시키기 위한 교육적 과제는 자율성 신장, 성공적인 대인관계 형성, 변화 수용 및 대처, 학업동기 육성, 전인적 성장이다(문은식, 2002).

① 자율성 신장

부모와 교사는 능동성과 자율성을 발휘할 수 있는 기회를 학생들에게 제공하여야 할 것이다. 예컨대, 학생 스스로 공부할 수 있는 수업진행 및 학습과제 부여하기, 자기 자신의 특기·적성을 살릴 수 있는 학교 단위의 프로그램 운영하기, 학교행사(예:

체육대회, 현장체험학습, 학교축제 등) 때 학생의 참여 기회 확대하기 등이 있을 수 있다.

② 성공적인 대인관계 형성

교사는 학생들이 친구와 서로 어울려 놀이도 하고, 함께 공부하고, 공동으로 해결할 수 있는 학습과제 및 학급활동 등을 의도적으로 제공할 필요가 있다. 또한 교사는 학생 개개인을 있는 그대로 인정하고, 상대적으로 비교하지 않으며, 어떠한 질문이나 의견도 수용함으로써 신뢰롭고 지지적인 교사-학생 관계가 유지될 수 있도록 노력해야 할 것이다.

③ 개인과 환경의 변화 수용 및 대처

교사와 부모는 학생들의 학교생활 부적응(예: 무단 지각 및 조퇴, 무단 결석, 흡연, 음주, 교내 폭력 가담, 가출 등)을 인정하고 이러한 부적응을 예방하고 개선하는 데 희망을 갖고 더욱 노력할 필요가 있다. 또한 학생들이 급격하게 변화·발전되고 있는 지식기반 정보사회, 평생학습사회, 세계화 시대에 부합되는 정보소양 능력, 외국어 의사소통 능력, 효율적인 정보 수집 및 활용 능력, 자기조절학습 능력 등을 갖출 수 있도록, 교육당국의 교육적인 노력과 행·재정적인 지원이 있어야 할 것이다. 예컨대, 학교교육에서 인터넷 활용 수업, 회화 중심의 외국어 교육, ICT 교육, 학생의 참여와 선택이 확대되는 교수-학습 등을 강화하고 이러한 교육활동이 이루어질 수 있도록 교육당국의 행·재정적인 지원이 필요하다.

④ 학업동기 육성

Atkinson(1964)은 성취동기는 세 가지 요인에 의존하여 학업성적을 높인다고 제안하였다. 첫째 요인은 기대 또는 과업의 성공을 인식함으로써 학업성적을 높일 수 있고, 둘째 요인은 목적지향 요인으로 이것이 높은 학생은 학습과 학교에서의 성공에 보다 높은 가치를 두며, 세 번째 요인은 만족을 얻으려는 동기요인으로 학업성취를 위한 욕구와 실패를 피하려는 경향이 있다. 성취동기가 높은 학생은 이 세 가지 요인이 크게 작용해서 학업성적이 향상된다.

교사들은 학생들이 숙달목표를 지향하고, 학교 공부가 주는 의미가 무엇인지를 분명하게 제시하며, 학생 스스로 학교학습과제의 해결능력에 대한 자신감이 생기도록 성공적인 학습기회를 제공하는 데 더욱 노력해야 할 것이다.

⑤ 전인적 성장

학교교육은 기초학력 습득, 문제해결 능력, 비판적 사고, 자기주도적 학습 등과 같은 학업적 적응뿐만 아니라 사회적 적응(예: 남의 입장 고려하기, 규칙 준수, 약속 지키기,

공중도덕 지키기 등) 및 정의적 적응(예: 학교생활 만족, 자아개념, 태도 등)도 균형있게 성장시킬 수 있는 방안을 수립하고 지속적으로 실천해야 할 것이다. 예컨대, 학교에서 이루어지고 있는 교과활동, 클럽활동, 특기·적성교육, 봉사활동, 학예활동 등을 본래 취지에 맞게 운영하고, 어느 한 영역에 치중하지 않고 균형있게 운영하려는 노력이 필요하다.

다) 이중언어 교육을 통한 다문화 학생의 정체성 확립

국제결혼가정과 이주노동자가정의 자녀는 한국에 적응하기 위하여 한국어 배우는 것을 중요하게 여긴다. 그러나 문제는 한국어를 잘하지 못해서 한국어를 비롯한 다른 학습도 어렵다는 점이다. 그리고 한국어를 못 하는 과정에서 겪게 되는 사회적 차별이나 무시 등으로 인해 자신에 대한 부정적 감정과 '자신은 도대체 누구인가?'라는 정체감 혼란에 빠질 수 있다. 이를 지원할 수 있는 한 방안으로 이중언어교육이 필요하다(구정화·박윤경·설규주, 2009).

이중언어교육은 다문화가정 자녀가 가진 두 개의 언어(한국어/본국의 언어 또는 결혼이주민 부모 중의 언어) 능력을 가질 수 있도록 하는 교육 또는 두 개의 언어를 가지고 행하는 교육활동의 의미를 갖는다. 이러한 이중언어교육은 다문화가정 학생들에게 매우 다양한 의미가 된다. 하나는 소통의 자유로움을 익히는 수단이 되며, 다른 하나는 자신의 정체성 확립에 긍정적인 영향을 미친다는 것이다. 이중언어로 교육을 받을 경우 학습 내용의 이해를 높일 수 있을 뿐만 아니라 자신의 가족 내에서의 소통도 좋아질 것이다. 더불어 한국어 이외의 언어와 더불어 또 하나의 모국인 나라의 문화와 역사까지 배우게 된다면 자신의 정체성 혼란을 극복하게 되는 데 일조할 것이다.

원진숙(2009)은 이와 관련하여 다문화가정 자녀를 위한 이중언어교육은 인지적 능력과 학업능력, 정체감 형성 등에 긍정적이며 사회적 적응력도 높다는 것을 다양한 연구결과를 예로 들면서 설명하였다(구정화·박윤경·설규주, 2009, 재인용).

라) 다문화가정의 부모교육

다문화가정 자녀의 대부분은 받아쓰기 시험이 어렵다고 한다. 한글 사용에 어려움이 있기 때문이다. 따라서 부모의 한글 문해교육의 필요성이 절실히 요구된다. 어휘를 이해하지 못하여 학습과 관련된 알림장 등 준비물을 제대로 챙기지 못하는 사례가 있다. 과제를 할 때, 학부모의 도움이 필요한 초등학교 저학년의 경우, 학부모가 돌봐주지 못하면 학습에 문제가 발생할 수도 있다. 교사는 다문화가정의 학부모에게 자녀의 학습을 도와주어야 하는 이유와 그것을 지도하는 방법을 알려 주어야 한다(최충옥 외, 2009).

① 국제결혼한 부모의 양쪽 문화를 수용함으로써 다양한 문화뿐만 아니라, 이중 언어를 익혀서 구사할 수 있는 글로벌 인재로서의 자부심을 갖게 한다.
② 국제결혼한 부모의 모국에 가 봄으로써 그 나라의 문화와 가족들을 이해하고 국제적 감각도 키우며, 상호이해의 폭을 넓힐 수 있게 한다.
③ 노동 현장에서 일에 시달리거나 농촌에 살며 농사일에 지친 한국인 아버지와 외국인 어머니로 구성된 가정들의 경우 한국인 아버지들이 그들 자녀의 교육에 무관심한 사례가 많다고 한다. 그 아버지들이 자녀교육에 관심을 가질 수 있도록 생활상담과 자녀교육을 위한 상담을 한다.
④ 가족 단위의 도움이 필요하다. 학생만의 상담 및 지도가 아니라 부모와 가족을 포함한 가족상담 및 지도가 필요하다.

3) 극복 과정 조력

가) 다문화교육의 추진 방향

김선정(2010)은 다문화정책의 방향이 용광로주의, 동화주의에서 최근에는 상호이해 정책으로 변화하고 있다고 주장하면서, 다음과 같이 세 가지 다문화교육의 방향을 제시하였다.

첫째, 다문화가정 학생들을 일반가정 학생들과 분리해서 교육해서는 안 된다. 다문화가정의 자녀들은 사회적으로 취약한 계층일 가능성이 높고, 어머니의 한국어 실력이 부족하여 일반가정의 학생들에 비해 한국어 능력이 뒤지는 상태에서 취학하게 되며, 가정에서 학습에 관한 도움을 받기 어려운 것이 사실이다. 그러나 이들에 대한 지원이 '특별 관리'의 형태로 나타난다면 동료들과의 원만한 관계를 해치고 결과적으로 다문화가정의 학생들이 안고 있는 문제점을 가지고 있는 경우가 분명히 있을 것이다. 예를 들어 학습부진이나 자신감 부족, 방과 후 사교육 기회의 불평등 등 우리 사회 저소득층 가정의 자녀들에게서 관찰될 수 있는 유형의 문제점 등이 그 예이다.

둘째, 다문화가정이라는 특수성이 아니라 인류 보편의 동질성에 바탕을 둔 교육지원 정책이 마련되어야 한다. 동질성 교육은 우리가 각각 다른 세계에서 태어나 다른 언어 환경에서 성장하고 다른 문화적 배경을 가지고 있지만 '인간'으로서의 공통적 특징과 심성을 가지고 있으며 이것이 다른 문화적 배경의 출신이라고 해서 결코 '다르지 않음'을 인식하도록 하는 것이다. 이를 통해 상대방에 대해 이해하고 받아들이게 함으로써 사회적 결속을 다지는 토대가 될 수 있다. 그러므로 다문화교육은 동질성 회복의 바탕 위에서 차이를 인정하는 방향을 지향해야 할 것이다.

셋째, 다문화교육은 다문화가정 어머니의 출신국 문화와 한국 문화 간의 쌍방향 문화교류 관점에서 이루어져야 한다. 다문화교육은 다문화가정의 어머니들에게 일방적으로 한국문화를 습득하도록 교육해서는 안 되고, 그들의 출신 국가의 문화를 존중하는 방식으로 추진되어야 한다. 한국인들은 그들의 출신국 문화를 배우고, 그들은 한국 문화를 배우는 방향으로 추진되어야 한다. 상대방의 문화를 이해하는 일은 상호이해를 돕고, 나아가 서로 소통하는 지름길이 될 것이다. 상대방 문화의 고유성을 인정하지 않고 일방적으로 우리에게로의 완전한 흡수를 요구해서는 안 된다.

나) 다문화 학생의 학교생활 적응 촉진 모형

문은식(2002)은 여러 선행연구들에 기초하여 청소년의 학교생활 적응행동 관련 변인들 간의 구조적 모형을 제시한 바 있다. 이 모형에 기초하여 다문화 학생의 학교적응을 촉진하고 조력하는데 하나의 이론적·경험적 지침으로 활용될 수 있는 모형을 제시하면 [그림 4-3]과 같다.

이 모형에 기초하여 다문화 학생의 학교생활 적응을 돕기 위한 개입 방안을 제시하면 다음과 같다.

첫째, 다문화 학생의 학교적응을 이해하고 도움을 주기 위해서는 환경 맥락 요인으로서 인간관계(사회적 지지, 애착)와 초·중·고등학교의 누적된 학업성취도(여기서는 '학습사'라 명명함), 그리고 개인의 심리적 요인으로서 학업동기(목표지향성, 성취가치, 학업적 자기효능감)와 심리적 안녕(정서적 안녕, 행동통제)을 함께 고려할 필요가 있다.

둘째, 문은식(2002)은 청소년의 우호적이고 지지적인 교사관계가 다른 외생변인들에 비해서 학업동기에 기여하는 바가 가장 크다고 보고하였다. 이는 다문화 학생의 학교적응에서 교사의 역할이 매우 중요한 요인임을 시사한다. Ryan과 Patrick(2001)의 연구에서도 교사가 상호작용을 증진하고, 상호존중 풍토를 조성하며, 지지적이라고 지각하는 정도는 청소년의 학업동기 및 학업적·사회적인 관여와 정적인 관계가 있음을 보고하고 있어 이를 더욱 뒷받침한다. 따라서 다문화 학생의 학교적응을 돕기 위해서는 무엇보다도 먼저 교사를 위한 프로그램 개발이 필요하다. 이러한 프로그램은

그림 4.3 다문화 학생의 학교생활 적응 촉진 모형

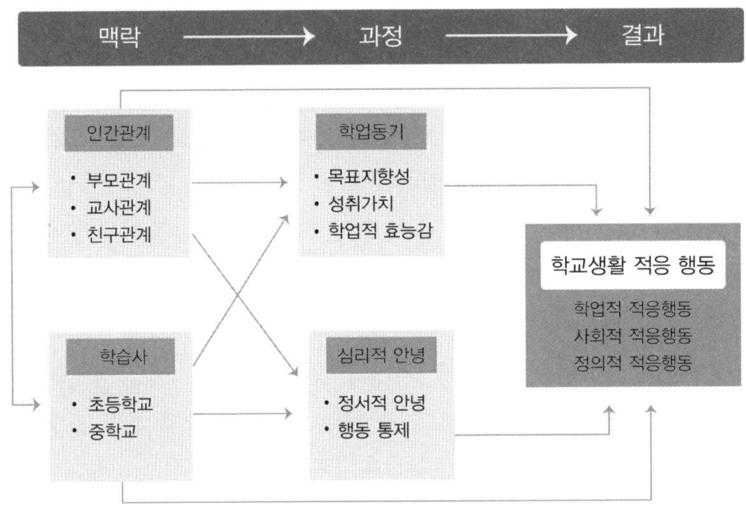

다문화 학생들이 학교생활을 하는 동안 교사와의 긍정적인 정서적, 인지적 신뢰들(예: 공감, 돌봄, 사랑, 조언, 진보상황 알려주기 등)을 경험할 수 있도록 교사가 도울 수 있는 방안, 학생들이 숙달목표를 지향하고, 학교에서의 공부를 가치롭게 여기고, 자신의 학업능력에 대한 기대 수준을 높이기 위한 다양하고 체계적인 학업동기 육성 방안이 마련되어야 할 것이다.

셋째, 문은식(2002)은 청소년의 심리적 안녕에 대한 친구 관계의 영향력이 크고, 심리적 안녕이 학업동기 다음으로 학교생활 적응행동에 직접적으로 영향을 미친다고 보고하였다. 이러한 연구 결과에 비추어 볼 때, 다문화 학생이 또래들과 우호적이고 지지적인 대인관계를 형성할 수 있도록 지도할 필요가 있다. 다문화 학생과 친구들 간의 원만한 대인관계는 그들의 심리적 안녕에 도움을 줄 것이고 이는 결국 학교적응에 도움을 줄 것이라고 예견되기 때문이다.

넷째, 다문화 학생의 성공적인 학교적응을 위해서는 교사와 부모의 공동적인 노력이 필요하다. 먼저, 교사 차원에서의 노력을 제시해 보면, 교사는 학급 친구들 간에, 교사와 다문화 학생 간에 서로 공감하고, 돌보고, 신뢰하고, 조언하고, 터놓고 대화할 수 있는 분위기를 조성할 필요가 있다. 또한 교사는 다문화 학생이 학교학습에서 성공경험을 체험할 수 있는 기회를 지속적으로 강구할 필요가 있다. 다음으로 부모 차원의 노력을 제시해 보면, 부모는 자녀가 친구 및 교사와 우호적이고 지지적인 관계를 맺을 수 있도록 사회적 기술(예: 먼저 인사하기, 도움을 주고받기, 남의 말 경청하기, 약속 지키기, 고민 나누기 등) 습득 기회를 제공해야 할 것이다. 또한 부모는 자녀들이 예습과 복습을 하고, 전자오락이나 컴퓨터 게임 중독에 빠지지 않도록 학습 통제 및 집중력을 키우며, 공부할 수 있는 물리적이고 심리적인 분위기를 조성함으로써 성공적인 학습이 이루어지도록 노력해야 할 것이다.

다섯째, 문은식(2002)은 중·고등학생 모두 학업동기가 그들의 학교생활 적응행동에 가장 큰 영향력을 미친다고 보고하였다. 이는 교사, 부모, 다문화 학생 본인 차원의 학업동기 육성 방안이 함께 모색되어야 함을 시사한다. 즉, 숙달목표를 지향하고, 학교에서의 학업을 가치롭게 여기며, 자신의 학업 수행 능력에 대한 높은 기대를 갖게 하기 등과 같은 학업동기 육성은 교사, 부모, 다문화 학생 본인 모두에게 중요한 과제이다.

탁현주, 김종백, 문경숙(2014)은 다문화 가정 초등학생 336명과 그들의 담임교사 264명을 대상으로 설문조사를 실시한 결과, 다문화 가정 초등학생의 한국어능력은 자기효능감을 매개로 학교적응에 긍정적인 영향을 미치고, 교사의 다문화교육 인식은 학생-교사 애착 관계를 매개로 학교적응에 영향을 주고, 자기효능감은 학생-교사 애착 관계를 매개하여 학교적응에 영향을 미치고 있음을 보고하였다. 이러한 연구결과는 자기효능감과 학생-교사 애착 관계가 다문화가정 학생의 학교적응에 매우 중요한 변인임을 시사한다. 즉, 다문화가정 학생이 학교생활에 잘 적응하기 위해서는 개인적인 측면에서의 자기효능감과 관계적인 측면에서의 학생-교사 애착 관계라는 두 요인이 매우 중요한 역할을 수행한다고 볼 수 있다. 따라서 향후 다문화가정 학생의 학교적응을 증진시키기 위해서는 자기효능감의 증진과 교사와의 정서적 유대를 향상시킬 수 있는 현실적인 방안이 고려되어야 할 것이다.

4) 다문화 학습컨설팅의 평가

여기에서는 학생과 학부모 만족도, 다문화 학습컨설팅 프로그램의 평가, 학습컨설팅 프로그램의 확산 및 지속 가능성 측면에서 다문화 학습컨설팅의 평가를 고찰하고자 한다.

가) 학생과 학부모 만족도

다문화 학습컨설팅 결과 학생과 학부모는 만족할 만한 효과를 거두었는가 하는 점에 대한 평가가 필요하다. 학습에 대한 이해와 이에 대한 동기부여 및 자긍심의 증가는 학생의 만족도에 직접적인 영향을 미치는 요소이며, 학생이 지속적으로 학습컨설팅에 참여할 수 있기 때문에 학생과 학부모의 만족도를 평가할 필요가 있다. 다문화 학습컨설팅은 우리나라 학교에서의 적응뿐만 아니라 우리나라 사회와의 다양한 소통의 경로를 확보해주고, 폭넓은 경험의 기회를 제공하여 삶의 질과 역량을 향상시키는 역할을 수행할 것이다. 이러한 점에서 학생과 학부모의 만족도는 다음의 항목별로 평가하는 것이 필요하다.

- 다문화 학습컨설팅은 학생에게 학습에 대한 동기부여를 하는가?
- 다문화 학습컨설팅은 학생에게 자긍심을 불러일으키는가?
- 다문화 학습컨설팅은 학생에게 학교적응을 잘 하도록 하는가?
- 다문화 학습컨설팅은 학생과 학부모의 만족도를 향상시키는가?
- 다문화 학습컨설팅은 학생에게 한국 문화에 대한 이해를 긍정적으로 부여하는가?

나) 다문화 학습컨설팅 프로그램의 평가

다문화 학습컨설팅 프로그램은 다문화 학생의 개인적 특성(기초 학력, 성격, 정서, 흥미, 특기, 적성)과 환경적 특성(가정환경, 다문화 배경, 부모의 사회경제적 지위 등)을 고려하여 개발하고 적용하고 평가하고 수정·보완하는 프로그램이다. 따라서 다문화 학습컨설팅 프로그램은 목표, 내용, 방법, 피드백 등 또한 중요한 평가 대상이다. 과연 컨설턴트의 다문화 학습컨설팅 프로그램이 전문적이고 독자적이며 다문화 학생의 수준에 맞는 적합한 프로그램인지를 파악하는 것은 다문화 학습컨설팅을 성공적으로 이끌 수 있는 중요한 평가영역이다. 충분한 열정과 역량을 갖춘 컨설턴트만이 학생의 수준을 정확히 파악하여 체계적인 지도 프로그램을 개발할 수 있을 것이라는 점에 초점을 두고 다문화 학습컨설팅 프로그램 평가에 대하여 지속적으로 고민할 필요가 있다. 또한 프로그램 운영에 대한 분명한 원칙과 시스템을 갖추었는지를 파악할 필요가 있다. 컨설턴트와 학생, 프로그램의 내용이 기본 원칙과 시스템을 갖추지 못할 경우 컨설팅을 지속적으로 추진하기 어려울 것이다.

- 다문화 학습컨설팅 프로그램의 목표, 내용, 방법, 평가는 유기적이고 체계적인가?
- 다문화 학습컨설팅 프로그램은 독자적이고 전문적인가?
- 다문화 학습컨설팅 프로그램은 지속적으로 발전되고 있는가?
- 다문화 학습컨설팅 프로그램은 프로그램 평가 측면에서 볼 때 효과적인가?
- 다문화 학습컨설팅 프로그램은 학생과 학부모의 요구를 반영한 적절한 프로그램인가?
- 충분한 역량과 열정을 갖춘 전문가가 강사나 다문화 학습컨설팅에 도움을 주고 있는가?
- 다문화 학습컨설팅을 위한 프로그램 운영에는 분명한 원칙과 시스템을 갖추었는가?

다) 다문화 학습컨설팅 프로그램의 확산 및 지속 가능성

다문화 학습컨설팅 프로그램이 확산 가능성과 지속 가능성을 갖추었는지를 평가하는 것이 필요하다. 이는 다문화 학습컨설팅의 발전 가능성 및 지속성과 관련되어 있다. 현재 프로그램을 점검하고 지속적인 프로그램 운영에 대한 의지를 확인하고 향후 지속적인 운영의 가능성을 판단하는 것은 다문화 학습컨설팅을 계속 유지할 수 있는 근거가 된다. 이러한 점에서 다문화 학습컨설팅 프로그램의 확산 및 지속 가능성 평가는 다음과 같은 영역을 다룬다.

- 다문화 학습컨설팅 프로그램은 확산과 지속이 가능한가?
- 다문화 학습컨설팅 프로그램은 발전 가능성이 있는가?
- 다문화 학습컨설팅 프로그램은 참여자의 만족도를 높이고, 다문화 역량을 높이고 있는가?
- 다문화 학습컨설팅 프로그램은 다문화 학생의 성공적인 학교생활 적응에 도움이 되는가?
- 다문화 학습컨설팅 프로그램은 다문화 학생의 인지적·정서적·사회적 발달에 도움이 되는가?

4 다문화 학습부진학생 지도·지원 사례와 학습컨설팅 방안

여기에서는 오상철, 이화진, 장경숙, 구영산(2013)의 연구에 기초하여 국내 다문화 학습부진학생 지도 및 지원 사례를 다문화 학교 유형별 지원 현황과 교과별 다문화 학습부진학생 지도의 특징으로 구분하여 제시하고, 그 다음으로 다문화 학습컨설팅의 기본 방안을 제시하고자 한다.

1) 학교 유형별 다문화 학습부진학생 지원 현황

다문화 학생을 지도하고 있는 교사들과의 협의 및 학교 방문을 통해 확인한 다문화 학습부진학생을 위한 학교 지원 현황은 다음과 같다. 참여한 학교는 일반학교에서 특별학급 형식으로 운영되는 직영 예비학교, 대안교육 위탁기관으로 인정되는 위탁형 예비학교[1], 다문화 학생 수가 비교적 많은 일반학교이다.

가) 청주 H학교 (예비학교 특별학급) 지원 사례

청주 H학교는 일반학교에 다문화 예비학교(특별학급 형태)를 개설한 형태로 청주 도심의 버스노선 중 80% 정도가 다니는 곳에 위치하고 있어 인근 지역 다문화 학생이 통학하기에 접근성이 좋은 편이다. H학교에는 예비학교 다문화 학생 10명, 일반 다문화 학생 16명 등이 있는데, 예비학교에는 중도입국학생 또는 국내출생이지만 한국어 능력이 부족하여 언어 및 학습에 어려움을 겪는 학생들이 입교하고 있다. H학교의 예비학교 교육 기간은 6개월로 규정되어 있으나, 6개월 과정으로는 원적학급이나 다른 원적학교에 적응하기 어렵기 때문에 한국어 교육과 별도로 교과수업을 실시하고 있다. 다문화 담당 부장 교사, 한국어 교사, 이중언어 강사가 한 팀이 되어 예비학교 10명의 특별학급을 운영하고 있다.

다문화 담당 부장 교사는 주당 10시간 교과지도를 맡고, 한국어 교사가 나머지 시간 한국어 교육을 지도한다. 주로 개별 지도를 통하여 수업을 하고 있는데 최근 들어 다문화 학생이 많이 늘어나서 세 명의 교사가 담당하기에 어렵다고 밝히고 있다.

---

1) 2013년 3월 14일 현재, 교육부 지정 다문화 예비학교는 51개교 1센터로 이 학교들은 대안학교나 특별학급 형태로 운영되고 있다. 시도별 지정 현황은 서울(6), 부산(2), 대구(2), 인천(3), 광주(1), 대전(3), 울산(2), 경기(13), 강원(4), 충북(3), 충남(3), 전북(2), 전남(3), 경북(2), 경남(2), 제주(1)이다. 제주의 경우 제주다문화교육센터의 예비학교가 개설되었다.

중국어 이중언어 강사는 학생 수가 많은 중국 학생들을 대상으로 방과 후에 이중언어(중국어) 교육을 실시하여 모국어를 배움으로써 자신의 정체성을 잃지 않도록 하고 있다. 예비학교 학생들은 각각 한국어 능력과 학습 수준이 달라 개별지도를 원칙으로 지도하고 있으며, 의사소통이 원활하지 않아 이미지 등을 활용한 수업방법을 많이 사용한다. 다문화 예비학교는 학생의 한국어 능력 및 수학능력과 무관하게 원적이 생성된 일반학급에서 수강이 가능한 교과목을 통합교육교과로 지정하여 해당 교과목(음악, 미술, 체육, 수학, 실과, 영어, 과학, 창의적 체험활동)은 가급적 원적학급에서 수강할 수 있도록 하고 있다. 반면에 원적학급의 국어, 사회, 도덕 시간에는 학생들이 예비학교에 와서 한국어와 사회 과목을 수강하도록 하고 있다.

H학교 다문화 특별학급 교사와의 면담 결과, 성적이 우수한 H학교 다문화 학생의 경우 외모상 일반 가정 학생과 차이가 없으면 자신이 다문화 학생이라는 것을 밝히는 것을 꺼렸다. 그는 학년이 높아질수록, 성적이 우수할수록 자신의 다문화 배경을 밝히지 않는 것 같다고 언급하였다. 교우관계 문제나 교사의 편견 등 여러 문제가 발생할 것을 염려하여 밝히지 않는 것으로 보인다.

H학교의 예비학교 특별학급 다문화 학습부진학생 중에서는 단순 생활 습관 자체도 형성되지 않은 학생이 있어 교사가 기초적인 생활 태도를 가르치는 데 힘을 쏟아야 했다. 이 학생은 중도입국 학생으로 한국과 필리핀을 오가면서 생활하였고 학부모의 돌봄을 받지 못하고 방치되어 있었다. 연령으로는 12세이고 5학년에 해당하지만, 연필을 잡는 방법조차 몰라서 학습이 아닌 생활적응측면부터 가르쳐야 했다.

중도입국 학생의 경우 단순 계산하는 수학 문제는 해결할 수 있으나 문장제 문제의 지시문을 읽고 이해하지 못하여 어려움을 겪고 있다. 수학에서 '~을 구하시오'를 읽을 수는 있으나 이 문장의 의미를 이해하지 못하여 어려움을 겪는 것이다. 이는 학습의지와 자신감 결여로 이어져 수업에서 소극적인 태도를 갖게 된다.

아울러 H학교에서는 현장체험활동을 하고 심리 상담을 실시하는 등 다문화 학생의 학교생활 전반에 관한 토탈케어적 접근을 시도하고 있다. 지역 인근 태권도 학원과의 연계로 방과 후 태권도 수업에 참여할 수 있도록 하여 학생들의 자신감을 높이는 기회를 제공하기도 하였다.

나) 인천 C학교 (대안학교) 지원 사례

인천에 위치하고 있는 C학교는 2013년 개교한 전국 최초 기숙형 공립 다문화 대안학교로서 12개국 배경의 학생이 재학 중이고, 14개 학년을 운영 중이다. 기존 다문화 연구학교의 경우에는 주로 일반 가정 학생이 주류를 이루고, 그 안에 소수의 다문화 가정 학생이 포함되어 있는 형태이나, C학교는 전교생이 다문화가정 학생으로만 구성되어 있는 특수한 상황이다.

C학교는 외국에서 갓 입국한 학생부터 한국에서 출생한 학생까지 다문화 학생의 유형이 매우 다양하고 한 학급 내에서도 한국어 능력이 매우 상이한 학생들이 다니고 있기에 학급 단위로 한국어 수업을 진행하는 데 곤란함이 있었다. 따라서 개별화 수업, 주제중심 수업, 교과목통합수업을 실시하고 교육과정을 재구성하여 운영하고 있다. 기본적으로 한국어 교육과 교과 교육을 복식으로 수업하고 있는 체제로 학생을 1년 동안 위탁교육하고 기간 만료 후에는 원적학교로 전출하지만, 원적학교에서 한국어나 생활적응 측면에서 어려움을 겪을 경우에는 다시 재위탁을 받고 있다. 재위탁 신청 시에는 추가적으로 1년 위탁교육을 실시한다.

교과 교육의 경우 초·중·고 일반학교 정규 교육과정의 50%를 이수하도록 하고 있는데, 이는 한국어 교육뿐만 아니라, 학습자의 발달 단계 및 성취 수준 등을 고려한 체계적인 적정 학습을 가능하게 하고 위탁교육 기간 만료 후 원적학교에서 학습을 이어나갈 때 교과 학습에 대한 적응도를 높일 수 있도록 도울 것이다.

학습부진 진단은 한국어 능력 수준에 근거하여 이루어지고 있는데, 전체 학생을 대상으로 한국어능력평가를 실시한 후 평가 결과를 바탕으로 수준별로 반을 편성하고 이동 수업을 하고 있다. 초등학생의 경우, 저학년과 고학년으로 나누어 한국어 능력평가 결과를 각각 A, B, C 수준으로 분류하였고, 한국어를 처음 배우는 학생은 D 수준으로 분류하여 디딤돌 반으로 편성함으로써 한국어 집중교육을 실시하였다. C학교의 모든 학급이 일반 학교의 특별학급 수준이지만 이 중에서도 한국어 능력이 가장 부족한 D 수준의 학생을 위한 디딤돌 교육과정이 별도로 운영되고 있다. KSL 한국어 능력평가 결과를 기준으로 하여 이러한 학생들을 디딤돌반에 편성하고 이 학생들이 집중적으로 한국어 교육을 받아 기본교육과정 학습에 빨리 적응할 수 있도록 하고 있는 것이다. 한국어에 어려움이 많기는 하나, 일반 학급 내에서 5주간 통합수업을 받도록 함으로써 일반 학급 진입을 위한 적응력 신장의 장치를 두고 있다.

C학교 학생들은 중도입국 학생의 비율이 높기 때문에 모국어 구사력이 뛰어난 편이라서 모국어에 대한 추가적 학습이 요구되지 않는다고 생각할 수 있으나, 시간이 지남에 따라 모국어 학습 기회 부족으로 모국어 읽기, 쓰기 능력이 점차 후퇴하는 것

을 볼 수 있다. 이러한 이유로 모국어를 유지하며 동시에 한국어를 습득할 수 있는 방법으로 이중언어 강사를 활용하여 ＜중국어－한국어＞, ＜일본어－한국어＞, ＜러시아어－한국어＞ 반을 개설하고 이중언어 프로그램을 운영하고 있다. 그러나 12개 국가 배경의 다문화 학생이 재학 중이기 때문에 다양한 이중언어 강사가 부족하여 추가적인 강사 배치가 요구된다.

학생들의 한국어 수준에 따라 난이도가 세분화된 한국어 교재와 그에 따른 교과 교재가 필요하나, 다문화 학생의 학습수준에 따른 특정한 교재가 없어 교사가 재개발하거나 제작하여 사용 중에 있다. 교과 학습 시간에도 핵심 내용 이해와 더불어 한국어 학습도 병행하고자 '학습한국어노트'를 구안하여 보급하고 활용하고 있었다. 예를 들어, 초등 6학년 수학과 수업과 KSL 수업을 통합하여 한국어로 두 수 곱하기를 할 때 조사 '은' 또는 '는'을 어느 상황에서 쓰게 되느냐를 알게 하는 수업을 하고 있다. 곱하기 다음에 받침이 오는 숫자가 올 경우(예: 5×7)에는 '은'을 사용하고(5 곱하기 7은 ~), 받침이 없는 숫자가 올 경우(예: 7×4)에는 '는'을 사용한다(7 곱하기 4는 ~)는 식으로 수학과 학습과 접목하여 한국어 사용을 지도하고, 이에 따라 '학습한국어노트'를 활용하는 방식이다.

C학교는 전교생이 다문화 가정 학생인 특수한 상황에서 교사 자발적으로 다문화 학생 지도를 위한 역량 강화를 위해 노력하고 있으며, 중도입국 학생 비율이 높은 학교 특성 상 이중언어 교육에 힘쓰고 있으나 학생들의 국가 배경이 다양하기 때문에 추가적인 이중언어 강사 배치가 요구된다. 다문화 학생들의 한국어 능력도 상이하여 이에 따른 다양한 수준의 교재개발이 필요하며, 한국어 교육과 교과 교육의 통합수업 사례는 괄목할 만하다.

다) 경기 E학교 (일반학교) 지원 사례

경기 E학교는 전교생 46명이지만 이 중에서 11명이 다문화 학생이기 때문에 다문화 학생의 비율이 높은 편이다. 전교생 수가 적어 한 학년이 한 학급이고 학급당 5~10명으로 이루어져 있다. E학교는 읍면에 위치하고 있어, 학교버스를 운행하여 지역 인근 통학권 학생들을 영입하고 있다. 학교 주변은 주로 논 농사 지역이고 인근에 핸드폰 제조 공장이 입지해 있다.

다문화 학생의 학부모는 한국인 아버지와 결혼이주여성 어머니로 인도, 스리랑카, 필리핀, 중국계 조선족, 몽골 등 어머니의 국적이 다양한 편이나, E학교의 다문화 학생은 주로 국내출생이며, 부모 중 한 명이 한국인이지만 한국어 능력이 많이 부족하여 학습에 어려움을 겪고 있다. 교사와의 면담 결과 다문화 학생의 학부모들이 생업에 바빠 자녀의 교육에 신경 쓰지 못하고, 관심이 있더라도 아이의 교육과정 수준에 맞추어 지도할 수 있는 역량이 부족하여 학습적인 부분에서는 부모의 도움을 받지 못하고 있다. 결혼이주여성 어머니의 경우, 한국어 능력이 부족한 경우 자녀 및 교사와의 의사소통이 어려워 E학교 교사는 부모의 한국어 교육 또한 요구된다고 밝혔다. 다문화 학생의 비율이 높아 학교 자체적으로 '다문화 체험학습의 날'을 제정하여 학부모들의 참여를 유도하고는 있으나, 학부모가 교사와 상담할 때 원활한 의사소통이 이루어지기는 어려운 실정이다.

E학교는 다문화 학습부진학생을 위한 별도의 프로그램은 없으며, 일반 학습부진 학생과 동일하게 지도하고 있다. 정규교사는 수업시간 이외에는 개별적 지도를 할 여건이 되지 않기에, 인턴교사를 활용하여 이 학생들을 개별적으로 지도를 하고 있는 실정이다. E학교는 교직원이 적기 때문에 행정업무가 과다하여 다문화 학생을 위한 일회성 행사는 잦았지만 다문화 학습부진학생을 위한 별도의 지속적인 프로그램은 없었다.

전교생 인원 수가 적고 소인수 학급으로 이루어져 있어 경쟁으로 인해 학생들이 느끼는 스트레스는 적은 편이다. 학생들은 어릴 때부터 다문화라는 인식 없이 친구로 자연스럽게 접하기 때문에 교우관계에 있어 친밀하고 편견 없는 분위기를 이루고 있다. 그러나 다문화 학생들이 본국에 대한 전반적인 지식이 없어 자긍심이 부족하고, 이를 가르칠 수 있는 교육 자료가 부족하며, 다문화 가정 어머니를 초빙하여 국제 이해 교육을 하고자 하여도 한국어 능력이 부족하여 힘든 상황이다.

E학교에 몽골 배경의 다문화 학생이 재학 중이어서 몽골 이중언어 강사가 배치되었는데, 이 학생이 중도에 본국으로 귀국하면서 몽골 이중언어 강사의 역할이 모호해졌다. 현재 E학교에는 몽골 학생이 없음에도 몽골 이중언어 강사가 배치되어 있다. 이중언어 강사 제도가 실질적으로 도움이 될 수 있도록 탄력적이고 융통적인 운영이 요구되는 바이다. 그리고 심리적으로 어려움을 겪는 학생을 위한 정서심리 진단과 치료가 요구되는데 실정은 담임 교사가 자체적으로 상담하고 있는 수준이다. 가정에서는 자녀의 진로에 관한 지도가 없어 학생들이 '인근에 있는 ○○공장에서 일할 거예요', '식당에서 일할 거예요.'라고 말하는 데서도 파악할 수 있듯이 진로 교육 문제 또한 시급하며, 가정 내 문제, 이주 스트레스 등으로 심리적 불안정을 겪고 있는 다문화

학생을 위한 상담교사가 필요하다.

라) 다문화 학습컨설팅에 주는 시사점

다문화 학생을 지도하고 있는 교사들과의 협의 및 학교 방문을 통해 학교 유형별로 다문화 학습부진학생 지원 현황을 살펴본 결과, 다음과 같은 시사점을 얻을 수 있다.

첫째, 한국어 능력 부족에 따른 한국어 학습 지원은 담당 교사 또는 강사와 학생 1:1 지도와 같이 개별적으로 이루어지고 있었다. 인원이 비교적 소수로 이루어진 특별학급에서는 개별적으로 지도하고 있었고, 학생이 다인수인 경우 학령·학년에 상관없이 한국어 수준이 비슷한 집단별로 학습지도하고 있다. 예비학교 특별학급이 설치되지 않은 일반학교의 경우에도 다문화 학습부진학생을 일반 학습부진과 동일하게 분류하여 인턴교사가 개별적으로 수업하고 있었다. 교사들 또한 이러한 개별 지도가 가장 큰 효과를 본다고 밝혔다. 물론 원적학급의 정규 수업시간에는 1:1 지원이 불가능하나, 교사가 수업 내내 지속적으로 고려해야 하는 관심의 존재가 되기도 한다. 혹은 다문화 학생이 무관심의 존재가 되기도 하였다. 교직원 변동과 다문화 학생 입학 및 전입·전출 증감으로 인하여 개별 지도의 지속은 항상 보장되지 않는다. 개별 지도가 요구되기는 하나 인력과 예산, 시간 등이 부족할 경우, 이에 효율적으로 대처할 수 있는 지원 방안이 요구된다.

둘째, 다문화 학생 지도를 위한 마땅한 한국어 교과학습 자료가 없다. 다문화 학생은 한국어 능력이 상이한데, 학습 수준에 따라 다양한 교과 교재나 교구가 제공되지 않아 지도가 어렵다. 교사들이 직접 개발하거나 KSL 교재 및 시중에 나와있는 교재들을 재구성해서 사용해야 한다는 어려움이 있었다. 학생들의 맞춤형 학습을 지원할 수 있는 단계별 보완 교재가 요구된다.

셋째, 학교 교육과정 편성에 있어서 다문화 특별학급을 고려해야 하며, 일반 학급 교사들의 지지와 협조가 요구된다. 예비학교의 특별학급 학생들은 한국어 수업과 일부 교과 수업을 수강하고 원적학급에서는 예체능 등의 수업을 수강하게 되는데, 이에 시간표를 구성할 때 원적학급과 특별학급 간에 충분한 상의가 필요하다. 만약 다른 원적학급의 다문화 학생 수업 시간표가 맞지 않을 경우에 해당 학생은 한 학기 내내 특정 교과 수업을 받지 못하는 경우도 발생한다.

넷째, 이중언어 강사와 한국어 강사 운영에 있어서 수요와 공급이 일치하는 탄력적이고 융통적인 운영이 요구된다. 몽골 배경 다문화 학생이 재학 중이지 않은데, 몽골 이중언어 강사를 배치하는 등의 비효율적인 운영은 지양되어야 한다. 또한 강사에 대한 수요통계를 낼 때에 다문화 학생의 배경 국가별로 조사하는 것보다 언어권별로 분류하여 공용어를 사용하는 국가 배경 학생들에게 이중언어 학습의 기회를 제공해야 한다. 중앙아시아의 여러 국가 학생들이 '기타' 국가로 분류되어 러시아어 이중언어 지원을 받지 못한 사례도 있었다. 아울러 이중언어 강사와 한국어 강사에 대한 일반 교사들의 인식 개선 또한 필요하다.

다섯째, 학교 관리자, 교사, 지역인사, 대학생 등이 멘토가 되어 다문화 학생을 대상으로 멘토링이 이루어지고 있는데 대학생 멘토링의 경우, 대학생 신청자가 적어 멘토링 체결이 낮은 수준이다. 이러한 멘토링이 다문화 학생에게 직접적인 도움이 될 수 있도록 개선해 나가야 하며, 다문화 학생과 배경이 같은 유학생과 매칭시켜 멘토링하는 것도 학생의 자존감 향상에 도움이 될 것이라 판단된다.

2) 다문화 학습컨설팅 방안

2011 국가수준 학업성취도 결과에 따르면(신진아 외, 2012), 5개 교과(국어, 수학, 과학, 영어) 모두[2]에서 전체 학생에 비해 다문화 학생의 기초학력 미달 비율이 상대적으로 높게 나타나고 있다. 또한 다문화 학생 중에서는 국내출생 다문화 학생보다는 중도입국 다문화 학생이 기초학력 미달 비율이 더 높고, 중도입국 다문화 학생보다는 외국인가정 다문화 학생의 기초학력 미달 비율이 더 높게 나타나고 있다. 이는 '단 한 명의 학생도 놓치지 않는 교육'을 실현하기 위해서는 다문화 학생의 다양한 특성(생성배경, 출생지, 거주지, 부모국적, 학교급 등)을 고려한 기초학력 향상 교육이 체계적으로 이루어져야 함을 시사한다.

다문화 학습부진학생의 기초학력 향상을 위한 학습컨설팅 방안은 오상철 외(2013: 184-202)의 다문화 학습부진학생의 기초학력 향상을 위한 교수학습 지원 방안(한국교과정평가원 연구보고 RRI 2013-2)을 참고하여, 다문화 학습컨설팅의 기본 방향과 대상별(학생, 교사, 학부모) 학습컨설팅 방안을 제시하면 다음과 같다.

2) 국어, 수학, 영어는 초·중·고등학교, 사회, 과학은 중학교 수준의 결과이다.

가) 다문화 학습컨설팅의 기본 방향

(1) 일반적인 학습부진학생 지도·지원 접근 틀 안에서 다문화적 요인을 고려하여 지원한다

대다수 교사들이 선호하는 다문화 학습부진학생의 지도 방식은 일반 학습부진학생과 공통적으로 지도·지원하고, 다문화적 요인을 고려한 추가교육을 하거나, 지도 시 다문화적 요인을 함께 고려한 교육을 선호하고 있다. 차이를 인정하고 존중하되, 분리하고 차별하지 않아야 한다는 다문화 교육의 대원칙에 비추어 볼 때에도 일반 학습부진학생과 다문화 학습부진학생을 별도로 지도하는 것은 바람직하지 않다. 예컨대 다문화 학생들은 한국어 능력이 부족하여 학습부진이 되는 경우가 많다고 하지만, 일반 학습부진학생도 언어 능력이 부족하여 학습부진이 되는 경우가 많다는 점을 감안할 때, 다문화 학생만 모아 한국어 교육을 실시할 것이 아니라 한국어 능력이 부족한 일반 학생들도 함께 지도하는 것이 통합교육을 지향하는 다문화 교육 관점에서 비추어볼 때 적절하고 학교의 기초학력 업무 추진 측면에서도 효율적인 접근이라고 하겠다. 일반 학습부진학생 교육과 마찬가지로 부정적인 '낙인 효과'에 대한 주의가 요청된다.

(2) 학습부진에 대한 사후 중재적 해결보다 사전 예방을 강조한다

학습부진의 문제를 해결하기 위한 가장 효과적이고 효율적인 방안은 학습부진이 아예 생기지 않도록 하는 예방적 전략이다. 예컨대, 다문화 학생이 초등학교에 입학하면 다른 일반학생들과 마찬가지로 출발점 행동을 진단하여, 조기 개입을 통해 이후 학습에서 학습부진이 발생하지 않도록 예방 지도를 철저히 해야 할 필요가 있다.

(3) 다문화 학습부진학생의 유형 고려와 더불어 다양한 학습부진의 원인을 진단하여 통합적 맞춤형 처방을 제공한다

우리나라에서 다문화 학생은 다문화 가정 생성 배경에 따라 국제결혼가정 및 외국인 가정으로 구분하고, 국제결혼가정 자녀는 출생지에 따라 국내출생 자녀, 중도입국자녀로 구분하고 있다(교과부, 2012). 일반학생보다는 국내출생 다문화 학생이, 국내출신 다문화 학생보다는 중도입국 자녀나 외국인가정 출신 학생들이 학교학습에서 학습부진이 될 가능성이 더 높지만(신진아 외, 2012), 한국어 능력 및 문화적 차이만이 이들 학생들을 학습부진으로 내모는 것은 아니다. 중도입국 자녀의 경우 국내 입국까지 학습공백 기간이 길어 선수학습 결손 누적으로 학습부진의 어려움이 가중되기도 한다. 예컨대, 다문화 학습부진학생들은 선수학습의 결손, 낮은 성취동기, 정서·심리적 어려움, 돌봄 결여 등과 같이 일반 학습부진학생들과 마찬가지의 이유로 학습부진을 겪게 된다. 다른 문화적 요인이 중첩하여 심각한 학습부진 양상을 보이는 학생들을 위해서는 한국어 교육이나 학교적응 지원과 같은 다문화적 접근 외에도 일반 학습부진학생 지원에 활용되는 다양한 통합적 지원(예: 진단, 맞춤형 처방 및 프로그램 운영, 상담, 치료, 돌봄 등)이 병행될 필요가 있다.

(4) 정규 수업 중 학습 소외가 발생하지 않도록 지도한다

흔히 학습부진학생 지도는 나머지 학습 또는 방과 후 교육에서 이루어지는 것으로 여겨지곤 한다. 수업 중 교사의 수업 내용을 이해하지 못하고, 또래 학생들과의 수준 차이로 학습활동에 참여하지 못하는 것이 당연시 되고 있다. 학습 소외가 일어나는 것이 당연시 되는 한, 학습부진학생의 학습권은 보장받지 못할 뿐만 아니라 효과적인 지도도 이루어질 수 없다. 정규 수업 중 지도가 우선되고, 그런 뒤에도 필요하면 방과 후 교육이 보완되어야 할 것이다.

(5) 한국어 교육과 교과 학습의 연계를 고려하여 지도한다

한국의 초·중등학교에 재학하고 있는 다문화 학생들이 학습부진을 탈피하기 위해서는 무엇보다 우선하여 한국어 숙달이 요청된다. 아울러 한국어로 제시되는 교재, 교사의 수업 등을 이해할 수 있어야 한다. 하지만 교재나 교사의 수업이해는 한국어를 숙달했다고 저절로 되는 것은 아니다. 한국의 사회문화적 배경지식이 결여될 때 교재나 강의에서 사용되는 개념이나 용어들을 잘 이해하지 못할 수 있다. 학습부진이 교과학습에서 요구되는 한국어 수준이 낮아 생긴 경우, 학생들을 위한 교수학습 지원으로 교과학습과 연계된 한국어 교육을 제공할 필요가 있다. 학생들의 한국어 능력이 어느 정도 수준까지 갖추어지기 전에는 제대로 된 이중언어 지원이 이루어져야 할 것이다.[3)]

(6) 교원의 다문화 감수성 및 다문화 학습부진학생 지도 역량을 강화한다

조영달 외(2007)의 연구에 따르면, 문화다양성에 대한 인식과 관련하여 다문화 가정 학부모에 비해 일반가정 학부모와 교사의 인식이 낮았고, 특히 교사의 문화다양성 인식은 세 집단 중 가장 낮게 나타났다. 다문화 가정 학부모들이 자녀를 학교에 보낼 때 제일 우려하는 것은 외모가 다르고 한국어가 서툴러 또래 학생들과 잘 어울리지 못하고 왕따를 당하지 않을까, 차별을 받지 않을까의 걱정이다. 교사의 무관심, 무시,

3) 일부 학교의 경우 이중언어 강사 배치가 적절하지 않아, 필리핀, 일본 아동에게 중국어를 가르치는 등 모어와 일치하지 않는 이중언어 교육이 이루어지기도 한다고 한다(최이리나, 2013).

차별(예: 자녀 이름을 부르지 않고 '다문화아이'로 부르기 등)로 스트레스를 받는다고 한다(최이리나, 2013). 교원의 다문화 감수성 제고를 위한 연수와 다문화 학생 이해 및 지도 관련 역량 제고가 요청된다.

(7) 다문화 가정 학부모의 자녀 교육 역량 강화 및 협력을 이끌어 낸다

다문화 학생 지도가 잘 이루어지려면, 다문화 가정과 학교, 학부모와 교사 간의 긴밀한 협력이 요청된다. 일반적으로 학습부진학생의 경우, 일반학생에 비해 학교와 가정 간의 소통, 가정에서의 학습지원이 잘 이루어지지 않는 편이다(이화진 외, 2009). 생업에 바쁘고 자녀의 성적 또는 우수하지 않아 학교 오기를 꺼려하는 학부모들이 대다수이다. 비록 자녀교육에 관심이 많다고 하여도 알림장 읽기도 어려울 정도로 한국어 능력이 부족하고, 한국교육 제도에 대한 정보가 부족하여 가정에서의 학습지원이 어려운 형편이다(조영달 외, 2007). 학업성취가 높은 학생일수록 가정에서의 지원, 가정과 학교와의 소통이 원활한 점을 고려할 때 가정, 학부모의 자녀 교육 역량 강화와 더불어 연계 협력을 지속적으로 도모할 필요가 있다.

(8) 지역사회 기관과의 네트워킹을 통해 다문화 학습부진학생을 위한 학교-지역사회 협력 지원이 효과적으로 이루어지도록 한다

그 동안 다문화 교육은 다문화 가족을 대상(결혼이민자, 중도입국 자녀, 다문화가족 영유아, 아동청소년 등)으로 한국어 교육, 생활교육, 이중언어 교육 등이 학교 밖 지역사회기관에서 많이 이루어졌다. 주로 여성가족부, 보건복지부, 문화체육관광부 등이 주도적으로 추진해 왔는데, 그 동안 구축한 인프라, 인적 · 물적 자원 등이 풍부하게 축적되어 있다고 하겠다.

다문화 학생을 대상으로 하는 학교교육 지원은 국제결혼 가정의 학령기 아동들이 초등학교에 입학하면서 교육정책 어젠다로 급부상하였다. 따라서 아직 학교 밖 기관에 비해 학교 구성원의 다문화 감수성 및 다문화 학생에 대한 이해 수준이 낮고(조영달 외, 2007), 다문화 학생을 고려한 지도 방법 및 자료가 충분히 개발되어 있지 못하고, 가정 · 학부모와 소통 등도 미흡한 형편이다. 반면 학교의 경우, 학습부진학생 지도 · 지원에 대한 노하우 및 자료 등은 상대적으로 풍부한 편이다.

학교-지역사회의 긴밀한 연계를 통해 상호 정보와 자료, 노하우를 공유하며 효과적으로 다문화 학습부진학생을 지원할 수 있는 방안을 강구해 나가야 할 것이다. 특히, 지역사회기관(예: 지역아동센터)은 방과 후 가정에서의 돌봄이나 숙제지도 등이 잘 이루어지지 않는 다문화 학생들을 위해 대안적인 가정의 역할을 수행할 수도 있을 것이다(예: 학교 알림장에 맞게 준비물 챙겨주기, 숙제지도 및 석식 제공 등).

나) 대상별(학생, 교사, 학부모) 다문화 학습컨설팅 방안

(1) 다문화 학습부진학생 학습컨설팅 방안

① 선별 및 진단

- 다문화 학습부진학생의 선별
  - 전체 학생에 비해 학습부진(기초학력 미달)이 되는 비율이 높지만(신진아 외, 2012), 다문화 학생이라고 해서 모두 학습부진은 아님.
  - 학년·기초 보정학습을 제공할 학습부진학생을 선별할 때, 다문화 학습부진학생도 함께 선발.
  - 선별 방법으로는 교사의 수업 중 관찰·수행평가·형성평가, 이전 학년 교사의 의견·성적, 학교 자체 선별평가, 전국적으로 시행되는 시·도 교과학습 진단 평가(또는 기출문제) 등을 활용.
  - 초등학교 1학년의 경우 입학단계에서 관찰, 면담 등을 통해 출발점 행동을 진단하여 학습부진의 가능성을 미리 파악하여 언어치료를 포함한 예방지도 계획을 수립하는 것이 바람직함.
  - 학습부진 선별기준은 겨우 통과하였지만, 경계선에 있는 학생들도 학교 여건이 허락한다면 학습부진 예방 차원에서 집중 지도 대상 학생으로 선발하는 것이 바람직함.
- 다문화 학습부진학생의 학습수준 진단
  - 1차 선별과정에서 학습부진으로 판명되면, 2차 진단과정을 통해 해당 학생의 정확한 학습특성과 수준을 파악할 필요가 있음.
  - 예컨대, 똑같이 수학 40점을 받아 학습부진으로 판명된 두 학생이 있다고 할 때, 비록 총점은 동일해도 틀린 문제, 틀린 이유가 저마다 다를 수 있음. 5학년 분수 문제를 틀렸다고 했을 때, 덧셈부터 몰라서 틀린 아이, 나눗셈을 몰라 틀린 아이, 비록 기호 위주의 4칙 연산을 잘 하지만 한국어 능력이 부족하여 문장제의 지문을 이해하지 못해 틀린 아이 등 저마다 틀린 이유가 다를 수 있음.
  - 학습수준을 용이하게 진단할 수 있는 방법으로는, 학생의 오류 문항을 분석하여 틀린 이유, 지점을 확인해 보는 방법을 권함.

- 한국어 능력이 부족하여 학습수준 진단이 어려운 다문화 학습부진학생들의 경우, 가능하다면 학생이 이해할 수 있는 단어 지원(모어, 영어번역·통역 등)을 제공하여 기존의 도구 등을 활용하여 진단. 예컨대, 천안의 한 초등학교에서는 중국에서 태어나 한국에 3학년으로 편입해온 다문화 학생에게 기초학력향상지원사이트(www.basics.re.kr)에서 제공하는 초등학교 입문기 자료로 학습수준을 진단하고 진단 결과에 따른 처방 자료를 제공함(학생이 영어 해독이 가능하여 영어 선생님이 도움 지원)(이화진 외, 2012).

- 다문화 학습부진학생의 학습저해요인 진단
  - 문제풀이 등으로 성적을 올리는 접근만으로는 학습부진이 해소될 수 없음.
  - 학습부진을 야기한 원인을 파악하여 원인에 근거한 맞춤형 지원을 제공할 필요가 있음.
  - 특히, 다문화 학습부진학생의 경우 정체성 문제나 한국어 능력 부족으로 인한 학습부진 외에도, 한국의 사회문화적 배경지식의 결여에 따른 개념 및 용어 이해의 어려움, 중도입국 과정에서 학습공백 기간이 길어 선수 학습 결손이 누적되었을 때도 학습부진을 겪게 됨. 다문화 가정 유형, 출생지(국내출생, 중도입국, 외국인 가정)에 따라 학생들이 겪는 어려움의 종류, 정도가 다르게 나타날 수 있음.
  - 아울러 일반 학습부진학생들과 마찬가지로, 가정에서의 돌봄 결여, ADHD 등과 같은 정서·행동적 어려움, 또래관계의 어려움, 자신감 결여, 낮은 지능 등의 이유로 학습부진이 가중되기도 함. 예컨대, 어떤 한 학급에 베트남 어머니와 한국인 아버지를 둔 남학생이 있었는데, 이 학생의 경우는 다문화 요인으로 인한 부진뿐만 아니라, 학생 자신의 개인적 특성(ADHD, 낮은 지능 등)으로 인한 학습의 어려움을 중복적으로 지니고 있었다. 담임교사의 말에 따르면 특수교육대상자 검사를 받아보도록 하면 좋겠는데, 한국인 아버지가 반대하여 아무 개입도 못하고 있는 실정이라고 한다(오상철 외, 2013).
  - 학습부진을 발생시킨 요인을 면밀하게 진단하여 다문화 가정 유형별, 개별 학생의 특성과 요구에 부합하는 처방과 지원이 가능하도록 해야 함.

② 학습지도

- 다문화 학생의 학습부진 예방 및 조기지도
  - 국내출생 학생의 경우, 중도입국 학생에 비해서는 한국어, 한국문화에 더 숙달되고 익숙할 수 있지만, 한 부모 또는 양 부모 모두가 외국인이어서 한국어가 서툴고 한국교육 방식을 잘 이해하지 못해 일반가정 학생에 비해 가정교육 지원이 미흡할 수 있음.
  - 다문화 학생이 입학하면 다른 일반학생들과 마찬가지로 출발점 행동을 진단하고, 진단결과 초등학교 과정을 따라가기 어렵다고 판명이 되면 학습부진 예방을 위한 조기지도를 실시하는 것이 바람직함. 이 때 다문화 학생을 별도로 지도하기보다는 학습부진 예방이 필요한 일반 학생들과 함께 지도하도록 함.
  - 예방지도의 주된 영역은 국어(읽기, 쓰기), 공부방법(학습태도 및 전략) 등이 되어야 할 것임.
- 정규 수업 시 지도
  - 정규 수업 시 다문화 학습부진학생뿐만 아니라 모든 학습부진학생의 학습소외가 일어나지 않도록 지도해야 함. 하지만 아직 정규 수업 시 다문화 학습부진학생을 지도하는 비율은 저조함(37.2%).
  - 소집단 협동학습, 개별지도, 1:1 질의응답 등을 통해 학생들이 모두 참여할 수 있는 학습, 학습자의 눈높이에 맞는 지도가 이루어져야 함.
  - 수업방법 적용 시, 문화적 차이를 고려하여 지도함으로써 다문화 학생의 자긍심을 제고하고 일반 학생의 다문화적 감수성을 제고. 예컨대, 프랑스에서는 수학 곱셈식을 가르칠 때 아랍식으로 곱셈식을 해결하는 방법도 함께 지도한다고 함(오은순 외, 2007).
  - 대부분의 다문화 학습부진학생들은 단지 한국어 능력 부족에 기인하여 교과학습 부진에 처하게 됨. 정규 수업 시 이러한 학생들을 지원하는 한 방안으로 국어 수업뿐만 아니라 다른 교과 수업에서도 한국어 문법 및 언어 사용을 지도하는 일종의 이머전(몰입) 교수법을 적용하여 교과 학습과 한국어 학습을 동시에 수행할 수 있음.
  - 학습보조교사나 이중언어 강사 등의 지원이 가능하다면, 학생 옆에서 수업 이해를 돕도록 지원. 단, 학습결손이나 한국어 능력 수준이 너무 낮아

수업을 따라가기 어렵다면, 교실 밖 공간(또는 다문화 학생을 위한 예비학교, 특별학급)에서 필요한 부분을 지도를 하되 일정 수준에 도달하면 바로 정규 수업에 복귀를 시키도록 함.

– 또래 도우미를 정해, 수업 이해 및 과제 활동 등을 지원하게 함.
– 한국교육과정평가원의 연구진이 수업관찰로부터 이끌어낸 정규 교과수업 시 고려할 사항을 제시하면 다음과 같음(오상철 외, 2013).

국어

• 다문화 부진학생의 언어적, 문화적 배경을 고려하여 이해 능력을 향상시킬 수 있는 독서 프로그램 개발이 필요하다.
• 교사와 다문화 부진학생 간의 학생의 학습결과(learned curriculum)을 중심으로 학습상담을 정례화할 필요가 있다.

사회

• 학생이 잘 못 이해하는 개념, 즉 오개념을 수시로 확인하고 상세히 지도한다.
• 자신이 거주하고 있는 지역에 대한 체험 학습을 제공한다.
• 한국사 수업은 동북아 배경 학생에게 있어서 불안과 긴장을 초래한다. 교사는 수업 대상을 일반 학생들로 한정하지 않고 다문화 학생을 고려한, 보다 개방적인 교육과정 재구성의 노력을 해야 한다.
• 다문화 학생을 특정 배경 국가 집단 구성원으로 보기보다, 개개인의 학생과 인간으로 접근하는 시각이 요구된다.

영어

• 과제 수행절차는 간단한 영어로 하고 교사가 하는 법을 시범한다.
• 협동학습의 경우, 학생들이 잘 참여하지 못할 때 무의미한 시간을 보내게 된다. 학생의 특성을 고려해 집단을 구성한다.
• 원어민 교사가 있다면 적극 활용한다. 한국인 교사보다는 원어민 교사에게 더 높은 유대감을 보일 수 있다.
• 다문화 부진학생 특성 이해를 제고하기 위해 담임교사와 전담교사, 원어민 교사, 영어회화전문강사 등이 협력하여 지도한다.

● 정규 수업 외 보정학습
  – 정규 수업 시간 내 지도가 충분하지 않은 다문화 부진학생을 대상으로 방과후, 점심, 방학 시간 등을 이용하여 따라잡기 보정학습 지도를 실시함.

– 다문화 학습부진학생과 일반 학습부진학생이 크게 차이를 보이는 것은 한국어 능력 정도임. 국내출생, 중도입국, 외국인가정 학생을 비교할 때에는 국내출생학생에 비해, 중도입국 학생이나 외국인가정 학생의 한국어 능력 부족이 더 심각함.

– 따라서 정규 수업 외 지도 과정에서 국내출생 학생의 경우, 국어 능력이 뒤처지는 일반 학습부진학생과 함께 국어 지도, 특히 읽기, 쓰기 지도에 주안점을 두어 지도할 필요가 있음.

– 중도입국 학생, 외국인가정 학생의 경우, 교과학습을 따라가기 위해서는 한국어 숙달(생활한국어, 학습한국어)이 우선되어야 함. 이들 학생들은 방과 후에 KSL 프로그램에 참여하게 하거나, 해당 학교에서 지원하기 어렵다면 원적을 본교에 두되 다문화 학생의 한국어 습득 및 학교적응을 지원하는 디딤돌 과정으로서 특별학급을 설치 · 운영하는 예비학교 과정을 이수하도록 권장함.

– 교과별 학습수준 진단 결과에 기초하여 학습능력이 떨어지는 부분에 주안점을 두고 보정학습 지도를 실시함. 한국어 해득이 가능한 다문화 학습부진학생 지도는 일반 학습부진학생에게 적용하는 보정학습 교재, 교구 등을 적용하도록 함. 한국어 해득이 어려운 학생들에게는 교과학습 시 이중언어 지원 등을 제공하는 방안을 모색함. 특히, 문장제 지문을 가진 객관식 평가, 복합 문장으로 이루어진 서술형 평가 등의 문항을 풀게 할 때에는 문제에서 요구하는 바를 학생이 충분히 이해할 수 있도록 설명을 제공해야 함.

③ 학습저해요인에 따른 학습클리닉 운영

- 저해요인 진단에 따른 맞춤형 지원

  – 다문화 학습부진학생을 위한 교수학습 지원은 부족한 기초학력을 향상시킬 수 있는 학습지도 외에도, 학습부진을 야기한 학습저해요인을 극복할 수 있는 원인 치유적 접근이 동시에 이루어져야 함.

  – 학습저해요인 진단 결과에 따라 다문화 학습부진학생 개개인이 겪는 어려움을 고려한 맞춤형 지원이 요청됨. 단, 학습저해요인을 극복하게 하기 위해서는 학생이 지닌 결점을 약화시키거나 없애는 접근과 더불어, 학생이 지닌 특성을 강점으로 부각하여 자신감과 자긍심을 제고하는 접

근이 병행되어야 함. 예컨대, 다문화 학생의 경우, 한국어가 잘 안되는 아이들도 있고 생김새 등이 달라 아이들에게 놀림이나 왕따를 종종 당하곤 한다. 그런데 교사마저도 "그것도 못하니?", "또 신청서를 안 가져왔니?" 등으로 질책하면 그 아이는 더 스트레스를 받게 된다. 하지만 그 아이의 장점을 찾아, "영어도 잘 하네"라고 말해 주면 다른 학생들도 그 학생에게 관심이 생기고 같이 지내고 싶은 마음이 생길 것이다(최이리나, 2013).

- 상담, 학습동기 및 자존감 제고, 학습습관 및 학습전략 지도
  - 오상철 외(2013)의 설문결과에 따르면, 정체성 혼란, 학교적응의 문제로 어려움을 겪는 다문화 학생들에게 가장 필요한 지원은 상담지원, 가정과 연계 지도, 다문화배경이 같은 이중언어 강사 지원 등이 높은 비율을 차지하고 있었고, 이들 학생들에게 우선적으로 지원되어야 할 것으로 학습동기 및 자존감 제고, 학습습관 및 학습전략 지도 등이 제안됨.
  - 다문화 학습부진학생을 위해 학교에서 제공할 수 있는 학습클리닉 프로그램으로는 정체성 혼란 및 학교적응 문제와 관련한 상담 지원, 학습동기 및 자존감 제고, 학습습관 개선 및 공부하는 방법을 지도·지원하는 학습코칭 프로그램 운영 등을 고려해 볼 수 있음.
- 통합적 프로그램 운영
  - 다문화 학생의 고유한 문제(예: 정체성 혼란)가 아니라면 다문화 학습부진 학생만을 대상으로 별도로 프로그램을 운영하기보다는 유사한 문제로 어려움을 겪는 일반 학습부진학생들을 함께 참여시켜 통합적으로 프로그램을 운영하는 것이 '낙인효과'를 방지함과 동시에 일반학생들의 다문화 감수성을 제고하는 데도 효과적임. 학교에서 통상적으로 운영하는 각종 방과 후, 방학, 문화체험, 캠프 프로그램을 활용하여 지원하는 것이 바람직함.
- 학교 내 다중지원 및 외부 기관 연계
  - 상담이나 학습코칭 지원은 상담사와 더불어 담임교사, 이중언어 강사, 그리고 프로그램 운영에 소양이 있는 교원들이 함께 운영함. 단, 학교 내 상담이나 학습클리닉으로 감당하기 힘든 어려움을 지닌 학생에 대해서는 학교 밖 전문기관(학습종합클리닉, Wee 센터, 병원)에 의뢰함.

④ 돌봄 및 가정학습 지원

- 학교 내 돌봄
  - 부모가 생업 등으로 방과 후 가정에서의 돌봄이 가능하지 않은 아이들은 학교 내 돌봄을 지원함.
  - 방과 후 돌봄에서 숙제지도, 언어치료, 놀이, 간식 등을 제공함.
- 학교 밖 돌봄
  - 학교 내 돌봄이 어려울 경우에는 지역아동센터 등을 연계해 주고, 한국어 교육 및 상담 지원 등이 필요하다면 다문화가족지원센터, 다문화교육센터 등의 도움을 요청함.
- 가정방문을 통한 돌봄
  - 비록 부모가 가정에 있다고 하여도, 여러 가지 이유로 가정 내 돌봄 및 학습 지도 등이 원활하지 않을 경우, 다문화가족지원센터나 교육센터 등을 연계하여 가정에 방문교육 지도사를 파견해 주도록 요청함.

(2) 교원 및 학교구성원 다문화 학습컨설팅 방안

① 교원의 다문화 교육 역량 강화

- 담임교사의 다문화 교육 역량 강화
  - 현행 다문화 교육 정책이 일부 예비학교, 선도학교 운영 등을 중심으로 이루어지다 보니, 일반학교에서 특별한 지원 없이 다문화 학생을 지도하는 교사들은 더 많은 어려움을 겪고 있음. 특히 학생들을 직접 지도하는 일반학교 담임교사를 위한 다문화 교육, 다문화 학습부진학생 지도 관련 연수 프로그램이 다양하게 제공될 필요가 있음.
- 현장에 적합한 연수 프로그램 운영
  - 현장의 어려움과 상황에 맞지 않는 피상적 연수가 아니라, 현장 교사에게 다가가는 연수, 현장 상황을 고려하는 연수 프로그램 운영이 이루어져야 함. 설문결과에 따르면, 교사들이 선호하는 연수 주제는 다음과 같음(오상철 외, 2013).
  - 다문화 학습부진학생 유형별 지도 방안, 다문화 학습부진학생 특성 이해 및 상담 기법, 다문화 학습부진학생이 어려워하는 개념, 주제 지도 방법, KSL 지도 방법, 교과학습과 연계한 한국어 이머전(몰입) 교육 방법 등.

- 이 외에도 다문화 학부모와의 의사소통 방법, 다른 국가·문화권에서 학생들을 지도하는 방법 및 자녀교육법 등에 대한 연수 및 자료 제공도 이루어진다면, 교사의 다문화 감수성 제고와 더불어 다문화 학생 이해 및 지도 방법에도 도움을 받을 수 있을 것임.

● 현장 실천력이 뛰어난 연수 강사 활용

- 연수 강사는 다문화 예비학교, 특별학급 등에서 다문화 학생을 지도해본 교사, 이중언어 강사, 한국어 강사, 다문화 학생을 상담해 본 상담사, 다문화 가정 방문 서비스를 제공한 복지사 등이 포함되도록 함.

② 학교 구성원의 다문화 역량 강화

● 정책 사업의 통합적 운영

- 새로운 정책 수요가 생길 때마다, 그에 필요한 인력을 수급하는 것은 현실적으로 어려움이 많음. 대안은 기존 학교 구성원의 역량을 제고하여 새로운 정책 수요에 대처하고, 유사한 사업은 통합하여 운영함으로써 업무의 효율성을 제고하는 것임.

● 학교 구성원의 다문화 역량 강화

- 담임교사와 다문화 담당교사뿐만 아니라, 학교에 배치되어 있는 상담사, 교육복지사, 보건교사 등도 다문화 학생 이해 및 상담 기법 등을 이수하게 하여 학교 전체의 다문화 학생 지원 역량을 제고할 필요가 있음.

(3) 다문화 가정의 학부모 학습컨설팅 방안

① 다문화 가정 학부모 역량 강화

● 효과적인 자녀교육법 강좌 제공

- 다문화 가정 학생들의 학력 제고를 위해서는 다문화 가정 학부모의 자녀교육 지원 역량을 강화할 필요가 있음. 다문화 가정 학부모는 높은 교육적 관심과 열의에도 불구하고 자녀교육을 지원할 능력이 일반가정 학부모에 비해 상대적으로 떨어짐(조영달 외, 2007).
- 설문결과(오상철 외, 2013)에 따르면, 다문화 가정 학부모를 위한 자녀교육 강좌(예: 자녀와의 대화법, 한국의 교육제도, 한국의 교육열, 자녀양육법 등)를 개설하여 학부모 연수를 강화하는 방안을 많이 요구함(41.1%).

- 중·고급 한국어 교육 강좌 개설
  - 또한 자녀들의 학년이 높아짐에 따라 자녀의 무시, 자녀와의 대화 단절의 어려움을 겪기도 함. 한국어 능력이 부족한 다문화 가정 학부모를 위해 초급 과정뿐만 아니라 중·고급과정 KSL 프로그램을 제공하는 방안도 적극 고려함.
- 학교연계 학부모 교육 프로그램 운영
  - 정부가 평생교육 차원에서 지역의 평생교육기관을 중심으로 추진하고 있는 다문화 가정 학부모 역량 강화 사업이 활성화되고 있지만(교과부, 2012), 학교와 연계된 학부모 교육 프로그램이 단위학교 수준에서 보다 활성화될 필요가 있음.
  - 특히, 생업으로 인해 주간에 실시되는 교육 프로그램에 참여하기 어려운 학부모는 야간, 주말 등에 참여할 수 있도록 교육 프로그램을 운영하는 방안을 고려해야 함. 이때 국내출생 학생의 경우 한국인 아버지도 함께 참여할 수 있도록 프로그램을 구성·운영함.

② 다문화 가정 학부모와의 소통 활성화

- 다문화 학부모가 이해할 수 있는 '친절한' 알림장, 신청서 제공
  - 교사들은 가정과의 연계가 안 되는 주된 이유로 한국어 능력이 부족한 부모와의 의사소통이 잘 안 되는 문제를 지적하고 있음.
  - 다문화 가정 학부모들은 한글 이해가 잘 안 되어 학교에서 보내는 알림장이나 신청서 등을 읽고 이해할 수 없는 경우가 많다고 함. 알림장 등의 주요 부분에 밑줄을 그어 보내거나 하는 등의 세심한 배려를 요청하고 있음. 상담을 할 때에도 학부모 입장을 고려하여 또박또박 한국어를 사용해 줄 것을 부탁하고 있음(최이리나, 2013).
- 문자 서비스, 소통을 위한 이중언어 강사 도움 요청
  - 학부모 중 한 명이 한국인인 경우는 그나마 낫지만, 부모 모두가 외국인인 경우는 어려움을 더 겪게 되는데, 한 교사의 경우 부모들에게 영어로 문자와 편지로 소통을 하면서 학부모와의 관계가 돈독해지고 신뢰를 형성함(이태윤, 2013).
  - 학부모의 한국어 능력이 부족하다고 소통 자체를 포기하기보다 이중언어 강사, 학부모 도우미의 도움을 받아서라도 소통을 도모함.

5 다문화 학생의 학습컨설팅 사례분석 및 지도의 실제

여기에서는 다문화 학습컨설팅 사례분석과 지도의 실제를 고찰하고자 한다. 먼저 새터민가정 다문화 학생(철민)의 학습컨설팅 사례를 학습컨설팅의 과정 —도입, 진단, 목표설정, 교육적 개입, 종결— 에 따라 정리해서 제시하고, 그 과정에서 더 고려해야 할 논의거리도 제시하였다. 다음으로 다문화가정 학생의 학업성취 향상을 위하여 세 명의 초등교사가 실행연구의 연구방법을 활용해 찾아낸 효과적인 교수 전략을 소개하였다. 마지막으로 다문화 학습컨설팅 시 유의사항 및 참고자료를 제시하였다.

가) 철민(가명)의 다문화 학습컨설팅 사례 분석 및 지도

철민이는 중국에서 장기간 체류하다 남한으로 건너온 북한이탈주민 초등학교 6학년 학생이다. 입학한 지 3개월이 되어 간다. 컨설턴트는 학교의 방과 후 교사로서 철민이를 만나게 되었다. 담임교사는 철민이에 대하여 최근 크게 실망하면서 컨설팅을 의뢰하였다. 철민이가 한동안 잘 적응하는 듯 하더니 요즘 들어 수업시간에 집중하지 못하다가 학교에 안 나오는 날이 점점 많아진다는 것이다.

그 동안 많은 정성을 기울였고, 철민이도 담임선생님을 좋아하고 따르는 듯하였다. 평소에 활발하고 발표도 잘 하기 때문에 공부하는 데 어려움도 없어 보였다. 그런데 점점 철민이가 숙제를 해 오는 일은 거의 없었고, 지난 번 시험에서는 다른 학생들과 현저한 차이가 나는 점수를 얻었다고 한다. 특히 수학은 20문제 중 단 두 문제만 맞혔고, 국어 시험에서도 주관식 문제는 모두 틀렸다. 문제를 쉽게 출제했기 때문에 반평균 정답률이 90%를 넘는 상황인지라 철민이의 시험 점수는 심각한 수준이었다.

컨설턴트는 방과 후 철민이를 만났다. 철민이는 학교와 교사에 대한 불만을 터트리며, 더 이상 학교를 다니기 싫다고 하였다. 철민이가 상처를 많이 입은 것 같아 따뜻한 말로 달래고 위로하여 신뢰관계를 형성하였다고 믿었다. 그러나 철민이는 컨설턴트와의 시간 약속을 자주 어겼다. 과제를 내려고 하면 거부 반응을 보이고, 컨설턴트와의 시선 접촉조차도 피하고 있다.

철민이가 기초학력 미달 상태를 벗어나도록 도와야 할 뿐 아니라 학교적응도 어려울 것 같아 컨설턴트의 고민은 깊어만 간다.

철민이에 대하여 컨설턴트는 다음과 같이 학습컨설팅 전략을 세웠다. 단, 철민이가 북한에서 성장하였고, 중국에서 장기체류를 하였으며, 북한을 이탈하여 남한으로 건너오는 과정에서 여러 가지 심한 어려움들을 겪었을 것을 감안하여 다음과 같은 점들을 학습컨설팅 기간에 고려하기로 하였다.

- 철민이의 외상후 스트레스 장애(PTSD) 증상 여부, 종류, 심각 정도에 대한 평가와 이에 대한 위기대응: 충분히 들어주고, 설명해 주며, 필요한 경우 의료적 지원을 받을 수 있도록 안내한다.
- 학교와 교사에 대한 철민과 부모의 생각은 어떠한지 경청하고, 철민이와 부모의 학업 및 진로에 대한 기대(포부)를 알아본다.
- 남한에서 성장한 학생들에 비하여 철민이가 가지고 있는 장점이 무엇인지 민감하게 알아차리고 칭찬한다.

(1) 도입

- 철민이가 신뢰롭지 못한 행동을 빈번하게 하기 때문에, 철민이가 하는 말에 대하여는 사실 확인을 하면서 대화를 진행하는 것을 우선하기로 하였다.
- 탈북을 했다는 것뿐만 아니라 중국체류 기간이 길었다는 점으로 보아 심리적인 안정감이 낮을 수 있음을 고려하여 인내심 있게 부드럽고 친절한 학습컨설팅 태도를 유지하고자 하였다.
- 힘든 일을 많이 겪었던 만큼 남한의 컨설턴트를 쉽게 믿기 어려운 상황임을 고려하여, 우선 철민이가 표현하고자 하는 말을 정확히 이해하고 공감하는 데 주력하기로 하였다.
- 컨설턴트를 당황스럽게 만드는 태도가 무엇인지 솔직하게 알려주고, 규칙을 반복해서 안내하기로 하였다.

☞ 철민이와의 관계형성을 위해 더 고려해야 할 사항, 혹은 위와 같은 방법을 취하면서 컨설턴트가 유의해야 할 사항이 무엇인지 논의해 보자.

(2) 진단(원인 이해)

- 철민의 학업공백 기간을 구체적으로 알아본다. 북한 이탈 청소년은 학업공백 기간으로 인하여 학업태도와 기초학습능력이 능력보다 덜 발휘될 수 있음을 고려하였다.
- 북한에서의 학교생활과 학업성취도에 대하여 충분히 들어본 후, 남한에서의 학

교적응 과정에서 일시적으로 겪는 증상이 무엇이고, 이로 인해 일반적인 자기효능감 저하로 파급되고 있는지를 검토하였다.

- 철민이의 기초학력을 진단하기 위해, 기초학력향상지원사이트(http://www.basics.re.kr)에 접속하여, 3R's와 국어 · 수학 테스트를 실시하기로 하였다.
- 한국에 적응하는 과정에서 부모도 힘든 일을 겪은 것으로 예상되어, 학부모의 학습지원 가능 정도를 알아보고자 하였다.
- 한국교육과정평가원의 교수 · 학습개발센터 홈페이지(http://www.classroom.re.kr)에 접속하여 학습장애요인 검사를 실시하기로 하였다.
- 교내 시험에서 철민이가 틀린 문제들을 분석하기 위해, 시험지를 가져오도록 하였다.

☞ 철민이를 위한 진단이 정확하게 이루어지기 위해 더 고려해야 할 사항, 혹은 위와 같은 방법을 취하면서 컨설턴트가 유의해야 할 사항이 무엇인지 논의해 보자.

(3) 목표설정

- 컨설턴트는 철민이가 다음에 제시된 행동을 달성하는 것이 필요하다고 생각하였고, 이에 대하여 철민이의 생각을 묻고 합의하에 목표를 설정하기로 하였다.

– 학교에 계속 다니기
– 담임 교사에게 자신이 진지하다는 것을 알려 드리기
– 고마움을 표현하는 기술 배우기
– 공부하는 습관 들이기
– 자신의 장점을 인식하고 자존감 높이기
– 현재의 어려움은 긴 학습공백으로 인한 결과임을 수용하기

- 컨설턴트는 철민이의 목표달성 여부를 구체화하기 위해 다음과 같은 질문을 하기로 하였다.

– 목표 1: 철민이가 학교에 계속 다니기로 했다는 것은 무엇을 통해 알 수 있을까?
– 목표 2: 철민이가 진지하다는 것을 알리기 위한 객관적인 증거는 무엇일까?
– 목표 3: 고마움을 표현하는 기술을 배웠다는 증거는 무엇일까?
– 목표 4: 철민이가 어떻게 행동하면 공부하는 습관이 들었다고 말할 수 있을까?
– 목표 5: 철민이가 자신의 장점을 잘 받아들이고, 스스로를 소중하다고 여길 줄 안다는 증거는 무엇일까?

– 목표 6: 철민이가 현재의 어려움은 긴 학습공백으로 인한 결과임을 수용하게 된다면, 나의 말과 행동은 어떻게 달라질까?

☞ 철민이를 위한 학습컨설팅 목표 설정에서 더 고려해야 할 사항, 혹은 위와 같은 방법을 취하면서 컨설턴트가 유의해야 할 사항이 무엇인지 논의해 보자. 특히, 목표를 수립할 때, 담임교사와 학부모의 참여 정도를 어떻게 조절하는 것이 효과적인지에 관해서도 논의해 보자.

(4) 교육적 개입

- 학습컨설팅 계약 수립하기: 학부모와 교사의 동의 얻기
- 철민이가 약속을 지킨 것에 대하여 강화하기
- 컨설팅 회기 중 10분은 철민이의 장점을 찾아내는데 사용하기
- 학교에서 있었던 일에 대하여 이야기를 나누고 공감해 주기
- 역할극을 통해 자기표현 연습시키기
- 철민의 현재의 수준에 맞는 언어, 수학 교재를 결정하여 학습계획을 세우고 실행과정을 점검하기

☞ 이 외에 더 보충되어야 할 개입 방안이 무엇인지 알아보자. 또한 개입 방안을 실행하는 과정에서 발생할 수 있는 철민이의 저항이나 좌절 등을 예측해보고, 그 극복 방안은 무엇인지에 관해서도 논의해 보자.

(5) 종결

- 철민의 학교와 컨설턴트의 공식적 계약 기간은 한 학기이기 때문에, 길어져도 한 학기 이상 학습컨설팅을 지속할 수는 없는 상황이다.
- 이러한 상황을 철민과 부모에게 알리고 학습컨설팅 목표 각각의 항목이 어느 정도 달성되면 학습컨설팅을 종결할 수 있을지를 철민, 부모, 담임교사와 의논하여 조정하기로 하였다.
- 어려움이 다시 일어날 수 있음을 철민, 부모, 담임교사에게 알리고, 그 때 스스로 대응할 수 있는 방안이 무엇인지 의논하였다. 어려움이 지속되면, 학습컨설팅을 다시 요청하도록 하였다.

☞ 철민이와의 학습컨설팅 종결을 결정하기 위해 더 고려해야 할 사항은 무엇인지 논의해 보자.

나) 다문화가정 학생 가르치기: 세 명의 초등교사가 찾아낸 효과적인 수업지도의 방법들

이 사례는 황철형, 김영천, 박현우, 박창민(2014)의 연구에 제시된 것이다. 황철형 외(2014)의 연구는 다문화가정 학생의 학업성취 향상을 위하여 효과적인 교수학습 전략이 무엇인지 알아보고자 하였다. 이에 연구자이면서 세 명의 교사들은 2011년 5월부터 2013년 2월까지 초등학교 다문화가정 학생 세 명의 교과(국어교과와 수학교과)의 학업성취 향상을 목적으로 1 대 1로 직접 만나고 가르치는 경험을 통해, 다문화가정 학생들의 학업적인 측면의 특징과 그들을 가르치는 데 있어 효과적인 지도 방법이 무엇인지 드러내고자 했다. 이 연구는 실행연구의 연구방법을 활용하여 개발－실천－평가－반성의 순환적인 과정을 통해 수업전략의 적용가능성을 규명하였다. 연구의 결과는 크게 다음 다섯 가지로 나타났다.

첫째, 다문화가정 학생과의 수업은 진단평가와 생애사 면담을 통해 다문화가정 학생의 언어적인 어려움이 교과에 어떻게 영향을 끼쳤는지 파악하고 학생의 수준을 세밀하게 진단하는 것이 중요했다. 둘째, 어휘학습을 위해 언어적이지 않은 시각자료를 수업의 상황에서 학생에게 제공하는 것은 어휘능력 향상에 도움을 주었다. 셋째, 문답법은 아동의 사고과정에 대한 지속적인 진단과 처방을 위한 교수방법으로써 이러한 교사의 지속적인 언어자극은 학생이 스스로 문제를 해결하는 데 도움을 주었다. 넷째, 학생의 문화적 경험을 분석하여 교과와 관련된 어휘들을 실제 수업 상황에서 제공하는 것은 학생들이 수업 주제를 이해하는데 효과적이었다. 다섯째, 다문화가정 학생의 교육적 지원을 위한 가정과의 의사소통 및 학습과 관련된 교과 외적인 지원은 다문화가정 학생의 교과학습에도 긍정적인 영향을 주었다.

(1) 실행연구의 개요

여기에서는 연구 참여자에 대한 소개와 실행연구에서 프로그램 개발, 실행, 분석의 과정에 대해 살펴보고 면담과 참여관찰에서 자료가 어떻게 수집되었으며 수집된 자료의 타당도 작업은 어떻게 이루어졌는지 이야기한다. 먼저, 연구자들은 경남 소재 초등학교에서 재직하고 있는 교사들이며 본 연구를 진행하기 전 다문화학생에 대한 지도 경험을 1년에서 2년 정도 가지고 있었다. 본 연구를 위하여 선정된 참여자들은 경남 소재의 초등학교에 다니는 세 명의 학생들이고 이들에 대한 기초면담과 참여관찰을 실시한 결과 학년에 맞는 학습내용을 제대로 따라가기 힘든 학습부진을 겪고 있었다. 먼저 리아(가명)는 초등학교 5학년 학생이며 어머니 국적은 필리핀이고 수학교과의 학력수준은 보통 이하이다. 다음으로 아랑(가명)이는 초등학교 6학년 여학생이며 어머니 국적은 태국이며 학생의 학력은 보통이다. 카이는 초등학교 1학년 남학생이고 어머니 국적은 베트남이며 학생의 학력수준은 보통 이하이다.

총 연구기간은 2011년 5월부터 2013년 2월까지 이루어졌지만 각 학생별 평균 연구기간은 1년이다. 연구의 실행을 위해 3명의 연구자들이 가정에 방문하거나 교실에서 각자 프로그램을 진행하였다. 이들 중 일부는 황철형(2013)의 연구에서 파생된 데이터를 활용하였으며 다른 연구자들은 각자 수업을 통해 수집한 자료들을 바탕으로 분석하였다. 이러한 프로그램의 실행과정은 프로그램을 계획하고 실행·반성하는 과정을 거쳤다. 이러한 과정에서 드러나는 현장의 목소리에 연구자들은 주목하였으며 학업성취를 위한 다양한 전략들을 탐구하고 범주화하기 위해 노력하였다. 프로그램의 구체적인 실행과정은 <표 4-3>과 같다.

먼저 학생의 성취수준을 확인하기 위해 진단평가를 실시하였고 학년 초부터 학습결핍에 대한 원인을 찾기 위해 학생과 생애사 면담을 하였다. 국어교과와 수학교과의 학업성취 향상을 위해 교사인 연구자는 진단평가 결과를 통해 1차 프로그램을 개발했으며 수업의 과정에서 학생의 흥미와 학생의 성취 결과에 따른 교사의 반성을 통해 프로그램을 변화시켰다. 이러한 현장적용의 과정은 2차 프로그램에서도 반복적으로 이루어졌다. 자료 수집을 위하여 다문화가정 학생의 학습과 관련된 면담가이드를 프로그램 적용 전(진단), 적용, 반성 및 평가의 범주로 구성하여 실시하였다. 면담가이드는 학업과 관련한 주요 주제들로 내용을 구성하였으며 각각의 질문들은 예시적인 자료로서

표 4.3 프로그램 실행 과정

단계		진단평가	1차 프로그램		2차 프로그램	
			개발	반성	개발	반성
기간	리아	2011.5.	2011.5.~7.	2011.7.	2011.7.~2012.2.	2012.02.
	아랑	2011.5.	2011.5.~7.	2011.7.	2011.9.~12.	2012.12.
	카이	2012.4.	2012.5.~7.	2012.8.	2012.9.~12.	2013.01.
연구내용		선수학습진단 생애사 면담	참여관찰 심층면담	중간·기말고사 성적 분석	참여관찰 심층면담	중간·기말고사 성적 분석
자료수집		진단평가결과 생애사 면담 자료	프로그램 학습지, 학생일지	프로그램 학습지, 학생일지	프로그램 학습지, 학생일지	프로그램 학습지, 학생일지

<표 4-4>에서는 실제 계획했던 인터뷰가이드 중 대표적인 질문들을 나타냈다.

연구자들은 연구과정 속에서 드러난 다문화가정 학생에 대한 효과적인 교수방법에 주목하여 자료를 수집하였다. 수집된 자료에는 연구자들의 학생 지도 프로그램 학습지, 면담 및 수업전사본, 현장일지, 학생일기 및 노트, 기억자료 등의 현장연구 자료들이 있다. 이것들은 내용 분석을 통해 학생이 어떤 학업적인 측면에서 어떠한 결핍을 가지고 있는지 찾아내었고, 이러한 어려움들을 해결하기 위해 연구자들이 적용한 교수 방법과 지도 전략을 중심으로 분석하였다. 이를 통해 핵심적인 자료들을 추출한 후 포커스 그룹 인터뷰를 통해 수업지도 전략에 대한 공통된 주제들을 도출해 내었다. 도출된 하위주제들을 공통적인 범주로 묶는 방법을 통해 주제어로 구조화하였다. 본 연구의 신뢰성을 높이기 위해 연구결과를 심층적으로 묘사하고자 하였으며 가능한 많은 현장자료들을 수집하여 포함시키고자 하였다. 최종적으로 효과적인 지도의 방법들에 대해 <표 4-5>와 같이 5가지의 주제어로 나타내어 기술하였다.

표 4.4 면담가이드의 대표적 예

다문화 학생의 학력 프로그램 적용 전(진단)
- 가장 좋아하고 싫어하는 과목은 무엇입니까?
- 한글이 어렵지 않았습니까?
- 학교 수업시간에는 적극적으로 참여합니까?
- 성적이 낮다는 이유로 친구들에게 놀림을 받거나 부모님께 혼난 적이 있습니까?
- 자신의 성적은 상, 중, 하 중 어느 쪽에 속한다고 생각합니까?
- 학교 수업시간 이후 더 보충하고 싶은 과목은 무엇입니까?

다문화 학생의 학력 프로그램 적용
- 수업의 내용은 이해가 됩니까? → 이해가 잘 되지 않는다면 어떤 부분이 그러합니까?
- 새롭게 알게 된 것은 무엇입니까?
- 배운 내용을 정리해 봅시다.
- 배운 내용보다 난이도가 더 높은 문제를 해결할 수 있습니까? → 어떤 방법으로 해결했는지 말해봅시다.
- 학습 내용을 다 배운 후 어떤 생각이 들었습니까?

다문화 학생의 학력 프로그램 반성 및 평가
- 공부를 한 후 달라진 점이 있습니까?
- 기대한 만큼 성적이 향상되었습니까?
- 공부에 대한 자신감이 생겼습니까?
- 공부를 하면서 어떤 점이 가장 힘들었습니까?
- 선생님과 공부를 한 후 학교 수업시간은 어떠합니까?
- 성적이 향상된 후 주위 사람들의 반응은 어떠합니까?

표 4.5 교수학습방법을 주제로 한 생성코드 목록

사전목록	하위 주제어	주제어
• 교육과정 계획 및 운영 • 진단 및 평가	• 언어지체가 수학교과에 미친 영향 • 학년 수준에 따른 어휘력 진단 • 국어교과 학습수준 파악 • 입학 이전의 학습경험에 대한 면담 • 세부적인 언어지체 양상 파악	언어지체의 양상이 교과에 끼친 영향 분석
• 학생수준을 고려한 학습방법 • 다문화학생에 적합한 교수법	• 시각적인 자료와 도식의 사용 • 수학적인 개념 어휘학습 • 그림에 어울리는 낱말 찾기 • 그림과 글자를 통 낱말 형태로 지도하기 • 경계어휘 지도 • 짧은 글짓기	어휘와 개념이해를 위한 다양한 방법의 활용
	• 수학개념에 대해 묻고 답하기 • 지문의 문맥적 의미를 묻고 답하기 • 학생의 경험을 학습내용과 연결시키기 • 학생의 지식 구성과정 확인	문답법
	• 학생이 경험한 수학적 오개념에 대한 오류 분석 • 학생의 경험적 맥락 고려하기	학생의 경험을 고려하여 학습내용 구성하기
	• 학부모와의 상담 • 방학숙제 지원 • 독서 지도 • 현장체험학습 지원	교육적 지원

(2) 세 교사의 효과적인 수업지도 방법들과 그 효과

① 언어적인 지체양상이 교과학습에 끼친 영향 분석하기

다문화가정 학생의 효과적인 수업지도 방법의 그 첫 번째 전략은 다문화가정 학생의 언어적 지체가 교과학습에 영향을 끼칠 수 있다는 사실을 지각하는 것이다. 그리고 이를 통해 다문화학생의 학습영역에서 부진을 진단할 때 교과에서의 부진 영역뿐만 아니라 그들의 언어사용 어려움이 교과부진에 어떻게 영향을 끼쳤는지 분석하는 것이다. 더 나아가 이러한 문제가 학생이 텍스트 자체를 이해하지 못해 어려움을 겪고 있는 것인지, 학생의 언어적인 지체가 교과의 구체적인 영역에서 어떠한 양상을 띠는지를 세밀하게 진단하는 것이 중요하다. 예를 들어 국어성적과 학생의 언어사용과는 밀접한 관련이 있지만 국어성적이 높다고 국어과나 다른 교과에서 언어적인 지

체의 부정적인 영향이 해소되었다고 판단하기는 어렵다.

리아는 의사소통 능력이나 국어교과 자체에는 어려움이 없었지만 언어적인 지체가 수학교과의 학습에 영향을 주었고, 아랑이 또한 의사소통에는 문제가 없었지만 국어교과에서 중의적 의미, 비유적 의미에서 또래의 아이보다 언어적 이해에 어려움을 겪고 있었다. 1학년인 카이는 의사소통능력뿐만 아니라 국어교과의 지문에서 텍스트 자체에 대한 이해에도 어려움을 겪고 있었다.

연구자는 초기의 연구에서는 리아의 국어교과 성적이 양호한 편이었기 때문에 언어적인 측면에는 문제가 없다고 판단하고 성적이 가장 낮은 수학교과를 위주로 부진 영역을 진단하였다. 하지만 생애사 면담 결과 학생이 수학교과에 성적이 부진하게 된 원인은 학생의 입학 초기 언어적인 측면의 지체로 인한 영향 때문이었다. 예를 들어 '날개'라는 용어는 일반 학생들이면 학교에서 배우지 않아도 그 용어에 대해 미리 알고 있기에 담임교사도 그러한 기본적인 개념 언어에 대해서는 구체적으로 설명하지 않았다. 학년이 올라감에 따라 언어적인 문제는 해결되어 갔지만 수학에서의 부진 요소는 점차 누적되었다. 학생의 오답 문항을 분석한 결과 수와 연산 영역을 가장 어려워한다는 사실을 알 수 있었고 수학적인 개념에 대한 언어적인 이해에 초점을 두어 학습내용을 구성하였다.

아랑이는 태국에서 온 어머니의 영향으로 어렸을 때부터 제대로 된 언어교육을 받지 못한 것으로 나타났다. 이러한 상황에서 언어적 결핍이 생겼고 학년이 올라갈수록 언어적인 어려움이 점차 누적되었던 것으로 나타났다. 아랑이는 특히 읽기 지문에 대한 어려움을 겪고 있었다. 모르는 단어가 많이 나오고 지문이 길어 읽기가 힘들었기 때문이다. 이러한 문제가 가정이나 학교에서 해결되지 못하고 반복되면서 이는 국어교과 자체에 대한 두려움으로 전이되었다. 정확한 진단을 위해 방과 후 보충수업에서 풀고 있는 국어 학습지를 분석하였다. 분석결과, 국어과목에서는 추상적인 단어의 뜻을 이해하는 능력, 글의 중심 생각 찾기나 비유적 표현 등, 고학년의 수준에 맞는 국어실력을 갖추고 있지 않다는 사실을 알 수 있었다. 수학의 경우에도 언어적 어려움의 영향으로 인해 문장제로 된 문제를 잘 풀지 못한다는 특징을 발견하였다.

1학년 카이는 또래 아이들보다 한국어를 듣고 말하고 쓰고 읽는 능력이 현저하게 떨어졌다. 다문화가정 학생인데다가 입학 이전에 별도의 언어학습 경험이 거의 전무하다는 초기 면담 자료를 바탕으로, 가정 내에서의 언어적 결핍이 현재 카이의 의사소통 능력에도 영향을 미치고 있음을 추측해 볼 수 있었다. 이에 기초학습진단평가와 학생 및 학부모, 담임교사와의 면담을 통해 카이의 언어적 수준이 5~6세 수준에 머무르고 있다는 판단을 하게 되었고, 이에 맞추어 학습을 진행하였다. 카이는 단어에 대한 이해력 부족과 더불어 의사소통에 필요한 단어들조차 이해하지 못했다. 또한 한국어 어순에 맞지 않는 표현이라든지 조사를 정확하게 활용하지 못하는 모습 역시 발견되었다. 이러한 수업상황을 통해 진단한 수준에 따라 교수·학습 자료를 구성해야 했다.

② 어휘와 개념 이해를 위한 시각적인 자료 제공하기

수업에서 부진한 영역을 지도하기 전에 어휘와 개념 이해를 위하여 시각적인 자료를 제공하는 것은 효과적이었다. Bruner는 추상적인 개념을 제시할 때는 글이나 언어보다는 시각적인 방법을 활용하는 것이 이해를 촉진시킬 수 있다고 하였다.

리아는 수학교과에서 언어적인 개념을 보충하기 위하여 자료를 제작하는 데 있어서 수식 자료나 그림 자료를 활용하였다. Grant와 Sleeter(2011: 157)는 교사가 학생을 가르치며 그림, 조작물, 극화자료 등 학생의 학습에 도움이 될 수 있는 가능한 많은 비언어적 단서인 시각적인 자료를 제공하는 데 동의한다. 더불어 이러한 과정에서 학생이 학습한 내용을 리아 자신의 언어를 통해 다시 설명할 수 있도록 지도하였다.

아랑이의 연구자는 어휘학습장을 통해 단어를 학습시키고자 하였다. 이는 국어과 학습영역에서 부족하다고 판단되는 어휘자료를 추출하여 다양한 형태의 문제를 만들어 지도할 수 있도록 제작하였다. Smith와 Dahl(1984)은 효과적인 어휘 지도의 설정 기준으로 문맥 중에서 어휘 제시하기, 동일한 어휘에 대한 다양한 경험 제시하기, 새로운 어휘를 기억할 수 있게 해주기의 세 가지 전략을 제시하였다. 이를 바탕으로 아랑이가 현재 배우고 있는 교과서 지문에서 가르칠 필요가 있는 어휘들을 추출하고 간단한 문제 형태로 제시하여 단어를 습득하도록 하였다.

경계어휘를 찾는 학습지에서는 학생이 듣거나 본 적이 있는 단어와 전혀 생소한 단어들의 의미를 가르쳐 준 다음 학습장에 정리해보는 활동을 실시하였다. 특히 아랑이가 모르는 단어들은 좀 더 자세하게 설명을 해주었다. 예를 들어 토담의 뜻에 대해

표 4.6 경계어휘 전략을 적용한 지도

※ 아래 단어의 목록을 보고 아는 정도에 따라 다음 부호를 사용하여 표시하시오.
○ : 잘 알고 있는 단어 △ : 듣거나 본 적이 있는 단어 × : 전혀 생소한 단어

1. 문학과 삶				
올레길	보전	버짐	곶집	곰방대
샐쭉하다	토담	맥박	까치발	

설명할 때는 '흙으로 쌓아 올린 집'이라는 사전적 의미 이외에도 '집들은 대개 나지막한 토담이나 울타리를 치고 있다'라는 문장의 형태를 보여주었다. 그리고 간단하게 문장을 만들어서 서로 묻고 답하는 수업을 진행하니 즉각적인 학습의 이해정도를 확인할 수 있다는 점에서 좋은 학습방법이 되었다. 더 나아가 배운 어휘 학습내용을 짧은 글을 짓는 활동을 통해 적용하였다.

카이의 경우에는 저학년인데다 어휘력이 또래에 비해 상당히 낮았기 때문에 학습의 배경적 지식 혹은 기본이 되는 기초적인 어휘지도부터 이루어져야 했고, 이를 위한 전략 역시 많은 고민을 할 수밖에 없었다. 또한 문장 내에서 사용되는 단어의 의미를 이해하고 적절히 활용할 수 있는 능력을 기르기보다는 제시된 단어를 정확히 읽고 뜻이 무엇인지 파악하거나 그림에 어울리는 단어가 무엇인지를 고를 수 있는 기초적인 학습이 선행되어야 했다. 즉, 한글낱말을 바르게 읽고 쓰고 이해하는 기초적인 단계부터 시작해야 했다. 이를 위해 퍼즐 게임을 통한 어휘학습과 한글의 구성원리와 규칙성 지도하기, 그림과 글자를 함께 시각적으로 제시하면서 통 낱말의 형태로 인지하기 외에 다양한 어휘 학습전략을 시도하였다. 이처럼 다양한 방법을 통해 학생을 지도했지만 이 중 글자의 구성 원리를 가르치거나 규칙성 찾기를 통해 다른 어휘까지도 자연스럽게 습득하고자 했던 전략들은 전혀 효과가 없었다. 대신 아래의 성찰저널에 언급되어 있듯이 그림과 글자를 하나의 형태로 제시하여 시각적으로 암기하게 하는 방식이 학생의 학습에 훨씬 효과적이었다.

'ㄱ'받침이 붙은 낱말 18개의 받아쓰기를 진행해보았다. 받아쓰기 처음에는 배운 낱말을 불러주는 대로 쓰게 하였더니 자신감 없는 모습으로 제대로 낱말을 쓰지 못했다. 실망스러운 마음에 별다른 기대 없이 그럼 이 그림을 보고 무슨 단어인지 써보는 방식으로 받아쓰기를 진행하였는데 결과는 놀라웠다. 18개의 단어 중에 단지 2개를 제외한 모든 단어를 완벽하게 썼던 것이다. 그 동안의 면담 과정에서 카이가 받침 있는 받아쓰기를 이렇게 막힘없는 모습으로 쓰는 것은 처음 본 터라 당황스럽기도 하고 어떻게 이런 결과가 나왔는지에 대해 고민이 시작되었다. '아버님께서 나와는 다른 어떤 특별한 학습법을 적용하신 것일까? 불러주는 단어는 자신감이 없어 하고 제대로 쓰지 못했는데 그림만 보여준 상황에서는 자신감 있게 단어를 쓴다면 그림과 함께 제시한 통낱말 형태의 학습이 효과가 있었다.

(2012.6.28. 박창민 교사의 현장일지 중)

③ 문답법의 교수방법으로 대화하기

한국어 실력이 부족한 세 학생들은 문답법을 통해 교사와 상호작용하며 수업하는 것이 효과적이었다. 문답법은 학생의 이해 정도를 확인하는데도 도움을 주었고 학생에게 어떠한 언어적인 보충설명이 필요한지에 대해 교사 스스로가 수업 상황에서 판단을 하고 그에 따른 적절한 처치를 하는데 도움을 주었다. 물론 일반 부진학생의 경우도 문답법은 교사가 학생의 성취를 파악하여 가르치는 내용에 대한 학습수준을 설정하는데 도움을 줄 수 있다. 하지만 이러한 수업방법은 다문화 학생에게 있어 지속적인 언어자극을 제공하는 기회가 되었으며 이러한 자극은 학생의 발화에도 도움을 주었고 학습에 집중할 수 있게 하였다. 문답법은 가장 기본적인 교수학습 방법이라 할 수 있지만 학생의 학습의 이해 정도를 끊임없이 점검하고, 학습하고 있는 내용이 다문화가정 학생의 경험적 배경과 얼마나 일치하는지에 따른 학생의 정보를 얻는데 직접적인 도움을 주었다. 따라서 교실상황에서 연구자들의 이런 노력은 다문화학생의 개별화된 경험을 이끌어내기에 효과적인 전략이었다.

먼저 수학교과에서 이러한 문답식의 대화법은 학생의 부족한 부분을 확인하는데 도움을 주었다. 특히 일반학생보다 언어적인 수학 개념 설명에 시간 할애를 많이 했다. 또한 계산과정을 언어적으로 표현하도록 발화의 기회를 주고 지속적으로 언어적인 자극을 제공하였다. 리아는 수업의 진행 후 여전히 연산과정에서 실수가 있었지만 개념에 대한 보충설명과 반복학습으로 전보다 오류가 많이 줄었다.

아랑이는 국어 텍스트 자체에도 모르는 단어가 많아 제대로 지문을 파악하는데 어려움을 겪었다. 이런 아랑이에게 중심내용 찾기나 글쓴이의 의도를 파악하는 문제를 해결하는 것은 쉽지 않은 일이었다. 따라서 부족한 국어지식영역의 세부 항목에 대한 지도를 위해 각 단원별 중요 단어를 정리하여 문제를 만들었다. 이렇게 만든 문제를 유추할 수 있도록 하는 문항을 구성하여 제공하였고 문맥적 의미를 이해했는지 확인하기 위해 묻고 답하기 방법을 사용하였다.

표 4.7 6학년 지문에서 실마리 제공하기의 방법을 이용한 문항 구성의 예

음악을 듣고 감상을 해봅시다.	길을 가다가 나그네를 보았다.
강철로 만든 물건은 단단하다.	우리 마을 한가운데 떡갈나무가 있다.
사탕 한 개 주세요.	선생님께 말씀 하실 때에는 주의 깊게 들어야 한다.
겨레의 정신을 이어받자.	우리 몸에는 여러 가지 신경이 작용한다.

단어의 의미에 대한 학습의 효과를 높이기 위해 수업 중 단어의 의미와 사용법에 대한 계속적인 질문을 하였고 어려워하는 부분에 대해서는 보충설명을 병행하였다. 단어의 뜻을 좀 더 쉽게 이해하기 위해 사용한 실마리를 소재로 한 대화는 교사와 학생 간의 학습을 위한 상호작용의 과정이었다. 이러한 설명방법은 성취에 대한 동기와 자신감이 부족한 아랑이에게 적합한 학습방법이었다.

다문화가정 학생에게 문답식의 학습을 진행하는 것이 효과적이라는 것은 카이의 경우에서도 잘 드러났다. 카이는 학습 초기에는 상황에 적절한 인사말이나 요일을 묻고 답하는 등의 기본적인 의사소통조차 어려운 모습을 보였지만, 이후의 지속적인 문답식 학습을 통해 학습내용을 자신의 경험과 연결시켜 이해할 수 있는 수준까지 이르게 되었다. 물론, 이러한 발전은 지속적인 교사의 발문과 카이의 응답, 수정된 교사의 질문과 카이의 재응답으로 이어지는 일련의 과정이 학생의 경험과 연결될 때 더 효과가 있었다.

④ 학생의 경험을 고려하여 학습내용 구성하기

Grant와 Sleeter(2011: 157)에 따르면 교사는 학생들이 수업을 이해하는데 필요한 주요 배경 정보와 그들이 이미 알고 있는 배경이 연결될 수 있는 기회를 제공해야 한다. 이는 일반학생과 다른 다문화가정 학생의 문화적 경험의 맥락을 수업상황에 고려해야 한다는 것이다. 수업을 진행하다 보면 설명을 위해 학생의 경험적 요소를 학습내용에 접목시키는 것이 학생의 학습에 효과적일 때가 많다. 하지만 수업의 상황에서 일반학생의 경우는 알고 있을 만한 경험적인 내용들도 다문화가정 학생의 경우는 모르는 경우가 있었다. 이러한 상황은 수업을 진행하는데 방해의 요소로 작용할 때가 있었다.

이러한 이유로 카이는 교사와 수업을 할 때에도 멍하니 이야기를 듣고만 있는 경우가 많았고 대답을 할 때에도 단답형의 대답을 하는 경우가 대부분이었다. 하지만 카이의 경험과 관련하여 지도할 때 수업에 집중할 때가 많았다. 이를 위해 카이가 익숙해하는 사물을 중심으로 질문을 이어나갔고, 카이가 생각한 바를 명확히 표현할 수 있도록 충분한 시간동안 기다려주었다. 또한 다음과 같이 좀 더 구조화된 발문을 통해 학생의 이해를 돕기 위해 노력하였다.

카　이 : 선생님, 나무는 초록색이에요. 책상 바닥도 초록색이에요.
연구자 : 그렇지, 그럼 앞과 뒤의 내용이 어때요? 비슷해요, 아니면 달라요?
카　이 : 음……. (한참을 고민하다가) 비슷해요.
연구자 : 카이가 잘 대답해주었지만, 한 번 더 비슷한 경우를 말해볼까?
카　이 : (책상 위에 놓인 과자 통을 가리키며) 과자가 빨간색이에요. 껌도 빨간색이에요.
(중략)
연구자 : 그렇지? 그럼 이번에는 이어주는 말을 넣어서 다시 한 번 정확하게 말해볼까?
카　이 : 과자는 빨개. 껌도 빨개.
연구자 : 잘 대답했는데, 조금 아쉬운 점이 있네. 선생님이 한 번 읽어볼게. 카이도 따라 읽어보자. 과자는 빨개. 그리고 껌도 빨개.
카　이 : 과자는 빨개. 그리고 껌도 빨개. 아! 이제 알겠어요.
연구자 : 그럼, 활동지에 있는 1번 문제를 풀어볼까? 빈칸에 알맞은 말을 적어보자.
카　이 : 앞에 내용과 뒤에 내용이 똑같아요.
연구자 : 그렇지? 그럼 이어주는 말 무엇을 써야 하지?
카　이 : (웃으며) '그리고'를 써요.

(2012.12.13. 박창민 교사의 대화장면 중)

아랑이의 학습과 관련해서 책과 관련한 문화적 경험을 학습에 활용하는 것은 적절하지 않았다. 아랑이는 집에 읽을 책도 많지 않을뿐더러 독서습관도 형성되어 있지 않았기 때문이다. 연구자와의 면담 결과에서도 평소 책을 자주 읽지 않았는데 책을 읽을 때마다 책에서 잘 모르는 단어들이 많아 이해하기 힘들다고 하였다. 특히 고향이 태국인 어머니의 영향으로 전래동화나 한국적인 소재가 바탕이 되는 이야기들에 대해 다른 학생이라면 일반적으로 가지고 있을만한 학습경험이 부족했다. 이에 수업자료로써 전래동화를 활용하는 것은 효과적이지 않았다. 이는 일반적인 학생들이 우리나라의 전래동화나 우화에 문화적인 경험의 장점을 가지고 있는 반면 아랑이에게는 이러한 문화적 배경을 활용하는 것이 적합하지 않다는 것을 보여주었다.

⑤ 다문화가정의 교육적 지원을 위하여 가정과 소통하기

Nguyen(2012: 16)은 다문화학생을 지도할 때는 교사 혹은 학교가 다문화가정과의 유기적인 협력관계를 형성할 필요성을 언급했다. 연구 참여자 가정은 일반학생 가정과 환경이 다르기 때문에 교사가 가정의 상황을 파악하고 교육적인 지원을 해주기 위해서는 가정과의 의사소통이 필요했다. 세 학생 모두 학교와 의사소통에 어려움을 겪고 있으며 일반학생과 다르게 가정에서 교육적인 지원이 이루어지지 않는 경우도 있었다. 이러한 상황과 맞물려 일주일에 1, 2시간 학생과 만나서 가르치는 것은 장기적으로 누적된 학습부진을 해결하는데 한계적인 측면이 있었다. 결국은 부모와의 의사소통을 통해 가정에서도 학습이 이루어지도록 분위기를 만들어 주고 학습의 방해요소를 제거하는 것이 다문화가정 학생의 학업성취에 긍정적인 영향을 끼칠 것이라고 판단하였다.

아랑이는 집에 도착하면 TV를 보거나 인터넷으로 연예인들에 관한 기사를 읽는데 대부분의 시간을 보냈다. 이러한 일상에서 벗어나 책을 읽는 것 자체만으로 국어사용능력의 향상에 도움이 될 수 있기 때문에 독서 환경을 조성하기 위한 노력이 필요하였다. 이를 위해 도교육청에서 지원하는 다문화 멘토링 프로그램에서 지원되는 예산으로 아랑이가 보고 싶어 하는 도서와 권장도서를 사주었다. 그리고 학교 및 인근 도서관을 이용하여 책을 빌려볼 수 있도록 했다. 도서관은 아랑이가 친한 친구들과 방과 후에 공부를 하러 자주 가는 곳이다. 아랑이와 수업을 마치고 도서관에 같이 갈 때가 많았는데 그럴 때에는 시험공부를 하고 문제집을 풀며 틈틈이 책을 읽어 볼 수 있도록 했다. 또한 학생의 독서방법에 대한 점검을 통해 책 읽는 것이 습관화 되도록 지도하였다.

카이의 연구자는 학습과 관련하여 보상체계를 활용하였다. 주어진 학습지를 잘 수행하면 맛있는 저녁을 사주는 약속을 하고 카이와 카이 동생과 함께 나들이 하는 시간을 가졌다. 시내에 나가서 드라이브도 하고 저녁 식사도 하고 카이와 카이 동생이 좋아하는 4D 체험도 함께 했다. 이러한 경험은 학생과의 래포를 형성하는 데 도움을 주었고 교과 외적인 지원과 보상은 체험 이후 다음 차시 학습에서 유인동기로 작용하였다.

다) 다문화 학습컨설팅 시 유의사항 및 참고자료

(1) 다문화 학습컨설팅 시 유의사항

① 잘못된 검사 실시의 예

컨설턴트는 다문화 가정 초등학생인 성민이의 학습동기 정도를 파악하고자 하였다. 한국교육과정평가원의 교수학습개발센터사이트(hhttp://www.classroom.re.kr)를 소개한 후, 다음 시간까지의 과제로 '학습저해요인 진단검사'를 실시하여 그 결과를 출력해 놓고, 다음 회기의 학습컨설팅을 실시할 때 사용하기로 하였다.

다문화 학생이 경험하는 언어적 곤란을 고려하여, 컨설턴트가 직접 실시해주는 것이 필요하다. 문항의 뜻을 학생이 어떻게 이해하고 있는지 점검하면서 실시해야 정확한 검사결과를 얻을 수 있다.

② 잘못된 진단의 예

중학교 2학년 학생인 주영이는 중국인 어머니를 둔 다문화가정 학생이다. 전 과목의 성적이 최하위권이어서, 컨설턴트는 주영이의 지능을 의심하게 되었다. 주영이의 담임교사와 의논을 하여 학교에서 집단용 지필 지능검사를 실시했었다는 말을 들었다. 주영이에게 확인하였고, 담임교사에게 검사결과를 알려달라고 부탁하니, 담임교사는 결과는 줄 수 없지만, 주영이의 지능은 '낮음'에 속한다는 이야기를 들었다. 컨설턴트는 주영이의 학업성취 향상 가능성은 불가능한 것으로 판단하고, 정서문제 상담에 주력하기로 하였다.

다문화가정 학생은 지능검사, 집단용 지필검사에 대한 친숙도가 낮아서 자신의 역량보다 더 낮은 결과를 얻을 수 있다. 또한 집단 지필검사는 학생의 읽기 능력의 영향을 크게 받기 때문에, 수리나 동작성 검사에 대하여도 지시문을 이해하지 못해 실제 능력보다 낮은 결과를 얻을 수 있다. 이에 컨설턴트는 집단지능검사 결과를 그대로 믿기보다 검사수행 과정에서 학생이 겪었던 경험들을 경청하며, 가능하다면 개인지능검사를 실시하는 등의 정확한 능력 평가 과정을 거치는 것이 좋다. 특히 집단용 지필검사 결과만을 가지고 학생의 지능을 낮다고 판단하여 학업 성취도 증진 가능성을 고려하지 않는 것은 상당한 문제를 제기한다.

이 외에 더 고려해야 할 사항은 무엇인가?

③ 다문화 학습컨설팅 개입사례 들여다보기

• 개입사례 1

컨설턴트는 학교기업의 소개로 다문화가정 초등학생 자녀인 주현이를 만나게 되었다. 주현이의 가정을 방문하여 주현이의 엄마를 만나게 되었다. 주현이의 엄마는 필리핀 여성으로서 한국말로 깊이 있게 대화할 정도는 아니지만 일상적인 의사소통은 어느 정도 가능하였다. 주현이의 교육에 큰 관심을 표시하였으며, 학교의 시책을 이해할 수가 없어서 힘들다고 호소하였다. 가정통신문이 나오는데, 그것조차도 이해하기 어렵다는 것이다. 컨설턴트는 ○○ 도청의 이주여성긴급지원센터에 의뢰하여, 가정통신문 번역이 가능하다는 것을 확인한 후, 담임선생님과 의논하였다. 담임선생님은 컨설턴트의 의견을 흔쾌히 받아들여, 앞으로는 가정통신문을 발급할 때 이주여성긴급지원센터의 도움을 받아 영어로 번역한 가정통신문을 한국어로 된 가정통신문과 함께 보내기로 하였다.

– 컨설턴트가 어머니의 어려움을 구체적으로 파악하려고 시도하고, 주변의 지지자원을 알아본 점, 담임교사와 의논하되 담임교사가 최소한의 시간과 노력을 들일 수 있도록 배려한 점 등에서 효과적인 학습컨설팅을 했다고 볼 수 있다.
– 보다 효과적인 학습컨설팅을 진행하기 위해서는 담임교사가 매번 가정통신문 번역과정을 거치지 않더라도, 주현이가 가정통신문을 충분히 이해할 수 있도록 급우(또래) 도우미를 연계하거나 또는 이웃집 가정과의 연계를 통한 협조 가능성을 고려할 필요가 있다.
– 이 외에 더 고려해야 할 사항은 무엇인가?

• 개입사례 2

컨설턴트는 북한이탈주민 중학생인 경진이의 학습지도를 담당하게 되었다. 담임교사에 따르면 경진이는 수업시간만 되면 집중하지 않고, 멍하게 앉아 백일몽에 빠지는 경우가 많다. 수업 중 다른 학생들과 함께 웃지도 않는다고 한다. 컨설턴트는 경진이의 수업집중을 돕기 위해 멘토링 시간에 노트 필기 방법을 가르치고, 매 수업단계마다 한 번 이상 질문을 하여 정확한 응답 정도에 따라 학습 진도를 조절하기로 하였다.

– 주의집중을 돕기 위한 수업전략 시도, 질문을 통한 학생의 이해도 파악, 수업내용 및 난이도 조절 등은 매우 효과적이고 적절한 시도라고 볼 수 있다.
– 그러나 집중하지 못하는 이유를 보다 심층적으로 탐색하기 위해 탈북과정에서 겪은 외상경험 탐색, 생활전반에 대한 탐색 또는 백일몽의 내용 탐색을 시도할 필요가 있다.
– 수업에서의 성취감을 증진시키고 학습동기를 높이기 위한 질문에 재빠르고 정확한 대답을 하거나 과제를 완성했을 때, 제시할 수 있는 강화 전략을 경진이와 함께 논의하는 것도 필요해 보인다.
– 이 외에 더 고려해야 할 사항은 무엇인가?

• 개입사례 3

컨설턴트는 북한 이탈주민가정의 초등학교 고학년생인 민혁이의 학습지도를 담당하게 되었다. 민혁이는 전 과목 성적이 낮다. 그런데 국어 성적 또한 바닥이다. 사실 국제결혼가정 자녀인 소영이보다 더 낮아서 이해가 되지 않는다. 민혁이의 지능수준이 궁금하여 개인지능검사를 실시해야겠다고 생각하였다. 그렇지만 평소 생활에서는 어려움을 느끼지 않는 것 같아 지능의 문제가 아닐 수 있다는 생각이 들었다. 그래서 개인지능 검사 실시와 더불어 북한의 국어교육에 대하여 알아보기로 하였다. 또한 우리나라 작가가 쓴 쉬운 동화책을 민혁이와 함께 읽기로 하였다.

- 교육의 문화 차이에 대한 탐색 시도, 우리나라 동화책 읽기를 통한 남한 문화에의 친숙도 증진과 함께 우리말 교육의 효과를 얻게 된 점 등은 매우 효과적인 학습컨설팅 개입 방법이라고 볼 수 있다.
- 학습컨설팅의 효과를 높이기 위해서는 동화 선정에 신중을 기해야 한다. 북한이탈주민가정의 자녀들에게 거부감을 줄 수 있는 내용이 있는지 검토해야 한다. 또한 수업 중에도 동화 내용이 민혁이에게 어떻게 받아들여지는지를 관찰하고, 동화 내용을 명료화하여 제시하고 민혁이의 문화적 감수성을 수용해줌으로써, 민혁이가 남한 문화에 잘 적응할 수 있도록 노력할 필요가 있다.
- 아울러 국어 교과 중 어떤 영역(읽기, 쓰기, 독해 등)에서 더 많은 어려움을 겪고 있는지, 틀리는 문제의 패턴은 무엇인지에 대하여 구체적으로 알아보고, 경우에 따라서는 국어교육 전공 학습컨설턴트와 개입과정에 대하여 협의하고 협조를 구할 필요가 있다.
- 이 외에 더 고려해야 할 사항은 무엇인가?

(2) 다문화 학습컨설팅 시 참고자료

① 다문화 학습부진학생의 학습특성 및 학습환경의 설문조사 분석 결과

오상철 외(2013)은 다문화 학습부진학생의 학습특성(학습동기, 학습전략 등) 및 학습환경(한국어, 소속감, 가정 내 지원, 아버지 또는 어머니 문화에 대한 이해, 사회적 관계 등)을 알아보기 위해 다문화우수 집단(약 598명), 다문화학습부진 집단(약 547명), 일반학습부진 집단(약 725명)을 대상으로 설문조사를 실시하고, 설문자료 분석 결과와 그에 따른 시사점을 제시하였다. 여기에서는 다문화우수 집단, 다문화학습부진 집단, 일반학습부진 집단 간 통계적으로 유의한 차이를 보인 문항뿐만 아니라 그렇지 않은 문항 중에서도 주목을 요하는 사항들을 중심으로 소개하고 향후 다문화 학습컨설팅을 실시할 때 참고자료로 활용될 수 있기를 기대한다.

- 다문화 학습부진학생의 학습특성 및 관련 시사점

첫째, 학습동기 측면에서 '내 성적을 더 올리고 싶다.'에 대해서 다문화우수 집단, 다문화학습부진 집단, 일반학습부진 집단 간 통계적으로 유의한 차이를 보이지 않았다. 그러나 평균값을 보면 각각 3.77, 3.72, 3.76으로 세 집단 모두 학습동기 영역에 속한 다른 문항의 평균값보다 더 높은 수치를 보인다. 이는 다문화 학생 여부 그리고 학습부진 여부와 상관없이 세 집단의 학생들 모두 자신의 성적을 더 올리고 싶어 하는 것으로 볼 수 있으며, 성적 향상에 대한 욕구가 집단에 관계없이 학생들 사이의 지배적인 현상인 것으로 해석할 수 있다.

둘째, 교사 및 친구의 학습지원 측면에서 다문화우수 집단과 일반학습부진 집단 사이에 통계적으로 유의미한 평균점수 차이가 없는 것으로 나타났다. 이는 해당 문항에 대해 다문화학습부진 집단과 다문화우수 집단 및 일반학습부진 집단 사이에 통계적으로 유의한 평균점수 차이가 나타난 점과 대비된다. 이러한 결과는 다문화 학생 중 학습부진에 속하는 학생들이 그렇지 않은 다문화 학생이나 일반학습부진 학생에 비해, 담임교사나 친구들이 자신이 모르는 내용을 가르쳐 준다고 생각하지 않는 것으로 볼 수 있다.

셋째, 다문화 학습부진학생의 학습특성을 조사하기 위해 설정한 세 영역(학습동기, 학습전략, 학습지원)에 대한 분석 결과, 다문화우수 집단이 다문화 학습부진학생에 비해 한 항목('내 성적을 올리고 싶다.')을 제외하고 모든 항목에 걸쳐 평균값이 통계적으로 유의하게 높은 것으로 나타났다. 이는 같은 다문화 학생이더라도 학습에 대한 동기화가 되어 있고, 학습전략이 있으며, 학습지원이 이루어지는 경우 학습부진에 빠지지 않을 가능성이 높음을 의미한다. 따라서 이 세 가지 영역을 중심으로 다문화 학습부진학생들의 학습특성을 조사하여 그들에게 결핍된 부분을 보완해 주는 노력이 필요하다.

- 다문화 학습부진학생의 학습환경 및 관련 시사점

첫째, 한국어 능력 측면에서 학습부진에 해당되지 않는 집단이 학습부진에 해당되는 집단에 비해 더 높은 평균점수를 나타냈다. 이는 한국어 능력 측면에서 학습부진에 해당되지 않는 다문화 학생 집단이 학습부진에 해당되는 다문화 학생 집단에 비해 더 높은 평균점수를 나타냈음을 의미한다. 따라서 다문화 학습부진학생들로 하여금 교수학습 언어로 사용되는 한국어에 대해 능력과 확신을 갖도록 교과 수업 외에 한국어 수업을 지속적으로 운영할 필요가 있다.

둘째, 소속감 관련 영역의 분석결과는 다른 영역의 분석결과에 비추어 볼 때 가장 큰 차이를 보인다. 우선 일반 학습부진 집단이 다문화우수 집단에 비해 통계적으로 유의하게 평균점수가 높은 것으로 나타났다. 이는 학습부진에 해당되지 않는 다문화 학생이라 하더라도 한국에 대한 소속감이 일반 학습부진학생들에 비해 더 낮음을 의미한다. 또한 다문화우수 집단이 다문화 학습부진 집단에 비해 통계적으로 유의하게 평균점수가 높은 것으로 드러났다. 이는 한국에 대한 소속감이 학습부진에 해당되지 않는 다문화 학생이 학습부진에 해당되는 다문화 학생에 비해 더 높음을 의미한다. 한국에 대한 소속감은 다문화 학생들의 중요한 요인이므로 다문화 학습부진학생들이 이를 경험해 볼 수 있는 다양한 기회를 제공할 필요가 있다.

셋째, 문화에 대한 이해 영역의 분석결과, 다문화우수 집단과 다문화학습부진 집단 사이에 통계적으로 유의한 차이가 나타난 문항들은 주로 아빠 나라와 엄마 나라의 언어(말)와 문화(명절)에 관련된 내용으로 드러났다. 따라서 다문화 학습부진학생들에게 한국어와 한국 문화에 보다 친숙해질 수 있는 교육 경험의 기회를 제공해야 할 것이다.

넷째, 학급 구성원들 사이의 원활한 의사소통 여부에 대한 분석 결과, 다문화우수 집단이 다문화학습부진 집단 및 일반학습부진 집단에 비해 평균점수가 통계적으로 유의미하게 높은 것으로 드러났다. 이는 반 친구들이 내 말을 잘 들어 주고 내가 반 친구들의 말을 잘 들어 주는 일이 단순히 의사소통의 문제에만 국한되지 않고 학생들의 학습에도 중요한 요인으로 작용함을 의미한다. 따라서 다문화 학습부진학생들로 하여금 자신이 속한 학급 구성원들과의 소통 과정에 상호 수용적인 태도로 참여할 수 있도록 지도할 필요가 있다.

② 읽기 자료

〈단행본〉

김연권, 한용택, 손녕희, 이민정(2016). **교실에서의 다문화교육-초등 3학년에서 중학교까지**. 서울: 도서출판 고요아침.

김영천, 황철형, 박현우, 박창민(2014). **한국 다문화아동 가르치기-용감하고 아름다운 네 교사 이야기**. 경기: 아카데미프레스.

〈학위논문〉

최성보(2010). 다문화가정 학생의 학교생활 적응 분석. 경북대학교 대학원 박사학위논문.

황철영(2013). 초등학교 다문화아동의 학업성취 향상을 위한 참여적 실행연구. 전주교육대학교 교육대학원 석사학위논문.

〈학술논문〉

김아영, 김수인(2011). 여성국제결혼가정과 일반가정 아동의 학교생활적응관련 심리적 특성 비교. **교육심리연구**, 25(4), 853-873.

김영순, 이미정, 민기연(2014). 초등 교사의 다문화가정 학생 지도 경험에 관한 연구. **초등교육연구**, 27(4), 231-257.

박휴용, 노석준(2012). 생태주의 이론과 CEMP 모형에 바탕을 둔 다문화교실의 교수방법론. **교육방법연구**, 24(2), 379-403.

이동성, 김영천, 황철영(2012). 다문화가정 아동들의 삶과 교육: 생애사적 목소리의 재구성. **다문화교육연구**, 6(5), 137-154.

장인실(2016). 교실 내 소수집단으로서 다문화 배경 학습자를 위한 교육심리학의 역할. **교육심리연구**, 30(4), 691-710.

황매향, 고홍월, 김진영(2010). 초등교사의 다문화가정 아동 지도 경험. **아시아교육연구**, 11(1), 147-167.

황철영, 김영천, 박현우, 박창민(2014). 다문화가정 학생 가르치기-세 명의 초등교사가 찾아낸 효과적인 수업지도의 방법들. **초등교육연구**, 27(2), 141-170.

〈참고자료 4-1〉 국적·언어 다르면 싫다? 색안경 벗는 교육 필요해

• 다문화교육 현장

중앙 현관에 들어서자마자 베트남·이집트·터키 등 각국의 그릇과 장신구들이 전시된 모습이 눈에 들어온다. 마치 세계민속박물관을 방불케 했다. 지난 25일 인천 남동구에 위치한 한누리학교의 모습이다. 이 학교는 2013년 개교한 전국 최초 초·중·고 기숙형 공립 다문화학교다. 다문화가족 자녀만 다닐 수 있으며 90% 정도가 중도 입국 학생이다.

“일반 학교 교육과정을 절반 시수만 배우고 나머지는 특성화교육과정을 진행한다. 한국어뿐 아니라 세계 문화도 배우고 안정적인 적응을 위한 상담도 한다.”

• 다문화가족 82만명 넘어서, 중도 입국 학생도 늘어나
• 한누리학교서 특화교육 진행: 센터 통해 한국어 멘토 연결해 한국 학생들 문화 이해 폭 넓히고 다문화 아이들 안착 돕기도

1. 한누리학교 학생들이 한글을 배우고 있다. 칠판에는 수업에 필요한 한국어가 그림 설명과 함께 붙어 있다.

한글을 집중적으로 가르치는 ‘디딤돌반’ 양성욱 교사의 말이다. 학교에는 러시아·중국과 아프리카, 이슬람권 등 18개국의 학생들이 모여 있다 보니 문화적 갈등이 생길 수밖에 없다. 이 때문에 마찰을 줄이고 서로를 이해하기 위해 문화다양성 교육을 한다. 위탁형 학교라 6개월에서 1년 동안 교육을 받고 학생들은 다시 자신의 원적교로 돌아가야 한다.

• 다문화가족 늘며 교육지원도 다양해져

지난해 행정자치부의 ‘외국인 주민 현황조사’에 따르면 다문화가족은 82만 명 안팎이며, 결혼이민자 및 귀화자의 자녀도 20만 명이 넘는다. 최근에는 다국적그룹 트와이스 멤버 쯔위가 인터넷 방송에서 대만 국기를 흔들었다는 이유로 공개 사과했다. ㈔한국다문화센터는 이와 관련해 “심각한 인종차별과 인권침해”라고 지적하며 국가인원위원회에 제소하고 소속사 대표 박진영 씨를 고소하겠다고 했다.

이 사건을 두고 일부 청소년들은 양안 관계의 역사적 배경을 잘 모른 채 무조건 쯔위를 비판했다. 또 자신과 국적이나 문화가 다른 친구를 인정하지 않고 차별하는 학생도 있다. 아직 전체적으론 다문화에 대한 인식이 이렇게 낮은 상황이지만, 한편에선 다문화

학생의 일반학교 적응을 돕거나 전교생을 대상으로 다문화이해교육을 활발히 펼치는 학교도 늘어나고 있다.

2. 한누리학교에 다니는 리비아 출신 학생은 원적교에 잠깐 머무는 동안 친구들과 체육대회 준비를 함께 했다.

모힙 울라(13)군은 아프가니스탄에서 태어나 지내다 2년 전 부모님과 한국에 왔다. 처음 들어갔던 인천축현초등학교에서 한누리학교를 소개해줘 4, 5학년을 이곳에서 지냈다. "처음 한국어를 하루 4시간씩 배울 때는 힘들었지만 지금은 부모님보다 한국어를 훨씬 잘한다. 일상적 대화하는 데 큰 지장이 없을 정도다."

이곳에는 모힙 군 외에도 이집트, 리비아 등 다양한 나라에서 온 학생들이 많다. 하지만 문화가 달라도 서로 이해하며 지내는 데 큰 어려움이 없었다. 반면 원적교 학생들과 교류하는 건 쉽지 않았다. 모힙 군은 "매년 3주씩 원적교에서 지낼 때 친한 친구가 없어서 서먹서먹했다"며 "그곳 아이들이 아프가니스탄을 잘 몰라서 설명해줬는데 별 반응이 없었다"고 말했다. 다행히 담임교사는 모힙 군의 나라에 대해 어느 정도 알고 있다. 그는 "한누리학교와 정이 들어서 돌아가기 싫지만 원적교에 가서도 거기 친구들과 잘 지냈으면 좋겠다"고 말했다. 간혹 원적교로 돌아갔다가 적응을 잘 못해 다시 한누리학교에 다니는 학생도 있다. 하지만 한누리학교는 최대 2년까지만 다닐 수 있다.

교육부는 교육 현장에서의 다문화이해교육 확대를 위해 다문화 유아에게 언어 및 기초학습 등을 가르치는 다문화 유치원을 지난해 30개 시범운영했다. 또 중도 입국 학생 등을 돕기 위해 일반학교 안에 한국어와 한국문화를 집중적으로 가르치는 다문화 예비학교 100곳, 전교생에게 다문화이해교육을 하는 동시에 다문화 학생에게 맞춤형 교육을 하는 다문화 중점학교 150곳을 운영했다.

3. 예천남부초는 교사와 다문화 학생, 또래 친구가 결연식을 맺어 학습이나 상담 등 학교생활에 도움을 준다.

경상북도 예천군 예천읍에 위치한 예천남부초는 다문화중점학교다. 권재은 교사는 10년 가까이 다문화교육을 해오고 있다. "다문화가족 학생을 맡으면서 교육적 관심이 커졌다. 시골이다 보니 결혼이주로 꾸려진 다문화가족이 많아 전교생 25%가 다문화가족 자녀다."

학교는 전교생을 대상으로 다문화이해교육을 한다. 여러 나라의 문화를 공부하면서 다양한 문화가 왜 생기게 됐는지, 우리와 다른 문화를 어떤 태도로 바라봐야 하는지 등을 알려준다. 학생들이 다른 문화를 거부감이나 편견 없이 존중하도록 하는 게 목적이다. 동시에 언어발달이 늦거나 기초학력이 부족한 다문화 학생은 교육청이나 구에서 운영하는 외부 기관에 의뢰해 언어교육을 지원한다.

권 교사는 "가장 중요한 것은 가정과 연계하는 것이다. 부모가 안정적이어야 학생이 학교생활을 잘하기 때문"이라고 말했다. 이를 위해 학교는 가정방문을 통해 한국어 교육이나 전통문화체험 등 부모교육을 해오고 있다. 학부모동아리를 만들어 다른 학부모들과 어울리는 기회도 만들었다.

권 교사는 "학부모들 반응이 아주 좋다. 다문화가족 어머니들은 한국어가 서툴고 모르는 게 많아 자신감이 떨어지는 면이 있다. 한국 학부모에게 자신의 모국어를 알려주고 같이 노래도 만들면서 어울리니 다들 친해졌다"고 말했다.

• 동네 언니, 과외선생님으로 발 벗고 나서

다문화가족 아이들이 한국 생활에 적응하는 데 가장 힘들어하는 부분은 '언어'다. 한국어를 못해 감정 표현이나 의사소통이 제대로 이뤄지지 않기 때문이다. 이런 다문화 아이들을 위해 멘토를 자처하고 나선 학생들도 있다. 이 활동은 학생들 스스로 다문화가족 아이들에 대한 편견을 깨는 계기가 되기도 했다.

대전광역시교육청 서부다문화교육센터는 지역 학생들과 다문화 가족 아이들을 연결해주는 멘토링 사업을 벌였다. 이윤지(느리울중3) 양은 중학교 1학년 때부터 '리더스 동아리' 활동을 했다. 센터에서 소개받은 다문화가족 아이들에게 책을 읽어주고 한글도 가르쳐줬다. "나도 사실 엄마가 중국분이라 다문화가족 자녀다. 아이들이 나처럼 이중언어를 제대로 할 줄 알았으면 해서 참여하게 됐다."

지난해 이 양은 2주에 한번 진영이네 집에 갔다. 다섯 살 진영이는 이제 막 말을 배우는 중인데 엄마랑은 중국어로, 이 양과는 한국어로 대화를 나눴다. 이양은 "갈 때마다 한글을 알려주고 책도 읽어줬다"며 "처음에는 아이가 부끄러워했는데 나중에는 보고 싶었다고 반겨줬다"고 했다. "어머니도 고마워했다. 한국어를 잘 못해서 애한테 책을 못 읽어주는데 내가 구연동화 하듯 책 읽어주고 한글을 가르쳐주니까 옆에서 따라 배우기도 했다."

이 양은 "동아리 부원들의 인식도 많이 바뀌었다"며 "친구들이 처음에는 다문화 아이들에 대한 선입견 때문에 만나러 가는 걸 꺼리다가 지금은 다들 친해져서 모이면 서로 자기가 가르치는 아이들 자랑을 한다"고 말했다.

이유빈(만년고 3) 양은 1년 반 동안 같은 동네의 초등학교 3학년 박수민 양의 '개인과외 선생님'이었다. 본인이 멘토를 하고 싶어서 센터에 직접 신청했다. 이 양은 또래보다 학습능력이 떨어지는 수민 양에게 과목별로 공부법을 알려줬다. "국어는 책을 같이 읽고 인물이나 상황, 주제를 함께 이야기 나눴다. 영어는 알파벳을 잘 못 외워서 에이비시디 순서대로 외우며 선을 그으면 그림이 완성되는 학습교구를 응용해 내가 직접 만들었다."

그는 수민 양을 만나기 전에는 한국말도 서툴고 집중도 잘 못할 거라는 편견이 있었다. 하지만 아이와 지내며 그런 생각이 사라졌다. "우리 문화 중심으로 다른 나라를 판단하는 건 옳지 않다. 특히 중·고등학생 가운데에는 우리보다 못사는 나라에서 온 학생을 무시하는 경우가 있다. 그런 편견을 없애고 다른 문화를 존중하는 자세를 기르기 위해서 다문화이해교육이 중요하다."

양 교사는 "학생뿐 아니라 학부모에 대한 다문화이해교육도 필요하다. 한누리학교가 들어설 당시 근처 주민들이 걱정했다"며 "새로운 택지개발지구였는데 다문화학교가 들어오면 다문화가족이 모여들어서 안산이나 대림동처럼 슬럼화될까 싶어서"라고 말했다.

실제 지난해 인천 난민센터 근처의 한 초등학교에 파키스탄 출신 난민 아이 8명이 입학하려다 무산됐다. 해당 학교 학부모들이 반대했기 때문이다. 그 학생들은 결국 한누리학교에 왔고 심지어 매년 진행하는 원적교 학생들과 일정 기간 지내는 체험학습도 못했다.

양 교사는 "학부모들이 미국이나 캐나다에서 온 난민이어도 반대했을까 하는 생각이 들었다"며 "이 학교에 와서 나도 전에 깊이 고민하지 않았던 문제들을 살펴보고 이해하는 기회가 됐다"고 말했다.

"이제 어느 학교에 가도 다문화 학생 한두 명은 있다. 그 아이들에게 무조건 한국의 문화나 생활양식을 따르라고 강요하기보다 우리가 먼저 그들의 문화를 존중하고 받아들이는 자세가 필요하다."

권 교사도 "우리가 외국에 나가 10년, 20년을 살아도 현지인처럼 똑같은 입맛을 가지고 살아지지 않는다"며 "생활습관도 쉽게 바꾸기 어려운 만큼 가족 구성원들뿐 아니라 주변에서 다른 문화에 대한 이해가 필요하다"고 말했다.

"어머니들 이야기를 들어보면 가족들이 자신이 한국 사람과 똑같기를 바라는 경향이 있다. 아이들도 '조금 다르다'는 이유로 차별받는다. 한국어도 하루 이틀 공부한다고 되는 것도 아니고 배우는 데 시간이 걸린다. 그들의 문화를 이해하면서 우리와 잘 섞일 수 있게 기다려줘야 한다."

출처: 한겨레(2016.2.2.), 최화진 기자.

〈참고자료 4-2〉 한마을에 100여 인종이 어우렁더우렁… "무슬림도 내 친구"

[더불어 행복한 세상]

[현장] '다문화 평화마을' 아스토리아

"이웃 같은 하나의 세계" 70여 개국에서 온 학생들이 모여 있어 '아스토리아의 축소판' 이라고 할 수 있는 '아워 월드 네이버후드 차터스쿨'

급식을 기다리는 아이들의 얼굴색도, 수업을 듣는 아이들의 피부색도 다양하다. 백인, 중남미계, 아시아계의 초등학생들이 너나없이 한데 모여 스스럼없이 부대끼고 떠들고 장난치는 모습이 색색의 조각을 이어놓은 듯 다채롭다.

비가 흩뿌리던 지난달 21일(현지시각) 오전, 미국 뉴욕시 퀸스 자치구의 아스토리아 지역에 위치한 '아워 월드 네이버후드 차터스쿨'을 안내하던 마크 크루샌트 개발부장은 "우리 학교는 유엔"이라며 싱긋 웃었다. 세계의 인종이 모두 모인다는 뉴욕, 그중에서도 소수인종이 밀집된 퀸스 자치구, 다시 그중에서도 가장 다양한 인종이 모여 산다는 아스토리아의 한가운데 위치한 학교다웠다.

아스토리아 축소판 '차터스쿨'
학생들 국적만 70개국에 달해
학교에서 '존중' 과 '조화' 가르쳐
다문화 화합 비결은 '음식'
매년 5월 '음식박람회' 파티 열어
불고기·카레 등 고유 음식 나눠
행사 통해 서로 다른 문화 이해

뉴욕 맨해튼과 강 하나를 사이에 두고 위치한 아스토리아에는 100여 인종이 섞여 산다. 그런데도 '조화로운' 공동체를 꾸리며 산다. 이곳에서 만난 사람들은 다양성이 아스토리아의 자랑이라고 서슴없이 얘기한다.

아스토리아의 축소판이라고 할 수 있는 차터스쿨은 710명의 유치원·초·중등학생 가운데 백인 30%, 중남미계 30%, 아시아 20%,

흑인 10%, 기타 10%로 구성돼 있다. 학생들을 국적별로 보면, 무려 70개국에 이른다. 아시아권만 해도 한국과 일본, 중국은 물론, 티베트 등 미국에서 좀처럼 눈에 띄지 않는 나라들의 학생도 있다.

교육의 가장 중요한 목표는 학교 이름이 보여주듯이 '이웃 같은 하나의 세계'다. 인종적 화합을 위해 학교는 '음식을 통한 상호이해'를 강조한다. 학교가 매년 5월에 여는 '음식 박람회'에는 학부모들이 각국의 고유 음식을 준비해 와 파티를 연다. 음식을 통해 상대방이 누구인지, 친구의 국가는 어떠한지, 이웃의 생각은 무엇인지를 알 수 있다는 것이다. 매달 학년별로 각자 음식을 준비해 저녁 파티를 하는 '포틀럭 디너(potluck dinner)'도 빠질 수 없는 중요한 행사다.

음식 교류와 함께 '필러'로 부르는, 삶의 기본 철학에 대한 교육도 한 달에 한 번씩 실시한다. 이번 달에는 '존중', 다음달에는 '우정', 그 다음달에는 '시민정신' 등을 화두로 의미를 가르치고, 이를 통해 서로에 대한 배려와 조화를 꾀하도록 한다는 것이다.

학교 각층 벽면과 교실에 각 문화권의 정신적 지도자들의 가르침을 그림과 함께 붙여놓은 점도 이채롭다. "너 자신을 존중하라, 그러면 다른 사람도 너를 존중할 것이다"(공자)라든가, "세상에 감출 수 없는 세 가지가 있다. 태양과 달, 그리고 진실이다"(붓다)라는 성인들의 말씀이 붙어 있다. 이처럼 서로 다른 문화에 익숙한 아이들 사이에선 아랍이든, 티베트든, 대만이든 으르렁거리지 않는다.

존중 '차터스쿨' 벽면에 붙여놓은 공자 말씀. "너 자신을 존중하라, 그러면 다른 사람도 너를 존중할 것이다."

'너의 얼굴색은 연탄과 똑같아' 라고 한 학생이 다른 학생에게 말하면 어떻게 대처하느냐고 물었다. 크루샌트 부장은 정색을 했다. 그는 "그런 사례가 있으면 학생을 불러 '왜 그렇게 얘기했느냐'고 물어본다. '다른 학생들의 감정을 상하게 할 수 있지 않느냐'고 얘기하면, 대부분의 학생들은 '내가 잘못했다. 미안하다고 얘기 해야겠다'고 말한다"고 전했다.

아스토리아의 개방적 문화는 지난 12월13일과 20일 두 차례에 걸쳐 상가 밀집지역인 스타인웨이 거리에서 진행된 크리스마스 행사에서도 엿볼 수 있다. 이날 산타클로스는 중동 음식점을 경영하는 무슬림이었다. 이 행사를 주관한 상인 지원조직 '센트럴 아스토리아 지역개발 연합'의 마리 토니알리(67) 대표는 "이런 행사가 무슬림의 전통은 아닐지라도 우리는 기회를 주고, 그들은 미국적 전통을 포용한다. 이런 점이 우리의 이웃들을 멋지게 만든다"고 말했다.

아스토리아 도서관은 새로 온 이민자들의 '허브' 역할을 하는 곳이다. 도서관 책임자인 거스 체케니스는 "이민자들이 첫 번째로 들르는 곳이 도서관"이라며 "일자리 알아봐주기, 세금 내는 법까지 알려주고 있다"고 말했다.

아스토리아에 갈등이 없었던 것은 아니다. 애초 이 지역엔 그리스와 이탈리계 주민들이 터줏대감으로 자리잡고 있었다. 1970년대부터 흑인과 중남미계, 아시아계들이 밀려들면서 긴장이 높아졌다. 하지만 일부 그리스나 이탈리아계 주민들이 외곽으로 이동하고, 더 이상 그들의 영역을 지킬 수 없을 만큼 다양한 인종의 이민자가 많아지자 마을은 되레 평화롭게 변했다.

인종별 커뮤니티를 오랫동안 연구해온 민병갑 퀸스칼리지 교수는 갈등 해소의 원인을 경제적인 근거에서 찾는다. 인종간 갈등은 주로 기존의 백인과 이주해온 이민자들 사이에서 발생하는데, 아스토리아에선 그리스계가 식당이라는 영역을 확실하게 장악하면서 자연스레 충돌이 해소됐다는 것이다. 또 백인을 제외한 다른 인종간 불화는 한 사업장 안에서 고용-피고용주 관계에 따른 차별 대우에서 발생한다. 하지만 아스토리아는 인종별·문화권별로 운영하는 상점들이 특색있게 구분돼 있고, 주로 같은 민족끼리 고용관계를 맺고 있어 갈등의 여지가 적었다는 것이다.

아스토리아를 관할하는 주민자치센터 격인 '퀸스 커뮤니티 보드1'의 책임자 플로렌스 쿨루리스는 "모든 인종적 배경과 상관없이 좋은 사람이 있고 나쁜 사람이 있다. 특정 인종이 특별히 나쁜 것은 없다"고 말했다. 그는 "사람은 그냥 사람이다. 국적이나 문화적 유산은 당신이 누구인지를 말해주지만, 당신이 어떻게 행동하는지를 말해주는 것은 아니다"고 강조했다.

출처: 한겨레(2016.1.6.), 이용인 특파원.

〈참고자료 4-3〉 美, 수학초보부터 영재까지 '수준별 맞춤수업'

[수학의 붕괴] '수포자' 없는 美수학교육의 힘
학년 달라도 한 교실서 배우기도… 학교가 선행학습 프로그램 지원
문제풀이보다 원리 이해에 중점

▲ 시카고 교외 글렌브룩노스고교의 수학 수업 장면.

컴퓨터와 전자계산기 등을 이용해 다양한 응용문제를 풀고, 교사 및 다른 학생과 문제 푸는 방식을 놓고 토론하는 게 일상화되어 있다.(사진: 글렌브룩노스고교 홈페이지)

한국과 미국의 수학 교육수준을 경제협력개발기구(OECD) 국제학업성취도평가(PISA)의 국가별 수학 평균성적만으로 판단한다면 한국은 미국에 크게 앞선다. 지난해 12월 발표된 'PISA 2015'에서 한국은 600점 만점에 524점으로 톱10 안에 든 반면, 미국(470점)은 OECD 평균(490점)에도 못 미치는 하위권이다. 미 교육계와 언론에서도 "과학과 읽기는 그나마 OECD 평균보다 높은데, 수학은 진짜 문제"라고 우려를 제기한다. 한 조사기관이 미 중고교생들(13~17세)에게 '학교에서 가장 어려운 과목이 무엇이냐'고 물었더니 수학(37%)이라는 대답이 가장 많았다. 과학은 20%, 영어는 18%였다.

그런데 미국과 한국의 수학 공교육을 모두 경험한 학생들은 "미국에선 수학이 너무 쉬워서 수업시간에 다른 공부를 하거나, 너무 어려워서 '수포자'(수학을 포기한 사람)가 되는 경우는 없다"고 입을 모은다. 왜 그럴까. 수학 초보자부터 수학 영재까지 수용할 수 있는 분야별, 그리고 단계별 교과과정이 마련돼 있는데다, 정규수업 진도를 잘 따라가지 못하는 학생들을 위한 별도의 교육 지원 프로그램을 운영하는 경우가 많기 때문이다.

미국에선 수학 교육이 학년이 아닌, 수준에 따라 진행되기 때문에 같은 고교의 9학년(한국의 중3)과 12학년(한국의 고3)이 같은 교실에서 공부하는 상황이 어색하지 않다. 서울 강남의 자립형사립고에서 올 초 뉴욕 공립학교로 전학 온 H 양(17)은 "대수학, 기하학, 미적분학 등 교과과정만 무려 16개인 것에 놀랐다. 상담교사가 한국 학교 성적과 사전평가 시험 결과를 토대로 내 수준에 맞는 수학 반을 추천해줬다"고 말했다.

한국에선 비싼 사교육 시장에 의존해야 하는, 이른바 '선행' 학습이나 영재 교육도 미국에선 학교 울타리 안에서 진행된다. AP(Advanced Placement · 고등학생이 대학 수준의 과목을 대학 입학 전에 이수하는 제도) 수준의 수학 과목을 고교 때 3~5개나 이

수하는 학생들도 있다. 뉴욕 주 고교 랭킹 톱10에 속하는 한 학교에선 대학 2학년 수준의 상급 수학인 '다변수 미적분'을 배우려는 학생들이 있는데, 가르칠 교사를 미처 구하지 못하자 다른 학교의 담당 교사와 스카이프(영상대화) 수업을 마련해 화제가 된 적이 있다. 이 학교의 한국계 J 군(16)은 "학교가 너무 작거나 재정적으로 어려워서 AP 수학을 개설하기 어려운 경우엔 인근 대학에 가서 배우면 된다. 미국에선 수학 성적이 나쁘면 내가 공부를 안 해서 그런 것이지, 학교나 선생님 탓을 하기 어렵다"고 말했다.

한국 수학 교육이 문제풀이 중심이라면 미국은 개념과 원리 이해하기가 기본이다. 대부분의 수학 시험에서 전자계산기 사용을 허락하는 이유도 단순 계산 능력보다 개념 이해 정도를 더 중시하기 때문이다. 한국인 학생들은 "한국에선 '진도를 빼야 하기 때문'에 수업 시간에 질문하면 눈총을 받지만 미국에선 '이런 공식은 왜 어떻게 만들어졌다고 생각하느냐'며 토론에 부치는 경우가 많다"고 전했다.

뉴욕주립대의 로버트 이브스 교수(수학 전공)는 "수학은 매우 중요한 학문이지만 재미있게 공부하기 쉽지 않다는 것도 잘 안다. 그래서 수학 교육자들은 '수학을 더 흥미롭게 만들기'에 최선을 다한다"고 말했다.

출처: 동아일보(2017.3.3.), 부형권 특파원.

생각나누기

01 다음 자료를 읽고 여러분이 존(과학 교사)이라면, 이 상황을 어떻게 대처할 것인지 학습컨설팅의 과정에 따라 그 대처 전략을 고안해 보시오.

학생: 데이비드(David), 성소(Sung-So)
교사: 존(John)

9학년 학생들이 실험실에 있을 때, 존은 지역교육구가 다문화 문제를 인식시키기 위해 너무 많은 시간과 돈을 투자하는 것은 모순이라고 생각했다. 여기에 한 학생이 고국에서 가지고 온 문제의 좋은 예가 있었다.

존은 계획한 짧은 실험수업 동안에 몇 가지 지시사항을 전달한 후, 학생들을 두 명씩 짝지어 배치하였다. 그는 지난 시간에 비참여적인 학생이 작업하는 데 선택되지 않았기 때문에 이 실험 수업 동안 학생 일부를 번갈아 짝을 바꾸기로 하였다. 매우 뛰어난 학생인 데이비드와 성소를 제외하고 모든 학생이 곧바로 실행하였다. 존은 그들에게 다가가 왜 함께 작업하지 않는지를 질문했다. 성소는 자신의 부모가 일본 출신의 사람과 일을 했다는 사실을 안다면 매우 역정을 낼 것이라고 반응했다. 존은 이 상황에 대하여 어떻게 말해야 할지 알 수가 없어서, 모든 학생이 이미 실험실에서 짝지어 수업에 임하고 있기 때문에 짝으로 함께 작업해야 한다고 말했다.

아무 반응도 없자 존은 그들이 함께 실험수업에 임하지 않는다면 실험과목에서 F를 받게 될 것이라고 설명했다. 두 소년은 서로 함께 작업하는 것보다 F학점을 받는 것에 수긍하였고, 이러한 결정사항이 부모에게도 전달될 것이라는 것도 인정하였다. 존은 수업에서 모든 학생이 이러한 일이 벌어지는 것을 보았을 것이라고 생각했다. 어떠한 것도 제출하지 않았기 때문에 두 소년 모두 실험과목에서 F학점을 받았다.

존은 이 상황을 두고 무엇을 해야 하는지 또는 할 수 있는지를 확신하지 못했다.

출처: 강영하 외(2008: 234).

02 다음 자료 1과 2를 읽고 아래의 활동을 해보자.

(자료 1)

은진은 불의를 보면 참지 못하는 성격을 지닌 명랑하고 당찬 초등학생이다. 하지만 학교에서 놀림을 받을까봐 엄마가 필리핀 사람이라는 것이 알려지는 게 두려운 여자아이이기도 하다. 그래서 엄마를 닮아 곱슬머리인 머리를 늘 양갈래로 땋고 다닌다. 이런 은진을 짓궂은 남자애들은 '밧줄머리파 두목'이라며 놀리기도 한다.

어느 날 은진은 같은 반 장난꾸러기 남자 아이와 싸우게 되고 이 일로 그 아이의 엄마에게 혼나게 된다. 이때, 때마침 학부모 회의에 온 은진의 엄마가 그 모습을 보게 되어 당당하게 그 아이의 엄마에게 할 말을 하며 은진을 도와주게 된다. 이 일을 계기로 은진은 필리핀 출신인 엄마를 숨기지 않고 인정하게 되었고, 자기 자신을 있는 그대로 받아들이게 된다.

출처: 권오현 외(2013: 186-187).

(자료 2)

말레이시아 어머니를 둔 피부색이 까만 초등학생인 한별이는 지금까지 학급에서 착한 어린이 스티커를 한 장도 받지 못했다. 발표할 때 손을 들고 싶어도 주위에서 지켜보는 시선이 두렵다. 다른 아이들이 발표할 때는 잘 들어주면서도 한별이가 발표하면 까만 얼굴을 보느라 반 친구들의 시선이 따갑기 때문이다.

어느 날 꽃을 좋아하는 한별이가 물을 주지만 친구들은 착한 어린이 스티커를 받고 싶어 그러는 것이라 오해하기도 한다. 꼭 그런 것만은 아니라고 말하는 한별이에게 한 친구는 '넌 얼굴이 까매서 심장도 까맣잖아!'라는 말을 한다. 이 말에 큰 상처를 받은 한별이는 아무 말도 못하고 집으로 돌아와 조용히 엄마의 품에 기댄다.

출처: 권오현 외(2013: 187).

(1) 학생들이 은진, 한별에게 편견을 가지고 차별하는 이유가 무엇인지 논의해보자.

(2) 은진, 한별의 성공적인 학교생활 적응을 위해 교사, 학교, 부모가 해줄 수 있는 일에는 무엇이 있는지 논의해 보자. 즉, 교사 및 학부모 대상 학습컨설팅 전략을 수립해보고 의견을 교환해 보자.

03 앞에서 제시한 〈참고자료 4-1〉과 〈참고자료 4-2〉를 읽고 우리나라의 다문화교육과 다문화 학습컨설팅에 주는 시사점이 무엇인지를 도출하고 논의해보자.

참고문헌

강기수, 조규판, 김종운(2009). 다문화교육을 위한 교사 매뉴얼. 부산광역시교육청.

강영하, 김유미, 김혜숙, 문은식, 이명숙, 정종진 역(2007). **교육심리학: 문제중심접근**. 서울: 아카데미프레스.

교육과학기술부(2012). **보도자료: 다문화 교육 선진화 방안**. 교육과학기술부.

구인회(2003). 가족배경이 청소년의 교육성취에 미치는 영향: 가족구조와 가족소득, 빈곤의 영향을 중심으로. **사회복지연구**, 22, 5-32.

구정화, 박윤경, 설규주(2009). **다문화교육 이해**. 서울: 동문사.

구효진, 최진선(2007). 농어촌 다문화가정 유아의 인지적 특성에 관한 연구. **열린유아연구**, 12(6), 43-67.

권명희(2009). 다문화가정 자녀의 교육실태와 교육적 비전. 한국행정학회 춘계학술대회 논문집, 1-17.

권순희(2007). 다문화 가정 자녀의 상담 지도 사례. **국어교육학연구**, 29, 127-174.

권순희, 박상준, 이경환, 정윤경, 천호성(2010). **다문화사회와 다문화교육**. 경기도 파주: 교육과학사.

권오현, 고홍월, 권순희, 김경수, 모경환, 박동열, 박선운, 박성혁, 성상환, 안경환, 우희숙, 윤희원, 조영달, 한용택(2013). **다문화교육의 이해**. 서울: 서울대학교출판문화원.

권혜수(2011). 농촌국제결혼가정 자녀의 청소년기 경험에 관한 연구. **농촌지도와 개발**, 18(1), 35-72.

김경자(2007). 다문화가정 아동의 심리적 문제와 학교적응. 진주교대 교육대학원 석사학위논문.

김민정(2002). 필리핀 농촌마을의 권력관계와 성차, 그리고 모성. 서울대학교 대학원 박사학위논문.

김순규(2011). 다문화가정 자녀의 심리사회적 적응. **청소년학연구**, 18(3), 247-272.

김정원 외(2005). **외국인 근로자 자녀 교육복지 실태 분석 연구**. 한국교육개발원.

김종백, 탁현주(2011). 교사의 다문화 교육인식과 다문화가정 학생의 학교적응과의 관계: 교사-학생관계의 매개효과를 중심으로. **청소년학연구**, 18(10), 161-185.

김혜영, 전은주(2010). 중등 다문화 학습자의 국어과 교수-학습 양상 분석. **국어교육학연구**, 38, 5-25.

대덕초등학교(2007). 다문화 학생 단계적 적응 교육 프로그램 활용을 통한 학교생활 적응력 신장. 다문화가정 자녀교육 시범학교 보고서.

문은식(2002). 청소년의 학교생활 적응 관련변인의 탐색적 고찰. **교육발전논총**, 23(1), 153-167.

문은식(2002). 청소년의 학교생활 적응행동에 관련되는 사회·심리적 변인들의 구조적 분석. 충남대학교 대학원 박사학위논문.

문은식, 김충회(2003). 부모의 학습지원행동과 초·중학생의 학업동기 및 학업성취도의 관계. **교육심리연구**, 17(2), 271-288.

설동훈, 이혜경, 조성남(2006). **결혼이민자 가족실태조사 및 중장기 지원정책 방안 연구**. 서울: 여성가족부.
성상환, 모경환, 임은미, 유혜경, 임춘택(2011). 다문화가족 방문교육사업 자녀생활 서비스 매뉴얼. 여성가족부.
송미경, 이은경, 신효정(2009). 다문화가정 어머니의 양육효능감 증진을 위한 집단상담프로그램 개발. **상담학연구**, 10(3), 1627－1643.
신진아, 김경희, 박상욱, 이정우, 서민철, 조윤동, 김현경, 이영주, 최숙기(2012). **국가수준 학업성취도 평가 결과에 기반한 다문화·탈북 가정 학생의 교과별 성취 특성 분석**. 한국교육과정평가원 연구보고 RRE 2012－13.
안우환(2007). 교사－학생 관계 사회적 자본과 학업성취와의 관계. **아시아교육연구**, 8(3), 269－289.
양성오(2009). 취학 전 다문화가정 아동과 일반가정 아동의 언어 능력에 관한 비교 연구. 대불대학교 대학원 석사학위논문.
양영자(2008). 한국 다문화교육의 개념 정립과 교육과정 개발 방향 탐색. 이화여자대학교 대학원 박사학위논문.
오경화(2011). 다문화 가정 청소년의 한국문화수용성과 학교생활적응에 관한 연구. **대한가정학회지**, 49(9), 83－97.
오상철, 이화진, 장경숙, 구영산(2013). **다문화 학습부진학생의 기초학력향상을 위한 교수학습 지원 방안**. 한국교육과정평가원 연구보고 RRI 2013－2.
오성배(2006). 한국사회의 소수민족 코시안 아동의 사례를 통한 다문화 교육의 방향탐색. **교육사회학연구**, 16(4), 137－157.
오연경(2008). 문화가족 상담을 위한 초등학교 담임교사의 역할. 한양대학교 교육대학원 석사학위논문.
오은순(2007). 다문화 교육을 위한 교수·학습 지원방안연구. 한국교육과정평가원.
오은순, 강창동, 진의남, 김선혜, 정진웅, 정원영(2007). **다문화 교육을 위한 교수학습 지원방안 연구(Ⅰ)**. 한국교육과정평가원 연구보고 RRI 2007－2.
오진숙(2009). 다문화가족 자녀에 대한 초등학생의 인식에 대한 연구. 청주대학교 대학원 석사학위논문.
윤희원(2009). 다문화사회와 국어교육. **국어교육학연구**, 34, 5－25.
은지용(2007). 청소년 다문화 학습 프로그램 모형 개발 연구. **청소년학연구**, 14(3), 217－241.
이계풍(2009). 다문화 가정 자녀의 생활문 특징 연구. 광주교대 교육대학원 석사학위논문.
이명주(2009). 다문화 가정 아동을 위한 방과 후 학교의 효율적 방안. 대구대학교 교육대학원 석사학위논문.
이수진(2010). 다문화가정 자녀를 위한 읽기·쓰기 통합교육 방안－초등학교 저학년 이주여성 자녀를 대상으로－. 건국대학교 대학원 석사학위논문.
이영주(2007). 다문화가정 아동의 심리사회적 적응에 영향을 미치는 요인에 관한 연구. 공주대학교 대학원 박사학위논문.
이창호, 오성배, 정의철, 최승희, 김영미, 김지민(2007). 소수집단 청소년들의 생활실태 및 지원 방안 연구. 한국청소년개발원 연구보고서 07－R09.

이태윤(2013). 아이들의 삶 속으로 한걸음 더 다가가기. **초등학교 다문화 학생의 학습 지원 사례 발표 워크숍**(115-125). 한국교육과정평가원 연구자료 ORM 2013-61.

이화진, 김민정, 이대식, 손승현(2009). **학습부진학생 지도·지원의 실효성 제고를 위한 대안 탐색**. 한국교육과정평가원 연구보고 RRI 2009-13.

이화진, 박선화, 오은순, 김명화(2012). **KICE 기초학력 가이드**. 한국교육과정평가원 연구자료 ORM 2012-41.

임기연(2009). 어린이 책을 활용한 초등다문화 교육의 효과: 가족다양성에 대한 인식 및 태도변화를 중심으로. 청주교대 교육대학원 석사학위논문.

장인실(2016). 교실 내 소수집단으로서 다문화 배경 학습자를 위한 교육심리학의 역할. **교육심리연구**, 30(4), 691-710.

전은주(2009). 국제결혼 가정 자녀의 의사소통능력과 국어과 교수-학습에 영향을 미치는 변인. **청람어문교육**, 39, 73-108.

정하성, 우룡(2007). **다문화가정 청소년의 사회적응실태 및 사회적응 프로그램 개발 방안**. 한국청소년정책연구원.

정하성, 유진이, 이장현(2007). **다문화 청소년이해론**. 경기도 파주: 양서원.

제갈종기(2007). 다문화 가정 아동들의 학교적응. 신라대학교 대학원 석사학위논문.

조영달, 박윤경, 이정우, 이경수(2007). **다문화 교육 정책 수립을 위한 기초인식 조사연구**. 중앙다문화 교육센터.

조영달, 윤희원, 박상철(2006). **다문화가정 자녀교육 실태조사 연구**. 교육인적자원부 정책연구과제 2006-이슈-3.

조영아 외(2009). **새터민 청소년 학교적응을 위한 교사 매뉴얼**. 교육인적자원부.

조혜영(2009). 다문화가정 자녀에 대한 교사의 인식연구: 서울의 한 초등학교를 중심으로. **교육인류학연구**, 12(1), 263-295.

최성보(2010). 다문화 가정 학생의 학교생활 적응 분석. 경북대학교 대학원 박사학위논문.

최성보(2011). 다문화가정 학생의 학교생활적응에 영향을 미치는 변인간의 구조분석. **중등교육연구**, 59(2), 261-287.

최이리나(2013). 다문화 가정의 학부모가 본 다문화 학생 학습 지원 방안. **초등학교 학생의 학습지원 사례 발표 워크숍**(17-21). 한국교육과정평가원 연구자료 ORM 2013-61.

최충옥 외 (2009). **다문화교육의 이론과 실제**. 경기도 파주: 양서원.

탁현주, 김종백, 문경숙(2014). 다문화가정 학생의 한국어능력과 교사의 다문화교육 인식이 자기효능감과 학생-교사 애착관계를 매개로 학교적응에 미치는 영향. **교육심리연구**, 28(1), 23-39.

한미숙(2010). 다문화가정 자녀의 학교생활 적응에 관한 연구. 호남신학대 기독교상담대학원 석사학위논문.

홍정미(2008). 다문화가정 자녀의 학교생활 적응에 미치는 생태체계 변인. 숙명여자대학교 대학원 박사학위논문.

황심성(2007). 농촌지역 다문화 가정 아동들의 언어특성 연구. 대구대학교 대학원 박사학위논문.

황철형(2013). 초등학교 다문화아동의 학업성취 향상을 위한 참여적 실행연구. 진주교육대학교 교육대학원 석사학위논문.

Bennett, C. I. (2007). *Comprehensive multicultural education: Theory and practice*. 김옥순 외 역(2009). **다문화교육: 이론과 실제**. 서울: 학지사.

Grant, C. A., & Sleeter, C. E. (2011). *Doing multicultural education for achievement and equity* (2nd ed.). New York: Routledge.

Kampwirth, T. J. (2006). *Collaborative consultation in the schools*(3rd ed.). 김정섭, 유순화, 윤경미 공역(2010). **학습과 행동문제해결을 위한 학교컨설팅**. 서울: 학지사.

Smith, C. B, & Dahl, K. L. (1984). *Teaching reading and writing together: The classroom connection*. New York: Teachers College Press.

〈신문자료〉

내일신문(2016.05.30.). [다문화학생 8만명 시대, 이제는 교육이다①] 학업중단율 높고, 학업성취도 낮아. http://www.naeil.com/news_view/?id_art=197533에서 2017.7.12. 인출함.

한겨레(2016.3.9.). 다문화 청년 20% 니트족…한국서 겉돈다.

조선일보 2007.3.16.

[사항 색인]

[ㄱ]

[ㄴ]

공저자 약력

김 동 일

미국 미네소타대학교 교육심리학과 학습장애 전공(박사)

현) 서울대학교 교육학과 교수

주요저서: 읽기 나침반(읽기능력 증진 개별화 프로그램), 학습장애아동의 이해와 교육(공저) 외 다수

노 원 경

연세대학교 대학원 교육심리 전공(교육학 박사)

현) 한국교육과정평가원 연구위원

주요저서: 교육심리학(공저), 발달심리학(공저) 외 다수

문 은 식

충남대학교 대학원 교육심리학 및 교육과정 전공(교육학 박사)

현) 강원대학교 유아교육과 교수

주요저서: 교육심리학(공저, 2015, 공동체), 진로탐색과 취업전략(공저, 2016, 공동체) 외 다수

송 재 홍

전북대학교 대학원 교육심리 전공(교육학 박사)

현) 제주대학교 초등교육학과 교수

주요저서: 학습상담(공저), 자기조정학습의 교실 적용(역서) 외 다수

한국교육심리학회 학습컨설팅 총서
학습컨설팅 사례분석 및 지도: 학습부진, 학습장애, 다문화

초판발행 2018년 3월 28일
중판발행 2021년 11월 19일

지은이 김동일, 노원경, 문은식, 송재홍
펴낸이 노 현

편 집 배근하
기획/마케팅 이선경
표지디자인 권효진
제 작 고철민·조영환

펴낸곳 ㈜ 피와이메이트
서울특별시 금천구 가산디지털2로 53 한라시그마밸리 210호(가산동)
등록 2014. 2. 12. 제2018-000080호
전 화 02)733-6771
f a x 02)736-4818
e-mail pys@pybook.co.kr
homepage www.pybook.co.kr
ISBN 979-11-88040-83-4 93370

정 가 18,000원